I0605884

Gegen falsche Alternativen

Jürgen Werbick

Gegen falsche Alternativen

Warum dem christlichen Glauben nichts Menschliches fremd ist

Matthias Grünewald Verlag

VERLAGSGRUPPE PATMOS

PATMOS
ESCHBACH
GRÜNEWALD
THORBECKE
SCHWABEN
VER SACRUM

Die Verlagsgruppe
mit Sinn für das Leben

Für die Verlagsgruppe Patmos ist Nachhaltigkeit ein wichtiger Maßstab ihres Handelns. Wir achten daher auf den Einsatz umweltschonender Ressourcen und Materialien.

Bibliografische Information der Deutschen Nationalbibliothek
Die Deutsche Nationalbibliothek verzeichnet diese Publikation in der Deutschen Nationalbibliografie; detaillierte bibliografische Daten sind im Internet über http://dnb.d-nb.de abrufbar.

Verlagsgruppe Patmos in der Schwabenverlag AG, Ostfildern
www.gruenewaldverlag.de

Umschlaggestaltung: Finken & Bumiller, Stuttgart
Druck: CPI books GmbH, Leck
Hergestellt in Deutschland
ISBN 978-3-7867-3258-7

Inhalt

Gesellschaften, Kirchen leben davon, dass es Alternativen gibt. Die beleben das Geschäft, die Lebendigkeit der Diskurse. Und sie erhöhen die Verantwortung derer, die entscheiden müssen. Man hätte es da gern alternativlos, damit das Entscheiden weniger riskant wäre. Die Corona-Krise hat das vor Augen geführt: die Ungeduld derer, die Alternativen aufmachen, wo Alternativlosigkeit geltend gemacht wird; der Entscheidungsdruck bei denen, die ohne hinreichende Absicherung das Risiko eingehen müssen, zu viel oder zu wenig zu erlauben. Die bessere, die für jetzt beste Alternative zu finden, deliberativ – im Abwägen der Vor- und Nachteile, nicht dezisionistisch, *per ordre de moufti* –, das ist die politische Kunst, überall beschworen, im Alltagsgeschäft oft vermisst. Die nötige Geduld mit den Alternativen hat man eben nicht.

Alternativen im Dual oder Plural, *zweistellig:* So oder so, das zweite *So* kann multipliziert sein; das kennzeichnet eine mehr oder weniger offene Entscheidungs-Situation. Daneben die Alternative im Singular, *einstellig*; die zweite Stelle soll möglichst verschwinden. Man will aus dem „System" der mehr oder weniger gleichwertigen Alternativen aussteigen, sich von ihren Entscheidungs-Spielräumen nicht beschränken lassen. So ficht man für die alternativlose Alternative: für das alternative Leben, die alternative Sicht der Dinge. Die *Alternative für Deutschland* kennt keine satisfaktionsfähige Alternative. Das Feuilleton diagnostiziert eine neue „Lust an der Radikalität"[1], an Radikal-Alternativen, die keine Alternative lassen: Alles andere kannst du vergessen; unsere Alternative zum Mainstream tickt ganz anders, öffnet eine andere Sicht, wird zu anderen Entscheidungen führen!

Es gibt Alternativen, in denen man sich eigentlich nur für *diese eine* Alternative entscheiden kann: Den kommenden Generationen die natürliche Lebensgrundlage zu entziehen, ist keine Alternative. Die Gleichberechtigung von Mann und Frau bestreiten, ist keine Alternative. Rassismus ist keine Alternative. Aber wenn zu klären ist, wie man diesen und manchen anderen Alternativlosigkeiten in der gesellschaftlich-politischen Realität Geltung verschaffen kann, werden sich Alternativen auftun. Und man bekommt es mit den Alternativen-Anschärfern zu tun, die alles daransetzen, die Optionen der anderen *unmöglich* zu machen. Sie *polarisieren,* behaupten Selbstverständlichkeiten, die man als vernünftiger und anständiger Mensch gar nicht bestreiten kann.

[1] Vgl. Hilmar Klute, Totaler Verriss. In der Politik, auf Twitter, im Biomarkt und sogar bei deutschen Autobauern gilt jetzt die Devise: Bloß keine Kompromisse! Über die neue Lust an radikalen Lösungen., in: SÜDDEUTSCHE ZEITUNG Nr. 38 vom 15./16. Februar 2020, S. 49

So kommt es zu den falschen Alternativen mit ihrem unduldsamen *Entweder-Oder.* Man erkennt sie daran, dass ihr *Ja* (zur eigenen Option) eher ein *Nein* ist: Die Unmöglichkeit der anderen Optionen soll die eigene Option selbstverständlich machen. Viel Verächtlichmachen und Verleumden wird zum Einsatz gebracht, wenig Energie dafür aufgewendet, zu verstehen, was man zornig ablehnt. Man ist so *entschieden* dagegen, dass man keine weiteren Fragen mehr zulässt. Falsche Alternativen grenzen aus; zuletzt führen sie alles auf diese Alternative zurück: *Die da – und wir.* Je deutlicher man auf diese polarisierend-ausgrenzende Ablehnungs-Energie trifft, desto deutlicher der Verdacht, hier werde Entschiedenheit durch falsche Alternativen unterlegt. Die haben keine Geduld mit den Alternativen im Plural, begeben sich nicht auf das Feld der Ambivalenzen und Ambiguitäten, des Menschlich-Allzumenschlichen mit seinen Zwiespältigkeiten, auf dem man nicht so schnell zu Eindeutigkeit und Entschiedenheit kommt. Sie lassen sich nicht auf vieldeutige Erfahrungen ein, ehe sie urteilen; sie verurteilen, woran sie nicht *teilnehmen.* Sie halten sich heraus aus dem, was sie verurteilen. Falsche Alternativen mit ihrem Entweder-Oder: Sie lassen ihre starken Wertungen[2] nicht relativieren, weil dann die eigene Identität ins Rutschen käme.

Alternativen-Anschärfungen werden *mehr oder weniger* falsch sein, mehr oder weniger illegitim. Immer aber stehen sie in Konkurrenz zu den intellektuellen Praktiken der Alternativen-Aufdeckung, die nachzuvollziehen wollen, wie man einen Sachverhalt mit guten Gründen *auch* sehen kann, ambivalente Erfahrungen *auch* verstehen und zur Urteilsbildung heranziehen kann. Intellektuelle sind die geborenen Gegner populistischer Polarisierer. Sie machen es den Eindeutigkeiten und Selbstverständlichkeiten nicht so leicht, weil sie sich – wenn sie bei ihrem Geschäft bleiben – auf das Beurteilte einlassen. Sie wollen dazwischenkommen, wenn es mit den Alternativen und dem Aburteilen nicht mit rechten Dingen zugeht. Sie sind die Anwälte der Ambivalenz und der Ambiguität, distanzieren sich vom Urteils-Druck, damit Raum bleibt, dem Beurteilten gerecht zu werden und den Erfahrungen die Chance bleibt, das Ihre zu sagen. Dazwischenkommen, die Automatismen der Alternativen-Anschärfung unterbrechen; die Mechanismen der Selbstbestätigung und der Identitäts-Darstellung sabotieren: Damit macht man sich unbrauchbar für entschiedene, auf die Ausgrenzung des Unmöglichen – *der* Unmöglichen – abzielende Identitäts-Markierungen. Das sät Zweifel und Ungewissheit, wo man es auf ein entschiedenes *So und So nicht* abgesehen hat. Man gerät schnell in die Querulanten-Ecke.

[2] Von starken Wertungen spreche ich im Sinne von Charles Taylor, Negative Freiheit. Zur Kritik des neuzeitlichen Individualismus, dt. Frankfurt a. M. 1988, 9–51.

Das gilt auch für die Theologie und ihre Rolle im kirchlichen wie im gesellschaftlichen Diskurs. Sie versucht dazwischenzukommen, wenn kirchliche Selbst- und Glaubens-Vergewisserungen keine relevanten Denk- oder Glaubens-Alternativen zulassen. Sie entwirft Verstehens- und Auslegungs-Alternativen, wo es dem hierarchischen Lehramt darum geht, den „richtigen" Glauben einzufordern, denkbare Alternativen auszuschließen, zu „exkommunizieren". Kirchen- und Theologie-Geschichte bieten bis in die Gegenwart hinein Lehrbuch-Beispiele für das Arbeiten mit falschen Alternativen; die christologischen Kontroversen in der alten Kirchen und die um Glaube und Gnade in der Reformationszeit zeigen das dramatisch. Man exkommuniziert, statt am Exkommunizierten zu erkennen, was „uns" fehlt. Man exkommuniziert Dimensionen des Mensch-Seins, kann nicht mehr wahrnehmen, dass sie „zu uns" gehören. Dann hat die Theologie die Aufgabe, wieder hereinzuholen, was man draußen halten wollte, und dem Menschlich-Allzumenschlichen eine Stimme zu geben, damit man das Lebens-Verlangen der Menschen und ihr Streben nach vernünftiger Selbstvergewisserung in einer tief ambivalenten Natur- und Weltwirklichkeit nicht überhöre. Theologie spürt der Vielfalt eines Lebens mit Gott nach, wie sie in Bibel und Tradition bezeugt wird, wo die kirchliche Hierarchie sich zu definitiven Urteilen darüber aufschwingt, was da herauszulesen und bestimmt nicht gemeint sei.

Theolog(inn)en sind berufen, Anwältinnen des noch nicht Gehörten, unnötig Ausgegrenzten und unmöglich Gemachten zu sein. Sie sind, wenn sie es gut machen, Anwältinnen des *auch* Möglichen, aus dem man schöpfen kann, wenn die alten Selbstverständlichkeiten nicht mehr genug hergeben. Sie halten es mit dem Erspüren von Möglichkeiten, weniger mit dem Fixieren von Unmöglichkeiten. Das heißt nicht, dass sie dem *Anything goes* das Wort reden. Es kann ihnen nur darum gehen, Möglichkeiten des Lebens und Glaubens aufzuschließen und zu evaluieren, die der biblische Glaube öffnet und die es jetzt in Kirche und Welt zu erproben gilt. So wehren sie sich dagegen, wenn Lebensräume „mit Flatterband" als verbotene Zonen markiert werden: *Da hat Theologie nichts zu suchen!* Der theologische Einspruch: Doch, genau da sucht sie, was dem Glauben am Herzen liegt: das Menschlich-Allzumenschliche, in dem man der großen Gottes-Verheißung auf der Spur bleiben soll.

Dem Lehramt sind die von der Theologie aufgesuchten Glaubens- und Lebensräume mitunter zu offen. Es fordert Grenzen des Möglichen ein, definiert, was mit der Identität des Katholischen nicht zu vereinbaren sei. Sein Einsatz für die Identität des Katholischen ist anzuerkennen. Aber Theologie muss dazwischengehen, wenn die Räume des christlich und katholisch Möglichen so eng gemacht werden, dass für Kirche und Glauben keine Entwicklungsmöglichkeiten bleiben. Wenn das Lehramt seine Aufgabe vor allem darin sieht, darüber zu urteilen, was christlich und katholisch nicht mehr geht, findet es in der Theologie einen Gegenpart, der dem christlich und katholischen *auch* Möglichen auf der Spur bleibt. Dieses Gegenüber sollte das Lehramt anerkennen. Aber so friedlich geht es „bei Kirchens" oft nicht zu. Die Theologie muss immer wieder Einspruch gegen den Spruch einlegen, dies und jenes gehe nicht – Einspruch gegen Alternativen-Anschärfungen, mit denen es katholisch unmöglich gemacht wird.

Das Arbeiten mit falschen Alternativen verhindert den Streit in der Sache, weil es das Denken in Alternativen unmöglich macht. Eine Kirche, die sich zu sehr auf das Exkommunizieren des Unmöglichen verlegt, riskiert, dass sie den Zeitgenossen unmöglich vorkommt und sich selbst aus den Diskursen exkommuniziert, in denen sich die Menschen heute Rechenschaft darüber geben, was es heißt, menschlich zu leben.[3] Theologie muss dazwischengehen wenn es zu diesen unfruchtbaren Verfeindungen kommt; sie muss ihre Arbeit tun, damit es zu ihnen nicht kommt. Mit meinem Buch will ich einen Einblick in diese Arbeit geben und exemplarisch nachzeichnen, wie Theologie ihre kirchliche Rolle spielen und auch konkret dazwischenkommen muss, wenn sie nach ihrem begründeten Urteil auf falsche Alternativen stößt.

Theologie ist Anwältin der Vielfalt, der Ambiguität und Ambivalenz des Erfahrenen und Bezeugten. Sie will den Erfahrungen des Menschseins wie den Erfahrungen eines Lebens mit Gott auf dem Weg zu einem Leben in Fülle möglichst gerecht werden. Das setzt voraus, dass sie an ihnen teilnimmt und im Teilnehmen kritisch zu klären versucht, was die Botschaft solcher Erfahrungen ist und wie weit man ihnen trauen darf. Theologie arbeitet *in kritischer Teilnehmer-Perspektive,* gründet sich im Teilen von Erfahrungen und geht dazwischen, wenn Erfahrungen – auch kirchlich – vereinnahmt, entsprechend „vereindeutigt" oder zurechtinterpretiert werden. Sie wehrt sich aber auch gegen die Monopolisierung der Erfahrung durch die Erfahrungswissenschaften und ihr Ausblenden-Wollen des „Subjektiven" aus dem Prozess der Erfahrung. Sie hält sich an Nietzsches Maxime: „Man muss die großen Probleme mit Leib und Seele *erleben*

[3] Der emeritierte Papst Benedikt XVI. sieht sich mit dem, was er als unabdingbar katholisch ansieht – ausdrücklich nennt er die Ablehnung der Ehe zwischen Homosexuellen – „gesellschaftlich exkommuniziert". Ein antichristliches Credo exkommuniziere alle, die anders dächten; so in einem Interview, das in der Biographie „Benedikt XVI. – Ein Leben" von Richard Seewald (München 2020) enthalten ist. Steht tatsächlich Exkommunikation gegen Exkommunikation, so dass sich die Exkommunizierer exkommuniziert fühlen müssten?

wollen"[4] (*1. Kapitel*). Kritisch ist sie gegen Entschiedenheits-(Un-)Kulturen, in denen man die menschenfreundlich-differenzierende Wahrnehmung des Menschlich-Allzumenschlichen für „radikale" Entschiedenheiten opfert, die nicht nach links oder rechts schauen. Ich plädiere für *eine Theologie, der nichts Menschliches fremd bleibt*, weil dem christlichen Glauben nichts Menschliches fremd ist. Theologie will deutlich machen, welche Perspektive unverkürzt wahrgenommenes Menschsein gewinnt, wenn es sich dem Evangelium öffnet (*2. Kapitel*).

Was ist das Evangelium Jesu Christi? Es ist nicht im Originalton zugänglich, sondern in Zeugnissen, die die Menschen in vielfältigen Auslegungen erreichen und zu einem Leben aus dem Evangelium herausfordern. Muss es darum gehen, eindeutig zu definieren, was das Evangelium sagt und ankündigt, damit die Menschen sicher wissen, was zu glauben ist? Die Theologie will eine *kritische Teilnahme* am Wirkungsraum des Evangeliums ermöglichen[5]; das Lehramt hat es eher auf die Sicherung einer kirchlichen Binnenperspektive abgesehen und will die Eckdaten der Glaubens-Identität alternativlos definieren. So spielt man Identitäts-Sicherung gegen die Relevanz-Erkundung der Theologie aus und stellt eine hermeneutisch arbeitende Theologie unter Relativismus-Verdacht. Von dieser Alternativen-Anschärfung wird kirchlich niemand profitieren, die Gläubigen nicht, die Theologie bestimmt nicht, ein Lehramt, das einseitig aufs Entscheiden-Wollen und zu wenig auf die Teilnahme an den Erfahrungen der Gläubigen und auf inspirierende Verkündigung setzt, auch nicht (*Kapitel 3*).

Kritische Teilnahme an den Traditionen des Glaubens schließt die wertschätzende Teilnahme am Menschsein und dem ihm evolutionär zugewachsenen Erbe ein. Kirchliche Alternativen-Setzungen beginnen falsch zu werden, wenn man sich über dieses Erbe erhebt und in vermeintlicher Glaubens-Objektivität gewissermaßen von außen draufschaut. Die Beurteiler- und Verurteiler-Position des *Draußen* oder *Drüber* verliert die Fühlungnahme mit dem Menschlich-Allzumenschlichen. In der Tradition der antik-platonischen Erkenntnis-Lehre formulierte ein Augustinus zuge-

---

[4] Friedrich Nietzsche, Nachgelassene Fragmente Sommer 1886–Herbst 1887, in: Sämtliche Werke. Kritische Studienausgabe, hg. von G. Colli u. M. Montinari, München – Berlin 1980 (KSA), Bd. 12, 195.

[5] Es geht um das Austragen einer Spannung, die Paul Ricœur als die Dialektik von wissenschaftlicher Distanzierung (distanciation) und lebensweltlicher Zugehörigkeit (appartenance) beschrieben hat (ders., Phénoménologie et herméneutique: en venant de Husserl, in: ders., Du texte à l'action. Essais d'hermeneutique, Paris 1998, 48–81, 64 f.); vgl. Paul Schroffner SJ, Erinnerung – Herausforderung und Quelle christlicher Hoffnung. Paul Ricœur und J. B. Metz im Spannungsfeld von maßvoll-gerechtem Gedächtnis und gefährlicher Erinnerung, Innsbruck – Wien 2018, 162.

schriebenes Wort: „quantum diligitur, tantum cognoscitur“[6]. Umgekehrt heißt das: Teilnahme-Verweigerung verhindert Verstehen und Erkenntnis. Man weiß dann nicht, worüber man urteilt. Kirchliche Teilnahme-Verweigerung bringt Glaube und Theologie in die Gefahr, sich aus den Diskursen auszuschließen, in denen die Wissenschaften das Ihre zum Selbst-Verständnis des Menschseins beitragen; bringt die Gefahr mit sich, dass man auf die „Stimme der Natur“ nicht mehr hört und ihr die Offenbarung des Übernatürlichen unvermittelt entgegensetzt (*Kapitel 4*). Die Theologie muss dazwischengehen, wenn man kirchlich-naturrechtlich das Entscheidende über den Sinn der natürlichen Gegebenheiten weiß, ohne geduldig auf die Vielfältigkeit und die Ambivalenzen des Natürlichen geschaut zu haben – und schnell verurteilt, wofür man wenig Einfühlsamkeit aufgebracht hat, etwa im Blick auf die sexuelle Dimension menschlichen Daseins (*Kapitel 5*). Man beurteilt von draußen, ist nicht verwickelt in das worüber man urteilt: In dieser vom Geschehen der Welt nicht tangierten *Draußen-Position* gewissermaßen an der Seite Gottes macht man sich kirchlich lernunfähig und lernunbedürftig. Die ekklesiologisch hier eingeschärfte, aber grundfalsche Drinnen-draußen-Alternative sakralisiert eine klar abgegrenzte Enklave des Heiligen in der Welt, vermittelt das Erleben eines Drüberstehens, eines in Struktur und Lehre unveränderlich Gültigen; vermittelt es immer weniger und seltener. Das kann man auf die Krise eines Glaubens zurückführen, der sich nicht mehr eindeutig genug mit diesem *Drüber* identifiziert; oder auf die Krise einer Kirche, die sich selbst so identifiziert und sakralisiert. Die Alternative *Glaubenskrise oder Kirchenkrise* ist „die Mutter aller falschen Alternativen“ im Kirchlich-Religiösen. Wenn die Theologie hier nicht dazwischenkommt, hat sie ihren Dienst an einer krisengeschüttelten Kirche verfehlt (*Kapitel 6*).[7]

Die Drüber- und Draußen-Positionierung kirchlicher Lehre und Praxis bildet die Gottes-Position des souverän Drüberstehenden ab. An ihr hat man im heiligen Geist unfehlbar teil, sodass man sich nicht in geschichtliche Lernprozesse verwickeln lassen muss. Dass Gott diese Position nicht einnehmen will, sich selbst durch seinen Geist und in Jesus Christus in Welt und Geschichte verwickeln, in Mitleidenschaft ziehen lässt, ist im hierarchisch-

[6] Vgl. Joachim Negel, Freundschaft. Von der Vielfalt und Tiefe einer Lebensform, Freiburg i. Br. 2020, 76 bzw. Fn. 2 auf 115.

[7] Wie um dieses Dazwischenkommen gegenwärtig gerungen wird, davon geben die Streitschriften von Karl-Heinz Menke und Magnus Striet Zeugnis (Karl-Heinz Menke, Macht die Wahrheit frei oder die Freiheit wahr? Eine Streitschrift, Regensburg 2017; Magnus Striet, Ernstfall Freiheit. Arbeiten an der Schleifung der Bastionen, Freiburg i. Br. 2018); freilich auch davon, wie wenig man theologisch erreicht, wenn man sich selbst von dieser Alternativen-Anschärfung leiten lässt.

kirchlichen Selbstverständnis kaum eingeholt. Man hätte Maß zu nehmen an dem Gott, dem nichts Menschliches fremd geblieben ist, der es erträgt, dazwischenkommt, damit es Zukunft hat, Gottes-Zukunft; es gilt Maß zu nehmen an einer Christologie, die als Musterbeispiel der Vermeidung falscher Alternativen um des Menschlichen willen gelten darf: Gottes Wirklichkeit geschieht im Menschlichen, darf ihm nicht entgegengesetzt, aber auch nicht mit ihm vermischt werden (*Kapitel 7*). Gottes Wirklichkeit im Menschlichen? Auch in den Katastrophen und Abgründen des Menschlichen? Ist da nicht Gottes Abwesenheit zu ertragen? Oder geschieht das Eine im Anderen? Wie geht Theologie in der Herausforderung der Theodizee, des Gott-Vermissens, der Ratlosigkeit bei einem Gott, der „nicht hilft"? Theologie muss den Weg finden zwischen der Versuchung eines „Retro-Katholizismus", der sich am *Deus ex machina* festmacht, und einem Pan(en)theismus, für den Gott immer mehr im Prozess evolutionärer Selbstdifferenzierung verschwindet. Nötig ist eine teilnehmende Theologie, der das Menschliche nicht fremd ist; die es erträgt und davon beunruhigt bleibt, dass sie eine Frage zu viel hat und diese eine Frage ihrem Bescheidwissen-Wollen immer wieder dazwischenkommt. Die Frage an Gott. Die Frage, die ihn in Frage stellt? (*Kapitel 8*).

Christlicher Glaube hat das Bild des Gekreuzigten vor Augen. Es beantwortet die Frage nicht, gibt sie an die Menschen zurück, teilt sie mit ihnen; in diesem Bild der Wirklichkeit eines Gottes, der an der Wirklichkeit des Menschseins teilnimmt und die Menschen an seinem Gott-Sein teilnehmen lässt. Gott riskiert das Teilnehmer-Sein, um den Menschen das Teilnehmen an seinem göttlichen Leben zu öffnen. Gott teilt; er ist – sein Sohn, sein wahres, lebendiges Eben-Bild lebt das menschlich – nicht aufs Für-sich-Behalten aus. Die Glaubenden sollen, dürfen gesinnt sein wie der Christus (vgl. Phil 2,5–6). So kommt die Frage an sie und die Theologie zurück: Wenn das Teilen Gottes Wesensart ist und die Menschen daran teilnehmen dürfen, ist es dann nicht auch die Wesensart des Menschlichen, die den Glaubenden nicht fremd bleiben kann und von der Theologie *in allem* mit zu bedenken wäre? Ist die Theologie nicht hineingerufen in eine Teilnehmer-Perspektive, die übers Identitäts-ängstliche Für-sich-behalten-Wollen hinausführt, ins Teilen hineinführt? Wie würde das einer Kirche, ihrem Selbstverständnis und ihrer Praxis, der Praxis der Theologie dazwischenkommen?

Die eine Frage zu viel kommt zurück, multipliziert sich, mischt sich ein. Man darf sie sich nicht mit schnellen, „wissenden" Alternativen und Unterscheidungen vom Leib halten. Man darf sich nicht heraushalten und so tun, als sei man auf festem Grund. Bei Blaise Pascal lese ich: „Sie sind mit im

Boot – vous êtes embarqués."[8] Wir sind nicht so frei, am sicheren Ufer zu bleiben und in Ruhe zuzusehen. Wir sind im Boot, in Mitleidenschaft gerufen, in Zweifel gezogen. Dauernd kommen welche dazwischen, mit denen wir das Boot – Zwiespältigkeiten, Einsichten, demonstrierte und angefochtene Gewissheiten – zu teilen und zu erproben haben. Was sie mitbringen, kann uns nicht fremd bleiben; ist uns nicht fremd. Ist Er mit im Boot, mitten unter uns, das Menschlich-Allzumenschliche zu teilen – und zu retten? Mit dieser Glaubens-Frage sind wir auf rauer See unterwegs.

[8] Blaise Pascal, Pensées – Über die Religion und über einige andere Gegenstände, übertragen und herausgegeben von E. Wasmuth, Gerlingen [9]1994, 122.

1. Erfahrungen teilen

1.1 Nahe bei den Menschen und ihren Erfahrungen

Ich will mich nur auf das verlassen, was ich selbst erfahren habe oder empirisch gesichert ist, „evidenzbasiert": So spricht das „aufgeklärte" Selbstbewusstsein der Zeitgenoss(inn)en, wenn die Rede auch nur in die Nähe von Glaubens- und Kirchenthemen kommt. Da ist die klare Alternative im Spiel: Christlicher Glaube ist nicht evidenzbasiert, hat nichts mit unbestreitbaren Erfahrungsgegebenheiten zu tun. Es wäre unvernünftig, ihm zu viel Kredit zu geben. Wer diese Alternative anschärft, trifft auch ins Zentrum christlicher Selbst-Zweifel, zumindest einer großen Unzufriedenheit mit kirchlicher Verkündigung und Glaubensvermittlung. Die „Klage über das Erfahrungsdefizit der Theologie"[9] und allen kirchlichen Sprechens ist jedenfalls seit dem 19. Jahrhundert ein Basso continuo theologischer Selbstreflexion. Bereits Martin Luther hat ihn angestimmt – in seinem Protest gegen die Spekulation der mittelalterlichen Scholastik. Seine These: „Sola [...] experientia facit theologum" – die Erfahrung allein macht den Theologen.[10] Für Luther war das in erster theologischer Linie die Erfahrung des Gesetzes, die der Selbst-, Welt- und Gotteserfahrung zur Anfechtung wird und die Angefochtenen bereit macht, sich die im Wort des Evangeliums zugesprochene Erfahrung mit Gottes Vergebung schenken zu lassen. Erfahrung erschließt sich in und erschließt Lebens-*Praxis*. Und so gilt für Luther: „Vera theologia est practica [...] Speculatio igitur theologia, die gehort in die hell zum Teuffel."[11]

Der Pietismus hat Luthers Erfahrungspathos noch gesteigert, damit aber auch fragwürdig gemacht. Geistliche Erfahrung war hier eng fokussiert auf die Erschütterung des Sünders über seine Verworfenheit und die Erfahrung der Vergebung in der Begegnung mit dem Erlöser Jesus Christus. Schon bei Kant begegnet die Skepsis gegen diese „Evidenz". Er knüpft sie an eine Johann Georg Hamann zugeschriebene und bis ins 19. Jahrhundert zitierte

[9] Vgl. Gerhard Ebeling, Die Klage über das Erfahrungsdefizit in der Theologie als Frage nach ihrer Sache, in: ders., Wort und Glaube. Dritter Band, Tübingen 1975, 3–28.

[10] Weimarer Ausgabe Tischreden (WATR) 1; 16,13 (Nr. 46 aus dem Jahr 1531); vgl. Gerhard Ebeling, op. cit., 10.

[11] WATR 1; 72, 16–24 (Nr. 153, aus den Jahren 1531/32).

Formel: durch „die Höllenfahrt der Selbsterkenntnis zur Himmelfahrt der Gotteserkenntnis"[12].

Richtete sich diese Erfahrungs-Theologie an der Erfahrung aus, wie sie von den Menschen seit dem 18. Jahrhundert tatsächlich geteilt wurde? Oder sollte ihnen theologisch eine Erfahrung andemonstriert werden, damit sie nicht aus dem Blick verloren, was der Glaube mit ihrem Leben zu tun hatte? War es *ihre* Lebens-Erfahrung? Und was hatte sie mit der Selbst- und Welterfahrung zu tun, die ihnen die Erfahrungswissenschaften zugänglich machten? In ihr schien das alles, schien Gott nicht vorzukommen, nicht vorkommen zu dürfen. Der methodische, schließlich auch der metaphysische Agnostizismus oder Atheismus der modernen empirischen Wissenschaften fordert das ein: Gott hat keinen Platz in unserer Welt- und Selbst-Erfahrung! Kann sich die Theologie, wenn auch sie auf Erfahrung rekurriert, vor der wissenschaftlich-empirischen Sicht der Wirklichkeit verantworten, zu deren Grundbedingungen es zu gehören scheint, dass die empirische und die Glaubens-Perspektive nicht miteinander vereinbar sind? Oder muss es hier bei einer nicht mehr zu vermittelnden Alternative bleiben?

Moderne Naturwissenschaften verstehen sich naturalistisch. In ihren Erklärungen der Welt-Gegebenheiten darf Gott nicht als Erklärungsgrund vorkommen. Er wäre *ignorantiae asylum*, Zuflucht der Unwissenden (Baruch Spinoza[13]). Die kennen die wahren Gründe der Erscheinungen und Entwicklungen nicht und nehmen bei einer Total-Erklärung ihre Zuflucht, die nichts erklärt: nicht die notwendigen Bedingungen dafür nennt, dass Welt-Gegebenheiten so sind, wie sie sind. Beweiskräftige Erklärungen wären nur gefunden, wo Wissenschaften Aspekte unserer Welt- und Selbsterfahrung mit einer Stringenz verständlich machen, zu der es *rebus sic stantibus* keine ernsthafte Alternative gibt: wo sie uns ein Wissen bereitstellen, das sich als alternativlos erweist, weil es uns die jeweils in Frage stehenden Zusammenhänge bestmöglich erklärt und geeignet scheint, eine umfassende Sicht unserer Wirklichkeit – auch des Menschseins – zu entwerfen; nach heutigen Stand also ein Wissen, das die Welt als lückenlosen evolutionären Naturzusammenhang verständlich macht, der nur nach Naturgesetzen erklärbare Ursachen-Wirkungs-Geflechte kennt. Der *szientistisch-reduktive Naturalismus,* der nur solche Natur-immanenten Erklärungen gelten lässt, erzwingt – so wird vielfach als selbstverständlich angenommen – nicht nur

[12] August Wilhelm Tholuck, Die Lehre von der Sünde und vom Versöhner oder die wahre Weihe des Zweiflers, Gotha [8]1862, 166 f. Bei Kant: Der Streit der Fakultäten, Kants Werke. Akademie Textausgabe, Berlin 1968, Bd. VII, 1–116, hier 55.

[13] Vgl. Baruch Spinoza, Ethica Ordine Geometrico Demonstrata – Die Ethik mit geometrischer Methode begründet, in: Opera – Werke, Bd. 2, hg. von K. Blumenstock, Darmstadt 1967, 84–557, hier 152 f.

den methodischen Agnostizismus, sondern einen Atheismus, der nichtwissenschaftliche, mit übernatürlichen Ursachen rechnende Erklärungen ausschließt.

1.2 Erfahrungspathos

Der Naturalismus ist von einem Erfahrungspathos getragen, für das *Friedrich Nietzsche* als Stammvater gelten darf.[14] Für ihn war Frömmigkeit die „feinste und letzte Ausgeburt der *Furcht*" vor einer Gott-losen Welt, die die Geborgenheits-Sehnsucht der Menschen tief verletzt[15]; Furcht vor einer Wissenschaft, die die Menschheit in die schlimmste Prüfung führt, der nur die *Übermenschen* gewachsen seien: alle Vorstellungen eines Zweckes oder Zieles des Lebens zu „opfern" und sich dem Lebensgefühl des *Werdens und Vergehens* aussetzen zu können. Glauben heißt, an der Wirklichkeit, so wie sie ist, zu leiden und deshalb ein religiös verbürgtes Wofür zu brauchen, denn: „Hat man sein *warum?* des Lebens, so verträgt man sich fast mit jedem *wie?*".[16] Die Sehnsucht nach einem Ziel, für das ich da sein kann und an dem ich irgendwie teilnehmen werde, muss wissenschaftlicher Empirie aufgeopfert werden. Die erträgt es, dass der Mensch „seinen Platz wie ein Zigeuner am Rande des Universums hat, das für seine Musik taub ist und gleichgültig gegen seine Hoffnungen, Leiden oder Verbrechen"[17]. Mit den Prozessen, an denen die Menschen teilnehmen oder deren Opfer sie sind, wird nichts über die evolutionäre Selbstentfaltung – Selbstzerstörung (?) – des Lebens innerhalb einer alles umgreifenden evolutionären Dynamik hinaus bezweckt. Die belohnt, was ihr dient und geht schließlich über alles hinweg, was sich in ihr für eine kurze Frist behauptete.

Das sind die nackten Fakten, mit denen Erfahrung zurechtzukommen habe. Religionen kostümieren diese Nacktheit, damit Menschen die Hoffnung hegen können, in der Wirklichkeit dieser Welt für ihre tiefsten Intuitionen *Resonanz* zu finden. Nichts an der Welt- und Selbst-Erfahrung, wie sie sich den empirischen Wissenschaften darbietet, spräche dafür, dass man sich diese Hoffnung machen sollte. Sie passt nicht zur naturalistisch interpretierten Welt- und Selbst-Erfahrung. Man sollte sie als Empiriker tunlichst *draußen halten.*

[14] Ich greife für dieses Teilkapitel auf einige andernorts veröffentlichte Gedanken und Formulierungen zurück: Jürgen Werbick, Gotteserfahrung heute – Wie kann man Gott überhaupt erfahren?, in: Studia Teologiczno-Historyczne Śląska Opolskiego 39 (2/2019), 11–26.

[15] Vgl. Jenseits von Gut und Böse, Aphorismus 59, KSA 5, 78.

[16] Götzendämmerung, Sprüche und Pfeile 12, KSA 6, 60 f.

[17] Jacques Monod, Zufall oder Notwendigkeit, dt. München ^{2}1971, 211.

Und doch, vielleicht gerade deshalb, gibt es gegenwärtig ein *Glaubens-Erfahrungs-Pathos*, das sich auch naturwissenschaftlich bestätigt sieht. Man beruft sich etwa auf Karl Rahners Sentenz: „Der Fromme von morgen wird ein ‚Mystiker' sein, einer, der etwas ‚erfahren' hat, oder er wird nicht mehr sein, weil die Frömmigkeit von morgen nicht mehr durch die [...] selbstverständliche öffentliche Überzeugung und religiöse Sitte aller mitgetragen wird"[18], sondern selbst vollzogen und verantwortet werden muss. Etwas erfahren haben und so zur eigenen religiösen Überzeugung gefunden haben, sich nicht mehr auf das kirchliche Hörensagen verlassen müssen, das ist das attraktive Angebot östlicher Übungswege. Sie verheißen, Menschen in eine Tiefe ihrer selbst zu führen, in der sie das Einssein mit dem Welt- und Selbstgrund *erfahren* und nicht nur „glauben müssen". Mit dieser Erfahrung können sie gar nicht anders, als sich in diesen Tiefen- und Einheitsgrund einzulassen, sich ihm hingegeben zu wissen – und zu wissen, dass sie dazu unterwegs sind, in ihm aufzugehen.

Ich werde, so beschreibt man es hier, zur Erfahrung des Absoluten im innersten Grund meiner selbst geführt, dahin, wo mein Selbst aus dem Absoluten-Umgreifenden entspringt und seine Einheit mit dem Absoluten realisieren kann; dahin, wo die Mystik aller Religionen den Übenden sammeln will. Vielfach grenzt man sich mit dieser „ganzheitlichen" Perspektive von dem ab, was man *Glaubens-Dualismus* nennt: vom personal erlebten Gott Abrahams und dem Vater Jesu, insofern dieser – wie es *Ken Wilber* sagt, einer der Vordenker einer „fortgeschrittenen mystisch-universellen" Religion – als „ein ontologisches Anderes [vorgestellt wird], das seinem Wesen nach für immer von uns getrennt ist" – eben nicht, wie im Hinduismus und Buddhismus – als „im letzten Sinne eins und identisch" mit uns.[19] Bibel und christliche Theologie denken Gott und die Welt nach Willigis Jägers Diagnose durchgehend dualistisch und versperren den Menschen den Erfahrungszugang zum all-einen Absoluten. So bringe das christliche Glaubenskonzept in einen Gegensatz, was in elementarer Einheit gesehen werden müsste. Es denkt, glaubt, das Verhältnis des Menschen zum Absoluten mythologisch:

> „JHWH, der Gott Israels, hat die Welt aus dem Nichts geschaffen, er dirigiert die Welt von außen. Er griff ein, wenn die Menschen versagten. Die Welt, wie sie ist, wird verschuldet durch die Sünden der Menschen, zum Jammertal, zum Tal der Tränen, aus dem es zu entfliehen gilt. Es kam dadurch notge-

[18] Karl Rahner, Frömmigkeit früher und heute, in: ders. Schriften zur Theologie VII, Einsiedeln – Zürich – Köln 1966, 11–31, hier 22.

[19] Vgl. Ken Wilber, Halbzeit der Evolution, dt. Bern – München 1988, 16.

> drungen zu einer Verachtung der Erde, des Körpers, der Natur, der Frau, der Sexualität und der Sinne. Religion pocht auf moralisches Verhalten. Erst im Jenseits kommt der große Ausgleich"[20].

In der Erfahrung wie im Denken der großen Mystiker sei dagegen die Einsicht bestimmend gewesen, „dass es [zwar] irgendeine Art von Unendlichem, irgendeine Form von Absoluter Gottheit gibt", man diese Absolutheit aber nicht dualistisch „als kolossales Wesen, als liebenden Vater oder einen außerhalb seiner Schöpfung, den Dingen, Ereignissen und den Menschen stehenden großen Schöpfer" verstehen dürfe. Am besten stelle man sie sich, so wieder Ken Wilber „metaphorisch als den Urgrund, das Sosein oder die Voraussetzung aller Dinge und Geschehnisse vor", eben nicht als – „ein von allen endlichen Dingen getrenntes Großes Ding, sondern eher [als] die Realität, das Sosein oder der Urgrund der Dinge."[21]

Wilbers Sprache mag hilflos klingen. Aber ist das nicht darauf zurückzuführen, dass die am Endlichen orientierte Sprache schwer hinter dem hier Erfahrenen hinterherkommt? Ken Wilber greift zu den Metaphern des Urgrundes oder des alles Durchwirkenden, in allem Endlichen sich Wirkenden, dem das Endliche – die Endlichen – sich hinzugeben hätte, damit es im Unendlichen selbst unendlich würde. Und es bleibt bei Wilber – verständlicherweise? – recht unklar, in welchem Sinne hier von Grund, von der Immanenz des Unendlichen im Endlichen, von „Durchwirken" bzw. vom Durchwirkt-Werden gesprochen wird. Wir ahnen, was gemeint ist, wenn von Innengrund des Selbst die Rede ist: dass er uns trägt, irgendwie birgt – und wir uns, wenn wir diese Erfahrung machen, *lassen* können, es lassen können, um Selbstbehauptung zu kämpfen, unser Für-uns-Sein demonstrativ auszuleben.

Man kann wohl erfahren, wie entlastend, vielleicht befreiend es ist, sich in diesem Sinne getragen zu fühlen, sich „einlassen", *verlassen* zu können. Aber hat Rahner es so gemeint, als er sagte, die Frommen der Zukunft würden Menschen sein, die „etwas erfahren" haben? Hat er den Abschied vom personalen Gott proklamieren wollen? Und wie sehen wir das nach mehr als einem halben Jahrhundert selbst? Was ist das *Etwas*, von dem wir sagen könnten, dass es uns in einigermaßen lebendiger Glaubens-Erfahrung zugänglich geworden ist?

Vielleicht liegt das hier Aufzuklärende ja schon in dieser spannungsreichen Formel *Glaubens-Erfahrung*. Hält sie nicht zusammen, was aus-

[20] Willigis Jäger, Symphonie des Einen und Ganzen, in: Christ in der Gegenwart 52 (2000), 149 f., hier 149.

[21] Ken Wilber, Halbzeit der Evolution, 17.

einanderzuhalten wäre? Muss es in der *Alternative Glauben oder Erfahren* nicht doch zu einer Entscheidung kommen? Ich habe es *selbst* erfahren, muss nicht nur den „zuständigen“ Autoritäten glauben und mir von ihnen sagen lassen, was das ist: Religion, Gott. Soviel religiöse Mündigkeit sollte schon sein, wenn Menschen sich heute als christlich identifizieren – in einer Umwelt, in der das alles andere als selbstverständlich ist! Erfahrung macht eigenständig, urteilsfähig. Wer etwas erfahren hat, dem kann man nichts mehr vormachen. Als Erfahrener ist man den Unerfahrenen überlegen, jedenfalls in den Bereichen, in denen man die schlechthin aufschlussreiche Erfahrung gemacht hat. Dann geht es schnell so: Wer diese Erfahrung nicht gemacht hat, kann nicht mitreden, ist hier inkompetent. Genau das hassen wir Normalglaubende an den „Erfahrenen“: dass sie uns ihre Überlegenheit demonstrieren, uns vielleicht noch bedauern, aber nicht ernst nehmen. Die Atmosphäre wird schnell giftig, wenn man es mit Erfahrungseliten zu tun hat und ihre Erfahrung nicht teilt, sie nicht in ihrer Überzeugung bestätigt, hier sei von einer Erfahrung die Rede, die wirklich in die Tiefe geht und die Wirklichkeit im Ganzen erschließt.

Mit solchen Erfahrungen können sich die „Erfahrenen“ mitunter – als Wissende – in der modernen Evolutionstheorie wiedererkennen. Ist die mystische Erfahrung des Absoluten denn nicht die unmittelbare Erfahrung dessen, was sich evolutionär entfaltet und das so Hervorgebrachte *in sich* enthält? Beinharten Empirikern geht es mit so viel Zusammenbringen doch zu schnell. Und überhaupt: Wird hier nicht in völlig anderer Weise von Erfahrung gesprochen, in einer Weise, die von Erfahrungsbegriff der empirischen Wissenschaften weit entfernt scheint? Es wird Zeit, deutlicher zu machen, wie hier jeweils von Erfahrung gesprochen wird und wie im Zusammenhang mit Gott, Glauben und Religion von ihr gesprochen werden dürfte.

1.3 Erfahrungen und ihre Botschaft: Wofür sprechen sie?

Eine Erfahrung machen heißt alltagssprachlich so viel wie: Ich bin auf „etwas gestoßen“, was mir gesteigerte Aufmerksamkeit abnötigt. Es könnte wichtig für mich sein, meine Einstellungen zu verändern, möglicherweise mein Leben zu ändern. Ich bin auf etwas gestoßen: auf eine Wirklichkeit, an der ich nicht mehr vorbeikomme. Es hat sich mir Wirkliches gezeigt – und ich bin genötigt herauszufinden, was es für mich *bedeutet.* Eine Erfahrung machen, das ist ein Prozess, der dahin führt, dass ich – wenn es gut ausgeht – einigermaßen verstanden habe, was die Botschaft dieses Auf-etwas-gestoßen-Seins für mich ist, was ich mir von dieser Erfahrung sagen lassen muss, was ich ändern muss – an Meinungen und Vorurteilen, Einstellungen, Verhaltensweisen –, wenn ich diese Erfahrung zu ihrem Recht kommen lasse.

Auch die *Erfahrungs*-Wissenschaften verstehen Erfahrung in diesem Sinne als Prozess, der hier freilich an ein klar geordnetes Procedere gebunden ist: Sie „produzieren" Erfahrungen, indem sie die „Natur" – was auch immer das ist – kontrolliert ins Gespräch ziehen und zu Antworten nötigen. Wissenschaftlich vorgehende Vernunft stößt nicht einfach auf die Natur-Realität, sondern bringt die Natur gleichsam zum Sprechen, etwa indem sie Experimente arrangiert, in denen sich zeigen muss, ob bisher gehegte Meinungen und die bis jetzt entwickelten Theorien weiterhin brauchbar sind oder aufgrund dessen, was das Experiment zeigt, modifiziert, gar aufgegeben werden müssen. Empirische Wissenschaften gehen – um mit Kant zu sprechen – „an die Natur [...], zwar um von ihr belehrt zu werden, aber nicht in der Qualität eines Schülers, der sich alles vorsagen lässt, was der Lehrer will, sondern eines bestallten Richters, der die Zeugen nötigt, auf die Fragen zu antworten, die er ihnen vorlegt."[22]

Die (natur-)wissenschaftliche Vernunft ist und bleibt – so sieht man es mit Kant im Alltagsbetrieb der Naturwissenschaften bis heute – Herrin des Verfahrens, in dem Erfahrungen zu ihrem Recht kommen sollen. Sie hat es eröffnet und richtet darüber, was dabei herauskommt. Sie zieht ihre Schlüsse aus der Zeugen-„Botschaft", eröffnet möglicherweise neue Verfahren, in denen herauskommen muss, wie man am besten mit dem zurechtkommt, was das Experiment *verraten* hat und woran man nun nicht mehr vorbeikommt. Aber auch hier scheint klar zu sein: Von Erfahrung spricht man erst, wenn man einigermaßen verstanden hat, was sich in ihr herausgestellt hat. Erfahrene Wissenschaftler wie erfahrene Mitmenschen sind solche, die die richtigen Schlüsse aus dem ziehen, worauf sie – wie auch immer – gestoßen sind. Sie sind durch Erfahrung *realitätsfähiger* geworden. In diesem formalen Aspekt scheinen sich Erfahrungswissenschaft und Lebenserfahrung nicht wesentlich zu unterscheiden. Wichtig ist dieser Aspekt deshalb, weil er klarmacht: Erfahrungen sind weit mehr als das „Darauf-Stoßen" und Mit-einer-Wirklichkeit-konfrontiert-Werden. Sie sind kreative Lern-Prozesse, in denen ich eine Herausforderung bearbeite, die mich weiterbringen kann und weiterbringen müsste – die vielleicht auch den *Horizont* weiten, in dem man sich weiter fragt, weiter vorantastet.

Aber bin ich da, wie Kant unterstellte, immer Herr(in) des Verfahrens? Sind es nicht oft – gerade lebensweltlich – Herausforderungen, die ich mir nicht gesucht habe, mich auch nicht *weiter*bringen, sondern auf mich selbst

[22] Immanuel Kant, Kritik der reinen Vernunft, Vorrede, B XIII.

*zurück*werfen? Und wie verlässlich ist das, was da nach meinem Urteil aus dem Prozess der Erfahrung herauskommt? Wie klar ist, dass ich einigermaßen zutreffend beurteile und einschätzen kann, was in ihr geschehen ist, welche Realität sich mir da gezeigt hat und welche Herausforderung mir daraus erwachsen ist? Wie sicher kann ich sein, ihre Botschaft richtig verstanden zu haben und mich gut auf sie einstellen zu können?

Wer im Prozess der Erfahrung Herr(in) des Verfahrens bleiben und die Kontrolle behalten will, macht sich mitunter blind für das, was die Erfahrung ihn lehren sollte, welche Verstehens- und Lebens-Umkehr sie zumuten würde, wenn man sich von ihr führen ließe. Aber einfach die Kontrolle abgeben und sich von Erfahrungen führen lassen, ist auch kein Patentrezept. *Ich* bin gefordert, ihre Botschaft zu verstehen und eine adäquate Antwort zu finden, sonst gebe meine Verantwortung an andere ab, die mir gern vorinterpretieren, wie ich diese Erfahrung zu verstehen habe: an Meinungsmacher, Kommentatoren, Therapeuten, Meister, Lehrer.

Lebensweltliche und wissenschaftlich evaluierte Erfahrungen können „Lebens-tüchtiger" machen, neue Handlungs-Möglichkeiten zur Verfügung stellen, können für mich Kontrollzuwachs bedeuten – wenn ich mich auf sie einlasse. In gewisser Weise werde ich „Herr(in)" durch Kompetenzgewinn. Und doch liegt darin ein Moment der Passivität: Ich *erlaube* dem Erfahrenen, mich zu verändern, meine Vorannahmen, meine Vorstellungskraft, meine Routinen. Dieses Moment der Passivität kommt ganz in den Vordergrund bei Erfahrungen „nicht des Ergreifens von Handlungsmöglichkeiten, sondern des Ergriffenwerdens"; Hans Joas nennt sie „Erfahrungen der Selbsttranszendenz".[23] Es sind lebensweltliche Macht-Erfahrungen, die mich affektiv binden und zugleich ermächtigen, in neuer Weise in und mit der Wirklichkeit zu leben.

Auch diese Erfahrungen sind *meine*. Ich habe sie *gemacht*, bin von ihnen freilich geradezu in Mitleidenschaft gezogen worden. Sie kennzeichnen meinen Weg, meine Biographie. Aber sie sind auch dazu da, geteilt zu werden. Immer schon sind sie eingefügt in eine mit anderen geteilte Erfahrung-Welt, in der bestimmte Erfahrungen Aufmerksamkeit finden, in die hinein sich ihre „Botschaft" artikulieren kann. Empirisch valide Erfahrungen sind überhaupt nur dadurch gültig, dass sie geteilt werden: von anderen nachvollzogen werden können. Auch die lebensweltlichen Ergriffenheits-Erfahrungen gehören nicht einfach mir. Ich mache sie in Interpretations- und Auslegungsgemeinschaften, die mir die Möglichkeit zugespielt haben, sie zu machen und in denen ihre Botschaft so oder anders, bestimmt aber

[23] Hans Joas, Die Macht des Heiligen. Eine Alternative zur Geschichte von der Entzauberung, Frankfurt a. M. 2017, 431.

nicht so verstanden wird, Bedeutung gewinnt. Solche Auslegungsgemeinschaften haben, wenn es in ihnen um religiöse Erfahrungen und Zeugnisse geht, ihrerseits teil an der „sakralen“ Macht, mit der mich das „Heilige“ ergriffen hat. Mitunter missbrauchen sie diese Macht und machen mir ein unsittliches Angebot, drängen es mir geradezu auf. Mitunter habe ich es immer schon angenommen: Sinnvollerweise deutest du diese Erfahrung *so!* Da wird dann – mehr oder weniger subtil – soziale Macht ausgeübt, ein Ingroup-Bewusstsein urgiert, das mir den Blick „nach draußen“ verwehrt. Wem es gelingt, mich mit seiner Deutung meiner Erfahrungen zu imprägnieren, der hat mich in der Hand. Er hat so innerlich auf mich zugegriffen, dass ich seinen Zugriff kaum noch wahrnehme und kaum abwehren kann. Ich habe mich ja mit ihm „identifiziert“. Er bestimmt meine Identität und meine Geschichte als in dieser oder jener Hinsicht Erfahrener mehr oder weniger mit, sodass ich kaum Distanz zu ihm wahren kann. Er hat mir vorbestimmt, womit ich zusammenbringen und zusammenhalten soll, was mir da widerfuhr; er hat es womöglich fertiggebracht, meine Erfahrung und seine Interessen miteinander zu verquicken. Da muss die Reflexion, gerade die theologische, dazwischenkommen und dem Erfahrungs-Missbrauch wehren, in dem es mit dem Hoffnungs- und Glaubensmissbrauch so oft anfängt.

1.4 Eigene und enteignete Erfahrung

Da sind Erfahrungen angesprochen, die viele mit Kirche gemacht haben und denen sie misstrauen lernten; Erfahrungen mit sakralisierter Macht; Erfahrungen auch, mit denen ich mich identifiziere, weil ich sie nicht missen möchte und von ihnen lebe, mit tragenden Erfahrungen. Aber der Zusammenhang zwischen *meinen* Erfahrungen und geteilten Erfahrungen ist ekklesial und theologisch kritisch. Sie sollen in einer Welt, in der man sich eher auf Erfahrung als auf Herkommen, eher auf das selbst Erprobte als auf das „Immer schon“ verlässt, *Grund* der eigenen, mir nicht durch „Vormünder“ indoktrinierten Überzeugungen sein. So gehört es sich für aufgeklärte Menschen, die durch Vernunft aus ihrer selbstverschuldeten Unmündigkeit ausgezogen sind! Aber wir leben in gesellschaftlichen und so auch religiösen Kommunikations-Regimes, in denen uns das eigene regelmäßig enteignet wird, da uns nahegebracht wird, wie man zu verstehen hat, was dieser Grund ist und was er – in Wirklichkeit – bedeutet.

Das ist schon mitmenschlich prekär: Ich kann dich ja so gut verstehen! Wie bitte? Mitunter möchte man mit André Gide sagen: „Verstehen Sie mich, bitte, nicht so rasch!"[24] Man möchte es auch an Kirchen und Theologien gerichtet sagen: Bitte versteht mich und meine Erfahrungen nicht so schnell! Die Gefahr ist im Verzuge, dass ihr immer schon wisst, was ich *wirklich* erfahre, damit ihr mir mundgerecht – „erfahrungsnah" – sagen könnt, was ihr mir als eure Botschaft sagen wollt. Oder mich in die Enge bringt, weil ich einfach nicht begreifen will, was diese Erfahrung *eigentlich* bedeutet, wie man ihr deshalb Rechnung zu tragen hat.

Eine Theologie, der nichts Menschliches fremd ist, wird auch an der Zwiespältigkeit geteilter Erfahrungen teilhaben, ihren Macht-Charakter und dessen Missbrauch zu reflektieren haben und sich doch der Verheißung öffnen dürfen, die den Menschen aus geteilten Erfahrungen zuwachsen kann. Sie wird es ernst meinen mit dem Teilen, mit der Menschen- und Schicksals-Zeitgenossenschaft, mit der Teilnehmer-Perspektive – innerhalb der Communio sanctorum und darüber hinaus in der Zeitgenossenschaft mit anderen Religionen und Kulturen, mit den Sorgen, Entbehrungen, mit der Sehnsucht, der Ratlosigkeit, den Hoffnungen, die sich hier artikulieren, mitunter nur noch Luft machen. Die Pastoralkonstitution über die Kirche in der Welt von heute *Gaudium et spes* des Zweiten Vatikanums gab den Ton vor: „Freude und Hoffnung, Trauer und Angst der Menschen von heute, besonders der Armen und Bedrängten aller Art, sind auch Freude und Hoffnung und Angst der Jünger Christi. Und es gibt nichts wahrhaft Menschliches, das nicht in ihren Herzen Widerhall fände".[25] Die Theologie der Religionen wird hinzufügen dürfen: Auch Erfahrungen mit dem Heiligen, die in anderen Religionen gemacht und ermöglicht werden, finden im Herzen der Jüngerinnen und Jünger Christi Widerhall.

Ist das wirklich wahr? Soll es wahr werden in Theologie und Kirche, in kirchlicher Lehrverkündigung, im Procedere theologischer Alltags-Arbeit? Das würde voraussetzen, dass man nicht mit dem Rücken zu den Erfahrungen der Menschen verkündigt und Theologie treibt, sondern „auf Augenhöhe" mit denen, in denen sie sich bilden, denen sie zugemutet sind. Das *auf Augenhöhe* ist zum Klischee geworden; man sollte sich hüten, dass es nicht auch ein theologisches wird, auch noch in ein schiefes Bild gepresst. Aber das Bild bringt zu Bewusstsein, wie schnell man die Teilnehmer-Perspektive verlässt, *nicht mehr teilnimmt, sondern beurteilt.*

Die Theologie ist sich in den letzten Jahrzehnten dieser Gefahr deutlicher bewusst geworden. Die Befreiungstheologie hat ihr geradezu programmatisch widerstehen wollen. Auch die Kritik an einer vordergründig bleiben-

[24] André Gide, Die Verliese des Vatikans. Ein ironischer Roman, Reinbek 1955, 135; hier zitiert nach Jürgen Ebach, SchriftStücke. Biblische Formulierungen, Gütersloh 2010, 11.

[25] *Gaudium et spes* 1.

den korrelativen Theologie hatte sie deutlich im Blick. Es ist ja nicht so, dass die Erfahrungen der Menschen schon ernst genommen würden, wenn man in ihnen die Fragen hört, auf die man gern antworten würde.[26] Theologie in der Teilnehmer-Perspektive bleibt – wenn es gut geht – die Auslegung der normativen Glaubenszeugnisse in den Erfahrungshorizonten der Zeit- und Schicksalsgenoss(inn)en nicht schuldig. Aber sie nimmt das Miteinander wichtiger als das eigene Bescheid-Wissen darüber, wie es um die steht und worum es denen geht, denen sie dieses Zeugnis auslegt. Sie kommt sich selber in die Quere, wenn es damit zu schnell geht.

Dieses Buch versteht sich als Plädoyer. Es scheint so, dass es offene Türen einrennt, wenn es der Theologie die Teilnehmer-Perspektive abverlangt, die Perspektive des Teilnehmens am Menschlich-Allzumenschlichen. Die folgenden Kapitel werden exemplarisch zeigen, dass es nicht so ist und dass sich die Theologie in der Kirche – auch im Gegenüber zum hierarchischen Lehramt – als Anwältin elementarer menschlicher Erfahrungen verstehen muss, die dazwischengeht, wenn sie missbraucht werden. Aber kündigt sich dieser Missbrauch nicht schon da an, wo solche Erfahrungen mit Gott in Verbindung gebracht, gar als Gottes-Erfahrungen ausgelegt werden?

1.5 Gottes-Erfahrungen?

Wie sollte Gott denn in Erfahrungen vorkommen? Kommt er so ins Spiel, dass mit ihm Entscheidendes auf dem Spiel steht? Er kommt nicht als Beobachtungs-Gegebenheit vor, in der Beobachter-Perspektive. Wenn man von Gottes-Erfahrungen spricht, kann es nicht um empirisch verifizierbare Erfahrungen gehen. Gott kann ich nicht wie die Natur zur Antwort auf meine Fragen zwingen, indem ich ihn vor den Gerichtshof meiner Vernunft zitiere und dann das Urteil darüber fälle, ob es etwas bedeutet, erklärt, dass er hier vorkommt – und was uns das zu sagen hat. Wenn das Wort Gottes-Erfahrung einen Sinn haben soll, hat es mit einem Ergriffensein zu tun, in dem man nicht Herr(in) des Verfahrens sein kann; Paul Tillich nannte den Gottesglauben „Ergriffensein von dem, was uns unbedingt angeht"; Hans Joas ist ihm darin gefolgt.[27] Das wird es treffen. Bin ich dann in Glaubens-

[26] Das ist freilich auch nicht die Intention der korrelativen Methode bei Paul Tillich gewesen. Sie geht vielmehr „wechselseitige[n] Abhängigkeit von Frage und Antwort" aus, also gerade davon, dass Glaubensüberzeugungen menschliche Erfahrungen ebenso in Frage stellen, wie diese Erfahrungen die überlieferten Zeugnisse des Glaubens; vgl. Paul Tillich, Korrelationen. Die Antworten der Religion auf Fragen der Zeit. Ergänzungs- und Nachlassbände zu den Gesammelten Werken IV, Stuttgart 1975, 22.

[27] Paul Tillich, Wesen und Wandel des Glaubens, dt. Frankfurt 1961, 9.

und Gottes-Erfahrungen überhaupt nicht mehr Herr(in) meiner selbst? Bin ich mir darin selbst ent-eignet – sodass auch Kirchen und Gurus leichtes Spiel haben, mich mir selbst wegzunehmen? Oder ist es doch mein Mich-ergreifen-*Lassen*, was diese Erfahrungen zu *meinen* Erfahrungen macht?

So viel ist klar: Gott kann nicht erfahren werden wie eine Naturgegebenheit, derer man sich in experimentellen und/oder vergleichbaren diskursiven Arrangements dadurch vergewissert, dass man *rebus sic stantibus* auf sie zurückkommen *muss*, um sich weitere beobachtbare Zusammenhänge erklären zu können. Auf Gott stößt man nicht, wird man nicht gestoßen, wie auf eine unabweisbare Naturgegebenheit oder auf eine Erklärungsgröße, ohne die ich empirisch nicht durchkomme. Er gehört nicht zu den endlich-welthaften Gegebenheiten und Erklärungsgrößen, die uns dazu nötigen und in die Lage versetzen, einen umfassenden, kausal vernetzten Weltzusammenhang vorzustellen. Gott ist nicht als Gegenstand oder Faktor unserer Welt erfahrbar. Es macht die spezifische Signatur der Gottes-Erfahrung *heute* aus, dass man das nicht mehr ignorieren kann.[28]

Ältere Glaubens-Kulturen mögen Natur- oder Geschichts-Erfahrungen ganz unmittelbar auf Gottes Eingreifen zurückgeführt haben: Gott blitzt und donnert, führt die feindlichen Heere herbei und straft seine Stadt; er öffnet oder verschließt die Schleusen des Himmels. Schon in der Bibel stellte sich aber je später desto deutlicher die Frage, wie Gott in solchen Vorgängen und Phänomenen angetroffen wird, wie er „in ihnen drin ist“. Die biblischen Gotteszeugnisse sind Zeugnisse von Erfahrungen, in denen Gott als „mitten drin“ erlebt wird – aber auch Zeugnisse der Gottverlassenheit, in der nicht geschah, worauf man sich verlassen hatte; Zeugnisse des Streitens darum, was es zu bedeuten hat, dass Gott mitten drin ist oder sich – Gott sei's geklagt – draußen zu halten scheint. So sind diese Zeugnisse – als kanonisch Glaubens-verbindlich zusammengehaltene – Dokumente eines Diskurses darüber, wie das Dasein Gottes für sein Volk (nach Ex 3,14) Wirklichkeit wurde und warum man es vermissen musste oder auf unzureichende Weise mit den Wirklichkeiten dieser Welt zusammenbrachte.

Glauben heißt interpretieren[29], heißt Erfahrungen so auslegen, dass man im Gottvertrauen schöpferisch mit ihnen umgehen kann: dass sie einen nicht fertigmachen, sondern zu einer Herausforderung werden, dem Leben einen Sinn abzugewinnen – dass sie etwas mit mir *anfangen*, ich mit ihnen

[28] Vgl. Karl Rahner, Gotteserfahrung heute, in: ders., Schriften zur Theologie IX, Einsiedeln – Zürich – Köln 1970, 161–176, hierzu 173, wo Rahner für die heutige Gotteserfahrung konstatiert, sie sei „viel deutlicher und radikaler als die frühere eine Transzendenzerfahrung, die die Welt entgöttlicht und so Gott – Gott sein lassen kann.“

[29] Vgl. in meinem Buch: Christlich glauben. Eine theologische Ortsbestimmung, Freiburg i. Br. 2019, 167–171.

etwas anfangen kann. Neutestamentlich ist der Glaube das große Interpretations-Wagnis, den Gott des Lebens und der Versöhnung noch in den Abgründen der Sünde und des Todes im Spiel zu sehen. Jesus Christus ist das große Fragezeichen des Daseins Gottes in einer Welt, die sein Zusage-Wort zum Schweigen bringt; und Gottes Antwort: sein Wirklich-Werden in den Abgründen des Leidens und Sterbens Jesu. Aber es bleibt un-festgelegt, *Interpretations-offen*, wie Gott in das Geschehen dieser Welt, auch in das Leben und Sterben seines Messias Jesus involviert ist. Die Zeugnisse der Evangelien und der Paulusbriefe sind in Atem gehalten vom Skandal des Kreuzes Jesu Christi, das ihn von vornherein als Gott-verbundenen Messias unmöglich zu machen schien. Paulus hat das Thora-Wort vor Augen, dass, wer am Holz (des Kreuzes) hängt, als von Gott Verlassene und Verfluchte ist (Dtn 21,23; Gal 3,13). Wie kann Gott mit diesem Kreuz in Verbindung gebracht werden, *in ihm da sein*, nicht als der Verfluchende, mit dem Gekreuzigten vielmehr zutiefst eins? Wie kann eine geschichtliche Erfahrung, die in der Vor-Interpretation der Thora die Verwerfung des Hingerichteten vor Augen führte, eine Gotteserfahrung sein? Ist Gott da drin, *mitzuerfahren?*

Paulus bietet alle ihm als Schriftgelehrtem zugänglichen Argumentationsressourcen auf, um das Kreuz Jesu Christi nicht als Widerlegung der Sendung Christi und des Weges der Nachfolge im Namen Christi, sondern geradezu als Eröffnung dieses Weges für Juden wie für Heiden, als Gotteserfahrung herauszustellen. In überbietender Parallelisierung zur Bundeslade bzw. deren Deckel (kapporæt, griechisch hilastérion) wird das Kreuz als Heilsgegenwart Gottes verstehbar gemacht, als Gottes Thron in einer heillosen Menschenwirklichkeit (Röm 3,21–26), die Auferweckung des Gekreuzigten aber als Teilhabe an Gottes Herrlichkeit, die sich auch den in Christi Tod und Auferweckung „Hineingetauften" öffnen wird (vgl. Röm 6,3–11). Mit höchstem theologischem Einsatz erschließt Paulus mit dem an den Heiligen Schriften der Juden geschulten Blick des Schriftkundigen atemberaubende Dimensionen eines biblischen Gottesglaubens: Gottes treue und heilende Menschen-Gegenwart geschieht am radikalsten im Kreuz Christi. In ihm ist er da: In abgründigster Gottferne geschieht Gottes Nähe, sein Dasein bei den Menschen. Die Gottferne des Kreuzes ist nicht gottlos; auch sie ist Ort der rettenden Gottbegegnung. Mit seinem Christus geht Gott den Weg der Erniedrigung bis zuletzt mit, damit auch dieses Letzte von seiner Präsenz erfüllt werde (vgl. Phil 2,5–11).

So mobilisiert Paulus in gewagtem Zugriff Interpretations-Ressourcen seiner Heiligen Schrift, um der Schlusspunkt-Erfahrung des Kreuzestodes einen neuen Anfang mit Gott – durch Gott – abzuringen und die Botschaft Jesu von Nazaret nicht verloren geben zu müssen, Gottes gute Herrschaft habe jetzt angefangen und werde nicht aufhören anzufangen. Auslegungsgemeinschaften teilen Unheils-Erfahrungen, damit man mit ihnen nicht allein bleibt; sie halten neue Erfahrungen, auch traumatische, mit dem zusammen, was man „von alters her" glaubt. So halten sie Ressourcen zugänglich, aus denen geschöpft werden kann, sie zu bestehen und in ihnen nicht zerstörte Anfänge zu ergreifen. Ob sie diese Erfahrungen verfälschen, sie koste es, was es wolle, um ihre deprimierende Botschaft bringen oder dabei helfen, mit ihnen zu kämpfen, bis sie einem doch segnen? Das ist die Frage, die die Theologie nicht loswerden kann.

1.6 Glauben gegen die Erfahrung?

Wenn Gott tatsächlich „drin" war im Kreuz seines Sohnes: War und ist er hier *erfahrbar?* Von Jesus ist der Schrei der Nicht-mehr-Erfahrbarkeit Gottes überliefert, seiner Gottverlassenheit, Menschen-Ausgeliefertheit: Mein Gott, mein Gott, warum hast du mich verlassen? (Mk 15,34) Hat er Gott noch in dieser Gottverlassenheit erfahren, sich im Abgrund des Sterbens in seine Hände gegeben, seine Gottverlassenheit als Selbst-Verausgabung für die Menschen erfahren, wie es die Passion des Johannesevangeliums darstellt? Oder steht das Kreuz für eine Erfahrung der Gottferne, in der Gottes „Drinsein" nur *gegen die Erfahrung* geglaubt werden kann?

Mystiker und Mystikerinnen des Spätmittelalters haben es so gesehen: Im Blick auf den Gekreuzigten sahen sie sich in eine Gottes-Erfahrung hineingeführt, in der Gott sich ihnen entzieht, ihnen keine Bestätigung durch Erfahrungen innerer geistlicher Erfüllung und des Trostes gewährt. Wenn er ihnen Licht ist, dann das dunkle Licht. Wenn er zugänglich wird, dann in der dunklen Nacht der Sinne, in der sich alles entzieht, woran sie sich festhalten könnten: Erfahrung der Nicht-Erfahrung, das Glauben *contra experientiam* – gegen die Stützen, die welthaft Erfahrbares mir gewähren könnte, das ist die durchkreuzte Gottes-Erfahrung eines *Johannes vom Kreuz*, im vergangenen Jahrhundert vielen zugemutet und von *Dietrich Bonhoeffer* bezeugt. *Luther* spricht davon, dass das, was die eigentliche Gottes-Erfahrung ausmacht – das angesichts der Sündenvergebung getröstete Gewissen – nicht auf das „Urteil unserer Sinne" zurückgeht.[30] Das macht hoffnungslos. Die Erfahrung von Welt birgt keinerlei Verheißung in sich; sie wird zur Versuchung und zur Anfechtung, die einem verzweifeln lassen – zur de-speratio treiben – kann. Im Glauben wird diese *desperatio* zur

[30] Vgl. Weimarer Ausgabe 31,2; 282, 31–36 und als Kommentar: Gerhard Ebeling, Die Klage über das Erfahrungsdefizit in der Theologie, a.a.O., 13 f.

heilsamen Verzweiflung an einem Welt-Vertrauen, in dem man meinte, aus den Möglichkeiten dieser Welt heraus Zukunft haben zu können. Diese Verzweiflung bestreitet der Welt jede Heilsverheißung; sie führt im Glauben dahin, allein der Verheißung Gottes in Kreuz und Auferstehung Jesu zu trauen.

Gerhard Ebeling und Eberhard Jüngel sagen, dass die Glaubenden eine heilsame *Erfahrung mit der Erfahrung* machen.[31] Glaubende erfahren, was sie in der Welt und als Welt erfahren, als Zurückgeworfen-Werden auf sich selbst und die eigenen Grenzen, wissen sich auf Gottes Selbstzusage verwiesen, mit der sie sich in Gottes Zukunft aufgenommen und mit ihm versöhnt wissen. Im Kreuz der Welt – in der Erfahrung äußerster Zukunftslosigkeit – öffnet sich ihnen die Erfahrung eines Gottes, der sie so wenig verloren gibt, wie er seinen gekreuzigten Sohn verloren gab. Diese Erfahrung aber ist vom Zuspruch des göttlichen Verheißungswortes getragen, das den Glauben an die Rettung durch Gott wachruft, wegruft von den Versprechungen, die man in den zutiefst heillosen Erfahrungen der Welt zu hören meint.

In der Tradition Martin Luthers ist es zuerst und allein das Wort der Verkündigung, das die Menschen zur Erfahrung des „Drin-Seins“ Gottes in ihrer Welt, ihrem Leben, vor allem aber in der zutiefst verheißungsvollen Geschichte des Gekreuzigten und Auferstandenen führt. Es schließt ihnen eine Erfahrung mit der Welt- und Selbst-Erfahrung auf, die sie in dieser Welt die Spuren der schon zugänglichen Gottesherrschaft wahrnehmen lässt. Damit fällt der Blick auf den Verkündiger Jesus selbst und darauf, wie er den Seinen Gottes-Erfahrung erschließt. Das mag ein Paradigma dafür sein, wie der Gottesgeist zu allen Zeiten, so vielleicht auch *heute*, in die Gottes-Erfahrung einführt.

1.7 Gott erfahren in dem, was er mit den Glaubenden anfängt

Für Jesu Zeitgenossen und ihre Lebenswelt mag es so gewesen sein, dass sie in Gebet, Kult und Alltag Gott eher als gegenwärtig erlebten als unsere Zeit. Aber das stimmt schon für seine Zeit nicht in jeder Hinsicht und pauschal. Gruppen, die man später als Apokalyptiker bezeichnete, haben die Welt als sich selbst und der Macht der Sünde oder der Dämonen überlassen erfahren: Gott ist nicht mehr mitten drin, kann nicht mehr drin sein in dieser gegen Gott sich versperrenden Sündenwirklichkeit. Er wird am Ende in sie ein-

[31] Gerhard Ebeling, ebd., 22; Eberhard Jüngel, Unterwegs zur Sache. Theologische Bemerkungen, München 1972, 8.

brechen und dieser Welt – dem „alten Äon – ein Ende machen, damit auch der Sünde, die in ihr zur Herrschaft gelangt ist. Vom Himmel her wird sein erwählter Messias Gottes Reich aufrichten und im neuen Jerusalem herrschen. Am Jüngsten Tag wird das geschehen.

Jesus von Nazaret selbst war kein Apokalyptiker in diesem Sinn, so sehr er sich im Denk- und Bild-Milieu der Apokalyptik bewegt haben wird. Für ihn gilt: Diese Welt ist gleichsam durchlässig für Gottes gute Herrschaft. Gottesherrschaft geschieht jetzt, wo Menschen sich von Gottes gutem Geist ergreifen lassen und leben, was die Gottesherrschaft ausmacht: Die Letzten sind die Ersten, die Hungernden sind gesättigt, Trauernde aufgerichtet, Verfolgte gerettet und ins Recht gesetzt, „Blinden" werden die Augen aufgetan für das, was jetzt geschieht, und den Lahmen werden Beine gemacht, sodass sie auf dem Weg Jesu in die Gottesherrschaft mitgehen; die unberührbar Aussätzigen und die Sünder werden in die Mitte genommen, den Ängstlichen wird wirksam Mut zugesprochen. So fängt Gottes Herrschaft an; so wird sie erfahrbar, so menschlich, in Menschen-Nöten und Menschen-Sehnsucht. Und sie wird nicht aufhören anzufangen. So menschlich rührt Gott die Menschen in seinem heiligen Geist an. So bringt er sich zur Erfahrung; so wird er *mit*erfahren in all den Erfahrungen der Gottferne, die einem dazu verführen könnten anzunehmen, dass Gott ausgewandert ist aus unserer Lebenswelt, dass er sich zurückgezogen hat – vielleicht gar nicht (mehr) da ist.

Mit-erfahren ist vielleicht nicht das richtige Wort. Jesus leitet die Menschen an, Erfahrungen ihres Alltags so zu durchleben, dass sie in ihnen die Spur wahrnehmen, die in der Nachfolge Jesu in die Gottesherrschaft hineinführt. Wer – durch das Wort und die Lebenspraxis Jesu dazu ermutigt – seine Erfahrung so lebt, erfährt den Gott, der mit ihm seine Herrschaft *jetzt* anfängt. Gottes-Erfahrung ist keine rein kontemplative Angelegenheit, sondern eine Erfahrung unterwegs, im Unterwegs der Nachfolge: Wer die Spur aufnimmt, wer ausprobiert, wozu Jesus die Seinen herausfordert, wer sein Leben davon ergreifen und erfüllen lässt, dem wird sie zur Erfahrung einer verheißungsvollen Lebensperspektive. Wer sich von ihm mitnehmen und in Dienst nehmen lässt für das, was von Gott her geschieht – das Hineinkommen der Gotteswirklichkeit in diese Welt –, der kann erfahren, was da mit ihm anfangen will.

So bezeugen es die Zeugen, die im Neuen Testament zu Wort kommen, Zeugen der Glaubensgeschichte bis in unsere Tage, Zeuginnen und Zeugen fern und nah. Es gibt freilich auch die Zeugen, denen der Glaube erfahrungslos geworden ist, die sich nur an die Zusage Jesu halten können, an die Erfahrungen ihrer Glaubensgeschwister; Glaubenszeugen, Zeugen eines kleinen, suchenden Glaubens, darauf angewiesen, an der Glaubensfreude ihrer Schwestern und Brüder und an ihrem Glaubensmut teilzunehmen. Auch Theologen mögen zu denen gehören, an die wir uns halten und die wir befragen, ob wir mit ihrem Zeugnis etwas anfangen können. *Karl Rahner* zählt zu denen, an den sich viele immer noch halten mögen, gerade mit ihrer Frage, wie denn eine *Gotteserfahrung heute* aussähe. Er hat oft davon gesprochen, wie wenn ihm immer wieder neu aufgegangen wäre, wie weit seine Sprache – unser aller Sprache – hinter dem zurückbleibt, wovon hier gesprochen werden will. Ich greife ein paar Sätze auf, in denen er fast stammelnd immer wieder ansetzt, „das Unsagbare der konkreten Alltags-Erfahrung" ins Wort zu bringen. Es geschieht mir – vielleicht –,

> „wenn man plötzlich die Erfahrung personaler Liebe und Begegnung macht, plötzlich erschreckt merkt, wie man in Liebe absolut, bedingungslos angenommen wird, obwohl man für sich allein in seiner Endlichkeit und Brüchigkeit dieser Bedingungslosigkeit der Liebe […] gar keinen Grund und keine zureichende Begründung geben kann, wie man selbst ebenso liebt, in unbegreiflicher Kühnheit die Fragwürdigkeit des anderen überspringend, wie diese Liebe in ihrer Absolutheit einem Grund vertraut, der ihr selbst nicht mehr untertan ist" – aber etwa auch in der „Erfahrung der radikalen, ausweglosen Schuld, die plötzlich dennoch unbegreiflich vergeben ist […]."[32]

Ob in alldem der Grund mit-erfahren wird, der das Wagnis des Lebens trägt, über mich hinauszuleben in eine Zukunft hinein, in der sich mir der Gott vollends öffnen wird, der mich schon angerührt hat – nicht in eine Zukunft hinein, die mich verschlingt und definitiv zur Bedeutungslosigkeit verurteilt? Ob der Grund miterfahren wird, der die Mutter – oder den Vater – berechtigt, dem weinenden Kind im Dunkel der Nacht den Trost zuzusprechen: Es wird doch alles gut!? Ob wir uns selbst und die hilflos Getrösteten da über das Trostlose des Lebens hinwegtrösten? Ob wir in unsere Erfahrung mehr hineingeheimnissen, als der nüchterne Menschenverstand erlaubt? Ob wir uns und den anderen nicht eingestehen müssten, dass die Erfahrungen, von denen Rahner so hochgemut spricht, nur solche sind, in denen wir narzisstisch uns selbst lieben, erhöhen und schützen: in unserer Liebeskraft und unserer Liebens-Würdigkeit? Ob wir das Große, Göttliche in diesen Erfahrungen nicht einebnen – zurücknehmen – müssten in menschlich-allzumenschliche Selbstbespiegelung und Selbstbehauptung, die wir zu leben und zu überhöhen versuchen, solange wir dazu die Kraft haben?

[32] Karl Rahner, Gotteserfahrung heute, a.a.O., 168–170.

Es bleibt menschlich beunruhigend strittig, was in solchen Erfahrungen wirklich erfahren wird – was wir in ihnen als das glauben dürfen, was sie zuinnerst ausmacht. Ob wir sie mit Gott zusammenbringen dürfen; so vielleicht, wie Jesus, der Christus sie mit Gott zusammengebracht hat. Der religionskritische Ruf zur Nüchternheit, die Warnung vor dem Erfahrungs-Missbrauch, lässt uns nicht in Ruhe. Aber – so Peter Strasser – wir müssen uns auch „davor hüten, als Übernüchterte zu enden."[33] Das Leben einer Kultur hängt, so Strasser, davon ab, ob sie den Horizont einer Transformation lebendig erhalten kann, in dem Menschen zu dem werden können, was sie zuinnerst sein sollen – und wozu sie schon unterwegs sein können.

Übernüchterung: in den Erfahrungen des Menschseins nur das Allzumenschliche, Selbstverständliche, Fragen-lose, Hoffnungs-lose sehen. Ist es vernünftig, seine Erfahrungen in den Horizont der Resignation, des Menschlich-Allzumenschlichen einzusperren? Die Religionen versuchen diesen Horizont aufzusprengen, im Kult, ihren Gebeten, gebauten und sozial gehandelten Räumen eines größeren, umfassenderen Daseins, einer anderen Selbstverständlichkeit in der Gegenwart des Göttlichen. Die Frage ist, ob wir solche Räume noch bewohnen können; Räume, in denen Erfahrung mehr ist als das bloße Reagieren auf das, was in der Außenwelt vor sich geht und uns zwingt, uns darauf einzustellen.

Ronald D. Laing hat von „verwüsteter Erfahrung" gesprochen, die nahtlos mit dem Geschehen in der Außenwelt synchronisiert, sodass es aussieht, als sei unsere Erfahrung nichts anderes, als die „subjektive" Abbildung bzw. der mehr oder weniger automatische Nachvollzug dessen, was da „draußen" passiert, und als müsste man die Subjektivität dieser Abbildung möglichst wegarbeiten, um ein originalgetreues Bild zu erreichen. Verwüstete Erfahrung wäre der Niederschlag der Wüste, die uns umgibt, eine *unmenschliche* Erfahrung. Sie würde uns dazu verurteilen, weiter zu verwüsten, was uns als Lebenswelt umgibt. Die Rettung und Heilung der Erfahrung ist das Ziel des Psychoanalytikers: das Wahrnehmen und die Rettung der inneren Räume, die dem „Erfahrenen" nicht nur ein Echo, sondern Resonanz gibt[34], mit ihm lebt, dem Verstehen seiner Botschaft Raum gibt – und der Auseinandersetzung mit ihm, Raum des Unsichtbaren, der Freiheit. Noch einmal Laing: „Erfahrung ist die Unsichtbarkeit des Menschen für den Menschen. Erfahrung nannte man früher ‚Seele'."[35]

---

[33] Peter Strasser, Der Gott aller Menschen. Eine philosophische Grenzüberschreitung, Graz – Wien – Köln 2002, 194.

[34] Vgl. Hartmut Rosa, Resonanz. Eine Soziologie der Weltbeziehung, Berlin 2016.

[35] Ronald D. Laing, Phänomenologie der Erfahrung, dt. Frankfurt a. M. [6]1973, 12.

Religionen bieten Räume für die Seele an, Räume der Präsenz des Unsichtbaren, der Gottespräsenz in der Seele, die die Menschen bewegt, unendlich mehr für möglich zu halten als das Allzumenschlich-Allzuselbstverständliche: Liebe für möglich zu halten – und dass sie Zukunft hat. Der biblische Glaube erschließt Quellen des Sich-eingeborgen-Fühlens in die alles umgreifende und durchdringende Wirklichkeit eines göttlich-guten Willens, den man der Welt, so wie sie ist, nicht selbstverständlich ansehen, in den man nur hineinglauben kann, oft gegen das menschlich Allzuselbstverständliche, wie man es alltäglich mit ansehen muss, aber für das Versprechen des Menschseins engagiert.[36] Die biblischen Zeugnisse bezeugen aber auch das personal-solidarische „Darin-Sein" Gottes im Segen wie in der Not menschlichen Daseins, schließlich in diesem Gottesmenschen Jesus Christus, der Gott zu den sehnsüchtig Hoffenden und Gott Entbehrenden gebracht hat, sodass sie seinem guten Willen – seiner Herrschaft – glauben konnten; wiederum gegen das menschlich Allzuselbstverständliche, nach dem man Gottes Dasein bei *Denen da oben*, nicht aber bei Ausgeschlossenen und Verachteten gesucht hätte.

Gottes-Erfahrung kann einsetzen, wo das menschlich-allzumenschlich Selbstverständliche seine Menschen-bezwingende Selbstverständlichkeit verliert; im Beten etwa. Menschen beten, damit ihnen „nichts selbstverständlich wird. Selbstverständlich ist nur das Nichts."[37] Allzu-selbstverständlich. Beten: Damit die Erfahrung atmen kann, nicht zum Fatalismus verurteilt, eingezwängt bleibt in den Zwischenräumen, die ihr die bedrängende Enge der Lebensnotwendigkeiten lässt.[38] Damit sie die Verheißung mit-erfahren kann, die in den Zwischenräumen verkümmert, im Menschenmaß eingesperrt ist. Damit die Seele sich öffnen kann für den, bei dem die Verheißung unseres Lebens Wirklichkeit werden kann. Damit wir uns mit Menschen-Selbstverständlichem und Menschen-Not nicht abfinden. So ist das Gebet Aktualisierung einer „gefährlichen" und verheißungsvollen Gottes-Erinnerung: Erinnerung an eine Herausforderung, in der Menschen sich durch Gott ins verantwortlich-solidarische Selbst-Sein gerufen, in eine Gottes-Zukunft berufen wussten, die nicht die Fortsetzung einer Überle-

---

[36] Diese Dimension von Gottes-Erfahrung stellen panentheistisch akzentuierte Konzepte heraus; vgl. Klaus Müller, Streit um Gott. Politik, Poetik und Philosophie im Ringen um das wahre Gottesbild, Regensburg 2006.

[37] Kurt Marti, Heilige Vergänglichkeit. Spätsätze, Stuttgart ^{2}2011, 41.

[38] Søren Kierkegaard sah den Glauben und das Beten in diesem Sinne als Überwindung des Fatalismus an, als das Ringen um und das Zugänglichwerden von *Möglichkeit* über das Notwendige hinaus: „Beten ist auch ein Atmen, und die Möglichkeit ist für das Selbst, was der Sauerstoff für die Atmung ist [...] denn Gott ist dies, dass alles möglich ist oder dass alles möglich ist, ist Gott" (ders., Die Krankheit zum Tode, Gesammelte Werke, hg. von E. Hirsch und H. Gerdes, 24. und 25. Abteilung, Gütersloh ^{4}1992, 37).

benden- und Sieger-Geschichte sein wird, sondern Aufstehens-, Auferstehungs-Wirklichkeit.[39]

1.8 Erfahrungs-Horizonte. Hoffnungs-Horizonte?

Haben solche Erfahrungen noch etwas mit der „harten" Empirie zu tun, die uns die Erfahrungswissenschaften zumuten? Sind sie nur unsere subjektive, sehnsuchtskranke Zutat, mit der man sich dem nüchtern-selbstverständlichen *Nichts-als* der empirisch erhobenen Fakten verweigert? Der reduktive Szientismus lebt mit diesen Enttäuschungs-Selbstverständlichkeiten. Er gibt vor, ihnen gewachsen zu sein. Lebt er nicht von erschlichenen Selbstverständlichkeiten; zuerst von der Selbstverständlichkeit des Nichts-als? Die fortgeschrittene Hirnforschung zeigt doch unwiderleglich, dass sich menschliches Bewusstsein vollständig auf die biophysischen Prozesse zurückführen lässt, die seine Genese und Funktionsweise bestimmen! Ist der wissenschaftlich fundierte Atheismus deshalb nicht die unabdingbare Konsequenz? Oder verschließt er sich mit seinem Nichts-als vor Fragen und Lernprozessen, die die unmittelbare Ableitung von *Antworten auf „alles"* aus Beobachtungsdaten und deren empirischer Erklärung erschüttern? Wo behauptet er zu viel Antwort-Kompetenz im Blick auf Fragen, die er nicht angemessen stellen, im Blick auf Erfahrungen, deren Fraglichkeit er nicht ermessen kann?

Auch die Wissenschaften müssen sich mit der Frage abgeben, wofür ihre mehr oder weniger gesicherten Ergebnisse in menschlicher Selbstverständigung sprechen, was sie für Menschen, Gesellschaften, für die Menschheit im Ganzen *bedeuten* – und sich so über die Deckung des argumentativ zu Sichernden hinauswagen. Dieser Bedeutungshorizont geht immer mit. Er fordert Orientierungen, Mutmaßungen, selbstkritische Projektionen heraus, die unabdingbarem Wissen nicht widersprechen, sich aber nicht einfach aus ihm ableiten lassen. Auch in diesem weiten Feld der in ihrem Anspruch recht verstandenen *Projektionen* ist freilich ein vernünftiger Diskurs vonnöten, um sich auch da vernünftig zu orientieren, wo zwingende *Beweise dafür oder dagegen* nicht mehr zu haben sind; wo man sich wissenschaftstheoretisch gesehen damit begnügen muss, möglichst gute Argumente und

[39] Johann Baptist Metz hat sowohl die Glaubens-elementare Bedeutung des Gebets wie die theologisch zentrale Bedeutung der „gefährlichen Erinnerung" immer wieder zum Thema gemacht; vgl. etwa: Glaube in Geschichte und Gesellschaft. Studien zu einer praktischen Fundamentaltheologie, Mainz 1977, § 11.

Überzeugungsgründe für die eigene Option ins Feld zu führen und aufschlussreiche Fragen an andere Optionen zu stellen.

Die Möglichkeit, über die Selbstverständlichkeit eines szientistischen Atheismus und der von ihm geltend gemachten Erfahrungen hinauszudenken, hinauszuglauben, hängt daran, dass man auch ihn als eine „metaphysische" Option bzw. als Aspekt „eines naturalistischen Weltbildes [begreift], das sich einer spekulativen Deutung naturwissenschaftlicher Erkenntnisse verdankt."[40] Dass der Naturalismus sich dem wissenschaftlichen Ethos der Desillusionierung verbunden und Optionen überlegen sieht, die menschlichen Sinn-Bedürfnissen über Gebühr Raum gäben, verleiht ihm keinen überlegenen epistemischen Status. Wer sagt denn, was seit Feuerbach ausgemacht scheint, dass die tiefsten menschlichen Wünsche ins Leere gehen müssen. Tragen sie nicht die Imaginationen, die der Suche nach einem Leben in Fülle den Weg bahnen? Das desillusionierende *Nichts als*, das sich von „überschwänglichen" Hoffnungen losmachen will, spricht keineswegs von sich aus für den Realismus wissenschaftlicher Erkenntnis. Es verrät zunächst nur die Option, im Gesamt der Wirklichkeit nichts weiter zu sehen als ein in sich geschlossenes Kausalitäts-Gefüge. Man unterstellt, durch Experimente gelinge es, einen interpretationsfreien Zugang zur „Wirklichkeit" zu erlangen – und schleicht sich doch mit einer reduktiv-metaphysischen, „desillusionierenden" Auslegung dieses Wirklichen in die diskursiven Auseinandersetzungen ein.

So müsste die Theologie dazwischengehen, wenn die Religionskritik in naturalistischer Allzuselbstverständlichkeit daherkommt. Kehrseite der Medaille ist freilich das Eingeständnis, dass auch der Glaube den epistemischen Status einer Option hat. Man kann zu dieser Option auch von den besten erreichbaren Argumenten nicht gezwungen werden. Der Glaube missversteht sich, wenn er versucht, sich auf dem Feld hinreichender Erklärungen von Erfahrungsgegebenheiten als unabdingbar zu *beweisen.* Er kann szientistisch argumentierenden Atheisten nicht nachweisen wollen, auch sie müssten zum Glauben kommen, wenn sie dem vernünftigen Nachdenken über ihr menschlich-endliches In-der-Welt-Sein genügend Raum gäben.

Der Glaube kann nicht durch „zwingende" Argumente epistemisch alternativlos gemacht werden. Er ist eine in den biblischen Zeugnissen erschlossene Option, die auf nicht erzwingbaren Erfahrungen und nicht beweisbaren Wert-Einsichten beruht und ihnen einen offenen Horizont entdeckt: auf einer in eigenen, wie in bezeugten Erfahrungen gründenden und

[40] Jürgen Habermas, Zwischen Naturalismus und Religion. Philosophische Aufsätze, Frankfurt a. M. 2005, 156.

sie auslegenden, konkretes Menschendasein tiefreichend bestimmenden Überzeugung davon, was den Wert und die Bedeutung eines jeden Menschenlebens ausmacht, was die Hoffnung tragen kann, dass die Wirklichkeit im Ganzen diesen Wert und diese Bedeutung nicht bedeutungslos machen wird. Der Theologie obliegt es, die guten Gründe herauszuarbeiten, die man für diese Überzeugung geltend machen kann.[41] Und sie hat ein Gutteil ihrer Überzeugungskraft aus Argumentationen, die mit guten Gründen darlegen, warum die vielfach religionskritisch ins Feld geführten Argumente für die Unvernünftigkeit, gar Lebensfeindlichkeit der Glaubensoption alles andere als zwingend sind. So wird sie helfen, dass Menschen nicht mit schlechtem intellektuellem Gewissen glauben und Nichtglaubende ihre Ablehnung des Glaubens nicht einfach in der größeren Vernünftigkeit ihrer atheistischen Überzeugungen begründet sehen. Der Austausch von Argumenten wird aber kaum dazu führen, dass sich der Glaube als diskursiv unausweichlich darstellen lässt. Das kann und sollte auch nicht sein Ziel sein.

Alles scheint auf ein erkenntnistheoretisches Unentschieden hinauszulaufen, sodass man einwenden kann, eine vermutlich unentscheidbare intellektuelle Auseinandersetzung lohne den Aufwand nicht. Da würde man übersehen, dass sich im Wettbewerb um das stärkere Argument auch dann, wenn er nicht zu definitiven Ergebnissen führt, ein tieferes Selbst- und Fremdverstehen einstellen kann und Überzeugungen *lernfähig* werden. Was das an den Überzeugungen der Kontrahenten jeweils verändert, ob und wie es im Einzelfall dazu kommt, dass Menschen zum Glauben zu finden oder ihn problematisieren, gar verlieren, das hängt von Faktoren ab, die sich vermutlich nicht mehr theoretisch darstellen lassen.

Entscheidend für den Umgang mit Nichtglaubenden wird sein, dass man ihnen die Erfahrung bezeugt und auslegt, die das Christ-Sein zuinnerst trägt. Diese macht den Glauben nicht zur herbeiargumentierten Notwendigkeit, sondern zur verheißungsvollen Herausforderung, die Menschen im Glauben ergreift und in die sie sich hineingeben, weil sie erfahren, dass sie so die Spur zu einem Gott-erfüllten und das Menschsein erfüllenden Leben aufnehmen. Sie sind berufen, zu bezeugen, woraus sie leben, woraufhin sie mit all ihren Lebenskräften leben wollen – und weshalb sie mit den besten ihnen erreichbaren Gründen annehmen dürfen, dass das für sie wie für ihre

[41] Sie wird die Glaubenden dabei zu begleiten haben, die Tragfähigkeit der ihre Überzeugung tragenden Zeugnisse wie die Tragfähigkeit ihrer Glaubens-Überzeugung selbst zu „evaluieren"; sie wird dem nach „Aufklärung" verlangenden Gläubigen zu Hilfe kommen, „der sich zu verstehen sucht, indem er die *Texte* seines Glaubens besser versteht" (Paul Ricœur, Hermeneutik der Idee der Offenbarung, in: ders. An den Grenzen der Hermeneutik. Philosophische Reflexionen über die Religion, hg., übersetzt und mit einem Nachwort versehen von V. Hoffmann, Freiburg – München 2008, 41–83, hier 43).

Mitmenschen *das Beste* ist. Theologie hat die Aufgabe, dieser Berufungs-Erfahrung vernünftig auf den Grund zu gehen und nachzuzeichnen, warum das Menschenleben hier nicht etwa verkrüppelt wird; wie hier vielmehr durch Gottes Geist, aus dem die Menschen glauben können, Leben ins Leben kommt. Gottes Geist will in ihnen die verwegene Hoffnung erwecken, dass Gott aus mir, aus jedem, aus unserer Nachfolge etwas machen kann, das es verdient, nicht in den unendlichen Weiten der Evolution verlorenzugehen. Er will dazu verlocken, dem zu trauen, was Gott mit uns anfängt, da wir erfahren, dass es das Gute ist: der göttlich-gute Wille, der in der Christus-Nachfolge durch uns in diese Welt einströmt.

Aber ist es angesichts der Theodizee-Klage unendlich vieler Leidender menschlich verantwortlich und vernünftig, daran zu glauben, dass Gott noch in allem Zusammenbruch und unendlich über ihn hinaus Wege der Christus-Nachfolge anfangen lässt, die in seine Herrschaft hineinführen? Die Menschenvernunft mag sich diesen Gott kaum vorstellen können. Der Glaube versucht, ihm und seinem guten Willen in der Christus-Nachfolge auf die Spur zu kommen und so über die allzuvernünftige Resignation oder – wie Jürgen Habermas sagt – den Defätismus der modernen Vernunft hinauszukommen.[42] Das Zeugnis derer, die den Glauben wagen, will herzeigen, welche Erfahrungen man dabei in der Erzähl- und Interpretations-Gemeinschaft der Glaubenden und nach Glauben Suchenden machen, aus welchen Zeugnissen man schöpfen kann, welchen uralten oder eben erst gefundenen Auslegungen man trauen darf. Diese Erfahrungen zugänglich zu halten und so – in Glaubenssprache gesagt – die Spuren des Geistes in dieser Welt nachzuzeichnen, wäre grundvernünftig. So werden Quellen vor dem Versiegen bewahrt, aus denen Menschen Hoffnung geschöpft haben und ihr Vertrauen darauf nähren konnten, dass mit ihrem Leben das Gute anfängt, das niemals aufhört anzufangen.[43] Christliches Zeugnis will den

---

[42] Vgl. Jürgen Habermas, Ein Bewusstsein von dem, was fehlt. Über Glauben und Wissen und den Defätismus der modernen Vernunft, in: K. Wenzel (Hg.), Die Religion und die Vernunft. Die Debatte um die Regensburger Vorlesung des Papstes, Freiburg – Basel – Wien 2007, 47–56, besonders 51.

[43] Die Metapher der Quellen (des Selbst oder der Identität) ist für Charles Taylors große philosophische Erzählungen „Quellen des Selbst" (dt. Frankfurt a. M. 1996) und „Ein säkulares Zeitalter" (dt. Frankfurt a. M. 2009) leitend gewesen. Die Theologie kann diesen Großerzählungen für ihren Dienst an den Offenbarungs-Quellen der Hoffnung methodisch und inhaltlich viel verdanken. Phänomenologisch grundsätzlicher, für eine theologische Subjektivitäts- und Freiheitstheorie höchst bedeutsam hat Paul Ricœur schon 1952 auf die Quelle-Metapher zurückgegriffen. Seine konzentrierte Sentenz: „Wer nicht zunächst *Quellen* hat, wird in weiterer Folge auch keine *Autonomie* haben" (ders., Philosophie et prophétisme I, in: ders., Lectures 3. Aux frontiéres des la philosophie, Paris 2006, 151–171, hier 152; vgl. Paul Schroffner SJ, Erinnerung – Herausforderung und Quelle christlicher Hoffnung, 49). Das

Glauben nicht als menschlich notwendig aufdrängen, sondern eher eine Ahnung von seiner erstaunlichen Schönheit vermitteln, davon, wie gut und Leben-erfüllend es ist, sich in seine Lebens- und Gottes-Perspektive hineinzuwagen. Wie das konkret geschehen kann, ist kaum zu generalisieren, allenfalls zu entdecken. Um es aber zu entdecken, sollte man sich vom bevormundenden Bekehrungseifer fernhalten; und man dürfte den Blick vor der Katastrophe des Anti-Zeugnisses nicht verschließen, die dem Evangelium durch den Menschen- und Erfahrungs-Missbrauch in allen Dimensionen des Menschseins zugefügt wird. Das Zeugnis der Kirche(n) bleibt erschreckend zwiespältig. Zum Beweggrund auf den Glauben hin kann es nur werden, weil Gottes Geist es dazu macht.

Glaube und Erfahrung: Wie riskant ist es, sie zusammenzuhalten! Wie zwiespältig in einer Auslegungsgemeinschaft, in der man immer wieder übergriffig wird und bedenkenlose Entschiedenheit einfordert, sodass es zu Vertrauens-, Erfahrungs- und Hoffnungsmissbrauch kommt. Und dies in der Bedrängnis durch Erfahrungen mit einer durch und durch enttäuschenden Welt, mit einem zutiefst frustrierenden Leben, die den Glauben ums Leben bringen können. Auch solche Erfahrungen gilt es zu teilen. Wo sie uns nicht fremd bleiben, können sie hineinsprechen in unsere Versuche, Antworten zu finden; können sie widersprechen, wenn es da zu schnell geht und zu eindeutig wird.

Erfahrung teilen heißt aber auch, das Erfahrungs-Milieu zu teilen, die Agenda mitzuvollziehen und an den Selbstverständlichkeiten zu partizipieren, die unsere Weise, das Leben und die Welt zu sehen, unterwandert haben und untergründig bestimmen. Lange schon ist von der Verbürgerlichung des Christ-Seins die Rede. Nun aber, mit der elementaren Herausforderung unserer Bürgerlichkeit durch Migrations-Bewegungen, irritiert uns eine Rückkehr der Religion, bei der es wieder einen Unterschied machen soll, ob man Gott im Spiel sieht, den entscheidenden, Identitäts-markierenden Unterschied. Und angesichts der ökologischen Herausforderungen wie der Konfrontation mit dem Preis unseres saturiert-bürgerlichen Daseins kommen – nach dem Zerfall eines politisch handlungsfähigen Marxismus – neue, antibürgerliche Entschiedenheits-Kulturen ins Spiel, für die es aber meist keinen Unterschied macht, ob man sie religiös oder säkular codiert.

So heißt Erfahrungen teilen auch: Hineingezogen-Werden in den Kampf der Mächte, die unseren Erfahrungen die Richtung vorgeben wollen; in den Befreiungs-Kampf um die Vielfalt, die Vieldeutigkeit, den Bedeutungs-Überschuss unserer Erfahrungen. Es scheint so, als sei das Christentum da

---

Bedenken der Quellen bringt bei Ricœur eine hermeneutische Philosophie auf den Weg, die das *befreiende Gebundensein* der menschlichen Freiheit thematisieren kann.

kaum noch engagiert, als verliere es sich im Nur-noch-Menschlichen, Selbstverständlichen; als könne es keinen Unterschied mehr markieren zu auch sonst geteilten Überzeugungen oder als seien seine Alternativen rettungslos von gestern, festgeschrieben und festgelegt auf Eindeutigkeiten und Plausibilitäten, die man nicht mehr teilen kann und Zeitgenossen deshalb nicht mehr ernsthaft vor Entscheidungen stellen. Der Theologie dürften die elementaren Erfahrungen des Menschseins nicht fremd sein; nichts Menschliches dürfte ihr fremd bleiben. Soll das eine Theologie sein, die sich damit arrangiert hat, dass die heute wichtig genommenen Menschheits-Erfahrungen auf das bürgerlich oder kapitalistisch, ja auch naturalistisch Plausible abgestimmt werden und der Glaube allenfalls insoweit in Frage kommt, als er die Menschen – wie auch immer – „menschlicher macht"? Oder muss sie da entschieden dazwischengehen, weil sie sich nicht davon abbringen lässt, dass der Gottesglaube den Lebens-entscheidenden Unterschied ausmacht? Kann, wird das eine Theologie sein, die gleichwohl Anteil nimmt an der Vielfältigkeit und Vieldeutigkeit, an der Ambiguität und Ambivalenz menschlichen Daseins und so eine Sprache gewinnen will für die Menschen-überschreitende Weite des Menschseins?

2. Glaubens-Entschiedenheit vs. Kompromiss-Christentum?

2.1 Entschiedenheits-Kulturen

Entschiedenheit? Die ist doch nicht zu haben in den prekär-uneindeutigen Problemlagen einer globalisierten „Multioptionsgesellschaft“[44]. Es wäre unter deren Niveau, sich *nicht* an den Ambivalenzen und Entscheidungsnöten abzuarbeiten, die alle Entschiedenheit *postmodern* unterwandern. So müsste man die prekären Entschiedenheiten aufklären, zu denen etwa religiöse Menschen sich vielfach herausgefordert sehen und in denen sie sich dem humanen Einerseits-Andererseits entziehen, dem Zusammenhalten und Aushalten von Ambivalenzen, von Ambiguität?[45] Genau da geht es doch um das Menschliche, auch Allzumenschliche: sich herumzuschlagen mit Nicht-Eindeutigem – dass man nicht entschieden und mit ganzen Herzen *hier* sein, nur *daran* sein Herz hängen kann.[46] Darum müsste es einer Theologie gehen, der das Menschliche nicht fremd ist, der so auch die tiefe Ambivalenz der sehr menschlichen Sehnsucht nach Eindeutigkeit und Entschiedenheit aus der eigenen Geschichte nur allzu bekannt ist! Eine „radikale Theologie“[47] scheint aus der Zeit gefallen. Entweder nimmt sie den Mund zu voll oder sie zündelt an der Gefährlichkeit der religiös Radikalen.

Aber *andererseits:* Es gibt die neue Lust an einer Entschiedenheit, die keine halben Sachen akzeptiert und den Konsens des Einerseits–Andererseits in der bröckelnden gesellschaftlichen Mitte aufkündigt. Wer nicht radikal denkt, denkt nicht tief genug, mobilisiert nicht die Entschiedenheit eines Entweder-Oder, mit der die Dinge in Fluss kommen, die Verhältnisse in Bewegung kommen müssen: in der Umweltpolitik, der Verkehrs- oder Bildungspolitik. Im eigenen Leben mit seiner beklagenswerten Mittelmä-

[44] Vgl. Peter Groß, Die Multioptionsgesellschaft, Frankfurt a. M. [10]2005.

[45] Das Stichwort *Ambiguitätstoleranz* ist von dem Islamwissenschaftler Thomas Bauer in die wissenschaftlichen und gesellschaftlichen Diskurse eingebracht worden; vgl. von ihm: Die Kultur der Ambiguität. Eine andere Geschichte des Islam, Berlin 2011; Die Vereindeutigung der Welt. Über den Verlust an Mehrdeutigkeit und Vielfalt, Stuttgart 2018. Theologisch aufgegriffen hat dieses Motiv Michael Klessmann, Ambivalenz und Glaube. Warum sich in der Gegenwart Glaubensgewissheit zu Glaubensambivalenz wandeln muss, Stuttgart 2018.

[46] Sein Herz an etwas hängen, an Ihn hängen, bei dem man in seinen Nöten und Zwiespältigkeiten Zuflucht finden darf, das soll den Glauben, das Gott-Haben ausmachen, wenn man sich an Luthers berühmten Text zum ersten Gebot halten darf; vgl. Martin Luther, Der große Katechismus. Das erste Gepot, Luthers Werke in Auswahl, hg. von O. Clemen, Vierter Band, Berlin [6]1967, 4, 20–31.

[47] Vgl. Ingolf U. Dalferth, Radikale Theologie, Leipzig [2]2012.

ßigkeit und den Halbherzigkeiten bis hinein in kaum noch verantwortbare Ernährungsgewohnheiten. In der Kirche?

Szenenwechsel zu einer offenkundig tief zwiespältigen Szene: Wir sehen vor uns das Gesicht eines jungen Salafisten, die gehäkelte Kappe auf wallendem Haarschopf, den etwas zotteligen Bart, das übliche Outfit. Ein Ausbund an Glaubens- und Lebens-Entschiedenheit. Sie gibt ihm Kraft und Durchsetzungsbereitschaft bis an die Grenze zur Gewalt, vielleicht darüber hinaus. Seine Radikalität und Gewissheit lässt ihn nicht auch noch auf der anderen Seite sein; kein bisschen. Er ist ganz in seiner Entschiedenheit, lehnt entschieden ab, wenn andere sich anders entscheiden, anders glauben und fühlen.

Es ist eine beklemmende, bedrohliche Entschiedenheit. Man ist geneigt zu sagen: Nur „Materialisten und Wahnsinnige hegen niemals Zweifel"[48]. Bedrohlich sind solche Entschiedenheiten, wenn sie mit aggressiver Ablehnung all dessen aufgeladen sind, wogegen der Entschiedene sich hier entscheidet; wenn man der Entschiedenheit vor allem dieses Nein anspürt: Da wehrt sich jemand wütend gegen alles, was das eigene Überzeugt-Sein in Frage stellt. Verdrängt er es mehr oder weniger unbewusst; und reagiert er deshalb verletzt, wenn für andere nicht „das Höchste" ist, was für ihn selbst das Höchste ist, wenn sie es gar ironisieren? Schnell ist von Lästerung die Rede. Sind die Witzereißer überhaupt Menschen von Ehre, denen etwas heilig ist und die nicht zulassen, dass es entehrt wird? Und sind diejenigen, die das nicht so Ernst nehmen, nicht Feiglinge, die eine radikale Entscheidung scheuen?

Im Umfeld westlich-demokratischer Überzeugungen wehren wir uns gegen diese Radikalität; wir spüren das „unaufgeklärte" Ressentiment, die Wut gegen das Abgelehnte, sprechen von Ambivalenz-Verdrängung. Wir haben den Verdacht, das Nein sei deshalb so aggressiv, weil das Ja gegen den Augenschein eher schwach ist, wenig Kontur hat und durch das Nein geschützt – gestützt – werden muss. Bei sich selbst meint man zu sehen: Man kann gelassen entschieden sein, wenn unsere Wertschätzung dessen, wofür wir uns entschieden haben, in sich – in vielen guten Erfahrungen – ruht und mit guten Argumenten begründet werden kann. Zur aggressiv-unverhältnismäßigen Abgrenzung greift man, wenn man sich seiner Sache nicht sicher ist, wenn Argumente unserer Entscheidung nicht hinreichend Grund geben. Wo die Entscheidung in sich einen Abgrund trägt, „leidet" sie an Überforderung und übermäßigem Selbst-Bestätigungsbedarf, wird sie laut

[48] Gilbert K. Chesterton, Das Abenteuer des Glaubens. Orthodoxie, Olten 1946, 41. Den Hinweis verdanke ich Tiemo Rainer Peters, Gott ist ein Zeitwort. Weltliche Schriftlesungen, Ostfildern 2012, 12.

und aggressiv. Ist demonstrative Entschiedenheit in Wahrheit zuinnerst angekränkelt, von den innerlich Schwachen demonstriert, die durch das stark werden wollen, wofür sie da sind?[49] Verdrängung und Ressentiment „töten" das Identitäts-Bedrohliche; im übertragenen, äußerstenfalls auch im wörtlichen Sinn.

Für diese Einschätzung spricht viel, etwa im Blick auf den rechten Fanatismus mitten unter uns. Und im Umfeld islamistischer Gewaltbereitschaft mag es vielfach so sein, dass man sich von einer „äußerlich" erfolgreichen, fremdgebliebenen Kultur tief in Frage gestellt sieht, nicht einmal die Frage zulassen kann, ob man in eine Sackgasse geraten ist. Dann müssen Zeichen der Gewissheit und der Entschiedenheit her. Man wird das Äußerste opfern – für das insgeheim zweifelhaft Gewordene. Wenn das Äußerste für es eingesetzt wird, wenn ich das Äußerste dafür einsetze, sein „Held" werde, muss es doch wahr sein!

Aber müsste nicht diese „aufgeklärte" Diagnose über sich aufgeklärt werden? Es besteht kein Anlass, Gewissheiten, auch religiöse, pauschal unter Verdacht stellen, zumal Muslime vielfach anders mit Gewissheit umgehen als westliche Diskurs-Gesellschaften. Sie *handeln* ihre Gewissheiten, tun es in gemeinschaftlicher Entschiedenheit, auch wenn sie sich von jedem Fundamentalismus distanzieren. Mit ihrem Entschieden-Handeln bekennen sie sich zu Allah, geben sie ihm die Ehre, stellen sie ihre religiöse und soziale Identität dar. Dabei kann es eine große innere Freiheit geben, etwa in den Fragen: Was bedeutet mir der Schleier, das Fasten, die Hedschra, was meint diese Koransure? Im Westen *denkt* man Gewissheit und versucht man sie im Innersten zu verankern, zu vereindeutigen. „Starken" Gewissheiten unterstellt man fast automatisch, hier würden angefochtene Überzeugungen kompensiert und eigene Zweifel übertönt. Das intellektuell-westliches Ressentiment gegen Gewissheiten und tief verwurzelte Überzeugungen[50] schmückt sich mit der Logik rationaler Erkenntnisgewinnung und nimmt ihnen ihre eigene Würde. So provoziert oder verstärkt es das Ressentiment der zornig Entschiedenen, die sich wirtschaftlich abgehängt, ideologisch entwertet, intellektuell entwürdigt fühlen. Ressentiments „stiften" Entschiedenheiten: der Geringschätzung und des Zornes, der sie vergelten will. Ihre Entschiedenheit verstellt das Teilnehmen-Können an den Überzeu-

---

[49] Vgl. Friedrich Nietzsche, Der Antichrist, Aphorismus 54, KSA 6, 236: „[D]as Bedürfnis nach Glauben, nach irgend etwas Unbedingtem von Ja und Nein [...] ist ein Bedürfnis der *Schwäche*. Der Mensch des Glaubens, der ‚Gläubige' jeder Art ist nothwendig ein abhängiger Mensch [...] Der ‚Gläubige' gehört *sich* nicht, er kann nur Mittel sein, er muss *verbraucht* werden, er hat jemand nöthig, der ihn verbraucht."

[50] Friedrich Nietzsche nennt sie „Gefängnisse"; vgl. ders., Der Antichrist, Aphorismus 54, KSA 6, 236.

gungen der Anderen. Ihre Alternativen kommen nicht in Frage; es sind die mich entwertenden Gewissheiten *der Anderen*, gegen die ich mich behaupten muss.

2.2 Große und kleine Entschiedenheiten

Ins intellektuelle Ressentiment mischt sich das Erschrecken: Eine Entschiedenheit, die so viel, ja alles einsetzt, wie man sie bei gewaltbereiten Islamisten sehen kann, stellt es tief in Frage. Dass Menschen bereit sind, ihr Leben zu geben für eine Wirklichkeit, die für sie den Unterschied *um alles* ausmacht, ihnen so viel bedeutet, dass das eigene Leben zur vorletzten Bedeutsamkeit wird: Das ist uns in „postheroischen Zeiten“[51] nicht mehr zugänglich, tatsächlich *unmöglich*. Wir hören ergriffen von Menschen, die bereit waren, sich für ihre Liebste oder den Liebsten oder einen zum Nächsten gewordenen Mitmenschen zu opfern. Wir hören es leise ungläubig, wie ein schönes Märchen, das es uns leichter macht, über die einzige wirkliche Gewissheit hinwegzuhören, die es in unserer westlichen Zivilisation zu geben scheint: dass – wenn es hart wird – das Ego höchster Wert ist, mit ihm allenfalls diejenigen, die ihm eng verbunden sind. Wenn man das unmaskiert ausspricht, erschrickt man erst wirklich über das fatale Zeugnis von „Selbstmord-Attentätern“. Sie tun, was sie tun, nicht selten mit dem religiösen Selbstbewusstsein, damit eine Instanz anzuerkennen, der sie sich *opfern*; eine Wirklichkeit, die den Unterschied „zu uns“ ausmacht und den ökonomischen wie den Lebenswelt-Egoismus des Westens als das entlarvt, was er ist. Da kennen sie keine Kompromisse; sie wollen nicht zusammenhalten, was sich so wenig miteinander verträgt wie Feuer und Wasser. So wollen sie „unsere“ Selbstverständlichkeiten bis in die Grundfesten erschüttern; sie führen uns vor Augen, dass es eine Alternative gibt zur alles miteinander verrechnenden „Rationalität“ des Marktes, die einem immer nur begrenzte „Investments“ abverlangt; dass es etwas gibt, was die unbedingte Hingabe fordert – und ermöglicht. Darin gründet das enorme Selbstbewusstsein der Radikalen und ihr Ressentiment gegen alles „Westliche“, das sie mit tiefstem Abscheu ablehnen lässt, was sie zu Verlierern macht.[52]

Vielleicht fühlen wir uns getroffen und reagieren nur mit Abscheu, um nicht auf die bittere Frage hören zu müssen, mit der uns die so aggressiv

[51] Vgl. Ulrich Bröckling, Postheroische Helden. Ein Zeitbild, Berlin 2020.
[52] Das ist eine der zentralen Thesen von Pankaj Mishra, Das Zeitalter des Zorns, dt. Frankfurt a. M. 2017.

Entschiedenen konfrontieren, ohne sie selbst vermutlich so zu stellen: Könnt ihr für etwas auf Tod und Leben entschieden sein, rückhaltlose Hingabe leben? Wenn die Rationalität des Egoismus – individuell und ökonomisch – euer Letztes und Heiligstes ist, wie wollt ihr da die Entschiedenheit aufbringen, den Lebenswelt-zerstörenden Egoismus im Zaum zu halten? Wie wollt ihr die großen Menschenrechts-Elogen noch ernst nehmen, wenn sie sich im weltwirtschaftlichen Alltag bewähren müssten? Was steckt hinter eurem bürgerlichen Hochmut, alles miteinander haben zu können? Wie viel Motivation und Widerstands-Entschiedenheit gibt euer Christentum her, wo es so viele Kompromisse mit dem Egoismus macht und immer klein beigegeben hat, wenn die „Naturgesetze" der freien Marktwirtschaft wieder einmal als alternativloses Handlungskonzept hingenommen werden müssen?

Radikale Entschiedenheiten dulden keinen Relativismus; sie markieren klare Alternativen, zwischen denen man sich entscheiden muss, weil man mit einem Kompromiss nicht mehr durchkommt. Das kann man nicht miteinander haben, nicht zusammenhalten: Markt und Gerechtigkeit, Selbsthingabe und Egoismus, Keuschheit und Sexismus, ganzheitlich-weibliche und machtfixierte männliche Weltsicht? Entweder Oder! Wenn bei uns von den großen Entschiedenheiten die Rede ist, werden sie an die stellvertretend Radikalen abgetreten, die Freitags demonstrieren gehen, sich vegan ernähren und sich so dem fast Unabwendbaren entgegenstemmen. Die neue Lust an der Radikalität? Gut und schön. Aber ganz so ernst wird es bei den Meisten nicht. Man sehnt sich zuletzt doch nach Vereinbarkeiten oder Alternativlosigkeiten, nach Nicht-entscheiden-Müssen, fast schon nach dem Schicksal, das einem die großen Entscheidungen abnehmen würde. Das mag mit der Entscheidungs-Überlastung in der Post- oder Spätmoderne zu tun haben, die Natur und Schicksal mehr und mehr in die Verantwortung des Menschen gestellt haben: Zahl der Kinder oder Kinderlosigkeit, Wohnort, Beruf, Lebensform, Trennungen, Leben oder Tod; im Großen: Umweltgegebenheiten, Investitionen, Interventionen, „Rettung" oder Untergang. Freiheitsgewinn – aber oft genug Entscheidungsnot, Entscheidungs-Folgen, die man sich selbst zurechnen muss, pures Missvergnügen angesichts des eigentlich Gemussten. Und überhaupt: Hängt denn wirklich so viel von *unserer* Entscheidung ab? Hängt noch Entscheidendes von uns ab? Gibt es noch die großen Alternativen, zwischen denen Entscheidendes auf dem Spiel steht – und in denen *wir* gefordert wären, *uns* zu entscheiden? Oder sind wir die bloß Mitgerissenen, die sich vormachen – denen vorgemacht wird –, von ihnen würde Entscheidendes abhängen? Oder hegen wir zuletzt doch die Illusion, alles zusammenhalten, *zusammen behalten* zu können?

Entscheidungsmüdigkeit vs. Demonstration von Hingabe-bereiter Entschiedenheit: Man darf vermuten, dass muslimisch geprägte Gesellschaften den westlichen mit ihrer Definitionsmacht über die großen Alternativen den Rang abgelaufen haben. Die großen Alternativen, die unnachsichtig eine Entscheidung einfordern, werden eher in ihnen gelebt, eingefordert, mitunter in taktischem Kalkül proklamiert, an Gott festgemacht. Im liberalen Westen sieht man vor allem das Prekäre an den über-selektiven, radikal entdifferenzierenden und negierenden Alternativen.[53] Wir erinnern uns schaudernd: Die Definitionsmacht über die großen Alternativen ist eine brandgefährliche Sache. Wer sie ausüben kann, hat die Macht anzusagen, mit welcher Entscheidung es um *alles* geht: um Tod und Leben, Freiheit oder Unfreiheit, Gerechtigkeit oder Ungerechtigkeit, Sinn oder Unsinn.[54] Wenn die Alternativen groß genug sind und genügend Fallhöhe haben, wird die Nötigung übergroß, sich zur *einzig möglichen* Entscheidung drängen zu lassen, die das Leben, die Freiheit rettet, erringt.

Den Propagandisten der großen Alternative ging und geht es um die Herstellung radikaler Entschiedenheit, die keine Rücksicht auf Verluste nimmt und keinen Blick hat für Kompromisse, allenfalls Verachtung für die, die Unvereinbares doch zusammenhalten wollen. So große, übermenschengroße Alternativen verlangen „brutale" Entschiedenheiten. Da hat man es im bürgerlichen Westen gern eine oder zwei Nummern kleiner: Es

[53] Dass das nicht die ganze Wahrheit ist, macht das Aufkommen radikal polarisierender, auch populistischer Bewegungen im Westen deutlich. Sich von ihnen herausfordern lassen zu müssen, ist unter der „Würde" liberaler „Eliten". Genau diese Entwürdigung treibt Populisten der Internationale der Zornigen zu; vgl. Pankaj Mishra, Das Zeitalter des Zorns. Die Versuchung, mit ihr zu koalieren, scheint auch katholische Kirchenmenschen immer wieder heftig zu befallen. Es ist vor allem die Abtreibungsfrage, die sie akut werden lässt. Da setzt man auf Trump oder die polnische PIS, weil sie sich für ein möglichst striktes Abtreibungs-Verbot einsetzen, und vergisst, wofür diese politischen Akteure sonst noch stehen. Die Entschiedenheit in der moralischen Verurteilung der Abtreibung verstellt den Blick für das politisch Auszuhandelnde – und für das Leid der Betroffenen, dem man allenfalls mit der wohlfeilen Forderung Rechnung tragen will, sie in ihrer Lebenskrise mehr zu unterstützen. Um es klar zu sagen: Die Tötung ungeborenen Lebens ist moralisch nicht zu rechtfertigen. Die Kirchen tun gut daran, das deutlich zu machen. Aber sie haben weder das Recht noch die Möglichkeit, den politischen Prozess zu delegitimieren, in dem abgewogen und ausgehandelt werden muss, wie man das werdende menschliche Leben am besten schützt und dem Leben der jeweils Mit-Betroffenen am besten dient. Etwa dadurch, dass man die Grauzone der illegalen Abtreibungen ausweitet? Die Politik hat leider oft die Aufgabe, in prekären Entscheidungs-Situationen die Alternative zu wählen, die den geringeren Schaden anzurichten scheint. Katholische Würdenträger und „Influencer" machen es sich zu leicht, wenn sie diese politische Abwägung diskreditieren und sich in der moralischen Entschiedenheit verschanzen. Und sie schmieden dann die falschen Allianzen.

[54] Man mag sich mit höchst zwiespältigen Gefühlen daran erinnern, wie *Carl Schmitt* diese Entscheidungsmacht als das eigentliche Feld des Politischen – und als Säkularisat der göttlichen Allmacht – verstanden hat; und sie bei Adolf Hitler in besten Händen sah.

geht nicht mehr um alles, um die Rettung der Welt, sondern nur um die Rettung des Euro, um die Abschaffung der Studiengebühren, um die Rettung vor dem Abstieg in die zweite Bundesliga. Auch da können erhebliche Entschiedenheitsenergien mobilisiert werden. Und die Entscheidungen können folgenreich falsch sein, weshalb man ja für die richtige Entscheidung kämpft. Aber die Kämpfe werden nicht mehr mit ganz so harten Bandagen geführt, mitunter in die Folklore verniedlicht. Und man kann sich fragen, ob man in der westlichen Welt, auch in den westlichen Kirchen, überhaupt noch die Kraft und den Ernst aufbringt, Menschen mit den großen Alternativen zu konfrontieren, angesichts derer sie sich auf Tod und Leben entscheiden müssen. Gibt es für uns gute, tolerante Demokraten nur noch Entscheidung für das kleinere Übel, bei der wir uns über die Abstufung der Übel auch wieder nicht so sicher sein können – oder das nüchterne Kalkül des größtmöglichen Vorteils in einer Multioptionsgesellschaft? Ist nicht überhaupt dies das markante Merkmal bürgerlichen Lebens, dass man sich zutraut, letzten Alternativen ausweichen und das doch zusammenhalten zu können: so weiterleben wie bisher und das Überleben in einer auf ihren Kollaps zutreibenden Biosphäre, Sonntags-Idealismus und Werktags-Egoismus? Braucht es da nicht die Alternativen-Anschärfung, damit man wieder in den Blick bekommt, worum es wirklich geht? Die Neigung ist durchaus da, es in der Theologie und in den Kirchen mit dieser Strategie zu versuchen[55], damit die Glaubenden sich nicht in den faulen Kompromissen einrichten. Man ahnt, dass man postmoderner Entscheidungs-Verweigerung oder Entscheidungs-Verkleinerung nicht theologisch Vorschub leisten darf. Man weiß es, wenn die Jungen uns vor Augen führen, wie groß die Entscheidungen sein müssen, die die Lebenswelt der Menschen noch retten.

[55] Thomas Ruster hat in diesem Sinne vielfach gegen die Verbürgerlichung des „modernen" Christentums angeschrieben und gerade Karl Rahner für sie mit verantwortlich gemacht. Er habe es „verstanden, das Christentum in das Projekt Moderne und im Besonderen in die moderne bundesrepublikanische Gesellschaft einzufügen. Er und ‚sein' Christentum [stünden deshalb] in der Gefahr, zusammen mit dieser Gesellschaft unterzugehen"; seine Anpassungsstrategie habe zu einer „Selbstblockade des Christentums gegenüber den Todesmächten unserer Gesellschaft" geführt (Thomas Ruster, Der verwechselbare Gott Rahners, oder Die Einheit der Unterscheidung und das unterscheidend Christliche, in: H. Klauke [Hg.], 100 Jahre Karl Rahner. Nach Rahner, post et secundum, Köln 2004, 63–71, hier 69 f.). Ruster selbst setzt in der Spur der Systemtheorie Niklas Luhmanns auf Alternativen-Markierungen, durch die sich ein System als eigenständig konstituiert. So gehe es im christlichen Glauben um ein Sich-Einleben in das Wirklichkeitsverständnis der Bibel, mit dem man davor gefeit sei, den Plausibilitäten spätkapitalistischer Gesellschaften anheimzufallen (vgl. ders., Glauben macht den Unterschied. Das Credo, München 2010, etwa 30 f.). Man kann sich fragen, ob dieses unvermittelte Gegeneinander tatsächlich Glaubens-produktiver ist als der offen ausgetragene Konflikt um das Verständnis des Menschlichen, wie er für Rahners Theologie kennzeichnend war.

Entscheidungs-Überlastung mag zu Entscheidungs-Verkleinerung führen. Im Privaten wird es das noch irgendwie geben: die großen, folgenreichen Alternativen und die vom Einzelnen zu treffenden Entscheidungen in Partner- und Berufswahl, Lebensentwurf und Familienplanung. Aber geraten sie dann nicht unter das Vorzeichen des Vorläufigen: Ja, hier stehe ich und meine es auch Ernst. Aber wenn es anders kommt, kann ich wohl auch anders? Entscheidungen sollten bitteschön möglichst ungefährlich sein; die finanziellen Folgen „falscher" Entscheidungen sind belastend genug. Ungefährliche Entscheidungen, revidierbare Entscheidungen: Bei ihnen fühlt man sich besser. Man hört das kirchenamtliche, auch das theologische Veto und ist befremdet, will sich nicht dreinreden lassen und mit dieser religiösen Radikalität lieber nichts zu tun haben. Man sieht die demonstrierenden Jugendlichen – und möchte sie am Freitag lieber im Schulzimmer sehen.

2.3 Große Alternativen, religiöse Entscheidungen? Kierkegaards Herausforderung

Religionen sind traditionell für die großen, ganz und gar nicht ungefährlichen Alternativen zuständig – und für die Ausmalung der Fallhöhe: Himmel oder Hölle, Tod oder Leben, Genuss oder Opfer. In ihnen machte der Gottesglaube den Unterschied. Aber ist das Christentum da noch engagiert, wenn man einmal von den hilflosen Versuchen absieht, wenigstens in ethischen, vor allem in sexualethischen Streitfragen Flagge zu zeigen – oder auch davon, wie Christen in politischen, auch ökologischen Bewegungen mitmachen, in denen dieses Engagement gern gesehen wird, solange das Religiöse im Hintergrund bleibt? *Søren Kierkegaard* sah das Christentum schon vor mehr als anderthalb Jahrhunderten in seiner kompromissverliebten Verbürgerlichung untergehen. Verbürgerlichung hieß für ihn: Alles passt letztlich mit allem zusammen. Das Zusammenhalten bringt's! Du musst keine Opfer bringen, nicht mehr nein zu A sagen, wenn du dich für B entscheidest, keine größeren Verzichte leisten, damit du B ernsthaft wählen kannst. Der Bürger lebt und liebt den Kompromiss und das Zusammenhalten, Alles-Behalten. Er verzeiht sich leichten Herzens, wenn es ein fauler Kompromiss ist. Bürgerliches Christentum segnet den Lebensgenuss und gibt ihm eine unzerstörbare Zukunftsperspektive, weil man mit ihm nicht mehr die ewige Seligkeit riskiert: „[D]as Christentum ist Lebensgenuss […] beruhigt dadurch, dass die Frage der Ewigkeit entschieden ist, damit wir recht Lust bekommen sollten […] dies Leben zu genießen."[56] Das Christli-

[56] Sören Kierkegaard, Der Augenblick. Aufsätze und Schriften des letzten Streits, Gesammelte

che, „das in die Welt gekommen ist als die Wahrheit, für die man stirbt, ist nun zu der Wahrheit geworden, von der man [...] mit Familie lebt, unter glattem Fortkommen“[57]. Christliche Religion wird zur Sache eines effizienten, von auskömmlich bezahlten Kirchenbeamten gepflegten Umgangs mit menschlich-gesellschaftlichen Grundbedürfnissen, einer staatlich-kirchlichen Grundversorgung mit religiösen Gütern, die der Mensch noch zu brauchen meint. Und den Menschen wird vorgemacht: „ihr sollt auch in Hinsicht auf das große und unschätzbare Gut einer ewigen Seligkeit alles so angenehm, so bequem und so billig haben wie möglich [...] die ewige Seligkeit wird euch gebracht – ebenso wie heutzutage das Bier“.[58]

Kierkegaards überzogene Polemik gibt den Blick frei auf die Radikalität seiner Kritik am bürgerlichen Christentum. Es ist das den Menschen *Zusagende* geworden; nichts Menschliches ist ihm fremd. Alle sollen zustimmen können, weil es angenehm und förderlich erscheint, Christ(in) zu sein. „Um angenommen zu werden, dazu muss man angenehm sein“, so hat es ein halbes Jahrhundert später Kierkegaards russischer Gesinnungsgenosse *Wladimir Solowjew* gesagt.[59] Demokratisierung des Christentums? Warum nicht! Kierkegaards und Solowjews Einspruch trifft einen Demokraten ins Herz, ist bitter ungerecht – und doch nicht gegenstandslos. Wenn die Demokratie *auch* die Möglichkeit sein sollte, das mir Zusagende und eher Angenehme, meinen Interessen Entgegenkommende zu wählen, wird das Zusagende und Angenehme dann nicht zur höchsten Wahrheit, wird *Verkäuflichkeit* nicht zum Wahrheitskriterium? Wird Theologie nicht zur Verkaufs- und Akzeptanz-Erzeugungs-Strategie? Kein Bekenntnis mehr, keine Wahrheit, die Opfer und Entschiedenheit fordert, bloß noch Interesse und Akzeptiert-werden-Wollen? Das wäre das Menschlich-Allzumenschliche, Allzuselbstverständliche, dem man sich kaum entziehen kann. Soll es auch theologisch maßgebend werden – für eine Theologie, der nichts Menschliches fremd ist? Man spürt sofort, wie einseitig die Kritik ist; leider auch, wie schwer es ist, ihr begründet zu widersprechen; wie gefährlich sie ist, wie Fundamentalismus- und Radikalismus-anfällig.

Das ist der Kern dieser Kritik: Wo die Wahrheit sich durch Verkäuflichkeit und allgemeine Akzeptanz empfiehlt, braucht man sich nicht mehr für sie zu *entscheiden*. Es versteht sich fast von selbst, sie zu „wählen“. Man tut das im ureigenen Interesse. Wer für sie optiert, muss sich nicht *gegen*

Werke, hg. von E. Hirsch u. H. Gerdes, 34. Abteilung, Gütersloh ^{2}1994, 45 (die Seitenangaben im Text beziehen sich auf diese Schrift).

[57] Ebd., 54.

[58] Ebd. 115.

[59] Vgl. Wladimir Solowjew, Kurze Erzählung vom Antichrist, in: Deutsche Gesamtausgabe, hg. von L. Müller, Bd. 8, München 1979, 259–294, hier 270.

seine elementar-kreatürliche Hinneigung zum Angenehmen und Zusagenden entscheiden. Er muss sich eigentlich gar nicht entscheiden, denn Entscheidung heißt – so macht Kierkegaard unnachsichtig deutlich – immer auch Entscheidung gegen das bloß Angenehme und deshalb Selbstverständliche; Entscheidung gegen meinen Bedürfnis-Egoismus, der in der bürgerlichen Gesellschaft geehrt und hofiert wird; eine Entscheidung, die mir elementar gegen den Strich geht. Die will der Bürger nicht. So flüchtet er sich zur Chimäre des Nichts-aufgeben-Müssens. Und die Theologie will da nicht groß stören?

Kierkegaard kennt mit ihren Protagonisten keinen Pardon. Ehe man ihm zu widersprechen versucht, höre man ihm noch einen Augenblick zu – bis es weh tut. Wäre das Christsein nach dem Neuen Testament „recht behaglich und angenehm für den natürlichen Menschen, fast als sei es seine eigene Erfindung, ihm wie aus dem Herzen gesprochen: ja, dann würden wir bald alles in Ordnung haben." Aber es ist in Wahrheit „dem natürlichen Menschen mehr als alles andere zuwider, ist ihm ein Ärgernis, etwas, wogegen er sich entweder in wilder Leidenschaft und Trotz empören muss, oder was er arglistig um jeden Preis versuchen muss loszuwerden". Es ist nämlich „eitel Qual, Jammer und Elendigkeit", geradezu ein Ärgernis, „etwas, was dem Menschen im allerhöchsten Maße missfällt und ihn empört", da es ihm einschneidende Opfer abfordert. So ist in jeder Generation der Mensch eine Seltenheit, der „so viel Macht über sich selbst besitzt, dass er *wollen* kann, was ihm nicht behagt, festhalten, dass es die Wahrheit sei, gerade weil sie ihm nicht behagt […] den Willen haben kann, sich damit einzulassen. Für die meisten Menschen verwirrt sich das sogleich, bewusst oder unbewusst: worauf sie sich einlassen sollen, das muss etwas sein, was sich als behaglich und zusagend erweist". Neutestamentlich glauben ist dagegen ganz entschieden: „Gott lieben, in einem Gegensatz-Verhältnis […] mit der Forderung, abzusterben, sich selbst zu hassen".[60] Wo davon nicht mehr die Rede ist, wo „das Gegensatz-Verhältnis […] also erloschen" ist (ebd.), wird Christsein nicht mehr gelebt, hat man von ihm Abschied genommen, sich nicht unter Lebenseinsatz für es entschieden, sondern ist in ein Christentum hineingerutscht, das den Namen Jesu Christi beleidigt. Aus Bekennern und Propheten sind Kirchen-Beamte geworden, die das bei einigen noch vorhandene religiöse Bedürfnis gesellschaftlich abdecken.

Was im Glauben oder zum Glauben eingeübt werden muss, ist nach Kierkegaard „die Trennung, die Unterscheidung zwischen dem Unendlichen und dem Endlichen, zwischen einem Streben nach dem Unendlichen und nach dem Endlichen […] Das Christentum hat deshalb mit geradezu

[60] Vgl. Der Augenblick, a.a.O., 167–169.

polizeimäßiger Vorsicht möglichst alles abgeriegelt in Hinsicht darauf, dass es nicht so gänzlich auf eins hinauskomme: Christentum und Broterwerb, Christentum und Vorwärtskommen, Christentum und Verlobung usw." Jesus Christus und das authentische Christentum stellen vor eine Entscheidung, in der es um alles geht: traditionell gesprochen um die „ewige Seligkeit". Sie stellen vor das „furchtbarste Entweder – Oder, durch eine gähnende Kluft voneinander geschieden".[61]

Wie werden nachdenkliche Menschen von diesem Entscheidungs- und Entschiedenheitspathos heute angesprochen? Vielleicht finden sie sich in einem irritierenden Zwiespalt vor. Sie möchten einwenden: Müssen Lebensfreude und Lebensgenuss tatsächlich für die Christusnachfolge geopfert werden, weil sie ohne Kreuz, ohne Verachtet- und Abgelehnt-Werden nicht zu leben sei? Man mag daran denken, wie nahe dieses Entweder-Oder Kierkegaards den fundamentalistischen Strategien in Christentum und Islam kommt, ihrer Einschärfung einer lebensrettenden Alternative, für die man leben und auch sterben muss, der größte Opfer gebracht werden müssen. Kierkegaard war kein Fundamentalist *avant la lettre*. Aber die Entschiedenheitsterminologie in seinen späten Schriften kommt der Sprache der Fundamentalisten nahe, deckt vielleicht die religiöse Energie auf, die auch eingefleischte Nicht-Fundamentalisten sehen und anerkennen müssten, die sie ins Fragen bringen sollte.

Fundamentalisten und Kierkegaard-Nachfahren stört an der Alltagskulturellen Neigung eines bürgerlichen Christentums, dass man die Unterschiede, angesichts derer wir uns entscheiden müssten, nicht mehr so wichtig nimmt: Macht es tatsächlich noch einen entscheidenden Unterschied, wem wir unsere gesammelte Aufmerksamkeit und unser Glaubens-Engagement zuwenden? Wenn die „ewige Seligkeit" eine diffuse, eher undramatische Perspektive geworden ist und die großen Ideologien abgewirtschaftet haben, können wir mit der Verteilung unserer Aufmerksamkeit – unseren Engagement-Investments – dann nicht „großzügiger" und variabler umgehen? Es macht nicht mehr einen so gewaltig-abgründigen Unterschied, was wir jeweils als Lebens-Perspektive „wählen", wofür wir uns mit ihr entscheiden. Man sollte die Entscheidungen nicht zu sehr „aufladen", als ob wirklich Entscheidendes davon abhinge. Wir leben den Kompromiss, das Zusammenhalten, die Ambiguität in uns und um uns, das Hinüber und Herüber, die Patchwork-Identität. Dürfen wir nicht für alle Seiten verständnisvoll sein, auch im Blick auf uns selbst? Gott nimmt uns an, wie wir sind. So nehmen auch wir uns an, wie wir sind. Nur keine Dramatik, keine religiöse Überforderung. Nur nicht den Eindruck erwecken, es gehe im

[61] Ebd., 161 f.

Christentum um einschneidende Entscheidungen und Umkehr, um etwas, was nicht unmittelbar mit der Verbesserung der Lebensqualität zu tun hat – und mit dem alle vernünftigen Menschen „guten Willens" einverstanden sein müssten, wenn sie es richtig verstehen.

Wir ahnen, dass es zu Ende geht mit dem bürgerlichen Konsens-Christentum, das alles – das Endliche und das Unendliche, das pralle Leben und erforderliche Einschränkungen um des „Ganzen" willen – irgendwie zu einem vernünftigen Ausgleich bringt, als Spannungen zusammenhält, an denen man reifen und ambiguitätstoleranter werden sollte, aber nicht zum Fanatiker; dass es zu Ende gehen könnte mit diesem Alles-verstehen-Christentum und seiner Schwäche für das Menschlich-Allzumenschliche; mit den so verständnisvollen Theologien, die den Kompromiss-Christen ein gutes Gewissen verschaffen.

Wenn man die Dinge ernster nimmt, hängt man irgendwie dazwischen: zwischen dem Entschiedenheits-Christentum in der Tradition des späten Kierkegaard und dem bürgerlichen Common-sense-Christentum. Man wird von der Ahnung heimgesucht, dass Christsein etwas zu tun haben wird mit Umkehr, Metanoia angesichts dramatischer Sackgassen. Noch kann, mag man sich nicht recht entscheiden. Man fühlt sich eingezwängt in schwer erträgliche, prekäre Alternativen und fragt sich, wo endlich Entscheidungen fallen müssen – im Großen wie im Blick auf das eigene Leben. Und Christen fragen sich mitunter, von Kierkegaard zur Rede gestellt, ob es noch diesen entscheidenden Unterschied gibt, angesichts dessen sich unser Leben und seine Zukunft entscheidet, an dem sich entscheidet, ob es gut gelebt oder vergeudet wird – und ob dieser Unterschied mit Gott zu tun hat.

2.4 Differenz-Markierungen?

Da hilft keine Ausflucht: Wenn das Christentum Entscheidungssache sein soll – nicht länger kirchliche (Ein-)Gewöhnungssache –, müsste man wissen können, *wofür* man sich als Christ entscheidet und *wogegen*. Klar, als verantwortlicher Christ entscheidet man sich für Ökologie und Gerechtigkeit, gegen Ressourcen- und Menschen-Ausbeutung, vielleicht gegen Tierquälerei und Fleischgenuss. Aber tun das nicht auch viele Nichtchristen mehr oder weniger konsequent? Müsste man ihnen – ihrem „guten Willen" – gegenüber nicht auf einer *spezifischen Differenz* des Christseins bedacht sein?

Man hat das mit der spezifischen Differenz übertrieben und übertreibt es in Fundamentalistenkreisen. Aber macht es überhaupt keinen bedeutsamen Unterschied mehr, Christ(in) zu sein oder es nicht zu sein? Man sollte diese

Frage nicht den Konservativen und Fundamentalisten überlassen, die sich das Heil der Kirche vom Anderssein und Flaggezeigen versprechen, im Entscheidenden vom entschiedenen Dagegen-Sein: von einer exotischen Sexualmoral, der Diskriminierung von Lesben und Schwulen, einem elitär-antidemokratischen Affekt, feudaler, römisch-lateinisch geprägter „Formbewusstheit". Wenn Gott oder Nicht-Gott den Unterschied macht und zur Entscheidung fordert, dann sind solche Unterscheidungsmerkmale und Alternativen Gottes schlechterdings unwürdig; sind sie geradezu Gotteslästerung, weil sie einen kleinlichen, im Wesentlichen nein sagenden Gott ins Feld führen. Wenn aber Gott den Unterschied macht, was ist dann der Unterschied, an dem man sich zu entscheiden hat? Die „ewige Seligkeit" konnte Kierkegaard sagen. Würden man das heute noch sagen? Oder wäre es uns Theolog(inn)en fast schon peinlich, so vom Ewigen im Unterschied zum Zeitlichen zu reden? Wir würden das „Zeitliche" jedenfalls nicht herauslassen, sondern zusammenhalten wollen mit dem „Ewigen" – und wir hätten wohl gegen Kierkegaard (?) biblisch recht, wenn wir programmatisch bekennen, dem Glauben sei nichts Menschliches fremd.

Wenn Gott der Unterschied ist, was ist dann der Unterschied, der eine Glaubensentscheidung abfordert? Wo ist bei all den schiefen Alternativen die Alternative, die der Glaube um Gottes und der Menschen willen markiert? Die Frage ist zu groß für Patentantworten. Aber mit dem Antworten anfangen wird man schon versuchen müssen, wenn das Christentum nicht – wie Nietzsche, der Antipode Kierkegaards, ja keineswegs grundlos voraussah – zu einer „Religion der Behaglichkeit"[62] entschlafen sein oder eingeschläfert werden soll.

2.5 Der Unterschied um alles, der die Glaubensentscheidung herausfordert

Wenn Gott den Unterschied ausmacht, dann hat der Unterschied damit zu tun, wer Gott ist. Er ist die Liebe, so sagt die Bibel (1 Joh 4,6). Sagen wir es, um nicht zu schnell von der Liebe zu sprechen, vorsichtiger so: Er ist reines Wohlwollen und Menschenfreundlichkeit (Tit 3,4). Dieses von jeder Missgunst freie Wohlwollen gilt jedem und jeder Einzelnen, will für einen Jeden und eine Jede Leben in Fülle (vgl. Joh 10,10). Gottes Menschenfreundlichkeit will und wird keinen Menschen verlorengeben, will keinen Menschen missachtet und unterdrückt, um sein Leben und seine Zukunft gebracht sehen. Die Menschen kommen bei Gott nicht nur in der Perspektive welt-

[62] Friedrich Nietzsche, Die fröhliche Wissenschaft, Aph. 338, KSA 3, 567.

umspannender oder alltagsweltlicher Strategien, der großen Prozesse und kleiner Nutzbarkeiten vor: als beeinflussbare Wähler und Konsumenten, als ausbeutbare Humanressource, als ein Tröpfchen im unendlichen Meer des Seins oder im Raketenbrennstoff der Evolution, als ein *Fast-Nichts* eben – sondern im Blick eines Gottes, der wie ein Freund auf ihr Leben schaut, der für sie und mit ihnen da sein will.

Das ist die größte und verwegenste Hoffnung überhaupt; die anspruchsvollste und überschwänglichste Illusion, wenn sie nicht wahr ist. Wer sich in diese Hoffnung hineintraut, wer sie „hegt", lebt anders, lebt *alternativ*, weil er diese Hoffnung lebt und sie bezeugt; der sieht die Menschen, die Welt und sich selbst anders: als Zukunfts-fähig, weil Gott selbst sich engagiert, es mit mir, mit dir, mit allen so gut werden zu lassen, wie es überhaupt nur gut werden kann, es über alles Sterben, alle Entwürdigung und alle Schuld hinaus, gegen alle Entwürdigung und Schuld gut werden zu lassen. Auf Gottes end-gültiges Wohlwollen nicht nur unverbindlich zu hoffen, sondern an es zu glauben heißt aber: es zu bezeugen, an ihm teilzunehmen, soweit meine Möglichkeiten reichen, es deshalb nicht hinzunehmen, wenn Entwürdigung und Missachtung um sich greifen, gar als Natur-Gesetz deklariert werden. Das ist eine für heute unabdingbare, aber auch fast unerträglich fordernde Differenzmarkierung, an der die Identität des Christlichen greifbar wird; der Lebens-Kontakt mit einer Berufung, die sich dem *Ich-bin-für-euch-auf-je-meine-Weise-da* (Ex 3,14) verdankt; der Stil eines „Zugewandtseins"[63], der Menschen mit all dem, was sie bewegt, im Blick hat: Angst und Sorge, Freude und Hoffnung, Leidenmüssen und Liebenkönnen. *Menschen-Zugewandtheit* steht hier gegen Menschen-Abschätzigkeit, Menschen-Ausbeutung und Menschen-Manipulation. Menschen-Zugewandtheit in diesem Sinne: nicht über sie verfügen und gegen sie, sondern *mit ihnen* leben, sie nicht verlorengeben wollen. Aber bitte nicht nur im interpersonalen Nahraum, sondern global, mit dem Blick dahin, wo es weh tut, vor allem den anderen weh tut, die man abgeschrieben und an den Rand gedrängt hat.

Ein arg weichgezeichneter Gott und ein gesofteter Glaube mag man einwenden – und Kierkegaards Radikalität in Erinnerung rufen. Was ist schon dran an einem so bekömmlichen und im Grunde doch allen zusagenden Glauben, an dieser Theologie, die sich das Menschliche so sehr angelegen sein lässt? Wer würde diesem christlichen Gutmenschen-Glauben im Entscheidenden widersprechen wollen! Einspruch: Wer sich dieser Herausforderung des guten Willens Gottes aussetzt, wie sie in Jesus Christus

[63] Vgl. Hans-Joachim Höhn, Macht Unterschiede!? Katholische Präsenz im Säkularen, in: Zur Debatte. Themen der Katholischen Akademie in Bayern 3/2012, 25–28, 26.

Mensch geworden ist, der ist ins Herz getroffen. Er weiß um seine eigene Zwiespältigkeit, um das Bedrängtwerden vom nicht-guten Willen, wo man geht und steht. Er oder sie weiß um die tiefe Zwiespältigkeit des eigenen Wollens, des eigenen Einsatzes. So weiß er auch um die *Sünde* und ihr Verhängnis. Er und sie weiß aber auch darum, dass nur der gute Wille Gutes in die Welt bringt, mehr Gutes vielleicht, als ich in ihr „verbrauche" – eben Gott in die Welt bringt, seine *Gnade* empfängt und selbst lebt. In mir ist diese tiefe Zwiespältigkeit: Ich weiß, was ein guter Wille wäre und was er bewirken kann: Menschenwürde, Menschenzukunft, gutes Leben; und ich bringe ihn höchst selten, allenfalls bruchstückhaft auf. Ich bin so schrecklich unentschieden, wenn es darum ginge, Verhältnissen der Ausbeutung und der Missachtung entgegenzutreten. Ich bin so besetzt von meinem Eigen-Interesse und hege die Illusion, dass man das Unvereinbare doch irgendwie zusammenhalten und miteinander vereinbaren kann.

Wo bleiben dann die Reste von Entschiedenheit, ohne die das Christentum zur Good-will-Selbstbestätigung verkäme? Die Entschiedenheit für einen Gott, der ein Liebhaber des Lebens ist (Weish 11,24) und es nicht hinnimmt, dass verdorben und missbraucht wird, wessen Freund er ist? Ja, diese Alternative ist biblisch-christlich unabdingbar: Tod oder Leben, dem Tod oder dem Leben dienen und Raum geben, von Gottes Lebensfreundschaft und Menschenfreundlichkeit beseelt und in Anspruch genommen sein oder von dem Geist, der stets verneint, was ihm nicht nützt und geringschätzt, woraus die Menschen lebendig werden; sich mit dem achselzuckenden Zuschauen zu begnügen oder in Demut Gottes gutem Willen zu dienen, ohne schon sehen zu können, was das am Lauf der Dinge ändert[64]; daran zu glauben, dass das, was ich da einbringen, meiner fast unbeherrschbaren Selbstsucht abringen, kann, tatsächlich einen Unterschied macht.

Gottesliebe oder entgleiste Selbstliebe? Fast sind wir wieder bei Kierkegaard – oder bei *Augustinus*, an den Kierkegaard erinnert. Wir werden nicht von Selbst-Hass reden als Preis der Gottes- und Nächstenliebe, der Liebe zum Leben; dazu sind wir zu therapeutisch aufgeklärt. Aber wir werden von Selbst-Überwindung sprechen müssen. Wir werden in unserer Zwiespältigkeit davon sprechen, dass wir zu einer Entschiedenheit finden möchten, die nicht vom *Dagegen* – vom Ressentiment – bestimmt ist, sondern von der Erfahrung, dass es gut ist und besser mit mir wird, wenn ich

[64] Das ist vielleicht unvernünftig, unrealistisch. Ist es *mehr als* vernünftig? Es ist jedenfalls die Alternative zu Dieter Nuhrs Resignations-Vernunft, die nicht einsehen kann, was es für einen Sinn macht, gegen die Verweigerung der vielen Milliarden Chinesen, Amerikaner und Afrikaner die Welt retten zu wollen.

daran arbeite und es mir geschieht, dass der gute Willen in mir stärker wird und ich dem bösen Willen der Missachtung und der Ausbeutung nicht Raum gebe. Es ist naiv, an Gottes guten Willen zu glauben und daran zu glauben, dass er geschieht, auch durch mich geschehen kann, auch an mir geschehen wird; dass er mich retten wird, wie er dich rettet – im Abgrund des Hasses und des Todes. Das ist so naiv, dass man sich mit dieser Naivität in der raffiniert-avantgardistischen, nüchtern-abgeklärten, ambiguitätstoleranten Öffentlichkeit fast schämt. Viel zu naiv, viel zu schön ausgemalt, zu langweilig, zu uninteressant, um wahr zu sein. Wollen wir Christen wirklich zu dieser Entschiedenheit einer Naivität finden, unser Leben tatsächlich in ihr zur „Einfalt" sammeln, die so wenig der raffinierten Vielfältigkeit, spannenden Vielspältigkeit unserer postmodernen Lebenswirklichkeit entspricht; die so wenig heldenmütig dem Untergang im ewigen Stirb und Werde! der Naturprozesse ins Auge blicken will?

Aber: Wie naiv ist es tatsächlich, sich nach einer Entschiedenheit zu sehnen, in der ich mich Gottes gutem Willen anvertrauen und daran glauben könnte, dass er mich nicht verlorengibt und es gut mit mir macht – was auch immer dabei herauskommt; ich müsste das jetzt nicht wissen! Ist es naiv, den guten Willen, der doch in mir da ist, *auch* da ist, im Glauben an Gottes guten Willen zu hegen und hervorzulocken, so gut es geht, weil er Vorgeschmack ist und Herausforderung, aus ihm zu leben, in Gott hinein und auf die anderen hin? Dann soll es naiv-einfältige Entschiedenheit sein, wenig geehrt auf den Altären des raffinierten Geschmacks mit ihrem Kult einer unentschiedenen Vieldeutigkeit, auch eines durch nichts mehr zu enttäuschenden Pessimismus. Dann ist es eben Oster-Naivität, die dem Leben mehr zutraut als dem Tod, obwohl sie weiß, dass am Sterben kein Weg vorbeiführt. Werde ich dieses naive Zutrauen, diese selige Entschiedenheit fertigbringen? Da ist nichts *fertig* zu bringen. Bereit sein wäre viel. Und das Hegen und Pflegen dessen, was schon in mir ist an gutem Willen. Das Hegen und Pflegen der Sehnsucht danach, dass Sein guter Wille geschehe.

2.6 Dazwischen

Vielleicht ist jetzt der Punkt erreicht, an dem man Kierkegaard doch theologisch zu widersprechen hätte – oder Kierkegaard mit Kierkegaard zusammenzubringen hätte. Dass die „Leidenschaft für das Ewige" das Opfer der Endlichkeit fordert, ist schon für Kierkegaard selbst nicht wahr oder nur durchgangsweise wahr. Es kann nicht wahr sein, wenn Gott sich – wie das christlich im Zentrum des Glaubens steht – auf die Endlichkeit eingelassen hat, sie mit den Menschen *teilen* wollte. Sein Sohn wird ein Fresser und

Weinsäufer (Mt 11,19) genannt; er hat die Freuden des Menschenlebens gekannt und geteilt, nicht geringgeachtet, was dieses Leben ihm an Möglichkeiten der Freundschaft bot. Er hat es gefeiert und die Feier des Lebens – eines Überflusses, an dem alle teilhaben – als Vorzeichen der Gottesherrschaft verstanden. Die für den „wahren Christen" so oft eingeforderte Alternative *Lebensgenuss und sich Verlieren im Diesseits vs. Verzicht und Sehnsucht nach dem Jenseits* wird sich kaum auf Jesus von Nazaret berufen können. So steht sie in der Gefahr, zur falschen Alternative zu werden und das falsche Heldentum der Entbehrung zu verklären.[65]

Gerade wenn man die Lebensfreude im Endlichen teilt, wird man sich nicht achselzuckend damit abfinden, dass es die letzte Perspektive ist, in der wir unser Leben zu sehen hätten: dass es in Bedeutungslosigkeit hinein vergeht, ganz gleich, was es gewesen ist, leben durfte, angerichtet oder an Gutem angefangen hat. Zu spüren – zu glauben –, dass in ihm das Gute und höchst Erfreuliche wachsen kann, das nicht verlorengeht und bedeutungslos wird, macht christlich die Erfahrung des Glaubens aus. So auch das Hineingerissensein in die Glaubens- und Lebens-Spannung zwischen dem Streben nach Teilhabe am guten Leben in all seinen Dimensionen und der Herausforderung, sich und das Seine zu verschenken, damit jetzt und in Ewigkeit Gottes Zukunft in meinem Leben, in dieser Welt, Raum und Zeit gewinne.

Ich bin *dazwischen.* Mit dem schiedlich-friedlich-katholischen *et-et* – das Eine tun und das Andere nicht vergessen – ist es nicht getan. Was sich mir als die Dimension des wirklich guten Lebens geöffnet hat, gerät in Konflikt mit dem, was ich alltäglich lebe und eigentlich auch leben will. Wie bringe ich das zusammen? Muss ich mich mit einem unentschiedenen Nebeneinander zufriedengeben, damit es mich nicht zerreißt? Mit der leichtsinnigen Gottes-Hoffnung, dass es bei Gott und durch ihn doch zueinander passt?

Die Fragen sind „theoretisch" nicht mehr zu bewältigen oder mit klugen theologischen Antworten aus der Welt zu schaffen. Antworten – große und kleine – müssen im Glauben gelebt werden. Über die Lösungen hinaus gelebt werden, die man sich vielleicht ausdenken kann. Die Situation des Dazwischen-Seins, die zum Zusammenhalten herausfordert und offenkundig kein schiedlich-friedliches, „versöhnendes" Zusammenbringen ermöglicht, muss aber bedacht werden, als Situation des menschlichen Lebens, des Glaubens,

[65] Die *evangelischen Räte* Armut, Keuschheit und Gehorsam sind keine Anweisung zu solchem Heldentum, so sehr sie vielfach in diesem Sinne verstanden worden sind. Sie können vielmehr bezeugen, dass der Reichtum des Lebens sich nicht in Lebensgenuss und Selbstverfügung erschöpft.

der Theologie, des kirchlichen Miteinanders, der Kultur, eines ökonomisch-gesellschaftlichen Lebensstils am Rand des Scheiterns. Das soll in diesem Buch geschehen, soweit der Autor selbst damit kommt. Er hält sich bei allem Zwiespalt dafür noch einmal an Kierkegaard, an seine berühmte Formel von dem Selbst (des Menschen), das ein Verhältnis ist, das sich zu sich selbst verhält.[66] Das Selbst lebt das Zusammenhalten-Müssen von Endlichkeit und Unendlichkeit und kommt doch nicht davon los, sich zu dem Zusammenhalten, das es lebt, zu verhalten: zu seinem Versuch, die Absolutheits- und Unbedingtheits-Perspektive des Lebens mit dem Streben nach Lebens-Freude und Lebens-Genuss zusammenzuhalten. Nur bei Gott und aus Gott kann es dazu kommen, das menschlich nicht zu versöhnende Dazwischen-Sein zu leben[67] und Ihm die Möglichkeit anheimgestellt zu lassen, dass es menschlich lebbar ist. So könnte man Kierkegaard verstehen. Ist das heute mehr als eine Ausrede, die uns die radikale Entscheidung fürs Absolute ersparen soll – und insofern ganz und gar nicht in Kierkegaards Sinn?

Muss nicht mehr Entschiedenheit sein, muss die Glaubens-Entschiedenheit nicht konkreter sein? Heißt die Alternative nicht ganz elementar Tod oder Leben, Lebens-Freundschaft und Widerstand gegen die Macht des Todes, wie auch immer sie sich zeigt, oder Komplizenschaft mit denen, die nur ihr eigenes Leben im Blick haben? Das Prinzip – *principium* – der Glaubens-Entschiedenheit ist klar. Aber was bedeutet es, sich in den ambivalenten und so uneindeutigen Erfahrungen und Lebenslagen unserer Zeit danach auszurichten?

Die Kirche ist schnell dabei, einem diese durchaus gewagte Interpretations-Aufgabe abzunehmen, damit es endlich zu mehr Entschiedenheit und zu weniger Zwiespältigkeit komme. Sie will mit ihrer Verkündigungs-Autorität dafür einstehen, dass den Gläubigen das Eindeutige und Verlässliche zur Verfügung steht, an dem sie sich ohne großes Existenz-Risiko orientieren können. Sie will ihnen die Alternativen so deutlich machen, dass es

[66] Der genaue Wortlaut: „Das Selbst [der Geist] ist ein Verhältnis, das sich zu sich selbst verhält, oder das an dem Verhältnisse, dass das Verhältnis sich zu sich selbst verhält“ (Die Krankheit zum Tode, Gesammelte Werke, hg. von E Hirsch und H. Gerdes, 24. und 25. Abteilung, Gütersloh [4]1992, 8).

[67] In seiner *Abschließenden unwissenschaftlichen Nachschrift zu den Philosophischen Brocken* wendet Kierkegaard diese Situationsbestimmung des menschlichen Geistes gegen Hegel, der das Dazwischen-Sein spekulativ zu überwinden vorgebe. Kierkegaard macht dagegen „den Widerspruch zwischen dem in Leidenschaft unendlich interessierten Subjekt und der Spekulation“ scharf: Der Mensch kann sich nicht aus dem Dazwischen-Sein herausreflektieren. Er hat es als leidenschaftliches Inter-esse (Dazwischen-Sein) am Ewig-Göttlichen in der Nachfolge dessen zu leben, der Gottes leidenschaftliches Interesse am Menschen gelebt hat (vgl. 16. Abteilung der von E. Hirsch, H. Gerdes und H. M. Junghans herausgegebenen Gesammelten Werke, Gütersloh [3]1994, 53).

sich fast von selbst versteht, die „Richtige“ zu wählen. Es ist an der Theologie, vor unzulässig angeschärften Alternativen zu warnen, einzuklagen, dass man auch auf das zu schnell Abgelehnte höre. Und sie hat die Verneinungs-Energie in die Schranken zu weisen, die Glaubens-Entschiedenheit primär durch Ablehnung des nicht Verstandenen und Erlebten gewinnt. Das gerät die Theologie schnell in die Nörgel-Ecke, die den Identitäts-Einschärfungs-Schwung der „Identitären“ in der Kirche sabotiert. Und wenn schon! Dafür ist Theologie ja da: dass man es genauer wissen will, was die Alternativen bedeuten, die kirchlich eingeschärft werden; und was sie nicht bedeuten dürfen, wo die Alternativen anfangen, falsch zu werden. Dafür ist die Theologie da: die autoritären Klarstellungen als Auslegungen zu verstehen – und der Frage auszusetzen, ob hier Glaubens-authentisch und Glaubens-hilfreich ausgelegt wird, Menschen-hilfreich, Lebens-hilfreich. Oder ob das Ressentiment die allzu eindeutig-festlegenden Auslegungen und Alternativen-Setzungen erzwingt. Genau dafür ist Theologie da. Mitunter muss sie sich dafür kritisieren und unter Verdacht stellen lassen. Aber nur so kann sie der verheißungsvollen Alternative auf der Spur bleiben, die sich dem alternativen Leben des Gottes-Menschen Jesus Christus eingezeichnet hat.

3. Interpretations-Christentum?

3.1 Die Diagnose: Diktatur des Relativismus

Theologie hat ihren Ort, ihren Reflexions-Raum, im *Dazwischen:* zwischen dem biblisch bezeugten, in den Kirchen überlieferten Glauben und den Fragen, den Erfahrungen unserer Zeit; zwischen den mit (fast-)göttlicher Autorität geltend gemachten Wahrheitsansprüchen kirchlicher Lehre und den Ansprüchen der Zeitgenossen, verstehen zu wollen, was sie glauben. Sie vermittelt zwischen diesen Ansprüchen. Sie vermittelt durch Auslegung: indem sie normative Zeugnisse und das Bekenntnis des Glaubens so auslegt, dass Zeitgenossen sie verstehen können; indem zu verstehen sucht, wie Menschen heute zu einer für sie tragfähigen Selbst-, Welt- und Gottesverständigung kommen – und wie sie dabei auf die Glaubens- und Sittenlehre der Kirche zurückkommen können. Darf, ja muss Theologie ihre kirchliche und gesellschaftliche Aufgabe nicht konsequent in diesem Sinne als Vermittlung durch die wechselseitige Auslegung der Texte und des Heute verstehen? Es ruft lehramtliches Misstrauen hervor, wenn sie sich als Interpretations-Wissenschaft profilieren und von ihrem Dazwischen-Sein her definieren will. Ihr Ort ist doch bei der Kirche, auf Seiten der Glaubenden und ihres Bekenntnisses!

Joseph Ratzinger hat als Erzbischof von München und Freising 1979 eine Silvesterpredigt gehalten, mit der er Theologinnen und Theologen in diesem Sinne energisch zur Ordnung rief. Nach dem Zweiten Vaticanum sei unter ihnen zu viel Interpretations-Freudigkeit aufgekommen. Manche hätten sich verführen lassen, eigene Auslegungen an die Stelle des authentischen Taufglaubens der einfachen Gläubigen zu setzen. Ihnen schreibt der Kardinal ins Stammbuch: „Nicht die Gelehrten bestimmen, was an dem Taufglauben wahr ist, sondern der Taufglaube bestimmt, was an den gelehrten Auslegungen gültig ist. Nicht die Intellektuellen messen die Einfachen, sondern die Einfachen messen die Intellektuellen […] Der Getaufte, im Taufglaubens Stehende, braucht keine Belehrung. Er hat die entscheidende Wahrheit empfangen und trägt sie mit dem Glauben selbst in sich.“ Aufgabe des Lehramts sei es, „dort zur Stimme der Einfachen zu werden, wo Theologie das Glaubensbekenntnis nicht mehr auslegt, sondern es in Besitz nimmt und über das einfache Wort des Bekenntnisses stellt.“ Stimme der Einfachen aber ist es, wenn es ihnen ermöglicht, „an der Einfachheit und an der gemeinsamen Verständlichkeit der Grundworte des Bekenntnisses fest[zu]halten.“ So gibt es – und das „sein demokratischer Auftrag“ – „denen Stimme […], die keine haben“, keine Bücher schreiben, „nicht im

Fernsehen sprechen und keine Leitartikel in den Zeitungen verfassen können“[68]. Ihnen verkündet es den *ganzen* Glauben, während – so wird man erläutern dürfen – die Theologen, von ihrem intellektuellen Hochmut verführt, dazu neigen, Teilaspekte des Glaubens aus seiner organischen Ganzheit herauszulösen und zur Diskussion zu stellen.[69] So mache sich die Theologie zur Komplizin eines postmodernen Zeitgeistes in der Kirche, statt dafür Sorge zu tragen, dass die Gläubigen zuverlässig erfahren, was die Inhalte ihres katholischen Glaubens sind.

Zwei Jahrzehnte später, am Vorabend des Konklaves, aus dem er als Papst Benedikt XVI. hervorgehen sollte, bringt Ratzinger die intellektuelle Bedrohung des Glaubens und der Kirche durch den Zeitgeist innerhalb wie außerhalb der Kirche auf den Begriff „Diktatur des Relativismus“. Mit ihrer Neigung zu „elitärem Hochmut“ und ihrer Geringschätzung des einfachen Glaubens wird die Theologie in dieser Diagnose mitgemeint oder gar primär gemeint sein:

> „Einen klaren Glauben nach dem Credo der Kirche zu haben, wird oft als Fundamentalismus abgestempelt, wohingegen der Relativismus, das sich ‚vom Windstoß irgendeiner Lehrmeinung Hin- und Hertreiben-lassen, als die heutzutage einzige zeitgemäße Haltung erscheint. Es entsteht eine Diktatur des Relativismus, die nichts als endgültig anerkennt und als letztes Maß nur das eigene Ich und seine Gelüste gelten lässt.“[70]

Der klare, einfache Glaube der kirchlichen Bekenntnisse steht hier gegen das dem eigenen Ich und seinen Gelüsten ausgelieferte, relativistische Sich-Hin-und-Hertreiben-Lassen von irgendwelchen Lehrmeinungen. Sich dem Relativismus zu unterwerfen bedeutet, keine klar definierten, unverfügbar vorgegebenen Wahrheiten mehr zu akzeptieren. Relativisten kennen nur noch mehr oder weniger gut begründete Optionen und Vorlieben. Wenn die Theologie – dem weit verbreiteten Wissenschaftler-Narzissmus folgend – nicht mehr dem kirchlichen Glauben dienen will, sich vielmehr den eigenen theoretischen Konstruktionen hingibt, wird sie relativistisch und zur Bedrohung für die einfachen Gläubigen.

---

[68] Amtsblatt für das Erzbistum München und Freising, Jahrgang 1980, Nr. 1 vom 15. Januar, 10–20, hier 16 f.

[69] Vgl. ebd., 17 f. Als Präfekt der Glaubenskongregation hat Ratzinger eine Rede gehalten, die die moderne Katechese von einer Übermethodisierung und der damit einhergehenden Zersplitterung des Glaubens heimgesucht sieht: ders., Die Krise der Katechese und ihre Überwindung. Rede in Frankreich, dt. Einsiedeln 1983.

[70] Predigt zur Messe *Pro eligendo Romano Pontifice*, in: Der Anfang. Papst Benedikt XVI./Joseph Ratzinger, Predigten und Ansprachen, April/Mai 2005 (Verlautbarungen des Apostolischen Stuhls 168) Bonn 2005, 12–16, 14.

So wird man die Theologie-kritische Pointe der Formel von der Diktatur des Relativismus vor dem Hintergrund des von Ratzinger schon früher Gesagten zu verstehen haben.[71] Die Theologie rückt ins Zentrum der ja vielfach vorgebrachten Relativismus-Kritik, wenn sie nach modernen hermeneutischen Methoden verfährt. Diese hätten die Tendenz, Interpretationen an die Stelle des Interpretierten zu setzen und die Vielfalt der Interpretationen als Ausweis eines kreativen, unabgeschlossenen Interpretationsprozesses anzusehen, mit dem man im Heute Relevanz erzeugen will. Der Anspruch des zu Interpretierenden löse sich in das Neben- und Miteinander vielfältiger Anknüpfungen auf, die sich von dem, was zu interpretieren wäre, zu denken geben oder herausfordern lassen und es zugleich in seiner Geltung relativieren, da sie es historisieren. Man rekonstruiert den *Sitz im Leben*, versteht normative Texte als in eine bestimmte Situation hineingesprochene Interventionen – und wirft die Frage auf, was sie uns heute *noch* zu sagen haben, wie sie uns in situationsadäquaten Anknüpfungen und Auslegungen etwas zu sagen haben können. Oder man delegitimiert die Wahrheit, die sie für sich in Anspruch nahmen, indem man sie als interessebedingte Wortmeldungen erkennt, die sich *damals* – so der Gipfel der dekonstruktiven Geltungs-Relativierung – mit der Inanspruchnahme des Titels *Wort Gottes* einer erfolgreichen Bedeutsamkeits-Steigerungs-Strategie bedienten.

Innertheologisch und kirchlich artikuliert sich in der Relativismus-Kritik die Weigerung, sich auf hermeneutischen Prozesse einzulassen, die die Autorität des Vorgegebenen – der Offenbarungs-Gegebenheiten, der Offenbarungs-„Tatsachen“ – relativieren. Verbündet sich die Theologie mit der zeitgenössischen Hermeneutik, wird sie schließlich das Vorgegebene als das von den Menschen selbst absichtsvoll Zurechtgemachte und Konstruierte dekonstruieren, allenfalls als das noch immer Interessante, das die Interpreten gelten lassen, insoweit sie ihm in dieser oder jener Hinsicht eine gewisse – relative – Fruchtbarkeit zubilligen können.

Diese Angst ist nicht völlig unbegründet. Moderne Hermeneutiken verfahren auch Geltungs-dekonstruktiv, was aber nicht heißen muss Geltungs-destruktiv. Sie verstehen Geltungs-Ansprüche auch relativ zu den Situationen und Interessen, von denen her und in denen sie geltend *gemacht* wurden: *kritisch-genealogisch*. Aber eine als Hermeneutik des christlichen Glaubens verstandene Theologie wird sich darin nicht erschöpfen und würde sich so auch nicht den Vorwurf gefallen lassen müssen, sie löse das

[71] Vgl. Daniel Bugiel, Diktatur des Relativismus? Fundamentaltheologische Auseinandersetzung mit einem kulturpessimistischen Deutungsschema, Berlin 2021.

Bekenntnis in kritische Rekonstruktionen des darin Gemeinten und damit in den höchst relativen Subjektivismus der Interpreten auf.

3.2 Keine Fakten, nur Interpretationen?

Joseph Ratzingers/Papst Benedikts Parteinahme für den einfachen Glauben hat Resonanz gefunden bei Gläubigen, die sich im Karussell alternativer Fakten und *Fake News* wenigstens in der Kirche an die Fakten der reinen Lehre halten wollen, wie sie etwa in den Katechismen zusammengestellt sind. Es mag ja zur Ausnüchterung in diesen postmodernen Zeiten helfen, wenn man hinter der unendlichen Vielfalt der Meinungen die „harten Fakten" in den Blick nimmt, auf die sie sich beziehen (wollen). In der neuscholastischen Theologie des 19. Jahrhunderts war es das erste Geschäft der Dogmatik, zusammenzustellen, was nach den Gegebenheiten von Schrift und Tradition als Lehre der Kirche tatsächlich gilt. Tatsachen, Fakten, nicht spekulative Interpretationen: Man nannte es die *positive Methode.* Sie allein könne heute – so sieht man es bei den Theologie-Kritikern – dem Zerfall des Glaubenswissens entgegenwirken und einem theologisch überreflektierten, alles relativierenden *Interpretations-Christentum* wehren, das nicht nur der Heiligen Schrift, sondern auch dem Glaubensbewusstsein der Kirche eine „wächserne Nase"[72] dreht, damit es sich einem darbietet, wie man es gerne hätte.

Die verbindliche Rückbindung der plural-subjektiven Auslegungen an sichere (Glaubens-)Gegebenheiten, die der Maßstab aller Interpretationen sein müssten und nicht je nach Geschmack zurechtinterpretiert werden dürften: Das ist Ratzingers/Benedikts XVI. Kernanliegen. Das kirchliche Bekenntnis soll das unerschütterliche Fundament – *fundamentum inconcussum* – sein, auf das sich jede theologische Auslegung gründen müsse, damit sie nicht beliebig werde. Aber ist das, was die Norm aller Auslegungen sein soll, als solche vor aller Auslegung gegeben; wird es nicht selbst erst durch Auslegung zugänglich? Das ist nicht eine theologische Spezialfrage, sondern der epistemische „gordische Knoten", an dessen Auflösung sich die Erkenntnistheorie nach Kant abarbeitete. Friedrich Nietzsche schlug ihn mit einem argumentativen Schwerthieb durch, der die Debatte nachhaltig veränderte. Die klassisch-metaphysische, aber auch im Positivismus vorausgesetzte Reihenfolge *Zuerst die Fakten, dann die Interpretationen*, die sich auf sie beziehen, beruht auf falschen Voraussetzungen. Der objektivistisch-

[72] Die Formulierung stammt schon aus dem Mittelalter und wird von Martin Luther aufgenommen.

„positivistischen“ Parole: Für die Wissenschaften *gibt es nur Tatsachen,* nur von ihnen dürften sie auszugehen, hält Nietzsche entgegen: „[N]ein, gerade Thatsachen giebt es nicht, nur Interpretationen. Wir können kein Factum ‚an sich‘ feststellen: vielleicht ist es ein Unsinn, so etwas zu wollen [...] Unsere Bedürfnisse sind es, die die Welt auslegen: unsere Triebe und deren Für und Wider. Jeder Trieb ist eine Herrschsucht, jeder hat seine Perspektive, welche er als Norm allen übrigen Trieben aufzwingen möchte.“[73]

Das ist Nietzsches Befund: Beim scheinbar bloß konstatierenden Blick auf die Tatsachen hat man viel mehr „im Rücken“, als man bewusst mitvollzieht. Er ist gesteuert von Bedürfnissen, Verdrängungen, Manipulationen und deshalb perspektivisch-plural. Und man kann kaum „von außen“ auf das schauen, was ihn lenkt und begrenzt.[74] Wo immer man sich an der Objektivität des Gegebenen festmachen will, verkennt man, wie man dabei die Antriebe unserer Physis, das Machtgeschiebe der Gesellschaft, die jeweils vorherrschenden Interessen, schließlich die alles umgreifende „Logik“ des Lebens und seiner Selbststeigerung – Nietzsche spricht hier vom „Willen zur Macht“ – *auslebt.* Das scheinbar objektiv Gegebene ist ein Wirkungs-Zusammmenhang, in diesem Sinn *Wirk*-lichkeit, in den wir einbezogen sind und uns einbringen, da wir uns des Wirkenden bemächtigen und ihm eine Bedeutung geben. Perspektivismus ist Nietzsches Stichwort. Es verweist auf den Kampf der Triebe darum, unser Wahrnehmen zu besetzen und zu fokussieren, unseren Zugriff auf die Wirklichkeit zu perspektivieren. Im Streit der Interpretationen des von uns Wahrgenommenen kommen die Perspektivierungen einander ins Gehege, arbeiten sie sich aneinander ab. Das Perspektivische ist für Nietzsche „Grundbedingung alles Lebens“ und seines Ringens um Machtgewinn. Man kann sie nur verleugnen, wenn man sich durch eine platonisierende Wesensschau privilegiert weiß; wie das Christentum, dieser „Platonismus für's ‚Volk‘“[75], dessen Offenbarung an der Gottesperspektive teilhaben lassen soll. Dabei entfremde sie nur vom Leben, vom Willen zur Macht, vom Ringen darum, dass sich *diese* Perspektive durchsetzt und nicht jene.

Die Inanspruchnahme eines direkten Wahrheitszugangs, einer durch Gott ermöglichten Sicht auf das Wesen der Dinge, kennzeichnet nach Nietzsche die vulgär-platonistische, religiöse Illusion: Man fühlt sich mitten in der Welt der Endlichkeit und der Relativitäten gewissermaßen exterritorial zum Menschlich-Allzumenschlichen eines *absoluten, göttlichen Wissens* teilhaftig. Damit meint man über den absolut gültigen Maßstab der

[73] Friedrich Nietzsche, Nachgelassene Fragmente Ende 1886–Frühjahr 1887, KSA 12, 315.
[74] Vgl. Die fröhliche Wissenschaft, Aphorismus 374, KSA 3, 627.
[75] Jenseits von Gut und Böse, Vorrede, KSA 5, 12.

Beurteilung allen perspektivisch-relativen Wissens zu verfügen. Aber wie sollte man sich am eigenen Schopf aus dieser Welt herausziehen können! Wie sollte ein Gott es vermögen, uns aus der Endlichkeit heraus- und in den Himmel mit seinen absoluten Wahrheiten hineinziehen zu können! Die Wahrheit über das Menschen-Dasein ist für Nietzsche eine andere: Perspektiven haben uns in ihrer Gewalt. In ihnen beherrschen uns Triebe und Bedürfnisse in dem alles bestimmenden Konfliktgeschehen des Willens zur Macht. Dieses Geschehen ist selbst Interpretations- und damit Zugriffs-Geschehen, plural-perspektivisches Zurechtmachen und Aneignen von Wirklichkeit, die Wirklichkeit selbst, der wir interpretierend angehören. Ist der Relativismus damit nicht absolut gesetzt, die „Diktatur des Relativismus" nicht quasi-metaphysisch verankert?

Schon bei Nietzsche wird man das nicht so sehen dürfen.[76] Auch ihm geht es darum, den Menschen und die Wirklichkeit des Lebens *besser zu verstehen* als andere Interpretationen. Die selbst eingenommene Perspektive ist keine beliebige Option. In ihr will er durch kritisch-hermeneutische Arbeit jene Sichtweise ausarbeiten, die zuletzt die einzig weiterführende und fruchtbare ist: die Perspektive des sich entfaltenden, „aufsteigenden Lebens".[77] So kommt bei Nietzsche sogar der Gedanke einer umfassenden, geradezu „ontologischen" Perspektive zumindest als Grenz-Gedanke und regulative Idee einer angemessenen Auslegung der Wirklichkeit vor: „Die Welt von innen gesehen, die Welt auf ihren ‚intelligiblen Charakter' hin bestimmt und bezeichnet – sie wäre eben ‚Wille zur Macht' und nichts ausserdem. –"[78] Es gibt – so Nietzsche mit ontologischer Entschiedenheit – „Nichts ausser dem Ganzen"[79], diesem Ganzen. Die Ganze ist nicht ein Zwecke setzender Gott, sondern das Geschehen des Ganzen selbst, des Willens zur Macht. Das wäre die Perspektive, die sich definitiv von allen Dekadenz-Perspektiven, gerade den religiösen, ablösen und die Menschen herausfordern würde, sich auf die Dynamik des aufsteigenden Lebens ein-

[76] Es ist nicht zu bestreiten, dass manche dekonstruktivistischen Konzepte Nietzsche dafür in Anspruch nehmen, die „ontologische" Dimension des Erkennens in einem radikal-perspektivistischen Konzept aufzulösen, in dem es nur darum geht, Machtstrukturen aufzudecken, die sich in den jeweils analysierten Forschungsergebnissen niederschlagen, oder die Narrative zu dekonstruieren, mit denen sich behauptete Selbstverständlichkeiten gesellschaftlich außer Diskussion stellen (vgl. Luce Irigaray, Le sujet de la science est-il sexué?, in: dies., Parler n'est jamais neutre, Paris 1985, 307–321); so auch noch gegenwärtige Positionierungen in der Gender-Diskussion.

[77] Götzen-Dämmerung. Moral als Widernatur 5, KSA 6, 86. Noch deutlicher die Aufforderung in: Menschliches, Allzumenschliches, Vorrede 6, KSA 2, 20 f.: „du solltest das Problem der *Rangordnung* mit Augen sehn und wie Macht und Recht und Umfänglichkeit der Perspektiven mit einander in die Höhe wachsen."

[78] Jenseits von Gut und Böse. Zweites Hauptstück, Aphorismus 36, KSA 5, 55.

[79] Götzendämmerung. Die vier grossen Irrtümer 8, KSA 6, 96.

zulassen und zur Selbstüberwindung auf den Übermenschen hin herausfordern zu lassen. Zeichnet sich hier nicht ab, dass sich ein metaphysisch-relativistischer Perspektivismus, wenn er sich bis in seine Voraussetzungen hinein ernst nimmt, selbst relativiert, weil er doch vor letzte Entscheidungen stellt?

3.3 Die Perspektiven zusammenhalten

Das Standardmodell der Kritik am postmodern-relativistischen Pluralismus, dem sich auch Joseph Ratzinger/Benedikt XVI. verschreibt, diagnostiziert den Verlust der Wahrheit, des Maßstabs zur Unterscheidung zwischen wahr und falsch, gut und böse.[80] Nietzsche wurde nicht müde, dieser Diagnose Nahrung zu geben.[81] Aber man sollte sich von seinen Zuspitzungen nicht täuschen lassen. Was Nietzsche (nicht ganz) verabschiedet, ist ein Wahrheitsverständnis, das der Abbildungstheorie verpflichtet ist. Wahrheit sollte an der Übereinstimmung unseres Erkennens mit den *res* – realistisch – *dingfest* gemacht werden. In der Fähigkeit der menschlichen Vernunft, diese *Adaequatio* zu erreichen, sah man die Möglichkeit von Wahrheit begründet. Nietzsche macht deutlich, dass es dem Menschen *von sich aus* nicht möglich ist, darüber Klarheit zu gewinnen, wann die Adaequatio erreicht ist. Dazu müsste er sein Erkenntnisbild mit dem darin Erkannt-sein-Sollenden gleichsam von außen vergleichen können. Es ist aber unmöglich, aus unserer Erkenntnis-Relation auszusteigen und „von oben her“ zu entscheiden, inwieweit unser Erkennen mit dem, was es erkennen will, übereinstimmt. Das macht Wahrheit und Erkenntnis aber nicht unerreichbar. Auch für Nietzsche bleibt die Möglichkeit einer wahren Erkenntnis *im Prozess*, einer Erkenntnis des Angemesseneren im *Komparativ:* Man verliert, auch wenn man die Perspektivität des Erkennens einräumt, nicht jede Möglichkeit, im Zusammenhalten der Perspektiven weitere von engeren, fruchtbarere von wenig aufschlussreichen, eher zutreffende von irreführenden zu unterscheiden. Im Zusammenhalten erschließt sich der Komparativ, kann deutlich werden, was eine Perspektive verdeckt, gar verdrängt, was die andere an der Conditio humana besser sichtbar macht.

[80] Vgl. Michael Seewald (Hg.), Glaube ohne Wahrheit? Theologie und Kirche vor den Anfragen des Relativismus, Freiburg i. Br. 2018; ich übernehme hier einzelne Gedanken und Formulierungen aus meinem Beitrag: Keine Fakten, nur Interpretationen. Ist theologische Hermeneutik relativistisch?, ebd, 138–155.

[81] Vgl. etwa: Ueber Wahrheit und Lüge im aussermoralischen Sinne I, KSA 1, 880 f.: „[D]ie Wahrheit sind Illusionen, von denen man vergessen hat, dass sie welche sind“.

Wir wissen nicht im Vorhinein, wie sich diese Einsicht herausstellen und stabilisieren wird. Die Kritik an erschlichenen Plausibilitäten und Gewissheiten, an Blick-Verengungen, ist weiterhin geboten. Aber es ist nicht so, dass man in diesem komparativen Prozess jegliche Orientierung verlöre und man am Ende nur noch „vom Windstoß" irgendwelcher Lehrmeinungen haltlos hin- und hergetrieben würde. Benedikt XVI./Joseph Ratzinger verfolgt mit seinem Theorem von der Diktatur des Relativismus eine Strategie der Alternativen-Anschärfung, die nur das Entweder-Oder kennt: entweder die von Gott durch Offenbarung zugänglich gemachte und/oder der menschlichen Vernunft von ihm zuinnerst eingestiftete absolute Wahrheit oder das Herumirren in bloßen Meinungen über Phänomene unter dem Diktat der Meinung, es gäbe nur relative, allenfalls vorübergehende Gültigkeiten.

Alternativen-Anschärfungen wollen Entscheidungen erzwingen, indem sie Alternativlosigkeit geltend machen. Für die Theologie gibt es keinen Grund, sich von dieser Strategie vereinnahmen zu lassen. Die Metapher des Zusammenhaltens von Perspektiven und konkurrierenden Geltungsansprüchen, die auf das Erreichen komparativer Ergebnissen abzielt, bahnt einen Weg, dem hier an die Wand gemalten ungebremsten Werte- und Geltungs-Relativismus zu entgehen. Man wird sich dieses Zusammenhalten freilich als spannungsreich vorstellen müssen – und die Kunst des Zusammenhaltens nicht als „versöhnliches" Alles-auf-sich-beruhen-Lassen imaginieren dürfen. *Anything goes* kann nicht die Überschrift sein. Es muss zum Streit darüber kommen, welche Wege weiterführen und mit der Erwartung beschritten werden dürften, zielführend zu sein.

Auch für die Theologie gibt es als Grundlage ihrer Einsichten keine zweifelsfrei identifizierbaren (Heils-)Fakten, vielmehr Bezeugungen dessen, was Zeugen widerfahren und aufgegangen ist und was in ihrem Zeugnis zur Quelle biblisch-christlicher Glaubensüberzeugungen wurde. Ihre Zeugnisse kommunizieren und interpretieren Erfahrungen mit Widerfahrnissen; sie formulieren – mehr oder weniger ausgeführt – die Glaubens-Botschaft, die die Zeugen mit solchen Widerfahrnissen verbanden. Sie formulieren sich hinein in Auslegungs-Traditionen und -Gemeinschaften, fügen sich ein in mitunter durchaus kontroverse Zeugnis-Diskurse, in denen es darum ging, wie das jeweils Bezeugte im Blick auf die jeweiligen Adressaten angemessen bezeugt werden konnte. Strittig konnte sein, ob das Bezeugte im Zeugnis gültig zur Sprache kam; im Blick auf die Glaubens- und Nachfolgepraxis entzündete sich der Streit dann auch an der Frage, welche Auslegungen in welcher Hinsicht *hic et nunc* weiterführend sind und welche in welcher Hinsicht als zu eng oder gar als irreführend beurteilt werden müssen. Immer musste man sich an Bestreitungen abarbeiten, die der selbst für angemessen gehaltenen Auslegung den Kredit verweigerten. Im Ansatz geschieht das schon mit der Kanon-Bildung, die für das Judentum der Diaspora und die frühe Christenheit unterschiedliche Zeugnisse zusammenband, andere aber ausschloss. *Konflikt der Interpretationen* ist das Stichwort.

Interpretationskonflikte werden ausgetragen im Blick auf verschiedene *Lesarten der Welt*[82], das in ihr Unmögliche und Mögliche, die Conditio humana, das sittlich und politisch Gebotene. Sie werden ausgetragen zwischen verschiedenen Lesarten Welt-erschließender, Überzeugungs-fundierender, Identitäts-konstitutiver oder Identitäts- bzw. Glaubens-relevanter Zeugnis-Überlieferungen wie des kollektiven Gedächtnisses, in dem sie sich artikuliert haben. Hier wird darüber gestritten, welche Bedeutung die Texte und Überlieferungsbestände jeweils haben oder gewinnen können, welche Relevanz ihnen deshalb zukommt oder bestritten werden muss. Unterschiedliche Methoden arbeiten je andere Perspektiven aus und beziehen sie aufeinander, bringen sie gegeneinander in Stellung, auch zur Überschneidung. Mit ihnen allen bezieht man sich so auf Gegebenheiten und Überlieferungen, dass man ihnen möglichst gerecht werden und sie gegebenenfalls als bedeutsam würdigen kann: sie so versteht, dass nichts an ihnen verfälscht, übersehen oder verdrängt wird; sie aber auch so versteht, dass ihre *Bedeutung für uns* hervortreten kann.

Hermeneutik, auch theologische Hermeneutik, ist im Ansatz *pluralistisch.* Damit zog sie im 19. Jahrhundert den Relativismus-Verdacht auf sich. Die Antwort des kirchlichen Lehramtes war angesichts der erreichten Methodenstandards hoffnungslos unzeitgemäß und konnte nur so schneidend eindeutig sein: Die biblischen Zeugnisse wollen primär über (Heils-)Fakten informieren und werden nur richtig ausgelegt, wenn das berücksichtigt ist. Alles Andere – das religiös Erbauliche und die frommen Gefühle Ansprechende – ist allenfalls sekundär, lässt sich nicht zweifelsfrei und eindeutig festmachen.[83] Die Bindung ans historisch Geschehene schien die Möglichkeit zu bieten, die Eindeutigkeit des Geglaubten objektiv festzumachen und gegen die Pluralisierung und Subjektivierung der Auslegungen zu schützen. Zeugen werden als Beobachter genommen, die die Adressaten zuverlässig darüber informieren, worauf sie sich einstellen müssen oder als tatsächlich geschehen verlassen dürfen. Die hermeneutische Debatte war aber lange schon darauf aufmerksam geworden – Nietzsche hatte nur die äußerste

---

[82] Zum metaphorologischen Hintergrund vgl. Hans Blumenberg, Die Lesbarkeit der Welt, Frankfurt a.M. 1986.

[83] Im Abwehrkampf gegen den heraufziehenden Historismus hat man die antike Weisheit des mehrfachen (vierfachen) Schriftsinnes weitgehend ausgeklammert und sich in der Folge in der Verteidigung der biblischen Urgeschichte als eines historisch zuverlässigen Bericht verrannt.

Konsequenz formuliert –, dass sich die Auslegenden immer in einem Lebensverhältnis zum Ausgelegten bewegen, das vielfältig gelebt und bestimmt werden kann. Verstehen von Texten und Zeugnissen, insbesondere von Identitäts-relevanten Zeugnissen und Überlieferungen, wird sich nie mit der Kenntnisnahme darin mitgeteilter Fakten begnügen; es geht ihnen nie nur um ein *Factum brutum*, sondern immer auch um den Lebenswert des Mitgeteilten, um den Lebens-Gewinn, den die Zeugen dem Bezeugten zuerkannten. So geht es in den Auslegungen immer um die Frage, wie man am Wirkungs-Raum und der Wirkungs-Geschichte der Zeugnisse und ihrer Überlieferung (kritisch) *teilnimmt* oder sich ihm *entziehen* will. Sie wollen immer besser, adäquater verstanden werden, wenn und *weil* man ihnen zutraut, zu einem angemessenen, menschlicheren, Lebens-dienlicherem (?) In-der-Welt-Sein zu inspirieren und zu ermutigen. Oder ihre Wirkung soll außer Kraft gesetzt werden, da man sie als irreführend und das Menschsein verzerrend durchschaut hat.

Traut man den Zeugnissen einen Lebens-produktiven Sinn zu, so wird man es sich zur Aufgabe machen, den als bedeutsam wahrgenommenen Text als einen „Entwurf von Welt" zu erschließen, „die ich bewohnen kann". Man hört auf ihn, da er mir „eine meiner wesenhaften Möglichkeiten" erschließt und mich herausfordert, diese Welt als Horizont meiner freien Selbstbestimmung zu erwägen.[84] Die Texte legen, indem sie ausgelegt werden, den Interpreten aus, sodass er *besser* wahrnimmt, wie er in seiner Welt auf eine für ihn bejahbare Weise da sein kann, da sein will. Sie spielen ihm Möglichkeiten der Zugehörigkeit zur Welt und ihren Gegebenheiten zu, die ihm einen neuen Gestaltungsspielraum zugänglich machen und entsprechende Gestaltungs-Herausforderungen zumuten.[85] Diese Erneuerung unserer Zugehörigkeit macht die Welt neu bewohnbar, öffnet eine Weise, sich in ihr anders zu verstehen und entsprechend handlungsfähig zu werden. So kann der Text die Kraft gewinnen, bisheriges In-Welt-gefangen-Sein „zu sprengen und zu öffnen"[86], Verbindlichkeiten zu realisieren, die man zuvor nicht im Blick haben oder nicht als verheißungsvoll wahrnehmen konnte, an denen man nun aber zu erproben hat, ob man durch sie Zugang zum guten Leben findet.

Die fachgerechte Auslegung solcher Texte und Zeugnisse realisiert aber nicht nur die hermeneutische Zugehörigkeit, in der man sie als Quellen des

---

[84] Vgl. Paul Ricœur, Philosophische und theologische Hermeneutik, in: ders. – Eberhard Jüngel, Metapher. Zur Hermeneutik religiöser Sprache (Evangelische Theologie, Sonderheft), München 1974, 24–45, hier 32.

[85] Vgl. ders., Hermeneutik der Idee der Offenbarung, in: ders., An den Grenzen der Hermeneutik. Philosophische Reflexionen über die Religion, 41–83, hier 67.

[86] Ders., Philosophische und theologische Hermeneutik, a.a.O., 41.

Mutes, der Hoffnung, des Glaubens, in Anspruch nimmt. Sie aktualisiert ebenso eine mehr oder weniger wahrgenommene Distanz, in der andere Perspektiven in die Teilnehmer-Perspektive eingelassen werden und so den Konflikt der Perspektiven – der Interpretationen – hervorrufen können: Welche hat das Recht, mich für ihre Verheißungen oder für ihre Desillusionierungs-Perspektive in Anspruch zu nehmen? Welche verdient ein kritisch erprobtes Vertrauen?

Es geht hier um die Wahrheit eines Textes, um die Verlässlichkeit eines Zeugnisses, der mit ihm verbundenen Behauptungen oder Entwürfe, des Sinn-Versprechens, das mir darin gemacht wird: darum, ob sich mir mit dem darin zugesprochenen *Zeugnis* eines möglichen Sinnes der verlässliche Weg zum Leben erschließt (vgl. Joh 14,6); darum, ob der Autor, der Zeuge, mein Lebens-Vertrauen verdient und ich mich deshalb verantwortlich in seinem Wirkungs-Bereich aufhalte. Wenn die von ihm aufgedeckte Möglichkeit des In-der-Welt-Seins mich „unbedingt angeht", mir zur Quelle wird, mich von der Güte meines Daseins überzeugen und in Anspruch nehmen zu lassen, teilt sie mir Wahrheit mit.[87] Die Wahrheit eines (Offenbarungs-)Zeugnisses liegt also nicht darin, dass es mich zuverlässig über Fakten informiert, sondern darin, dass es mir Quellen des Gottes- und Lebens-Vertrauens erschließt, die mir mein In-der-Welt-Sein verheißungsvoll machen können. Das setzt gewiss voraus, dass ich mich nicht über den Zeugen täusche, der mir dieses Zeugnis gibt. Aber die Wahrheit seines Zeugnisses erweist sich erst daran, dass das hier Bezeugte mir zur glaubwürdigen Herausforderung wird, mein Dasein zu bejahen, es mit Anderen und für sie – biblisch: in Gott hinein – zu leben.

3.4 Konflikt der Interpretationen

Text-Auslegungen zwingen zum *Hin und Her:* Sie wollen so genau wie möglich auf die Quellen hören *und* ihre Botschaft prüfen: ob sie mir eine verheißungsvolle Lern-Herausforderung sind und womöglich das Wort zusprechen, dem ich mich mit guten Gründen anvertrauen darf, da es mir für mein In-der-Welt-Sein eine gute Hoffnung mit auf den Weg gibt – oder ob sie mich eher dahin bringen, meine Illusionen fahren zu lassen, mich der Wahrheit eines im Letzten enttäuschenden Lebens zu stellen – oder ob ich ihnen den Gehorsam verweigere, da mir das hier zugänglich Gewordene und Bezeugte nicht verlässlich erscheint. Zeugnis-Botschaften werden meist nur

[87] Paul Ricœur spricht hier von *Offenbarung*; vgl. ders., Philosophische und theologische Hermeneutik, a.a.O., 40.

in dieser oder jener Hinsicht aufschlussreich sein. Ich werde auf sie hören, wenn und soweit ich ihnen zutraue, mir eine angemessenere Weise des In-der-Welt-Seins zu vermitteln, sodass ich besser *würdigen* könnte, wie ich mir selbst gegeben bin, wie mir die Welt gegeben ist und sich mir in ihr verlässliche Wege zu einem guten Leben öffnen.

Verstehen streckt sich nach Lebensgewinn aus, evaluiert das Recht der Zeugnisse, meine Aufmerksamkeit, mein mehr oder weniger kritisches Teilnehmen an seinem Sinnhorizont in Anspruch zu nehmen. Man wird mit Nietzsche darüber streiten, wie Leben gewonnen und so zugänglich wird, dass es bejaht und als verheißungsvolle Herausforderung angenommen werden kann. Texte und Zeugnisse sollen in diesem Streit zu größerer Klarheit helfen. Sie werden in ihm freilich hermeneutisch in Mitleidenschaft gezogen. Sind sie nicht von dem Bedürfnis hervorgebracht, Hoffnungen hegen und Illusionen zu bewohnen? Sind sie *mehr* als Produktionen, Projektionen einer Mythen-bildenden Unvernunft, die es mit der Realität nicht aushält? Die „Meister des Verdachts" wollen sich nicht von falschen Hoffnungen bestechen lassen und bilden Hermeneutiken des mythenkritischen Verdachts aus. Aber auch die naive Selbstgewissheit des distanzierenden Verdachts ist aufklärungsbedürftig; sein reduktives *Nichts-anderes-als*... ist zunächst bloße Behauptung. Es verschließt womöglich Quellen der Inspiration für die Suche nach einem Leben, in dem sich den Menschen das Ur-Versprechen des Lebens erfüllen würde: gewürdigt und willkommen zu sein, nicht verloren zu gehen, von dem gerettet zu werden, dessen Leidenschaft darin liegt, kein Menschenleben verloren zu geben, weshalb auch die Menschen keins verloren geben dürfen.

Werden von den Zeugnissen zu viele und die falschen Versprechungen gemacht? – Oder wird man urteilen, der pauschale Verdacht zerstöre das den Zeugnissen verdankte Lebenszutrauen, ohne das mein Leben entwertet und dem Missbrauch preisgegeben wird? Reduktive Hermeneutiken des Verdachts und Sinn-evaluative Hermeneutiken, denen es darum geht, Lebenssinn-Ressourcen zu erschließen, sind dazu verurteilt, sich aneinander abzuarbeiten, damit der Verdacht die Hoffnung reinige und die Hoffnung die Selbstgewissheit des Verdachts in Zweifel ziehe.[88] Der *Konflikt der Interpretationen* soll *besser* hervortreten lassen, welcher Sinn nicht einfach von Lebens- und Macht-Interessen determiniert ist, wie er von ihnen vielleicht mit geformt und gleichwohl zur Herausforderung für ein verantwortlich übernommenes, verheißungsvolles In-der-Welt-Sein wird. Der Konflikt wird nicht zur Ruhe kommen; seine Resultate sind Zwischenergebnisse, die

[88] Vgl. von Paul Ricœur etwa: Die Interpretation. Ein Versuch über Freud, dt. Frankfurt a. M. 1974, 33–49.

den Interpreten allenfalls den *Komparativ* erlauben.[89] In diesem Konflikt – einem Prozess ohne rechtskräftiges *letztes* Urteil – werden Texte als Zeugen aufgerufen, als Zeugnisse gehört. Es kommt darauf an, ob sie in dem gehört werden, was sie sagen wollen – und so auch in dem, was die Zeugen zur Sache beitragen können. Wenn man sie nicht aussprechen lässt, werden sie nichts beitragen und missbraucht man sie, fängt man mit ihnen an, was man will. Wenn man aber nicht prüft, ob sie uns Wichtiges, womöglich Entscheidendes und Verlässliches zu sagen haben, nimmt man sie in ihrem Anspruch nicht ernst.

Besser verstehen: den Texten und Überlieferungen das Recht zugestehen, mir ihr *Zeugnis* zu sagen; damit rechnen, ja dafür voreingenommen sein, dass das für mich aufschlussreich ist, mir womöglich das Versprechen meines Lebens beglaubigt; ihnen mit der „neugierigen Sympathie"[90] begegnen, ohne die es kein Verstehen gibt. Aber auch von dem Verdacht heimgesucht sein, mich ohne hinreichend gute Gründe in ihrem Wirkungs-Raum aufzuhalten – meiner *Sympathie* auf den Leim zu gehen, weil mir die Texte und Zeugnisse nach dem Mund reden, falsche Hoffnungen bebildern. Besser verstehen heißt selbstkritisch verstehen und damit rechnen, dass meine allzumenschlichen Neigungen wie das gesellschaftlich-kirchlich Allzuselbstverständliche sich einmischen; heißt mitunter auch, die Autorität der Zeugen und die Wahrheit der Zeugnisse in Frage stellen, heißt auch, meine Sympathie kritisch aufzuklären. Haben die Zeugen tatsächlich ein Anrecht auf Gehör oder führen sie in die Irre? Das Urteil, das hier nach bestem Wissen und Gewissen, nach Maßgabe der besten erreichbaren Argumente gesprochen werden soll, gilt bis auf Weiteres. Auch in diesem Prozess, gerade in ihm, ist die Revision nicht ausgeschlossen. Und man muss sich vor Augen halten, dass die Indizienlage oft dünn ist, womöglich interessenbedingt bleibt. Wie oft schafft man sich ungeduldig vom Hals, wovon man sich nicht irritieren lassen will – und was einem deshalb „nichts sagt".

Um *Wahrheit* geht es hier, wenn man davon ausgehen darf, dass sich im Konflikt der Interpretationen und mit hermeneutischer Sorgfalt Geltungsansprüche *jetzt* hinreichend sichern lassen und man daran die Zuversicht knüpfen darf, dass sie sich auch in allen weiteren Argumentationskontexten

[89] Es ist auch theologisch-hermeneutisch selten hilfreich, dem Konflikt aus dem Weg zu gehen, indem man die Alternativen zuspitzt, um die hier gerungen wird, damit sie den aparten Weg der Mitte plausibel machen. Das tugendethische Modell der Mesotes, des „goldenen Mittelwegs", führt hermeneutisch in die Irre, wenn es den Ertrag des Konflikts verschenkt, den man sich nicht hätte schenken sollen.

[90] Die Formulierung verdanke ich Joachim Negel, Freundschaft, 53.

als vertrauenswürdig herausstellen werden.[91] Diese Zuversicht würde es erlauben, sich lebensweltlich *weiterhin* auf sie zu beziehen, ihnen Wahrheit im Sinne der Verlässlichkeit zuzubilligen, an ihrer Geltung teilzunehmen. Eine kritische Hermeneutik schließt Wahrheits-Orientierung also keineswegs aus. Auch eine theologische Hermeneutik wird sie nicht ausschließen. Es geht ihr ja darum, die Botschaft eines Textes oder Zeugniszusammenhangs angesichts kritischer Rückfragen in ihrem Geltungsanspruch soweit zu rechtfertigen, dass sich die Zuversicht verlässlich begründen lässt, sie werde sich auch angesichts weiterer Infragestellungen als in die Wahrheit und Gutheit eines Lebens in Fülle hineinführend erweisen.[92] So ist es nur die halbe „Wahrheit", wenn man feststellt, nach Kant sei, was „als Wissen behauptet wird, [...] immer nur relativ verlässlich, zumindest wenn es um die Interpretation dessen geht, was den Menschen tatsächlich unbedingt angeht, weil es seine tiefsten Sehnsüchte berührt."[93] Die andere „Hälfte" wäre die:

[91] Vgl. Jürgen Habermas, Wahrheit und Rechtfertigung. Philosophische Aufsätze. Erweiterte Ausgabe, Frankfurt a. M. 2004, 246–250, 259: „Was wir für wahr halten, muss sich mit überzeugenden Gründen nicht nur in einem anderen Kontext, sondern in allen möglichen Kontexten, also jederzeit gegen jedermann verteidigen lassen. Davon lässt sich die Diskurstheorie der Wahrheit inspirieren: Eine Aussage ist wahr, wenn sie unter den anspruchsvollen Bedingungen eines rationalen Diskurses allen Entkräftungsversuchen standhält." Als wahr können Behauptungen und Geltungsansprüche ausgezeichnet werden, wenn gute Gründe dafür sprechen, dass sich der Vorgriff auf ihre definitive Bewährung *jetzt schon* einigermaßen verlässlich rechtfertigen lässt. Es ist – wenn man diesen Zusammenhang im Blick hat – unsinnig, Habermas zu unterstellen, er ersetze Wahrheit durch Konsens (so Karl-Heinz Menke, Macht die Wahrheit frei oder die Freiheit wahr? Eine Streitschrift, Regensburg 2017, 114, Fn. 211, mit Joseph Ratzinger, Glaube – Wahrheit – Toleranz. Das Christentum und die Weltreligionen, Freiburg i. Br. 2003, 204). Der Konsens bringt die Wahrheit nach Habermas nicht hervor. Es ist – fehlbares – Anzeichen dafür, dass eine Behauptung wahr ist, wenn sie im argumentativen, auf Konsens abzielenden Diskurs allen relevanten Gegenargumenten standhält. Man könnte dieses Habermas-Missverständnis auf sich beruhen lassen, wenn sich in ihm nicht die auch in der Auseinandersetzung mit missliebigen theologischen Positionen verfolgte Strategie der Alternativen-Anschärfung verraten würde. Alles soll auf die grundlegende Alternative zwischen gehorsam empfangener und selbst gemachter Wahrheit hinauslaufen. Dass diese Alternative theologisch vermittelt werden muss, weil sich Wahrheit immer in menschlichen Entwürfen artikuliert und so *auch* im Konflikt der Interpretationen als verlässlich erweisen muss, dafür fehlt Menke und Ratzinger/Benedikt XVI. jedes Verständnis.

[92] Theologie wird also für die „Lebensdienlichkeit" des Geglaubten zu argumentieren und so seine „Explikationskraft" zu evaluieren haben (vgl. Johannes Grössl, Wahrheitsanspruch unter Fundamentalismusverdacht. Die Gretchenfrage, in: Herder Korrespondenz 73 [10/2019], 48–50). Da müsste es konkret darum gehen nachzuzeichnen, dass elementar menschliche Intuitionen wie Gerechtigkeit, Person-Würde, Lebens-Vertrauen im Glauben einen Horizont finden, in dem sie unverkürzt artikuliert werden und zur Geltung kommen können (ebd., 50).

[93] So Magnus Striet, Katholische Kirche, Willkommen in der Moderne. Wunderbar, man streitet sich, in: Herder Korrespondenz 71 (2/2017), 13–16, hier 14.

Wir dürfen uns das Recht nehmen, uns auf ein solches Wissen zu verlassen – an ihm teilzunehmen –, solange keine sehr ernsthaften Argumente dagegen sprechen. Und dies gerade dann, wenn es um die Interpretation dessen geht, was Menschen unbedingt angeht und deshalb nicht zu schnell zur Disposition gestellt werden sollte. Hier dürften sie sich sagen: „Ich hoffe, in der Wahrheit zu sein"[94], wenn sie sich allem anderen, was mit guten Gründen als wahr festzuhalten ist, nicht verschließen.

3.5 Hermeneutische Verbindlichkeit *theologisch*

Hermeneutische Disziplin stellt sich nicht gegen Wahrheits-, sondern gegen Endgültigkeits-Ansprüche. Sie stellt sich gegen einen hermeneutischen Relativismus nach dem Motto „Jeder hat das Recht, mit dem Text anzufangen, was er will".[95] Es geht ihr um verantwortliches Hören auf die Botschaft des Zeugnisses und eine kritische Diskussion der Frage, ob uns dieser Zeugnis-Text etwas zu sagen hat, welche Lebens-Bedeutung er für uns gewinnt, wenn wir uns gesagt sein lassen, was er uns sagen wollte, was wir mit ihm über den Weg ins Leben hinein – in Gott hinein? – lernen können. Der Eindruck, Hermeneutik sei relativistisch, entsteht, wenn man übersieht, dass sie sich in einer kritischen Teilnehmer-Perspektive bewegt – im *mündigen Teilnehmen* an dem Sinnangebot der ausgelegten Zeugnisse wie in der kritischen Prüfung ihrer Geltungsansprüche; er entsteht, wenn man sich von ihr definitive Ergebnisse erwartet. Es geht ihr um mehr oder weniger verlässliche Wege; sie öffnet sie womöglich, macht sie gangbar. Und man darf von ihr Hilfe erwarten, wenn man sich auf Wegen weiterfragt, die sie uns *rebus sic stantibus* als hinreichend verlässlich empfehlen kann.[96] Wie gut

[94] Paul Schroffner, Erinnerung – Herausforderung und Quelle christlicher Hoffnung, 392 (im Blick auf Ricœur).

[95] Abdel-Hakim Ourghi hat sich in der 2. seiner „40 Thesen zur Reform des Islams" mit der Forderung zu Wort gemeldet: „Jede Muslimin und jeder Muslim hat die Freiheit, den Koran so zu interpretieren, wie sie oder er will" (in: Die Zeit vom 2. November 2017, S. 56). Man kann den hermeneutischen Befreiungs-Impuls würdigen, der aus dieser These spricht. Zu einer sinnvollen Aufgabenstellung der Koran-Hermeneutik aber hat er hier nicht geführt.

[96] Konzepten einer analytischen Theologie wird das zu wenig sein. Man kann da lesen, hermeneutische Ansätze könnten wegen ihrer „Ausklammerung metaphysischer und ontologischer Argumente den Bereich der historisch-hermeneutischen Analyse […] nicht verlassen […] und deswegen wenig zur systematischen Frage der Plausibilität katholischer Weltanschauung im Dialog mit den Naturwissenschaften und der Philosophie beitragen" (Benedikt Paul Göcke, Glaubensreflexion ist kein Glasperlenspiel, in: Herder Korrespondenz 71 [1/2017], 33–36, 35 f.). Diese Einschätzung verdankt sich einem erstaunlichen Defizit in der Wahrnehmung hermeneutischer Ansätze. Ein Blick etwa auf Ricœurs Arbeiten hätte Göcke eines Besseren belehren können.

sind dann aber die Argumente, die hier für oder gegen die Verlässlichkeit solcher Wege aufgeboten werden?

Glaubende wünschten sich stärkere Argumente, damit nicht wieder der Zweifel in die eigene Glaubens-Sympathie eindringt. Theologische Hermeneutik wird Glaubensüberzeugungen kaum letztbegründen können. Sie liefert Zwischenergebnisse: im Blick darauf, was dieser Text mitteilen wollte, im Blick darauf, was er uns heute zu sagen hat und welche Herausforderung er mitgeben will. Erkenntnisprozesse, auch theologische, können nie am Ziel sein. Man wird zu Einsichten kommen, hinter die man nicht zurückkann, nicht zurückdarf, wenn sie erreicht sind; Charles Taylor nennt das den „Sperrklinken-Effekt".[97] Aber der Weg in die Zukunft – die Bedeutung, die dem Erreichten in Zukunft zuwachsen wird – lässt sich auch theologisch nicht vorwegnehmen. Erkenntnis, auch theologische, vollzieht sich im Dazwischen, ist des Anfangs und des Endes nicht mächtig, lebt von und freut sich an fruchtbaren Zwischenergebnissen.

Die theologische Hermeneutik des 20. Jahrhunderts führt vor Augen, wie Glaubens-hilfreich solche Zwischenergebnisse sind, wie sie geschichtlich bedingt sind und situativ „zünden". Wir haben Neues erfahren darüber, wie der Prediger Jesus und seine ersten Zeugen die Botschaft von der jetzt ankommenden Gottesherrschaft gemeint haben werden. Wir haben sie nicht im Originalton gehört, aber etwas von der kommunikativen Wirkung gespürt, die von ihrer Botschaft ausging. Wie steht es dann mit der hier eingeforderten Umkehr zur verheißungsvollen Gottes-Zukunft bei uns und für uns *heute?* Was mutet sie zu? Wie muss sie kritisch an den Selbstverständlichkeiten arbeiten, die unsere Welt bestimmen, sie vielleicht zum Gefängnis machen? Wie müsste/könnte sie eine „Umkehr der Einbildungskraft" (Paul Ricœur[98]) auslösen, mit der wir uns das besser vorstellen könnten: Gottes gute Herrschaft kommt in unser Leben und fordert uns heraus, ihr Raum zu geben?

Um all das geht es im Arbeitszusammenhang der theologischen Fächer. Wer auf ihre unterschiedliche Ausrichtung und die Vielfalt ihrer Methoden

[97] Vgl. Charles Taylor, Ein säkulares Zeitalter, 465. Man denke an die Menschenrechte, an Forderungen der Menschen-Gerechtigkeit, die es verbieten, Menschen aus der elementaren Teilhabe an den Gütern eines guten Lebens auszuschließen oder sie nur als Mittel zum Zweck anzusehen. Theologisch wäre auf die Artikel der Bekenntnisse hinzuweisen, in denen der kirchliche Glaube an den in Jesus Christus geoffenbarten und geschehenen, Menschen-rettenden Gemeinschaftswillen Gottes verbindlich artikuliert wurde. Papst Franziskus nennt es „praktischen Relativismus", wenn man solche unbedingt verpflichtenden (Glaubens-)Einsichten relativiert und so lebt, als gäbe es den Nächsten und als gäbe es Gott nicht (Apostolisches Schreiben *Evangelii gaudium*, Ziffer 80).

[98] Vgl. von ihm: Stellung und Funktion der Metapher in der biblischen Sprache, in: ders. – Eberhard Jüngel, Metapher, 45–70, hier 70.

achtet, wird den Konflikt der Interpretationen auch innerhalb der Theologie ausgetragen sehen. Er wird die Notwendigkeit spüren, unterschiedliche Hermeneutiken zusammenzuhalten, damit sie sich aneinander abarbeiten. Historisch-kritische und literaturwissenschaftlich Arbeit profiliert den oft befremdlichen Eigen-Sinn der Zeugnisse, macht sie uns häufig fremd. Die Verkündigung und die Disziplinen, die ihr zuarbeiten, wollen vernehmbar machen, was sie uns heute als Vorstellungs-Horizont öffnen, was sie zu denken, zu tun, zu hoffen, zu glauben geben, wie wir heute an ihnen teilnehmen können. Die Exegesen schützen vor der Vereinnahmung der Texte durch unsere Interessen, machen den Eigen-Sinn der Zeugnisse stark gegen die Interpretations-Dynamik eines Willens zur (Lebens-)Relevanz. Exeget(inn)en achten die Texte als „hohe Herren", die man reden lässt, nicht einfach von sich aus ins Gespräch zieht.[99] Dabei wollen auch sie nicht aus dem Blick verlieren, wie die Texte *für uns* zur Herausforderung werden. Relevanz-Erkundung aber steht in der Gefahr, mit dem Willen zur „Verheutigung" und Nutzanwendung über den Eigen-Sinn der Texte hinwegzugehen, sie zur Durchsetzung eigener Relevanz-Bestimmungen zu missbrauchen.[100] Relevanz-Suche darf die normativen Texte und Zeugnisse nicht funktionalisieren; historische Exegese darf sie nicht bedeutungslos machen.

Diese Spannung ist das Lebenselixier der Hermeneutik: Ohne Resonanz der Texte im Heute bleibt Exegese steril; ohne sorgfältige Exegese beutet man die Texte für das aus, was einem – warum auch immer – wichtig ist. Aber das ist ja vielleicht die heikelste Frage in der Diskussion um den Vorwurf an die Theologie, sie unterwerfe sich der Diktatur des Relativismus: Wie lässt sich sicherstellen, dass in den grundlegenden Zeugnissen der Bibel und der Glaubensüberlieferung durch die Mithilfe der Theologie das Bezeugte gehört und heute als Herausforderung zum Zeugnis wahrgenommen wird? Dass es *als es selbst* Resonanz findet? Dass nicht wir die Herren der Auslegung werden, sondern das Bezeugte – der Bezeugte – Herr des Verfahrens bleibt, die Texte die „hohen Herren" bleiben? Wie lässt sich die Autorität der Zeugnisse und des *darin sich Bezeugenden* gegen *unseren* Willen zur Relevanz schützen?

[99] Vgl. Hermann Gunkels Sentenz: „Texte sind hohe Herren, die redet man nicht an, sondern wartet, bis sie selber reden" (zitiert nach: Ulrich Berges, Synchronie und Diachronie. Zur Methodenvielfalt in der Exegese, in: Bibel und Kirche 62 [2007], 249–252, hier 250).

[100] Hier bleibt nur der energische Protest gegen Nietzsches Begriff des Interpretierens als „eine[r] Form des Willens zur Macht", den er schließlich so zuspitzt: „In Wahrheit ist *Interpretation ein Mittel selbst, um Herr über etwas zu werden*" (Nachgelassene Fragmente Herbst 1885–Herbst 1886, KSA 12, 140). Aber auch hier trifft er – analytisch-kritisch gelesen – Entscheidendes: Das ist ja tatsächlich die elementare Versuchung des Interpretierens, sich das Interpretierte anzueignen, *einzuverleiben*, wie Nietzsche sagen würde.

Man mag sich die Dramatik des Zusammenhaltens von Text-Verbindlichkeit und heutiger Lebens-Erfahrung an der *Erbsünden-Überlieferung* verdeutlichen. Ist sie nicht rettungslos überholt, den Menschen heute mit ihren Kenntnissen über Fortpflanzung und Genetik nicht mehr zuzumuten? Dass schon die alttestamentlichen Bezugstexte sie nicht so bezeugen, wie Augustinus sie herausgelesen hat, zeigt eine genaue Exegese. Aber er hat eine Wirklichkeit wahrgenommen, wenn auch sehr zeitbedingt gedeutet, die uns Heutige irritieren und herausfordern kann: die Erfahrung einer Selbst-Enteignung „im Anfang", über die es im Vertrauen auf eine gute Zukunft im gnadenhaften Miteinander mit Gott hinauszukommen gilt, damit die Menschen zum „Einfallstor" der Gottesherrschaft in diese Welt werden. Viele Hermeneutiken können zur Auslegung dieser Erfahrung beitragen.[101] Sie geraten dabei in einen Konflikt miteinander, in dem ausgestritten werden muss, was die Erbsündenvorstellung zur Erhellung der Conditio humana beitragen kann und wo sie die Deutung des Menschseins wie der biblischen Zeugnisse folgenreich verzerrt; wo sie das menschliche Selbstverständnis mit dem Gift der Selbstentwertung, ja Selbst-Verachtung infiltrierte.[102] Es bleibt strittig, was diese Lehre bedeutet. Genau deshalb kann weiter nach seiner Bedeutung gefragt werden. Wo man sie eindeutig haben will, bringt man sie um wichtige Facetten ihrer Lebens- und Glaubensbedeutung.

Aufgabe der Theologie in all ihren Disziplinen ist es hier wie bei anderen Themen der Glaubens-Überlieferung, diesen Konflikt zu *ermöglichen* und ihn auszutragen.[103] Sie muss herausarbeiten, warum normative Texte in Bibel und Glaubensüberlieferung zu ihren Stellungnahmen gekommen sind und was sie „damals" bewirken – bedeuten – sollten. Sie hat nachzuverfolgen, wie diese Bedeutung sich in glaubensgeschichtlich anderen Kontexten durchgehalten oder verschoben hat, gar verfälscht wurde, wie damit mehr oder weniger dramatische Bedeutungsverluste verbunden waren. Sie kann ihr nur so eine Stimme in den heutigen Diskursen über ein wahrheitsfähiges Selbst-, Welt- und Gottesverständnis geben; sie kann sie nur so für eine Verkündigung und eine Glaubenspraxis aufschließen, die diese Bedeutung als heute bedeutsam und zu einem Leben in Fülle führend bezeugen wollen. Dies alles in hermeneutischer Arbeit zusammenzuhalten macht den Glauben nicht zur beliebigen Option, sondern zur verstehbaren Herausforde-

---

[101] Eugen Drewermann hat das in seiner Studie: Strukturen des Bösen. Die jahwistische Urgeschichte in exegetischer, psychoanalytischer und philosophischer Sicht (3 Bde. München – Paderborn – Wien [3]1982) dargestellt.

[102] Vgl. Paul Ricœur, Die „Erbsünde" – eine Bedeutungsstudie, in: ders., Hermeneutik und Psychoanalyse, dt. München 1974, 140–161. Vgl. dazu auch das 5. Kapitel in diesem Buch.

[103] Vgl. dazu Jürgen Werbick, Theologische Methodenlehre, Freiburg i. Br. 2015.

rung, mit der auf dem Spiel steht, ob Menschen das Leben als Verheißung annehmen und gestalten können. Wer diese Herausforderung als solche versteht und nur wer versteht, was mit ihr auf dem Spiel steht, kann sich verbindlich und eigenverantwortlich zu ihr bekennen, kann heute – und weiterhin – an ihr teilnehmen.

In der katholischen Kirche will man sich solche Überlegungen vielfach mit dem Hinweis auf die Kompetenzen des hierarchischen Lehramts ersparen. Es soll die Gewähr dafür bieten, dass das Bezeugte im hermeneutischen Arbeiten an den Zeugnissen, mit dem man bestenfalls zu einem Besser-Verstehen kommt, aber auch ins Missverstehen abgleiten kann, nicht verdunkelt und den Glaubenden zuverlässig Gottes Heil verkündet wird. Es gewährleistet – so die Enzyklika *Lumen fidei* (Nr. 36) – „den Kontakt mit der ursprünglichen Quelle [des Glaubens]" und bietet „folglich die Sicherheit [...] aus dem Wort Christi in seiner Unversehrtheit zu schöpfen". Es soll sich eines unmittelbaren Wahrheitszugangs erfreuen, der ihm ein Kriterium dafür an die Hand gibt, die *Meinungen* der Theolog(inn)en Glaubens-objektiv zu beurteilen.

Angesichts zahlreicher Fehlgriffe ist man überrascht, wie selbst-unkritisch dieses lehramtliche Selbstbewusstsein hier daherkommt. Kann es tatsächlich über dem hermeneutischen Prozesses stehen und souverän beurteilen, ob die theologischen Verstehens-Versuche die „ursprüngliche Quelle", mit der es selbst unmittelbaren Kontakt hat, rein fließen lässt?[104] Wenig spricht für einen solchen Standort, der das Lehramt in den Stand setzte, die historisch bedingten und ja auch so widersprüchlichen Auslegungen des in den Zeugnissen Bezeugten durch Theologie und kirchliche Zeugnispraxis aus einem unmittelbar-normativen Bewusstsein der Glaubenswahrheit heraus treffsicher, gegebenenfalls sogar definitiv zu beurteilen und so die Eindeutigkeit des „einfachen Glaubens" zu gewährleisten. Viel spricht dafür, dem Lehramt kirchlich die Aufgabe der *Correctio fraterna* zuzuerkennen, immer wieder auf diese Quelle hinzuweisen, damit das Auszulegende in den Auslegungen der Theologie, der Verkündigung und der Glaubenspraxis nicht verloren geht oder in den Hintergrund gerät?[105] Viel spricht aber auch dafür, dass das Lehramt selbst in die kulturellen und sozialen Bedingungen

[104] Nach der *Instruktion* der Kongregation für die Glaubenslehre *über die kirchliche Berufung des Theologen* vom 24. Mai 1990 entscheidet das hierarchische Lehramt darüber, ob die Auslegungen der Theologie als Glaubens-vertiefend kirchlich akzeptabel sind. Sie sind ja „nur ein Angebot für die ganze Kirche" (Nr. 11).

[105] Peter Hünermann hat von einer Qualitätskontrolle durch das Lehramt gesprochen; vgl. ders., Moderne Qualitätssicherung? Der Fall Sobrino ist eine Anfrage an die Arbeit der Glaubenskongregation, in: K. Wenzel (Hg.), Die Freiheit der Theologie. Die Debatte um die Notifikation gegen Jon Sobrino, Ostfildern 2008, 51–59.

der jeweiligen Glaubens-Zeiten verstrickt war und ist und darüber aufgeklärt werden muss, wie es den Glauben immer wieder mit problematischen Vorstellungen über Sinn, Fülle und Vollendung des Menschseins zusammengebracht hat; dass es schließlich auch darüber aufgeklärt werden muss, wie wenig es von den sozialen und psychischen Selbstbehauptungs-Dynamiken des Rechthabens- und Rechtbehalten-Wollens ausgenommen ist. Das kirchliche Magisterium wird von Menschen ausgeübt – mit menschlich-allzumenschlichen Neigungen und Macht-Interessen, mit der Selbst-Blindheit für die mitunter verheerenden Folgen, die sie auslösten. Wo Menschen sich im unangefochtenen Besitz der Wahrheit wähnen, werden sie aggressiv gegen das abgewehrte „Falsche". Der Theologie ist die Aufgabe zugewachsen, dieser Selbst-Blindheit und ihren Konsequenzen auf die Spur zu kommen – und die Verpflichtung, sensibel zu bleiben für die eigenen blinden Flecken, Aufmerksamkeit dafür zu wecken, was das Magisterium mit seinem Dienst an der Wahrheit mit oft untauglichen Mitteln „retten" wollte. Man denke an die Erbsündenlehre, die es mit einer durch und durch pessimistischen Sicht menschlicher Sexualität verquickte, sodass die tiefe Menschlichkeit dieser Lehre nicht mehr gesehen werden konnte. Theologie und Lehramt sind aufeinander angewiesen: damit nicht verlorengeht, woraus der Glaube lebt; damit er zusammengehalten wird mit der Lebens-, Selbst- und Welt-Erfahrung der Menschen heute; damit problematische und überholte Amalgamierungen des Glaubens mit menschlich-allzumenschlichen, historisch bedingten Vorstellungen eines guten Lebens entwirrt – auseinandergenommen – werden können. Theologie und Lehramt müssen sich als Partner ernst nehmen in ihrem gemeinsamen Dienst daran, dass die Kirche *menschlich* mit und aus der wohltuenden Gottes-Wahrheit leben kann.

Diesen Dienst an der Wahrheit wird das hierarchische Lehramt nicht leisten können, wenn es meint, aus dem hermeneutischen Prozess aussteigen und die Zwischen-Ergebnisse der Theologie am Maßstab der ihm verfügbaren Gottes-Wahrheit beurteilen zu können. Über diese Wahrheit verfügt man nicht; sie erschließt sich, wenn man an ihr *teilnimmt* und zu bezeugen versucht, wohin man von ihr geführt wird. Das kirchlich als normativ-unvergesslich Erinnerte erweist seine Wahrheit als seine Zukunft: wenn es hier und jetzt Zukunft eröffnet und darin selbst *mehr* bedeuten, neu bedeutsam werden kann. Was das mit dem Erinnerten „macht", lässt sich nicht vorwegnehmen. Das muss sich freilich auch die Theologie sagen lassen, damit sie nicht die Relativität ihrer eigenen Auslegungen verkennt.[106]

[106] Transzendental verfahrende theologische Entwürfe lassen sich nicht vorbehaltlos auf diese Relativitäts-Dimension theologischen Arbeitens ein. In der Schule Thomas Pröppers wollen

Wie schnell gerät auch sie in Versuchung, das einzig richtige Verständnis vorzulegen und sagen zu können, was in den Zeugnissen *eigentlich* gemeint sei. Wenn Lehramt und Theologie sich nicht auf einen offenen hermeneutischen Prozess einlassen, verliert das Erarbeitete und Verkündigte seine Treffsicherheit und Fruchtbarkeit.[107] Man verschenkt das *Besser*, das mit einem selbstkritischen hermeneutischen Vorgehen erreichbar wäre, weil man es aufs definitiv-unwidersprechliche Rechthaben abgesehen hat; man verschenkt seine Zukunft.

Wenn man der Frage nachgeht, warum es dem Lehramt so schwerfällt, sich auf diese *Conditio hermeneutica* einzulassen, wird man vielleicht auf die äußerste, für das Christentum geradezu Identitäts-bestimmende Herausforderung zum Zusammenhalten stoßen. Das konfliktreiche Zusammenhalten verschiedener Hermeneutiken erweist sich theologisch als unabdingbar, weil Gott im Menschlichen spricht und handelt, *nur* im Menschlichen. Der kirchliche Sprach-Handlungs-Zusammenhang bleibt ein menschlicher, oft, ja immer ein allzumenschlicher, in dem alles mitspielt und entsprechende Hermeneutiken erfordert, was das Menschsein ausmacht: zwiespältige Erfahrungen, mehr oder weniger weit greifende Hoffnungen und ihre interessebedingten Horizonte, die Zwiespältigkeit menschlich-allzumenschlicher Identitäts-Politiken, Selbstbehauptungs-

---

sie anhand unabdingbarer Implikationen der Herausforderung des Menschen, frei zu sein, Vernunft-Kriterien dafür zur Verfügung stellen, was menschliche Freiheit unbedingt in Anspruch nehmen darf. Diese Kriterien sollen die Hermeneutik vor ihrem Relativismus schützen, indem sie Normen einfordern, die befolgt werden müssen, soll die Inanspruchnahme von Freiheit nicht selbstwidersprüchlich werden. Man sollte den Relativismus- und Beliebigkeits-Vorwurf an die theologische Hermeneutik vielleicht differenzierter zum Einsatz bringen. Aber das ist der transzendentalen Theologie zuzugestehen: Sie formuliert einen Kernbestand von Unwidersprechlichkeiten, die bei der diskursiven Prüfung von Geltungsansprüchen in starken Argumenten herangezogen werden können. Wenn es aber darum geht, Quellen des Glaubens, der Hoffnung und des Mutes nutzbar zu machen und sich der Erosion des Vertrauens in die Verheißungen des Lebens – um Gottes Willen – entgegenzustellen, wird man mit dem Aufweis transzendentaler Unabdingbarkeiten wenig ausrichten. Man mag sich mit dem Anspruch trösten, der Hermeneutik ein Korsett unbedingter Geltungen einziehen zu müssen, damit sie nicht im Wind der Meinungen hin und hergetrieben wird; der Titel dafür ist – von Hansjürgen Verweyen ins Gespräch gebracht – *ancilla hermeneuticae* (vgl. Hansjürgen Verweyen, Gottes letztes Wort. Grundriss der Fundamentaltheologie, Regensburg [3]2000, 61). Die Bescheidenheit des Titels verdeckt, dass man der Hermeneutik mit einem Licht heimleuchten will, das alles von ihr Erarbeitete als bloße Illustration anleuchtet. Ob man es sich so leicht machen sollte, eine erstphilosophisch-vergewisserte transzendentale Theologie als rettende Alternative zu einer von den Herausforderungen der neuen politischen Theologie in Mitleidenschaft gezogenen, Relativismus-anfälligen hermeneutischen Theologie auszugeben? Da wäre – etwa zur Selbst-Setzungs- und Selbst- bzw. Letztbegründung-Problematik – noch einiges zu klären.

[107] Nur ein wenig teilnehmen und im Übrigen mit dem Blick von außen – gewissermaßen in der Beobachterperspektive – beurteilen wollen, was dabei „herauskommt", geht nicht.

und Machterhaltungs-Ideologien, Triebdynamiken und nicht hinreichend durchschaute Projektions-Mechanismen, zwiespältige Gottes-Projektionen, geschichtlich begrenzte und hochambivalente Denk- und Artikulations-Möglichkeiten.

Das ohne Einschränkungen anzuerkennen fällt nicht leicht. Man möchte doch ein sturmfreies Gebiet bewohnen können, wenigstens einen Ozeandampfer, wo einen nicht so sehr berührt, was draußen vorgeht.[108] Man will sich in einer Kirche geborgen finden, die sakramental verfasst ist und sich so in Sicherheit weiß, beim Wesentlichen nicht falsch zu liegen; bei einem Lehramt, das sich berufen weiß, die Zweifel draußen zu halten. Dass die kirchliche Zuversicht, in Gottes Wahrheit gehalten zu sein, von Fehlgriffen und Irrwegen angefochten ist und immer wieder neu gestärkt werden muss, indem man auf ihnen umkehrt und besser verstehen lernt, was man zuvor allzu schnell verstanden zu haben glaubte, das ist die Lektion, die die katholische Kirche in diesen Jahren neu zu lernen hat. Nur wenn sie sich darauf einlässt, wird sie genug Einfühlsamkeit dafür ausbilden, wie Gott in all dem, im Menschlich-Allzumenschlichen, in den Antworten, die Menschen auf seine Herausforderung geben und in der sie sich selbst mit aussprechen, sein gutes Wort sagt. Dabei hilfreich zu sein, ist der theologischen Hermeneutik in all ihren Facetten aufgegeben. Sie wird es, wie gesagt, bestenfalls zu Zwischenbescheiden bringen. Es wird ihr nicht gelingen, das Göttlich-Verbindliche und Verheißungsvolle vom Menschlich-Allzumenschlichen unanfechtbar zu unterscheiden. Sie wird es zusammenhalten müssen, um immer wieder neu, durchaus fehlbar, das Eine im Anderen vernehmen zu können. Unfehlbarkeitsansprüche sind *theologisch-hermeneutisch* unangemessen. Das hierarchische Lehramt wird sie nur geltend machen dürfen, wo es jetzt darum geht, nicht Glaubens-folgenreich zu vergessen oder zu verfälschen, was das Christsein elementar ausmacht. Unter den Bedingungen der Endlichkeit, die in der Hermeneutik, auch der theologischen, als menschlich unabdingbar zur Geltung gebracht werden, gibt es keine privilegierte Teilhabe an der Gottes-Perspektive. Es macht die Dramatik des christlichen Gottesverständnisses bis in die Abgründigkeit theologischer Aporien hinein aus, dass auch Gott diese Bedingungen der Endlichkeit nicht durch eine als absolut wahrgenommene und geltend zu machende Selbstpräsenz in der Welt des Endlichen außer Kraft setzen kann. Auch für ihn trifft die Metapher des Zusammenhaltens in einer theologisch kaum aus-

[108] Selbstverständlich soll es die kirchlichen Räume geben, in denen man bei all den theologischen und gesellschaftlichen „Stürmen“ die innere Ruhe findet, den Glauben zu meditieren und zu feiern. Das heißt freilich nicht, dass all das, was in diesen Räumen Glaubens-fruchtbar geschieht, deshalb Theologie-frei sein müsste.

denkbaren Dramatik zu. Davon sind Kirche und Theologie tiefer in Mitleidenschaft gezogen, als sie es mitunter realisieren.

Realisieren wollen? Irgendwie sollte es – man erinnere sich an Kardinal Ratzingers oben zitierte Silvester-Ansprache – diesen „exterritorialen Ort" für das Absolute mitten im Gewoge der relativen Zusammenhänge und Entwicklungen dieser Welt doch geben, wo „einfache Gläubige" nicht durcheinander gebracht und zum Zweifel verführt werden, wo sie von Gewissheit eingehüllt und nur noch gehorsam sein dürfen; einen Ort, an dem die Wahrheit als absolute und in absoluter Verbindlichkeit empfangen und geltend gemacht werden kann.[109] Darf man doch darauf hoffen, dass (Lehr-) Verkündigung und Theologie realisieren und bedenken, was die innere Dynamik des christlichen Glaubens ausmacht: Gott mitten in dieser Welt wahrnehmen zu dürfen; nicht als den, der absolutistisch die Weltzusammenhänge sprengt, sondern als den, der sich *zuinnerst* auf sie einlässt, sich in ihren endlich-geschichtlichen Relationen als er selbst *zur Erfahrung bringt?* Darf man hoffen, dass das hierarchische Lehramt die Chance erkennt, die darin liegt, nicht über den Dingen, den geschichtlichen Entwicklungen und Herausforderungen, zu stehen, sondern mitten drin – und hier erkennen darf, wie gut es ist, mit den biblischen Zeugnissen und den Quellen der Glaubensüberlieferung unterwegs zu sein?

3.6 Glaubenshermeneutik geschichtlich

Dass das hierarchische Lehramt seine Aufgabe nicht hermeneutisch versteht, hat auch damit zu tun, dass es seine Autorität *rechtsförmig* zur Geltung bringt: in mehr oder weniger definitiven Entscheidungen, eher nicht in wegweisend-inspirierender Auslegung der Glaubens-Quellen; in der juridischen Beurteilungs-Perspektive, nicht in der hermeneutischen „Mitmach-Perspektive".[110] Diese Entscheidungs-Orientierung führt zur Ein-

[109] Magnus Striet hat Karl-Heinz Menke vorgehalten, im Grunde an diesem Konzept festzuhalten; vgl. Magnus Striet, Ernstfall Freiheit. Arbeiten an der Schleifung der Bastionen, Freiburg i. Br. 2018, etwa 17 f. Menke leistet diesem Eindruck Vorschub, wenn er schon im Titel seines von Striet attackierten Buches (Macht die Wahrheit frei oder die Freiheit?) eine Alternative zur Entscheidung stellt, zu der es theologisch nun wirklich nicht kommen darf. Wahrheit und Freiheit sind zusammenzuhalten, sodass die Spannung wahrgenommen werden kann, die immer wieder neu auszuhalten und theologisch auszutragen ist.

[110] Michael Seewald deutet diese Entscheidungs-Förmigkeit lehramtlicher Praxis als „strategische[n] Modernisierungsprozess", der es „dem Magisterium schwierig [machte], ein kritisches Selbstverhältnis zu entwickeln, das nicht nur auf seiner Lehrkompetenz besteht, sondern auch die Notwendigkeit zum eigenen Lernen einsieht" (ders., Reform. Dieselbe Kirche anders denken, Freiburg i. Br. 2019, 20 bzw. 73.). Lernen müssen die anderen – die Glieder

schärfung von Alternativen, mit denen das Lehramt das Richtige vom Falschen unterscheiden, das Falsche aus der Glaubens-Kommunikation der Kirche ausscheiden und so den katholischen Glauben eindeutig bestimmen will.[111] Gegen den Auslegungs-Pluralismus der Theologie, der nach Papst Benedikt XVI. einen Friedhof verblichener Hypothesen hinterlässt, soll der lebendig-eindeutige Glaube der Kirche zur Geltung gebracht werden.[112] Die Logik des *Sic et non* – so, aber nicht so – erweckt dann den Eindruck, mit der Entscheidung sei die Sache klar vor Augen gestellt, seien die Akten geschlossen: Roma locuta, causa finita. Es ist für das Lehramt eine tief irritierende Erfahrung, dass es diesen Anspruch in der Kirche kaum noch durchsetzen kann.

Das mag daran liegen, dass die Entscheidung dem entschiedenen Sachverhalt nicht gerecht wurde und die mit ihr behauptete Alternativlosigkeit nicht einleuchtet: Die abgelehnte Alternative meldet sich dann neu zu Wort. Es wird aber auch daran liegen, dass man sich über die Logik lehramtlicher Entscheidungs-Praxis nicht hinreichend klar ist. Wenn es darum geht einzuschärfen, eine bestimmte Glaubens- oder Sittenlehre sei festzuhalten und die davon abweichende „Meinung" abzuweisen, sucht man den Eindruck zu erwecken, mit dieser Entscheidung sei die Sache selbst klargestellt. Offenkundig entziehen sich Glaubenswahrheiten einer solchen definitiven Klarstellung; und Lehr-Entscheidungen auch im ethischen Bereich lassen sich nicht auf Dauer gegen neue Einsichten in der Theologie wie in anderen Wissenschaften immunisieren. Glaubenswahrheiten spielen den Glaubenden also immer wieder neu die Frage zu: Was bedeutet das Definierte für uns hier und heute? *Was bedeutet es*, die sakramentale und die „kommuniale" Realpräsenz Christi in den Gestalten von Brot und Wein, in der Gemeinschaft der Glaubenden als gegeben anzunehmen? Was bedeutet es, von der Erbsünde zu reden und davon, dass Maria von ihr ausgenommen

der „hörenden Kirche" –, auf das, was die lehrende Kirche entschieden hat und verlautbart. Es ist für Zeitgenossen fast schon kurios, wie hier das Lernen-Dürfen bzw. Lernen-Müssen als eine Schwäche angesehen wird, von der sich das Magisterium frei weiß. Das Zweite Vatikanum hat immerhin klagestellt, dass auch das Lehramt (das Konzil selbst) wie die ganze Kirche auf Gottes Wort „voll Ehrfurcht" hört und zu hören – so darf man hinzufügen – immer wieder neu zu lernen hat (vgl. *Dei verbum* 1).

[111] Klaus Unterburger hat diese Tendenz in den Konfessionalisierungsprozessen der frühen Neuzeit nachgezeichnet; vgl. ders., Von der Ambiguität zur Eindeutigkeit. Die frühneuzeitliche Konfessionalisierung, in: D. Ansorge (Hg.), Pluralistische Identität. Beobachtungen zu Herkunft und Zukunft Europas, Darmstadt 2016, 103–119.

[112] Vgl. Joseph Ratzinger/Benedikt XVI., Jesus von Nazareth. Erster Teil: Von der Taufe im Jordan bis zur Verklärung, Freiburg i. Br. [2]2007, 372. So ist für Ratzinger/Benedikt XVI. auch klar, „dass der Kirche in ihren amtlichen Organen das entscheidende Wort in der Schriftauslegung zukommt" (ders., Wort Gottes – Tradition – Amt, hg. von P. Hünermann und Th. Söding, Freiburg i. Br. 2005, 88).

gewesen sei? Was bedeutet es, dass Gott seinen Sohn in die Welt sandte, dass er in Jesus Christus Mensch geworden ist?

Die immer wieder aufbrechende Frage nach der Bedeutung wiederum zu einer Sache der Entscheidung zu machen, heißt, sie auf ein (Heils-)Faktum zurückzuführen, zu dem man nur ja oder nein sagen kann. Dann dürfte man davon ausgehen, dass die lehramtliche Entscheidung die Sache eindeutig klarstellt. Die Sache ist so, wie sie definiert wurde. Es gibt keinen Interpretations-Spielraum; der Vervielfältigung der Deutungen im hermeneutisch-theologischen Prozess ist Halt geboten! Sieht man es so, riskiert man, dass die auf ein Heils-Faktum reduzierte „Sache" für die Menschen bedeutungslos wird. Entscheidend wichtig wäre es, dass die Glaubenden damit *etwas anfangen*, dass sie sich in die Auslegung seiner Bedeutung einbringen können. Das wird geradezu sabotiert mit dem Bescheid, es gebe nichts auszulegen, da doch alles vom Lehramt in seiner Glaubens-Bedeutung erfasst sei.

Etwas damit anfangen können setzt voraus, dass man in den Bedeutungs-Reichtum einer Glaubens-Wirklichkeit, eines Zeugnisses, eingeführt wird und eine Ahnung davon bekommen kann, wie uns das Teilhaben an der Auslegung dieser Zeugnisse Quellen des Glaubens und der Hoffnung aufschließt. Die Rezeptions-Ästhetik hat davon gesprochen, dass die Auslegung von Texten auf Leer-Stellen aufmerksam machen muss, in denen Rezipienten sich herausgefordert wissen könnten, sich an der Eruierung der Bedeutung eines Textes zu beteiligen, in ihm gemeint und zur Veränderung des Selbst- und Welt-Verständnisses inspiriert zu erfahren.[113] Da ist ein Bedeutungs-Überschuss zu entdecken, der mir etwas bedeuten, mit dem ich etwas anfangen kann; da ist „der Mut zur Lücke" gefragt: der Mut, über das scheinbar Feststehende hinauszudenken, hinauszufühlen und die *hermeneutische Freiheit* in Anspruch zu nehmen, mich mit dem mir Zugesprochenen neu anzufangen.[114]

Dieser hermeneutischen Freiheit die Räume eng zu machen, möglichst schon im Vorhinein festzulegen zu wollen, was herauskommen kann und was nicht, mag von der Sorge geboten sein, die Rezeption der Glaubensüberlieferung dürfe nicht in einem ungebremsten hermeneutischen Pluralismus zerfasern. Da kann es tatsächlich zu Irrtümern und Verkürzungen kommen, denen man entgegengetreten muss. Aber das weit größere Drama ist doch, dass es mit der Rezeption gar nicht mehr anfängt, auch weil man

---

[113] Vgl. Wolfgang Iser, Das Fiktive und das Imaginäre. Perspektiven literarischer Anthropologie, Frankfurt a. M. 1991.

[114] Geradezu als Gebet formuliert und adressiert Peter Handke diese Bitte: „fang mich neu an" (Versuch über den geglückten Tag, Frankfurt a. M. ^{5}1992, 59).

sich von autoritativen Warnungen davor umstellt sieht, was alles nicht geht. Dabei gibt es in der Geschichte kirchlicher Lehrentwicklungen Beispiele dafür, wie lehramtliche Entscheidungen aussehen, die auf Fokussierung setzen, aber die geschichtliche Entwicklung offenhalten. Man denke an die altkirchlichen Definitionen in der Christologie und die Klarstellungen zur Gnadenlehre am Beginn der Neuzeit.

Keine Fakten, nur Interpretationen? Vielleicht darf man es theologisch-hermeneutisch etwas friedfertiger so sagen: Keine Fakten – Glaubens-Gegebenheiten – ohne Auslegung; kein Tatsachen-Fundamentalismus, sondern Quellen-Erschließung. Man sollte diese Klarstellung nicht als Einfallstor des Glaubens-Relativismus ansehen, sondern als Herausforderung, Glaubenswahrheiten heute als Leben-erschließend und herausfordernd zu verstehen. *Heute:* weil sie in unsere Lebens-Situation hineinsprechen, geschichtlich Bedeutung gewinnen, da man ermessen kann, welchen Unterschied es macht, mit ihnen etwas anzufangen oder sie für erledigt zu halten. Zwischenbescheide wären willkommen. Sie würden die Lebens- und Glaubens-Fruchtbarkeit der Quellen und Zeugnisse für heute, gewiss auch für morgen dokumentieren.

Die hermeneutische Verantwortlichkeit der Theologie ist also nach zwei Seiten hin wahrzunehmen: Dem Lehramt ist zuzugestehen, dass es die Theologie auf den kirchlich überlieferten Glauben verpflichtet. An ihm nimmt die Theologie teil; sie arbeitet in der Teilnehmer-Perspektive. Aber eben in der kritisch-hermeneutischen Verpflichtung, überall dazwischenzugehen, wo man es sich in der Kirche mit der Selbstverständigung im Glauben und über den Glauben zu einfach macht. Sie will und muss dazwischengehen, weil das den Glauben unverantwortlich schwächt: an der Peripherie verteidigt, nicht verinnerlicht, menschlich durchlebt und Zeugnis-fähig macht. Diese Gefahr wird vor allem da im Verzuge sein, wo viele davon überzeugt sind, mit zentralen Glaubens-Überlieferung sei bestimmt nichts mehr anzufangen und wo man sich bis in die Gegenwart hinein in theologisch schiefen Alternativen verhedderte. Von den heute vielleicht problematischsten soll jetzt die Rede sein.

4. Das Menschlich-Allzumenschliche, das Menschen-Unwürdige – und die Gnade

4.1 Sündenfixierung?

Die Alternative zum gesellschaftlich-kulturellen Mainstream, die man den Kirchen und dem Christlichen vielfach ansieht und zuschreibt, ist ein anthropologischer *Pessimismus*, der in den Menschen Sünder und Lügner von Anbeginn sieht.[115] Es scheint so, als müsse sich der Mensch hier zutiefst verachten, um vor Gott unverdient Gnade zu finden; als sei er so verachtenswert, dass Gott bis zum Äußersten gehen musste – zum Opfer seines Sohnes für die Menschensünden –, um ihm vergeben zu können. Dieses Menschen-pessimistische Erlösungsdenken ist seit der europäischen Aufklärung entschieden in Frage gestellt worden und war ausschlaggebend dafür, dass das Christliche seitdem weithin unglaubwürdig geworden ist.[116]

Ein optimistisches Menschen-Selbstbewusstsein, das sich eine Verbesserung der menschlichen Situation zutraute, schien die bei weitem verheißungsvollere Alternative zu sein. Emanzipation statt Erlösung, Zutrauen in die menschlichen Möglichkeiten und die unverlierbare Güte des Menschseins statt Sünden-Zentrierung: Das sollte den Weg in eine gute Zukunft bahnen, würde den Ansprüchen eines Erbsünden-dogmatisch festgelegten und die Gnade verwaltenden religiösen Systems den Boden zu entziehen. Die abgrundtiefe Ernüchterung über den Weg der Emanzipation, seine Sackgassen und seine unabsehbaren Horizonte wie die dramatische Ambivalenz vieler Selbstoptimierungs-Verheißungen mag den Optimismus der Aufklärung erschüttert haben. Eine Rückkehr zu dem als Sünden-fixiert wahrgenommenen Menschenbild des Christentums hat es nicht nach sich

---

[115] Johann Baptist Metz konstatierte eine augustinische Wende in der Geschichte des Christentums, durch die es sich „aus einer Leidensmoral in eine Sündenmoral" verwandelte: „aus einem leidempfindlichen Christentum wurde ein sündenempfindliches [...] Christliche Theologie wurde vor allem zu einer Heuristik der Schuldgefühle und der Sündenangst." Das brachte, so Metz, eine verhängnisvolle Umkodierung der christlichen Hoffnungsbotschaft mit sich. Es lähmte die „Empfindlichkeit für das Leid der Gerechten und verdüsterte die biblische Vision von der großen Gottesgerechtigkeit, der doch aller Hunger und Durst zu gelten hätte" (Johann Baptist Metz, Gotteskrise, in: SÜDDEUTSCHE ZEITUNG Nr. 168 vom 24./25. Juli 1993, Feuilletonbeilage, S. 1 f.). Mein Plädoyer ginge dahin, hier keine Alternative zu sehen, sondern zu einer biblisch orientierten Revision des moralistisch verengten christlichen Sündenverständnisses zu kommen, mit der der Blick auf Täter *und Opfer* der Sünde gelenkt würde.

[116] Nietzsche hat die christlich verstandene Sünde und das damit korrelierende Erlösungsverständnis als „Selbstkreuzigung und Selbstschändung des Menschen" par excellence verflucht (Zur Genealogie der Moral. Zweite Abhandlung, Aphorismus 23, KSA 5, 333).

gezogen. Zu nachhaltig ist der Kultur-Bruch, den die kollektive und individuell vielfach nachvollzogene Erfahrung auslöste, dass das Christentum nicht genug Menschen-Freundlichkeit aufbringt, eher misanthropisch daherkommt und für die Aufbrüche der Menschen im Wesentlichen Ablehnung übrighat. Für viele Zeitgenossen ist es zu einer Nischen-Kultur geworden, in der man merkwürdig anders und wenig anziehend vom Menschen spricht, von seiner Autonomie nicht viel hält – und dies in einer Atmosphäre, in der man sich nicht gut fühlt. Diese kollektive Erinnerung ist so prägend, dass sie auch Erfahrungen mit einer menschenfreundlicheren Kirche kontaminiert und allergisch macht gegen das schlechte Gewissen, das die Kirchen mobilisieren. Lässt sich nicht rationaler, hermeneutisch reflektierter über das Böse sprechen, indem man auf menschlich-allzumenschliche Ambivalenz plädiert, wo christliche Eiferer nur die Sünde zu verurteilen wussten?

Schon Immanuel Kant hat in diese Richtung gedacht. Er hat vom „radicalen Bösen“ gesprochen[117] und es wörtlich verstanden: als das Böse *an der Wurzel* unseres Freisein-Wollen und Freisein-Könnens, dessen wir nicht mächtig, dem wir aber nicht hilflos ausgeliefert sind. Wir finden in uns eine Dominanz von Beweggründen vor, die unser Wollen verderben: Es will das für mich Vorteilhafte, nicht das (für alle) Gute, richtet sich deshalb nach Maximen, die nicht zu verantworten sind. Kant im Wortlaut: „Dieses Böse ist *radical*, weil es den Grund aller Maximen verdirbt; zugleich auch als natürlicher Hang durch menschliche Kräfte nicht zu vertilgen [...] gleichwohl aber muß er zu überwiegen möglich sein, weil er in dem Menschen als frei handelndem Wesen angetroffen wird.“[118] Wir finden diesen natürlichen Hang in uns vor; er macht das Allzumenschliche mit aus: als die Herausforderung, ihm zu widerstehen und im Widerstehen-Können zu entdecken, was unsere Berufung zur Selbstbestimmung ausmacht.

Das wäre nach Kant das Menschlich-*Allzumenschliche* in mir, das Böse an der Wurzel des Menschseins: Da sein, sich durchsetzen und dem Leben abgewinnen wollen, was ich von ihm und in ihm haben kann, Gier nach Lebens-Genuss, *elementares Leben-Wollen*. An der Wurzel vergiftet? Kant setzte darauf, dass es durch Vernunft entgiftet werden kann, in der Freiheit dessen, der es mit dem Bösen aufnehmen kann, auch wenn es in uns und unter uns nie wird „vertilgt“ werden können. Arthur Schopenhauer dachte radikaler, weniger christlich, eher buddhistisch: Ein Wille, der an seiner Wurzel Konkurrenzwille ist, kann nicht entgiftet werden. Er muss zum

---

[117] Vgl. Immanuel Kant, Die Religion innerhalb der Grenzen der bloßen Vernunft, in: Kants Werke. Akademie-Textausgabe, Bd. VI, Berlin 1968, 1–202, hierzu 19–89.
[118] Ebd., 37.

Versiegen gebracht werden, damit das rücksichtslose Gegeneinander einem einfühlsamen Miteinander weicht und Erlösung Wirklichkeit werden kann.[119] Darauf also käme es an: Der Mensch muss die Teilnahme am Welt-Willen aufkündigen, um Frieden zu finden.

Aber ist das nicht der Rückfall in einen Erlösungsglauben, der das Menschsein in seiner Stärke und Würde missachten muss? Nietzsche widersprach Schopenhauer leidenschaftlich: Es darf nicht um die Schwächung, es muss um die Stärke des Willens gehen, eines Willens freilich, der nicht nur das Angenehme und für mich Vorteilhafte will, sondern den Willen selbst als Willen zur Macht, das Leben, das sich in allem Wollen durchsetzen und steigern will. Nicht Erlösung vom Wollen predigt Nietzsche-Zarathustra, sondern die Entfesselung des Willens zum Leben, die Todfeindschaft gegen Lebens-Verneiner, Willens-Verleumder, Christen. Das selbstvergessene Teilnehmen am Willen zur Macht, der alles Schwache, Leben-Schwächende abstößt, das ist für Nietzsche die Moral des „aufsteigenden Lebens“[120], die Erlösung von allen Erlösern.[121]

Damit sind die Alternativen markiert, die neuzeitliches Denken als Antworten auf ein unglaubwürdig gewordenes christliches Sünden-Verständnis bereithält. Was also ist es um diese Wurzel des menschlichen Daseins in der Welt, um den so zwiespältigen Lebens-Willen im Menschen? Die Erbsündenlehre nahm ihn in Augenschein, um ihn als nicht von Gott gewollt zu verurteilen und als durch sein Erlösungswerk überwunden darzustellen. Nur als begnadeter Wille will und initiiert er das Gute. Die Gnade heilt seine Bösartigkeit; aber die Neigung zum egoistischen Eigen-Willen kann sie ihm nie ganz austreiben. Gnade ist die übernatürliche Kraft, die dazu gegeben ist, den Eigenwillen immer wieder neu zu überwinden und das Wollen der Begnadeten in das Werk einzubringen, das Gott durch seinen guten Geist in der Welt und über sie hinaus wirken will. Gibt es eine Möglichkeit, diese so missverständliche und oft katastrophal missverstandene Tradition neu ins Gespräch zu bringen, als hilfreiche, herausfordernde Alternative menschlichen Selbst-Verstehens?

Eine Theologie, der nichts Menschliches fremd bleiben soll, müsste heraus aus der Verurteiler-Perspektive, in der es keine Sympathie mit dem Lebenswillen und Begehren der Menschen geben kann. Nicht so schnell polarisieren; nicht zu überlegen mit der Gut-Böse-Beurteilung hantieren, Mitfühlen mit dem Menschlichen, auch Allzumenschlichen, mit seiner

---

[119] Vgl. Arthur Schopenhauer, Die Welt als Wille und Vorstellung, Sämtliche Werke, hg. von W. Frhr. von Löhneysen, Bd. I und II, Frankfurt a. M. 1986

[120] Vgl. Zur Genealogie der Moral, KSA 5, 245–412.

[121] Nietzsches Zarathustra sagt es von den „Priestern“: „Ach dass Einer sie noch von ihrem Erlöser erlöste!“ (Also sprach Zarathustra II. Von den Priestern, KSA 4, 117).

tiefen Ambivalenz, mit der Sehnsucht, dass diese Ambivalenz die Menschen nicht der Katastrophe zutreibt, vielmehr gerettet wird, gut gelebt werden kann, in der Gnade, die sie eher Chance als Gefährdung des Menschseins sein lässt – warum denn nicht? Eine Theologie in der Teilnehmer-Perspektive hätte das Teilnehmen an der „radikalen“ Ambivalenz des Menschenwollens bis hinein in die Unmenschlichkeit der Menschen- und Selbstverfehlung zur Sprache zu bringen[122], auf Zeugnisse und Bekenntnisse zu hören, in denen sie Sprache gewinnt; sie hätte das Urteilen, mit dem man das Gute vom Bösen so reinlich geschieden weiß, zunächst einmal aufzuschieben. Nur so ließe sich halbwegs konkret davon sprechen, was es heißt, diese Ambivalenz in und aus der Gnade zu bestehen und zu jener Freiheit der Kinder Gottes zu finden, die sich vor dem neuzeitlichen Freiheitsbewusstsein nicht klein und hässlich vorkommen müsste. Diese Neuformatierung des Christlichen wird theologisch vielfach in Angriff genommen; sie findet in den Kirchen vehementen Widerspruch. Darf man hermeneutisch so viel wagen, um aus der Schmuddelecke der ewig Gestrigen herauszukommen? Muss man so viel wagen, um eine Ahnung davon zu wecken, wie das Evangelium die Selbsterfahrung der Menschen heute aufschließen und ihr eine verheißungsvolle Perspektive geben kann?

4.2 Am „allzumenschlichen“ Erbe teilnehmen

Dass an der Wurzel des Menschlichen, auch der menschlichen Freiheit, das Animalische zu finden ist, wird evolutionstheoretisch informierte Zeitgenossen nicht überraschen. Menschsein heißt, an einem Erbe *teilzunehmen*, das evolutionsgeschichtlich von unendlich weit herkommt; heißt, aus ihm als Mensch zu leben, es menschlich zu übernehmen. Dazu gehört, die tiefe Ambivalenz zwischen elementarer, physisch-mentaler Selbstbehauptung und kooperativem, kommunikativem Miteinander zu leben, die die evolutionäre Dynamik hin zu höheren Formen des Lebens angetrieben hat und das Menschen-Leben tief in die Lebensprozesse des Nehmens und Gebens eingesenkt sein lässt. Stellt man sich theologisch auf die evolutionäre

[122] Man kann – so Hubertus Halbfas – „das Böse nicht als etwas bekämpfen […], mit dem man selbst nichts zu tun hat. Wer es sehen will, muss sich daneben sehen. Noch besser ist es, dies gemeinsam zu tun. Allein ist der Mensch oft dem Bösen nicht gewachsen“ (ders., Religionsunterricht in Sekundarschulen, Lehrerhandbuch 7, Düsseldorf [2]1996, 394). Den Hinweis verdanke ich Joachim Negel, Freundschaft. Von der Vielfalt und Tiefe einer Lebensform, Freiburg i. Br. 2020, 38. Sein Buch führt eindrucksvoll vor Augen, wie die Freundschaft Ernstfall der Teilnehmer-Perspektive sein kann, und dies gerade im gemeinsamen Blick auf die tiefe Ambivalenz des Menschseins.

Sichtweise einer Schöpfung im Prozess – einer *Creatio continua* – ein, ist diese vielfach als prekär erlebte Ambivalenz keineswegs ein Nicht-sein-Sollendes. Es ist das evolutionäre Erbe, unser Erbe; nicht erst dadurch ambivalent geworden, dass Menschen es nicht in rechter Weise übernehmen. Es ist das vitale Geschehen eines Lebensprozesses, in dem Leben und Sterben, Überleben und Sterbenlassen miteinander und ineinander geschehen; in dem das Leben sich im leibhaften Miteinander *und* Gegeneinander erneuert und steigert.

Dieses *Und* macht die Dramatik des menschlichen Lebens aus, der man nicht entgehen kann, indem man sich in der *Alternative Egoismus – Altruismus* auf die „richtige" Seite schlägt und fromm ignoriert, was sich da im Untergrund meines Gut-sein-Wollens abspielt. Die Psychoanalyse und vor ihr schon Nietzsche sollten die oft religiös kostümierten Illusionen kräftig genug erschüttert haben. Um hier nur auf Nietzsche zu hören:

> „Wenn man von Humanität redet, so liegt die Vorstellung zu Grunde, es möge das sein, was den Menschen von der Natur abscheidet und auszeichnet. Aber eine solche Abscheidung giebt es in Wirklichkeit nicht: die ‚natürlichen' Eigenschaften und die eigentlich ‚menschlich' genannten sind untrennbar verwachsen. Der Mensch, in seinen höchsten und edelsten Kräften, ist ganz Natur und trägt ihren unheimlichen Doppelcharakter an sich. Seine furchtbaren und als unmenschlich geltenden Befähigungen sind vielleicht sogar der fruchtbare Boden, aus dem allein alle Humanität, in Regungen Thaten und Werken hervorwachsen kann."[123]

Jedes menschliche Leben lebt von Lebendigem, nimmt es in sich auf, verbraucht es, gewinnt so seine vitale Kraft, wird selbst gebraucht, verbraucht. Fressen und Gefressen-Werden sind die Signatur des Biologischen. Auch in diesem Erbe lebt der Mensch. Und es ist sehr die Frage, wie er darin lebt, wie er sich in diesen Lebensprozess mitkreatürlich, mitmenschlich einbringt, ob und wie er dazu kommt, Leben zu teilen, die Ambivalenz des Lebens im Nehmen und Geben, um die er weiß und die er als solche erfährt, zu ertragen und auszutragen.

Wir denken Nietzsches Intuition heute in der Evolutions-Perspektive. Die den Menschen evolutionsgeschichtlich zugewachsene Herausforderung liegt darin, die von Nietzsche angesprochene Ambivalenz zu zivilisieren, wenn man will: sie zu vermenschlichen. Menschen können Strukturen eines

[123] Fünf Vorreden. Homer's Wettkampf, KSA 1, 783. Auch diesen Hinweis verdanke ich der einfühlsamen Betrachtung zu Edward Burne-Jones' Bild „Perseus und Andromeda", in: Joachim Negel, Freundschaft, 33–39.

geregelten Gleichgewichts von Geben und Nehmen entwickeln und stabilisieren, in denen *Gerechtigkeit* zur Herrschaft kommen und ein auskömmliches Miteinander erreicht werden soll, damit sich keiner aus den Ressourcen für ein gutes Leben *zu viel* herausnimmt; in dem auch legitimer Zwang ausgeübt werden kann, damit man zurückerstattet, was man sich zu viel herausgenommen hat. Religionen dienen vielfach dazu, diesem Miteinander den Rahmen zu geben, ihn zu ritualisieren, Autoritäten zu stärken, die die Aufgaben des Beieinander-Haltens und der Sanktionierung[124] übernehmen. Sie werden deshalb ihrerseits von einer tiefen Ambivalenz bestimmt: Einerseits dienen sie der „Heiligung" eines guten Miteinanders, aus dem – wenigstens der reinen Lehre nach – niemand ausgeschlossen sei. Andererseits legitimieren sie eine Machtausübung, die vielfach und sogar in der Regel der Selbst-Durchsetzung wie der Bereicherung der Mächtigen dienen musste.

Menschsein heißt dem evolutionären Erbe der Menschwerdung das Beste abzugewinnen: das Beste an Zivilisierung, Menschenfreundlichkeit und Liebe, an gutem Leben in menschlicher Gemeinschaft und im Lebens-Gleichgewicht der Schöpfung, an handlungsbereiter Hoffnung auf mehr Gerechtigkeit und mitmenschlicher, mitkreatürlicher Lebens-Qualität. Menschsein heißt aber auch, in der *radikalen* Ambivalenz dieses Erbes vital verwurzelt und ihr als Lebewesen ausgeliefert zu bleiben: um Lebensmöglichkeiten zu kämpfen, das Leben zu teilen in der unstillbaren Begierde nach mehr Leben *und* in der Herausforderung, das Begehren mitmenschlich zu leben, sodass es in das Glück der Liebe hineinfinden kann. So bleiben die Menschen auf Ressourcen der Menschlichkeit angewiesen, die es ihnen ermöglichen, die Ambivalenz ihres Erbes anzunehmen und in ihm – aus ihm – mehr Menschlichkeit zu leben.

Menschen sündigen, wenn sie sich davon nicht in Anspruch nehmen lassen, wenn sie so den Glauben daran und die Hoffnung darauf verraten, dass sie zu mehr (Mit-)Menschlichkeit berufen sind; wenn sie nicht der Versuchung widerstehen, *gegen* die anderen das Leben haben zu wollen statt *mit* ihnen; wenn sie dem bösen Willen Raum geben und am Leid der Anderen Gefallen finden. Wie es dazu kommt, *dass* Menschen sündigen – dass ich sündige –, bleibt unaufklärbar. Es geschieht. Es geschieht mitunter das Niedrigste, Schlimmste, unter dem Niedrigeres und Schlimmeres nicht vorstellbar ist. Es geschieht, dass Menschen im schlimmsten Sinn des Wortes zu Tätern und zu Opfern werden, dass sie ihr Leben im Bannkreis des Fressens und Gefressen-Werdens leben (wollen?). Es geschehen Missach-

[124] Dass *Sanktionieren* im Lateinischen mit *Heiligen* eng verbunden ist, bestätigt diesen Zusammenhang.

tung und Ausbeutung im mitmenschlichen Nahbereich und global. Es geschieht die Sünde: der Missbrauch menschlicher Begabungen und Stärken. Und es geschieht, dass man über dieses Schlimmste kaum noch hinauszuhoffen wagt. Es geschehen Zynismus, die Verblendung der Täter und die Wehrlosigkeit, schließlich die Hoffnungslosigkeit der Opfer.

Es braucht Ressourcen der Entschiedenheit und der Kraft, Tätern entgegenzutreten, Ressourcen des Glaubens daran, dass man über das Opfer- wie das Sünder-Sein hinaushoffen und hinausleben kann. Es braucht eine Erinnerung des unheilvoll Geschehenen, die es nicht auf sich beruhen lässt, verletzte Gerechtigkeit und Menschlichkeit nicht verloren gibt. Es braucht den Glauben daran, dass das Unheil nicht unwiderruflich, nicht das Letzte ist, dass es eine „Revision", Aufstehen und Auferstehen geben wird.[125] Gegen das Hineingezogen-Werden in den mutlosen Zynismus der Macht-Menschen hilft das Sich-hineinziehen-Lassen in den Mut, an eine Zukunft zu glauben, die nicht alles lässt, wie es verheerenderweise geschehen ist: dass Täter und Opfer – jenseits all dessen, was menschliche Vorstellungskraft imaginieren könnte – zueinander finden; dass ich selbst – Täter und Opfer – Versöhnung finde in meiner Zerrissenheit, in der Unversöhntheit mit denen, die meine Opfer geworden sind.

Von der Ambivalenz an der Wurzel her geschieht leibhaft-kreatürliches Menschsein. Wir nehmen ungefragt an ihr teil. Theologie hat sich ihr auszusetzen, hat sich ihr allzu gern entzogen, um mit sich und mit Gott im Reinen zu sein. Sie hat sich vom leibhaften Dasein des Menschen ferngehalten; im Leib schien sich das „Untermenschliche" zu manifestieren, schien die Versuchung zu wohnen. Aber Fernhalten-Wollen bringt nichts. Es bringt nichts, die Ambivalenz des Menschseins als Sünde im Anfang in einer Lehre unschädlich machen zu wollen, die sie – als von der Gnade überholt – hinter sich lässt, zum bloßen Urzeit-Mythos degradiert. Die Ambivalenz an der Wurzel wird zur Sünde, wenn man nicht daran glaubt, dass man sie – mit Gott? – auf mehr Menschlichkeit hin leben kann und sie in diesem Glauben lebt. Durch bloße Askese – durch „asketische Ideale" (Friedrich Nietzsche[126]), eine gnostisierende Distanzierung vom Leibhaften – kann man sich nicht von ihr reinigen. Man hat an ihr teil und muss sie immer wieder neu

[125] Unvergessen Kurt Marti, der Hoffnungs-Zeuge, und diese Zeilen (Leichenreden, München 2004, 67):
„Das könnte manchen herren so passen / wenn mit dem tode alles beglichen
die herrschaft der herren / die knechtschaft der knechte / bestätigt wäre für immer [...]
aber es kommt eine auferstehung / die ganz anders sein wird als wir dachten
es kommt eine auferstehung die ist / der aufstand gottes gegen die herren
und gegen den herrn aller herren: den tod."

[126] Vgl. Zur Genealogie der Moral. Dritte Abhandlung: Was bedeuten asketische Ideale?, KSA 5, 339–412.

durchleben, sich, so gut es geht, dagegen wappnen, ihr nicht in der Sünde zum Opfer zu fallen. Und man ist unbedingt gefordert, dem Unheil und dem Bösen, das die Sünde in die Welt bringt, nicht seinen Lauf zu lassen, darauf zu dringen, dass wir es aufhalten, dass es in unserem Miteinander und Gegeneinander *besser*, wohlwollender zugeht[127] – und darauf zu hoffen, dass es eine Zukunft gibt, in der es entwaffnet, womöglich versöhnt sein wird.

Ob damit die klassische Lehre von der Erbsünde und den „persönlichen" Sünden im Ansatz eingeholt ist? Kaum. Aber es sind einige ihrer Schwachpunkte zum Vorschein gekommen. Dies vor allem, dass sie mit der Erfahrung der Menschen so wenig zu tun hatte. Wenn man von einer Sünde im Anfang redet, sollte kein religiöses Spezialwissen gemeint sein, das man sich von religiösen Autoritäten mitteilen lassen muss, sondern eine Glaubens-Wahrheit, die das menschliche Dasein verstehen hilft und ihm eine Verheißungs-Perspektive erschließt. Ja, die menschlich-allzumenschliche Zwiespältigkeit an der Wurzel ist eine Herausforderung, der wir uns beklagenswert oft verweigern, sodass wir ins pure Eigeninteresse zurückfallen, zu Ausbeutern der Mitmenschen, des Lebens, seiner Reichtümer, zu Saboteuren der Hoffnung auf ein gutes Leben werden. Wir sündigen – in eigener Verantwortlichkeit. Und es muss doch dahingestellt bleiben, was und wie da selbst entschieden wurde, wo und weshalb uns der Mut fehlte, die gute Alternative zu wagen, und wem das zuzurechnen ist. Wir sündigen in einer Unheils-Solidarität der Sünder, in der die Sünde da am verheerendsten wütet, wo man sich von ihr im „guten Gewissen" ausgenommen weiß. Pascal hat wohl Recht: „Niemals tut man derart vollständig und heiter das Böse, als wenn man es mit gutem Gewissen tut."[128] Man möchte im 21. Jahrhundert einschränken: Noch vollständiger und katastrophaler wird das Böse getan, wo man es guten Gewissens, aber nicht heiter tut. Diesen Stich also macht eine recht verstandene Erbsündenlehre: Sie kann aus dem „Unschuldswahn"[129] retten, der sich ja vor allem da austobt, wo nur die anderen schuld sind.

Aber die klassische Lehre von der Sünde gibt diesen anthropologischen Erfahrungsgewinn aus der Hand, da sie nicht nachvollzieht, wie dieses prekäre Menschheits-Erbe als Situation des Sündigen präsent bleibt und so in jeder „Einzelsünde" zum Unheil wird. So kommt es zu einem abstrakten Verständnis des Sündigens in der Verurteiler-Perspektive: Sünde ist dann das Böse, das mit meinem freien Willen als Verstoß gegen Gottes guten

[127] Menschlich ist auch hier der Komparativ.

[128] Blaise Pascal, Pensées. Über die Religion und einige andere Gegenstände, Aphorismus 895.

[129] Vgl. das von Johann Baptist Metz mitverantwortete Bekenntnis der Synode der westdeutschen Bistümer in Würzburg *Unsere Hoffnung. Ein Bekenntnis zum Glauben in dieser Zeit* I,5.

Willen geschieht. Die Erfahrung geht anders: Sünde geschieht, wenn unser vital-mentales Begehren von uns Besitz ergreift, wenn wir der hilflosen Angst erliegen, anders nicht durchzukommen, wenn wir uns der leibhaften Gier unterwerfen und ihr die Nächsten zum Opfer bringen, wenn Selbstherrlichkeit und Größenwahn uns blind und taub gemacht haben, aber auch: wenn uns eine Leidensgeschichte die Einfühlsamkeit für die Leiden geschwächt hat, die wir zufügen – wenn uns der Glaube daran abhandengekommen ist, dass es besser geht, so viel besser gehen kann, als wir es jetzt zulassen. Sünde geschieht, wenn wir nicht *mehr* wagen (können?) als Selbstbehauptung und Ausbeutung, wenn wir die Ambivalenz an unserer Wurzel nicht schöpferisch aufnehmen und uns vom Übergewicht der Lebens-Gier „herunterziehen" lassen. Das Gute muss gewagt werden; das Schlechte passiert einfach. Hannah Arendt hat in ihren Kommentaren zum Eichmann-Prozess von der Banalität des Bösen gesprochen – angesichts eines monströsen Bösen, das man sich kaum noch gesteigert vorstellen kann. Muss man dann nicht mit Søren Kierkegaard sagen, dass Sünde *Unglaube* ist, Nicht-glauben-Können, Nicht-glauben-Wollen daran – wer kann das unterscheiden –, dass es möglich und verheißungsvoll ist, über die Sünde hinauszukommen, weil Gott diese Möglichkeit eröffnet und dem Sünder Zukunft gibt?[130]

Das heißt nicht, dass in der Sünde die menschliche Freiheit ausgeschaltet wäre. Es heißt, anders von menschlicher Freiheit zu sprechen. Sie ist menschlich niemals die Freiheit der Unentschiedenheit, die sich gewissermaßen „von draußen" zu zwei oder mehr Alternativen verhält, von denen es sich dann – warum auch immer – mit einer identifiziert. Freiheit muss sich vielmehr losmachen, befreit werden vom Allzumenschlichen und seiner Aussichtslosigkeit, um das Menschliche zu wagen. Und sie ist vital darauf angewiesen, dass ihr das Menschliche ein Stück weit entgegenkommt und der Menschen-Sehnsucht berührbar wurde, sodass sie sich die Zukunft dieses Wagnisses vorstellen, sie wenigstens erahnen kann. So kommt man aus der Sünde heraus: wenn sie ihre Selbstverständlichkeit verliert, wenn sich zeigt, dass es eine weit bessere Zukunft gibt, eine Zukunft, die über die Sünde hinausführt – und übers Nur-Menschliche. Das wäre der Impuls, den das theologische Reden von der Sünde Paul Ricœur verdanken darf: Im Glauben geschieht Rückbindung, auch das Zurückholen des Bösen „in die

[130] Das ist nach Kierkegaard die Krankheit zum Tode: Verzweiflung; vgl. ders., Die Krankheit zum Tode, ders., Gesammelte Werke, hg. von E. Hirsch und H. Gerdes, 24. und 25. Abteilung, Gütersloh ^{4}1992, 1–134. Folgt man dieser Spur, so könnten auch die unseligen Differenzen in der Ökumene über die Rechtfertigungslehre überwunden werden; vgl. dazu mein Büchlein: Gnade, Paderborn 2013, 62–111.

Bewegung der Verheißung".[131] Man sollte erst von Sünde und nicht „nur" von moralischer Verfehlung sprechen, wenn das Böse in diese Glaubens-Perspektive und Glaubens-Hoffnung hereingeholt wird: in die Perspektive ihrer Vergebung, die gewiss auch den Blick auf die Genese des Bösen – in mir und durch mich – nötig macht, ihn aber dem Sehnsuchts-Blick in Richtung der Gottes-Verheißung unterordnet; in die Perspektive der Gnade, in der die Menschen schon teilnehmen dürfen an der Freiheit der „Kinder Gottes" und seiner Herrschaft.

4.3 Gnaden-Wirklichkeit

In einer Theologie, der nichts Menschliches fremd ist, muss von der Freiheit die Rede sein, von ihrer Umstrittenheit, ihrer Gebundenheit, ihrer Fehlbarkeit und Verdorbenheit, ihrem Verlust. Vor allem von ihrer Rettung, von ihrem Geschehen-Können. Das wäre der *theo*-logische Kontext. Aber wird so nicht die das Menschsein auszeichnende Freiheits-Erfahrung durch die Fokussierung auf die in der Sünde verlorene und in der Gnade neu zugeeignete Freiheit abgeblendet? Es könnte auch so sein: Das Thema Gnade ist – schon biblisch – weiter und tiefer in menschlicher Erfahrung verwurzelt, als es die Sünden-Zentrierung der augustinisch-lutherischen Rechtfertigungslehre vermuten ließe. Dann ist vielleicht genau das eine erfahrungsnahe, menschlich nachvollziehbare Perspektive: *Menschliche Freiheit lebt von der Gnade.*

Kann man aber ernsthaft damit rechnen, dass es noch einen nachvollziehbaren Zugang zu diesem weiten Verständnis von Gnade gibt? Man muss es vom Gegenteil her versuchen: Die Gnadenlosigkeit kennt jeder. Wer gnadenlos und „guten Gewissens" seine Sache vorantreibt, als Trainer einer Mannschaft, als Sanierer eines in Schwierigkeiten geratenen Unternehmens, als Generalsekretär einer Partei, der genießt höchstes Renommée. Er beweist Entschlossenheit und Tatkraft. Man traut ihm zu, dass er – wenn überhaupt möglich – Erfolg haben wird. Die dafür zu bringenden Opfer werden nolens volens in Kauf genommen.

Im privaten Leben will man eher nicht mit gnadenlosen Menschen zu tun haben, so sehr man es womöglich schätzt, dass Partner oder Partnerin im Beruf gnadenlos erfolgreich sind. Die taffe Partnerin: Hat sie überhaupt eine weiche Stelle, an der man sie erreichen kann? Oder wird sie auch mich unterbuttern? Mit ihrer „Gnade" wäre mir nicht geholfen – wenn sie mich

[131] Paul Ricœur, Hermeneutik und Psychoanalyse. Der Konflikt der Interpretation II, dt. München 1974, 281.

zugleich gnadenlos durchschaut. Da sehnt man sich nach dem Blick, der mich würdigen will, nicht nach dem, der es darauf abgesehen hat, auch aus der Beziehung das „Bestmögliche" herauszuholen. Aber Gnade statt Optimierungs-Druck: Wäre das nicht unter meinen Ansprüchen an mich selbst? Die Frage macht verlegen. Die Gnadenlosigkeit des Sich-selbst-behaupten-Müssens liegt uns in Fleisch und Blut. Zugleich sehnt man sich nach Frei-Räumen, in denen man von diesem Druck entlastet wäre. Aber Gnade?

Christlich ist Gnade ein zentrales Glaubens-Wort. Aber die Emotionen, die es aufruft, sind prekär. Für Zeitgenossen ist es unverständlich geworden, wie Johann Sebastian Bach in der Spur *Martin Luthers* so ergriffen jubelnd von der Gnade sprechen konnte. Noch unverständlicher wird es heute sein, was „Römische" und „Lutherische" getrieben hat, sich im Blick auf die Lehre von der Gnade im 16. Jahrhundert so folgenreich zu zerstreiten, über eine Wirklichkeit, der doch allenfalls eine marginale Bedeutung zukommen kann.

Schon Kant hat es so gesehen und die Gnade „vernünftig" marginalisiert: Schau darauf, was an dir liegt, was *du* tun kannst, dich und die Welt zu bessern. Das in Angriff zu nehmen, dazu verpflichtet die Vernunft. Wenn du es beherzigst, magst du die Glaubenszuversicht hegen, Gott werde das Seine dazu tun und dir nicht verweigern, was dir noch fehlen mag, um ins ewige Leben Eingang zu finden.[132] Wenn du aber anfängst, mit der Gnade zu rechnen, bist du auf dem Wege dazu, dein Glück nicht durch moralische Vervollkommnung, sondern durch das devote Werben um Gottes Gunst zu suchen, der auf dein Betteln hin Gnade vor Recht ergehen lassen möge: als Günstling statt als moralisch verantwortliches Subjekt.

Dass es zu dieser Marginalisierung und so auch zur emotionalen Abwendung vom religiösen Bedeutungsfeld Gnade gekommen ist, wird damit zu tun haben, dass sich das Reden von Gnade in den westlichen Kirchen über die Jahrhunderte hinweg auf ein bestimmtes Sinnzentrum fokussierte; auch Kants Sicht der Dinge ist davon bestimmt. Gnade meinte das leichtere *Stattdessen*, das sich mir aufgetan hat, obwohl ich es nicht verdiene: Ich muss schließlich doch nicht bezahlen – Gnade vor Recht. Meine Sünde reißt mich nicht ins Unheil, weil Gott barmherzig ist und vergibt. Gott sei Dank; ich hätte meine Schuld nicht begleichen können. Gnade ist dann das Jenseitige, Himmlische, das mir hier nur zugesprochen wird, keinen leibhaften Lebens-Ort hat. Wie gut, dass es wenigstens jenseits der Gnadenlosigkeit dieser Welt

[132] Vgl. Immanuel Kant, Religion innerhalb der Grenzen der bloßen Vernunft, a.a.O., 174: „Zu glauben, dass es Gnadenwirkungen geben könne und vielleicht zur Ergänzung der Unvollkommenheit unserer Tugendbestrebungen auch geben müsse, ist alles, was wir davon sagen können; übrigens sind wir unvermögend, etwas in Ansehung ihrer Kennzeichen zu bestimmen, noch mehr aber zur Hervorbringung derselben etwas zu thun."

Vergebung für mich gibt. Aber ist sie wirklich *in Ordnung?* Ist sie nicht moralisch fragwürdig? Überhaupt und andererseits – gegen das theologische Festgelegt-Werden auf die Sünde gerichtet: Bin ich tatsächlich immer und überall in der Position des *Schuldigen*, der sich nur von Gnade, Barmherzigkeit und Vergebung etwas erwarten darf?

Schon mitmenschlich ist es schwierig mit der Vergebung: Ich bin in der Position der Schwäche, des schlechten Gewissens, an die man gar nicht erst hindenken will. Und wenn man doch vergebungsbedürftig wäre. Man sollte es mir nicht so schwer machen. Warum stellt man sich so an! Warum stellt sich Gott – wenn es ihn gibt – so dramatisch an angesichts unserer Mittelmäßigkeit und Zwiespältigkeit, die er als der Schöpfer endlich-mittelmäßiger Menschen auch selbst zu verantworten hat? Warum stellt er sich so an, dass er seinen eigenen Sohn dafür einstehen, dafür sterben lässt, dass wir Vergebung erlangen?

Man müsste Manches bedenken zum humanen Sinn von Vergebung und Barmherzigkeit – und dazu, was verloren geht, wenn er aus dem Blick gerät.[133] Aber man darf auch fragen, ob das Wort Gnade nicht einen weiteren Erfahrungsbezug hat als die Ohnmachts-Situation der Vergebungs-Bedürftigkeit und noch andere Beziehungserfahrungen ins Spiel bringt, sie Glaubens-relevant machen kann. Vom sprachlichen Befund her ergeben sich wichtige Hinweise. Der hebräische Wortstamm, der dem theologischen Begriff Gnade am nächsten kommt (*hnn*), spielt darauf an, dass man von Höhergestellten beachtet und mit Aufmerksamkeit bedacht wird, mit einer freundlichen Aufmerksamkeit, die angesichts des sozialen Gefälles nicht zu erwarten war. Man spürt Wohlwollen und lebt auf (vgl. Ex 33,11–23). Das mag – mit diesem deutlichen Oben-unten-Gefälle – feudal vorgestellt sein. Aber ist es nicht auch in demokratischen Zeiten eine wichtige Erfahrung, eine Erfahrung auf Augenhöhe, nicht nur im privaten Umfeld wichtig: Ich finde wohlwollende Aufmerksamkeit, zwei Augen wenden sich mir freundlich zu; ich fühle mich mit Sympathie wahrgenommen, finde „Resonanz“?[134]

4.4 Charme

Das neutestamentliche Wort für Gnade *charis* hat mit *Charme* zu tun, dieser wohltuend-wohlwollenden Resonanz: Ich darf spüren, dass ich bei Anderen

[133] Vgl. etwa Walter Kardinal Kasper, Barmherzigkeit. Grundbegriff des Evangeliums – Schlüssel christlichen Lebens, Freiburg i. Br. ³2015.

[134] Zur Gnadenmetaphorik im Alten Testament vgl. Jürgen Werbick, Gnade, 16–23.

„ankomme", ich sie bewegen kann, sich zuzuwenden, neugierig, mit Interesse und Sympathie. Eine Situation mit Charme; es ist kaum auszumachen, von wem das ausgeht, wer den Charme „hat", der Menschen einander zuwendet und sie füreinander öffnet. Wenn man genauer hineinspürt, wird man diese elementare menschliche Sehnsucht wahrnehmen, die leibhafte Hoffnung, die so oft enttäuscht wird: dass man mich gern (an)sieht. Sie schöpft Kraft, wo der Blick von Menschen mit Freude und Wohlwollen auf mir „ruht", mich nicht nur beurteilt. Ruiniert wird sie, wo mich die abschätzigen, gnadenlos vergleichenden Blicke treffen und mir zu verstehen geben: Mir kannst du nichts vormachen! Mir bist du nicht gewachsen!

Sollte man diese Hoffnung – oft genug gegen alle Hoffnung – an Gott festmachen dürfen, dem für seinen kritischen Blick auf die Menschen Berüchtigten; an ihm, dem wir mit unserer Mittelmäßigkeit und unserer Zwiespältigkeit eigentlich gar nicht unter die Augen treten dürften; dem unter die Augen zu treten allenfalls bedeutet, auf Schuld und Vergebungsbedürftigkeit zurückgeworfen zu sein? So hat man es glaubende Menschen in der Vergangenheit vielfach wissen lassen; so hat es auch die Theologie weithin gedacht.

Wenn aber gerade dies wahr und biblisch einschlägig wäre: Gott sieht mich gern!? Das ist natürlich eine Metapher, ein Hoffnungs-Bild, eine Gegen-Bild-Rede gegen das überlieferte Motiv vom kritisch-missmutigen Überwachungs-Blick, mit dem wir bei Gott zu rechnen hätten. Es ist das Bild, das Jesus von Nazaret abgibt: Er sieht die Menschen gern, auch da, wo er ihnen mit Kritik, ja wütend entgegentritt. Er bezeugt, er handelt einen *gewinnenden* Gott, der die Menschen gern sieht und jeden gewinnen will. Kann man es überhaupt anders sehen, kann man den gewinnenden Jesus anders ansehen? Müsste man ihm nicht die Gnade ansehen, die von einem gewinnenden Menschen ausgeht und ihn zum Zeugen der göttlichen Gnade macht?

Die aaronitische Segensbitte Num 6,22–27 bringt die Ursehnsucht nach Gern-gesehen-Werden ins Wort und macht sie an Gott fest: Gott möge sein Angesicht über uns leuchten lassen und Gnade erweisen; er möge sich uns zuwenden und Heil – Leben in Fülle – gewähren.[135] Gnade finden leibhaft-mitmenschlich, da geschieht Menschlichkeit: dass ich einen Menschen in seinem Innersten erreichen kann, an seiner *weichen Stelle*, wo er nicht in Selbstbehauptung gepanzert ist.[136] Gnade finden bei Gott, da geschieht

[135] Zu weiteren alttestamentlichen Belegen vgl. Friedhelm Hartenstein, Das Angesicht JHWHs. Studien zu seinem höfischen und kultischen Bedeutungshintergrund in den Psalmen und in Exodus 32–34, Tübingen 2008.

[136] Darauf spielt der hebräische Stamm *rhm* an, der den Mutterschoß assoziiert (vgl. Jes 49,15; Gen 43,30).

Gottes Gottsein für uns, für mich: Das unerbittliche Schicksal, der unerbittlich-evolutionär abrollende Weltprozess, sie sind nicht das Letzte, über alles Entscheidende. Im Letzten *wirklich* ist ein Gott, der sich berühren lässt und sich mir geöffnet hat, mir – Hoffnung gegen alle Wahrscheinlichkeit – seine Aufmerksamkeit schenkt, gewinnend begegnet, mich gewinnen will: für das, was er mit mir und für mich, mit uns und für uns Gutes erreichen will, für die Gottesherrschaft; dafür, dass ich teilnehme an dem, was er mit mir *in der Gnade* anfängt, dass ich seine Gnade lebe: in einem Wohlwollen, dessen Quellen mir verborgen bleiben; in einer einsatzbereiten Solidarität mit den Verloren-Gegebenen, die sie nicht gnadenlos aufgibt.

Aus der Hoffnung auf Gottes Wirklich-Werden leben zu können, weil man seine Zuwendung in vielen Erfahrungen glaubend wiedererkennt, in ihnen über die gnadenlose Unzugänglichkeit von Menschen und des Lebens selbst hinaus einen Gottes-Horizont erahnt und die Hoffnung hegt, dass Gott über die Gnadenlosigkeit dieser Welt hinaus anvertrauenswürdig ist, mich in den leibhaften Erfahrungen des Gnade-Findens schon anrührt: Das wäre Gottes Hineinkommen in mein Leben, das sich so sehnsuchtsvoll nach liebevoller Aufmerksamkeit ausstreckt; das wäre Gnaden-*Erfahrung*, ganz leibhaft, ganz diesseitig-aufrichtend, nicht demütigend; bezeugt von denen, die selbst aus seinem Segen leben – und ihn weitergeben.[137]

4.5 Wohlwollens-Ressourcen

Biblisch-christlicher Glaube versucht, Gottes Zuwendung wiederzuerkennen: in Jesus von Nazaret, der Gott unter den Menschen gewinnend gelebt hat, in seinen Zeuginnen und Zeugen, die Gottes Menschen-Zuwendung mitleben, auch in meinen so dürftigen, mir selbst unverfügbaren Möglichkeiten, Gottes Wohlwollen zu bezeugen. Da ist eine Kraft im Spiel, die Leben ins Leben bringt. Sie ist nicht aus mir, mir geschenkt; ich darf sie austeilen. Da sind Ressourcen des Wohlwollens zugänglich geworden, aus denen wir schöpfen können, damit wir den psychischen, gesellschaftlichen und ökonomischen Dynamiken der Geringschätzung, der Menschen-Missachtung und Ausbeutung etwas entgegenzusetzen haben; damit wir uns selbst annehmen können. Es sind Quellen des Mutes, „sich zu bejahen als bejaht"

[137] Dass die Gnadenlosigkeit der Sünde wie der Segen eines Lebens in der Gnade individuell-mitmenschliche wie gesellschaftlich-globale Lebenswirklichkeiten sind, dafür steht das Symbol der Gottesherrschaft. Für die Alternative zwischen einer bürgerlich-mitmenschlich orientierten und der Befreiungs-Theologie bleibt da kein Platz.

(Paul Tillich[138]) und das Nein der Menschen-Missachtung nicht hinzunehmen, Ressourcen, von denen Glaubende sagen, sie speisten sich aus ihrer Gottesbeziehung, seien ihnen im Glauben an einen zuinnerst berührbaren Gott zugänglich geworden.

Solche Ressourcen wollen genutzt und gepflegt werden, werden gepflegt, wo sie genutzt werden. Das unterscheidet sie von Ressourcen, die durch Nutzung erschöpft werden. Wer sich anrühren und anstecken lässt von der Zuneigung und Aufmerksamkeit, die ihm geschenkt wird, in dem wird sie lebendig, durch den teilt sie sich anderen mit. Sie will und kann Leben in sein Leben und in ihr Leben bringen, einen anderen Geschmack des Lebens. Sie kann die Hoffnung stärken, dass sich in solchen Erfahrungen nicht nur vorübergehende Stimmungen melden, sondern etwas spürbar wird von dem, was Gott in unserem Leben lebendig machen und zur Vollendung bringen will. Es ist in mein Leben hineingegeben, damit ich es mit-lebe, es zu mitmenschlich-lebensweltlicher Realität werden lasse. Gnade lässt mich und lässt die Menschen in aller ihrer Zwiespältigkeit aufleben, damit sie aus der Gnade leben und ihr leibhaft-weltwirklich Raum geben – inmitten der so vielfach erlebten, selbst gelebten Gnadenlosigkeit.

Dass das in mir „entspringt“: die Fähigkeit, nicht gnadenlos zurückzugeben, was mir zugefügt wurde, sondern Wohlwollen zurückzugeben, es – wie wenig auch immer – in die Welt hineinzugeben; dass der Impuls Kraft gewinnt, nicht nur weiterzumachen, sondern auszusteigen, wo das hilflose Weitermachen und Sich-weiter-treiben-Lassen erkennbar in die Ausweglosigkeit führt: Es mag selten vorkommen und seltener noch die Situation nachhaltig verändern. Aber ohne dass es hie und da vorkäme, wäre unser Zusammenleben wirklich gnadenlos. Ich weiß nicht, woher es kommt; auch nicht, wohin es führt. Vernünftige Einsicht in das Verhängnis der Gnadenlosigkeit und der Möglichkeiten, in ihm kreativ handlungsfähig zu werden, kann dabei helfen. Sie macht das, was hier geschieht, aber nicht allein aus. Es ist nicht nur das selbstverständlich erschwingliche Vernünftige. Es muss mir geschenkt sein, dass ich mich nicht resignierend abwende, sondern am Anderen interessiert bin, am Leben mit ihm interessiert *vergebe*, nicht zurückgebe: die Kraft einsetze, mein Beleidigt-Sein zu überwinden und zu tun, was uns Zukunft und Kraft gibt, den ersten Schritt und hoffentlich viele weitere zu tun.

Es wird auch nicht der erste Schritt sein. Glaubende sehen es so: Gott hat mit mir den ersten Schritt getan, mich mitgenommen, für seine Gnade gewonnen. Davon spricht das Wort Gnade: dass er uns mitnimmt, heraus-

[138] Paul Tillich, Der Mut zum Sein, in: ders., Sein und Sinn. Gesammelte Werke, Bd. XI, Stuttgart 1969, 13–139, 117.

fordert, inspiriert, in Bewegung setzt, die Hoffnung darauf keimen lässt, dem ersten Schritt würden weitere Schritte über die Kreisläufe der Gnadenlosigkeit hinaus folgen. In der Vergebung wächst die Kraft zur *Versöhnung*. Es ist die Kraft, sich dafür zu interessieren und daran mitzuwirken, dass es auch den Anderen gut ergeht. Nicht sie schwach, sondern sie stark sehen wollen, damit wir einander und unseren Mitmenschen gut tun, dabei im guten Willen zusammenkommen: Dahin soll Versöhnung führen; das soll mit einer Vergebung anfangen, die nichts zurückverlangt, weil sie den Anderen nicht demütigen und schwächen will. Es ist *genug getan*, was die Vergangenheit angeht. So kann eine Zukunft anfangen, die nicht von der Vergangenheit beherrscht wird: reine Gnade.

Es ist Gottes Bejahungskraft; er lässt sie in uns entspringen, damit es mit uns gut sein und gut werden zu lassen. Sein eigenes Gutsein hat er in die Schöpfung eingebracht und in ihr erfahrbar gemacht, sodass es Anlass gibt, ja zu ihr zu sagen, ja zu mir zu sagen, zu der Gabe, als die ich mir gegeben bin. Ich darf von dieser guten Gabe leben, von dieser elementaren Gnade, empfangen zu haben, was ich gut sein lassen darf. Dass seine Gnade in uns motivierend lebendig und zur Bejahungskraft wird, wenn mir selbst die Kraft zur Bejahung fehlt – ich *mich* und *dich* nicht gut sein lassen kann –, geschieht nicht selbstverständlich. Sie steht uns nicht zur Verfügung. So wird sie als Geschenk erfahren, das ich nicht gezielt herbeiführen, aber hüten kann und von dem ich mich in Dienst nehmen lassen muss, damit Versöhnung geschieht: mit mir, mit dir, mit Gott. An Christi Statt bittet Paulus seine Gemeinde: „Lasst euch mit Gott versöhnen“ und – wie Paulus – von der Liebe Christi „drängen“, auf das Neue zu sehen, das von Christus ausgeht und unendlich weit über das Alte hinausführt, damit wir „in ihm Gerechtigkeit Gottes würden“ (2 Kor 5,14–21); Gerechtigkeit wird nach dem Alten Testament und mit Paulus elementar verstanden als versöhnende Macht, die von Gott ausströmt, die Menschen ergreifen und durch sie den Schalom wirken will, Gott-erfülltes, Menschen erfüllendes Leben, damit der Schöpfungszuspruch Gottes – seine Gabe sei *sehr gut* – an mir und an dir, sogar an den Feinden wieder erfahrbar wahr werde.

Gnade ist hier so viel mehr als Gnade vor Recht ergehen lassen. Sie ist die leibhaft erfahrbare, oft entbehrte Gottes-Kraft, die menschliches Leben ergreifen kann, so dass es nicht mehr von den destruktiven Energien des Kleinmachens und der Missachtung überwältigt wird; so dass es ihnen eher widerstehen und schon der Heilswirklichkeit angehören kann, die das Neue Testament *Gottesherrschaft* nennt. Gottes Vergebungsbereitschaft erneuert das Gutsein, das er mir mitgegeben hat, und beginnt es mit mir neu. Von mir aus bin ich den destruktiven Energien ausgeliefert; biblisch gesprochen der Macht der Sünde, die nach mir gegriffen und mich wie ein Feind besetzt hat, die in mir wohnt, so dass ich nicht mehr Herr im eigenen Haus bin.[139] Die Glaubensüberlieferung hat das *Erbsünde* genannt und damit doch die Glaubenszuversicht zum Ausdruck bringen wollen, dass Gott mir mit seiner Gnade noch innerlicher wird als die Sünde und in mir den guten Willen entspringen lässt, der mich in ihn und seine Herrschaft hinein verwandelt. Durch die Gnade werden die Menschen in den guten Willen Gottes hineingezogen, so dass sie leben können, was Gott ihnen erwiesen und mitgeteilt hat – damit sie daran teilnehmen und hie und da über ihre Zwiespältigkeit hinauskommen können.

Gnade überwindet die Macht der Sünde unter uns und in mir. Sie setzt der destruktiven Macht des Übelwollens durch die Macht des Wohlwollens vielleicht nur Grenzen. Ihr wohnt ein Zauber inne. Aber sie zaubert mein in der Sünde gefangenes Übelwollen und Übelnehmen nicht hinweg. Es soll, was in mir als guter Wille entspringt, *mein* guter Wille werden. Gott will mich durch seine Gnade für sein Wirken in der Welt, für die Herrschaft seines guten Willens *gewinnen.* Aber ich komme kaum hinter dem her, was er mit mir anfangen will: *Simul iustus et peccator* (Martin Luther[140]), begnadet und der Macht der Sünde noch nicht entronnen.

4.6 Die Gnade zuerst. Und die Freiheit?

Bleibt man nahe an dieser Glaubens-Erfahrung, die schon Gnade ist und den Menschen – warum auch immer – oft nicht zugänglich wird, relativieren sich die Kontroversen, die zwischen den christlichen Konfessionen viel Missverstehen gesät haben. Es ist klar und wird von Luther neu eingeschärft, dass Gott allein den Anfang der Hineinverwandlung in seinen guten Willen mit mir macht. Von ihm geht die Kraft der Gerechtigkeit und der Versöhnung aus, die mich ergreifen und zur Fülle des Lebens, zum Gott-erfüllten Leben führen will. Ich kann in mir nicht selbst den Anfang hervorrufen, der mich vom Weitermachen-Müssen in der „Sünde" – im Machtbereich des bösen Willens – befreit. Aber es ist auch klar: Ich muss das mit mir ge-

[139] Die von Augustinus ausformulierte Erbsündenlehre knüpft an die Adam-Christus-Parallele in Röm 5,12–21 an, wo davon die Rede ist, von einem einzigen Menschen her (Adam) sei die Sünde in die Welt eingedrungen, durch seine Übertretung sei über alle Menschen Tod und Verurteilung gekommen. Das ist hier gleichsam die „Negativfolie", vor der die „übergroße Gnade" gepriesen wird, die von Christus Versöhnung und Leben bringt. Augustinus hat Adam dann als den Urheber der Sünde angesehen, während Paulus in ihm eher den Anfang des Sündigens sieht, gewissermaßen das Einfallstor, durch das die Sünde in Welt und Menschen eindringt und sie versklavt.

[140] Vgl. Wilhelm Christe, Gerechte Sünder. Eine Untersuchung zu Martin Luthers „simul iustus et peccator", Leipzig 2014.

schehen lassen, mich in das hineingeben und an dem teilnehmen, was da mit mir geschieht und geschehen will und durch mich in die Welt hineinwirken soll.

Ist wenigstens das *meine* Sache, meine „freie“ Entscheidung: es geschehen lassen und mich in es hineingeben oder mich verweigern? Oder wirkt auch das noch Gottes Gnade in mir? Man darf sich mit guten Gründen dieser Alternative entziehen. Augustinus hat vom „Nicht ohne“ gesprochen: Wir sind „ohne uns“ geschaffen; aber wir werden *nicht ohne uns* durch die Gnade der Rechtfertigung in den neuen Menschen hinein verwandelt.[141] Es wird gerade Gottes schöpferisch-versöhnende „All-Macht“ auszeichnen, dass er es vermag, in uns so zu wirken, dass wir von Anfang an in dieses Wirken einbezogen sind und es nie ohne uns geschieht. Gott und seine Gnade stehen für das *Unverfügbare*, das die Menschen in ein „Antwortverhältnis“ hineinruft und gerade so aktiviert: in „das Wechselspiel von Anrufbarkeit, Selbstwirksamkeit und Transformation [einbezieht] und damit die Erfahrung von Lebendigkeit ermöglicht.“[142] Im Blick auf dieses Wechselspiel verliert die falsche Glaubens-Alternative zwischen Aktivismus und Quietismus jegliche Überzeugungskraft.

In den klassischen gnadentheologischen Kontroversen[143] spiegelt sich die Irritation, die neuzeitliches Freiheitsdenken mit seinem Akzent auf *Selbst*bestimmung in die christliche Theologie hineingebracht hat. Aber die Irritation ist wechselseitig, müsste es jedenfalls sein. Neuzeitliche Freiheitserfahrung kreist um die Intuition der *Selbstursprünglichkeit:* Ich bin der Ursprung meiner freien Entscheidung, bestimme mich in ihr selbst. Seit Kant ist das die Freiheits-Selbstverständlichkeit par excellence. Es ist eine prekäre Selbstverständlichkeit; die Kritik der Frankfurter Schule um Theodor W. Adorno und Herbert Marcuse hat das in unserer spätkapitalistischen Kultur wahrnehmbar gemacht. Selbstursprünglichkeit tritt in Gegensatz zur Fremdursprünglichkeit, in der mein Wollen und Handeln nicht *in sensu stricto* von mir ausgeht, in der ich also von Gegebenheiten (mit-)bestimmt werde, die nicht aus mir entspringen. Das scheint mit dem Freiheitsbegriff geradezu analytisch gegeben zu sein. Aber kann dieses Gegeneinander von Selbst- und Fremdursprünglichkeit des Gedankens letzter Schluss sein? Oder müsste man versuchen, über es hinauszudenken?

[141] Im Wortlaut: „Qui creavit te sine te, non iustificabit te sine te“ (als Augustinus-Zitat bei Thomas von Aquin, Summa theologica III, q. 84, a. 5 corpus; bei Augustinus: Sermo 169, c. 11, n. 13).

[142] Hartmut Rosa, Unverfügbarkeit, Wien – Salzburg 2018, 120.

[143] Diese sind nicht nur zwischen den Konfessionen, sondern auch in ihn selbst ausgetragen worden. In der römischen Kirche haben sie sich etwa zwischen Dominikanern und Jesuiten im sogenannten Gnadenstreit abgespielt.

Bleibt es beim Gegensatz von Selbstbestimmung und Fremdbestimmung, droht die begriffliche Eskalation: Selbstbestimmung hat ihre eigentliche Realität dann im Kontrollieren und Beherrschen all dessen, was nicht aus dem von mir Gewollten entspringt. In dieser Eskalation wird neuzeitliches Freiheitsverständnis selbstwidersprüchlich. Es kommt nicht darüber hinweg, sich gegen das Bestimmt-Werden zu entwickeln und zu behaupten.

Christliches Gnadenverständnis kann dazu beitragen, dass es zu dieser begrifflichen Eskalation nicht kommt. Es leitet dazu an, im Bestimmt-Werden des Selbst zu differenzieren: zwischen einem Bestimmt-Werden zur Unfreiheit und einem Bestimmt-Werden durch Freiheit auf Freiheit hin. Das Bestimmt-Werden zur Unfreiheit bindet das Selbst in Verhältnissen, die es an der Selbst-Realisierung hindern, es fremden Interessen oder schicksalhaften Lebensbedingungen unterwerfen. Das Selbst soll sich aus ihm herausarbeiten und zur Selbstbestimmung – zur Selbst-Ursächlichkeit in seinen Lebens-wesentlichen Selbstvollzügen – unterwegs sein. Dabei wird es aber einer Selbst-*Unverfügbarkeit* gewahr, der es nicht durch noch mehr Emanzipation oder Kontrolle Herr werden kann: der Unverfügbarkeit des Hoffen-Könnens, eines Lebens, das ich gern lebe und mit anderen teile, der Unverfügbarkeit jener verheißungsvollen Herausforderung, in die ich mein Leben mit Freude und „ganzherzig" (in Wholeheartedness[144]) hineingeben kann, der Unverfügbarkeit meines Vertrauen-Könnens, meines Mich-anvertrauen-Könnens. Für all das kann ich etwas tun. Aber mein Können entspringt hier nicht in mir. Oder ist auch mein Können im Aller-Letzten noch eine Sache meines Willens?

Die Frage führt ins Ausweglose. Wollen und Können sind auf eine im Letzten undurchschaubare Weise aneinander gebunden, ja miteinander gegeben, mir in Obhut gegeben. Ich bin mir darin selbst gegeben und verantwortlich. Mein Mir-gegeben-Werden fordert mich zu mir selbst heraus. Und es scheint so, als würde mir auch nicht gegeben werden, wofür ich nicht die Verantwortung übernehme. Die säkulare Alltagsweisheit mag davon etwas ahnen, wenn sie mit dem platten Spruch daherkommt: Glück hat auf Dauer nur der (die) Tüchtige. So platt kommt die Weisheit daher, wenn sie sich die Weisheit des Glaubens aneignet, ohne sie verstanden zu haben. Und wiederum läge im augustinischen *Nicht ohne* die Weisheit: Selbstursprünglichkeit kann nicht geschehen ohne das gnadenhafte Geöffnet*werden* für ein Wozu der Freiheit, das ich nicht aus mir selbst haben kann.

Gnade ist Freiheit; nicht die Freiheit, überhaupt Alternativen zu haben, sondern die Freiheitsgabe, eine schlechthin *gute Alternative* zu haben, die die

[144] Harry Frankfurt, Necessity, Volition, and Love. Cambridge 1999, 100 f.

unduldsamen falschen Alternativen hinter sich lässt. Gnade bringt mir diese befreiende Alternative nahe, schließt mich auf für mich, für andere, für das gute Leben und das Vertrauen darauf, dass ich mit dir, mit euch in es hineinkomme; für das Mich-anvertrauen-Können an den, der dieses Vertrauen rechtfertigen wird. Wenn dieses Vertrauen in mir lebendig wäre, stünde die Tür zu einem *alternativen Leben* in Fülle offen, bei all dem, was uns auf dem Weg heimsuchen kann. Wenn es in mir lebendig wird, geschieht Gnade. Und wenn es in mir nicht lebendig wird, mir unmöglich bleibt?

Die dunkelsten Kapitel der Gnadenlehre sind die von einer *Gnadenwahl*, die Gott zu einem Souverän machten, der ungebunden-frei entscheidet, wem er seine Gnade schenken und wem er sie verweigern *will.* Welch erschreckende Perspektive: Wo es um das Sich-anvertrauen-Können ginge, erscheint ein Willkürgott, weil irgendjemand ja die Verantwortung dafür haben muss, dass ich nicht „kann". Oder ist es letztlich doch so, dass ich mein Können sabotiere, fürs Nichtkönnen deshalb die Verantwortung trage? Gnade mir Gott! Aber woher soll dann noch Gnade kommen? Wieder führt die Frage ins Ausweglose. Wer auf sie eine Antwort erzwingen will, der gerät in die Glaubens-Katastrophe.

Es ist die Weisheit der christlichen Gnadenlehre, die sie oft selbst nicht schätzen konnte, dass sie in eine Aporie führt: damit wir in dieser Ausweglosigkeit erkennen mögen, dass wir zuletzt nicht mehr begreifend auseinanderlegen können, was wir erleben. Wir erleben das unauflösbare Ineinander von Wollen und Können, von Selbst-Entzogenheit und Selbst-Verantwortung, von der Gnade der überwältigend guten Alternative und der Herausforderung zur Selbstbestimmung, die wir nicht auf Andere abschieben können. Wir erleben, dass wir zuletzt nicht mehr wissen, warum wir finden – gefunden haben –, wem wir uns zuinnerst und mit Freuden anvertrauen wollen; warum wir es nicht gefunden haben. Und die Theologie tut gut daran, sich hier nicht in die naheliegenden schiefen Alternativen zu verstricken.

4.7 Zusammenhalten: Bringt es das hier?

Das Sprechen von der Gnade erschließt eine Erfahrung, die sich in gegenwärtige Diskurse über Willensfreiheit einbringen ließe. In ihnen geht es darum, zu verstehen, in welchem Sinne und weshalb Bestimmt-Werden Freiheit nicht ausschließt. Dabei muss deutlich werden, dass man von Freiheit nicht sprechen kann, wenn mein Wille einem Zwang unterliegt oder zufällige Willkürentscheidungen trifft, die nicht aus einem (selbst-)bestimmten Willen hervorgehen. Zwei Logiken sind zusammenzuhalten: die des Abstandnehmens, Abstandgewinnens von determinierenden, willensfremden Faktoren und die des Geschenks, das mich finden lässt, womit ich mich zuinnerst identifizieren kann, worauf ich mich deshalb *frei* einlassen kann. Ich bin nicht frei, wenn ich mich von Zwangsläufigkeit und Zufälligkeiten nicht distanzieren, nicht zu ihnen Stellung nehmen kann. Ich bin auch nicht frei, wenn sich mir keine Lebens- und Entscheidungsmöglichkeit anbietet, die ich aus vollem Herzen bejahe. Von der Selbstursprünglichkeit menschlicher Freiheit zu sprechen[145], ist missverständlich; allenfalls von einer Gleichursprünglichkeit dürfte man sprechen. Freiheit entspringt dem *Sich* des Sich-Entscheidenden *und* der Lebensmöglichkeit, zu der ich ganzherzig Ja sagen kann, weil ich in sie *eingebunden* bin, mein Bejaht-Sein und Herausgefordert-Sein ergreifen und *selbst* frei bejahen kann.

Nun kann man das Verständnis von Freiheit nach beiden Seiten radikalisieren. Nach der Seite des *Nicht-festgelegt-Seins* hin hieße das: Freiheit ist wesentlich indeterminierte Selbstbestimmung. Diese Radikalisierung wirft das Problem auf, dass eine im strengen Sinn indeterminierte Entscheidung auch eine unmotivierte wäre. Radikalisiert man nach der Seite des Eingebundenseins, des *Bestimmt-Werdens* durch ein starkes, mich bestimmendes Motiv hin, lässt sich nicht mehr gut sehen, was dieses Bestimmt-Werden vom Überwältigt-Werden unterscheidet und als Bestimmt-Werden in Freiheit auszeichnet. Hält man beide Logiken und Perspektiven zusammen, sodass sie sich in Spannung halten, wird man wenigstens so weit kommen, das begrenzte Recht der jeweils anderen Perspektiven anzuerkennen. Zusammenhalten bedeutet nicht, im Sinne Kants zwei Perspektiven prinzipiell zu unterscheiden und als miteinander unvereinbare Sichtweisen nebeneinander stehen zu lassen: die Determiniertheit der empirisch feststellbaren Phänomene und das Postulat einer (transzendentalen) Freiheit der Selbstbestimmung, an dem festgehalten werden muss, wenn es so etwas wie sittliche Verantwortung geben soll.[146] Es bedeutet vielmehr, im Sinne der *Kompatibilisten*, die die Vereinbarkeit von Determiniertheit und Frei-Sein annehmen, zuzugestehen, dass eine freie Willensentscheidung sich prinzipiell bis ins letzte erklären lassen müsste, damit ihr keine Zufälligkeit und Beliebigkeit mehr zugrunde liegt. *Ich hab's halt so gewollt!* wäre kein Hinweis auf eine freie Entscheidung, sondern das Gegenteil. Den *Inkompatibilisten* mit ihrem libertarischen Freiheitskonzept, für das die freie Identifikation mit dem Gewollten bei alternativen Entscheidungsmöglichkeiten Freiheitskonstitutiv ist, wäre zuzugestehen, dass *ich* es bin, der sich ein starkes Willensmotiv schenken lässt und sich mit guten Gründen darauf einstimmt,

[145] Vgl. Magnus Striet, Ernstfall Freiheit, 60–65.

[146] Vgl. die dritte Antinomie in: Kritik der reinen Vernunft A 444/B 472 – A 455/B 483.

zu wollen, was es mir aufschließt. Kompatibilisten werden nachfragen, was es bewirkt habe, dass ich dafür empfänglich bin. Und die Inkompatibilisten werden wissen wollen, wie Kompatibilisten im Blick auf das starke Motiv, das die freie Willens-Bestimmung hervorruft und erklärbar macht, den Unterschied zwischen Überwältigt-Werden und Sich-Entscheiden markieren könnten.[147]

Die Gnadentheologie partizipiert an diesem Theorie-Dilemma. Und sie gibt ihm einen Horizont, in dem es produktiv werden kann. Gnade teilt sich den Menschen im Heiligen Geist als die Herausforderung mit, in der Nachfolge Jesu zu einem verheißungsvollen Weg in Gottes Herrschaft hinein aufzubrechen. Diese Herausforderung schenkt das Freiwerden-Können von Bindungen in Lebensprioritäten, die an diesem Aufbruch hindern und die Fülle des Lebens in der Gottesherrschaft gar nicht erst würdigen lassen, zu der die Begnadeten berufen sind. Das ist im Wesentlichen die augustinisch-lutherische Perspektive, in der die befreiende Wirksamkeit der Gnade und der in ihr wirkende Gott als fast (?) alleinwirksam herausgestellt werden. Dass die Gnaden-Herausforderung nicht automatisch wirkt, sondern darauf abzielt, die Herausgeforderten in diese Herausforderung „hineinzuholen", sie ihre Verheißung spüren zu lassen, sodass sie ihr das „Herz" öffnen, das liegt freilich auf der Hand. Es wird in der römisch-katholischen Gnadentheologie in den Vordergrund gerückt. Die Gnade wirkt nicht ohne den Menschen. Aber es ist zweifellos nicht so, dass der Mensch sich von außen, beobachtend-abwägend, auf sie richten und so für oder gegen sie entscheiden könnte. Er ist schon *in ihr*, wenn sie auf ihn wirkt; er könnte sonst gar nicht ermessen, worum es da geht.

Nun kann man – gewissermaßen akademisch – danach fragen, wo und wie die Gnadenmitteilung den Freiraum lässt, auf das Wirksamwerden der Gnade einzugehen oder sich ihm zu verweigern. Das wäre im säkular-philosophischen Diskurs die Frage, die die Inkompatibilisten an die Kompatibilisten richten, ohne je auf eine Antwort hoffen zu dürfen. Es ist auch die Frage der katholischen Gnadenlehre an die lutherische Rechtfertigungslehre. Auch hier wird es keine befriedigenden Antworten geben. Das hat

[147] Wenn man hier das Kriterium *Selbstbestimmung* einführt, muss man erklären, wie es die bei einer durchgehenden Determinierung auch des Menschlichen noch geben kann; vgl. die Präzisierung bei Michael Pauen, Illusion Freiheit? Mögliche und unmögliche Konsequenzen der Hirnforschung, Frankfurt a. M. 2004, 59–103. Genauere Informationen zu dieser hier nur schematisch gezeichneten Diskussionslage hole man sich von den Protagonisten ein; für die Kompatibilisten neben Pauen etwa: Peter Bieri, Das Handwerk der Freiheit. Über die Entdeckung des eigenen Willens, Frankfurt a. M. [2]2004. Für die Libertaristen: Geert Keil, Willensfreiheit, Berlin – Boston [3]2017. Zur theologischen Einordnung vgl. K. von Stosch – S. Wendel – M. Breul – A. Langenfeld (Hg.), Streit um die Freiheit. Philosophische und theologische Perspektiven, Paderborn 2019.

einen theologisch starken Grund: Wenn man diese Frage stellt, begibt man sich in die Beobachterperspektive, die Sachverhalte möglichst genau klären und Verantwortungs-Zuweisungen bis ins Letzte klarstellen will: Ist denn nun bzw. inwiefern ist letztlich Gott mit seiner Gnadenzuwendung selbst oder der Mensch, der sich ihr unerklärlicherweise anvertraut oder verweigert, dafür verantwortlich, dass die Gnade zur Wirkung kommt oder eben nicht zur Wirkung kommt? Die Beobachterperspektive ist hier aber unangemessen. In ihr will man zu einem „objektiven" Urteil kommen, wo es um objektive Urteile gar nicht gehen kann, sondern nur darum, *Teilnehmer* an der Gnade zu werden: die Teilnehmer-Perspektive einzunehmen.

Theologie und Verkündigung haben sich darauf zu fokussieren, die „Herrlichkeit" der Gnade einsehbar – *einfühlbar* – zu machen, für die die Menschen gewonnen werden sollen. Wie die Gnade es macht, Menschen für sich zu gewinnen, kann nicht ihr Problem sein. Es entzieht sich dem theoretisch-beobachtenden Zugriff. Dass das nicht über die konkreten Menschen hinweg oder an ihnen vorbei geschieht, ist selbstverständlich. Ebenso selbstverständlich ist, dass man sich nicht in dem Sinne frei für oder gegen die Gnade entscheidet, als hielte man sich im Stand der Indifferenz außerhalb der Gnade auf und könnte hier genauso gut *ja* wie *nein* sagen.

Was für die Gnade gilt, gilt im säkular-philosophischen Diskurs für alle starken Motive und Wertungen, in denen menschliche Willensfreiheit sich realisiert. So hätte die Philosophie durchaus Anlass, ihre eigenen ungelösten Fragen in den theologischen Diskursen wiederzuerkennen. Die hermeneutische Philosophie Paul Ricœurs hat es ihr ins Stammbuch geschrieben und ihr die Gretchenfrage auf die Tagesordnung gesetzt: „[W]ie kann das Denken zugleich gebunden und frei sein?"[148] Eine naheliegende Antwort: Weil es nicht sich selbst denkt, sondern das, was ihm zu denken gibt[149], was sich dem Denken zumutet und es herausfordert. Das sind gerade die Bindungen, die das Ich in den starken Motivationen in Anspruch nimmt und es in Gefühle eingebunden sein lässt, die ihm mitunter so innerlich sind, dass es erst auf langen Wegen des Bedenkens dahin kommt, sich zu ihnen bewusst zu verhalten.

[148] Ders., Symbolik des Bösen. Phänomenologie der Schuld II, dt. Freiburg – München [3]2002, 398.

[149] Hier ist wieder eine Formulierung von Paul Ricœur aufgegriffen: „Das Symbol gibt zu denken"; vgl. ders., Die Interpretation. Ein Versuch über Freud, dt. Frankfurt a. M. 1969, 51.

4.8 Gefühlte Gnade. Und die Liebe?

Wie wirken die starken Affekte auf den Menschen und seine Freiheit ein? Die Frage ist für eine Gnadentheologie, die die menschliche Freiheits-Wirklichkeit der Gnade wahrnehmen will, von zentraler Bedeutung. Glaube und Gnade als Gefühl: Vielleicht sind wir erst hier auf dem Boden des Menschlich-Allzumenschlichen angekommen. Die Theologie will sich in diesen „Niederungen" lieber nicht niederlassen. Aber so bleibt ihr das Menschliche des Glaubens fremd; bliebe ihr auch die Gnade des Glaubens fremd, denn sie hat mit dem Fühlen der Menschen in seiner tiefen Ambivalenz, ja Widersprüchlichkeit zu tun. So will ich dafür plädieren, gegenüber der Gefühls-Dimension des Glaubens und der Gnade nicht theologisch zu „fremdeln".

Die Gnade hat Lebens-Wirklichkeit im Fühlen der Menschen: als leibhaft vollzogene, gerade darin unverfügbare Lebens-Steigerung. Menschen sprechen vom Glück des Glauben-Könnens, von der Freude, gefunden zu haben oder auf das gestoßen zu sein, was Angst in Mut, Niedergeschlagenheit in Lebens-Zuversicht wandelte, dem Schuldgefühl und der Scham Selbstbejahung abringen ließ, dem Gefangensein im hilflosen Neid die Tür zur Selbst-Wertschätzung öffnete. Zwischen abgründiger Angst, Selbstverurteilung, Selbstentwertung, Hass und ekstatischer Berührung der Lebensfülle, zwischen Verlorenheit und Geborgenheit erstreckt sich der „Archipel der Leidenschaften"[150], wird der Glaube im Fühlen lebendig; werden Gefühle im Glauben und Beten lebendig; die Psalmen bezeugen es spannungsreich-vielfältig. Nichts Menschliches ist dem Glauben fremd. Mit allem bekommt er es zu tun, mit all den Energien, die das Lebewesen-Sein des Menschen ausmachen und *menschlich* gelebt werden wollen; mit seinem Ringen um Selbstbehauptung, um ein einigermaßen gesichertes, glückliches Leben in emotional erfüllenden Beziehungen, mit dem Kampf um Anerkennung und stabile Wertschätzung *meines* Daseins. Eine Theologie, der nichts Menschliches fremd bleiben soll, darf sich nicht davor drücken, diese animalischen und menschlich-lebensweltlichen Dynamiken als die Erfahrungs-Wirklichkeit zu würdigen, in der Glaube und Gnade Bedeutung gewinnen, aber auch höchst ambivalent erlebt werden.

So wird sie mit gemischten Gefühlen auf charismatisch forcierte Gefühlsäußerungen der Lebens-Steigerung schauen, wenn sie einem exzessiven Schuldbewusstsein entspringen und unvermittelt durch die „Höllenfahrt der Selbsterkenntnis" zur „Himmelfahrt der Gotteserkenntnis" führen. Sie

[150] Vgl. Charlotte Casiraghi – Robert Maggiori, Archipel der Leidenschaften. Kleine Philosophie der großen Gefühle, dt. München 2019.

wird sich mit der existentiellen Problematik produzierter und ausgebeuteter Gefühle auseinandersetzen. Sie wird sich auch der anthropologischen Einsicht nicht verschließen, dass menschliches Leben in der durchlebten Spannung und Ambivalenz der Gefühle lebendig wird. Das höchste Glück: sich bejahen können, Bejaht-Werden erleben und finden, wozu man mit ganzem Herzen Ja sagen kann. Lebens-Unglück: die Zustimmung zum eigenen Dasein nicht übers Herz bringen und sich verachten, da man sich missachtet oder zu kurz gekommen fühlt; da man verloren oder gar nicht erst wahrgenommen hat, was man „ganzherzig" bejahen dürfte; schließlich die Angst, nicht mithalten zu können und vielleicht völlig bedeutungslos zu sein; zuletzt der ohnmächtige Hass gegen die, von denen man sich verachtet oder um ein menschenwürdiges Leben gebracht sieht. Dazwischen alles, was einen Menschen affektiv gefangen nehmen kann, wovon man sich gern erfüllen lässt, was man hinter sich lassen (können) möchte, was man, solange es geht, verdrängt. Und der weite Bereich der Affekte, mit denen man sich aggressiv und (selbst-)destruktiv dagegen wehrt, sich nicht bejahen zu können oder das Bejahbare verloren zu haben. Es ist ein religiöses Trauma nicht erst unserer Zeit mitzuerleben, wie die Entschiedenheit einer individuell oder kollektiv erzwungenen Selbstbejahung sinnlos-wütende Gewalt in die Welt bringt. Ein Merkmal von *Erlebnisgesellschaften*[151] scheint es zu sein, dass man das mehr oder weniger wahrgenommene Vermissen des zuinnerst Bejahbaren in der Jagd nach dem Kick der Gipfel-Erlebnisse ausagiert.

Die Rede ist von den Wegen und Irrwegen, das Identitäts-Gefühl zu stärken und zu stabilisieren: der Angst standzuhalten, zu nichts mehr gut zu sein; die Hoffnung nicht aufgeben zu müssen, eine Rolle zu finden, in der man die Zustimmung der bedeutsamen Anderen erlangen kann; der Verzweiflung darüber zu entgehen, dass es nichts Zustimmungswürdiges in meinem Leben und in unserer gemeinsamen Welt mehr gibt. Der Markt für Angebote, die Ich-Identität stabilisieren sollen, ist gut beschickt. Die Angebote haben ihren Preis, auch die religiösen. Er kann unverantwortbar hoch sein, Leben zerstören, das eigene wie das Leben anderer. So etwa, wenn für ein vermeintlich starkes Identitätsgefühl Aggressionen mobilisiert werden, die das eigene Erwählt-Sein an den „Verworfenen" exekutieren. Der Preis kann zu hoch sein, wenn man das Gefühl der Ambivalenz und Zwiespältigkeit ausbeutet, es theologisch in die bedingungslose Selbst-Verurteilung hinein radikalisiert, damit Menschen für das Hochgefühl eines unverdienten Bejaht-Werdens disponiert werden.

[151] Vgl. Gerhard Schulze, Die Erlebnisgesellschaft. Kultursoziologie der Gegenwart, Frankfurt a. M. 1992.

Die genannten Beispiele mögen ausreichen, um exemplarisch zu verdeutlichen, wie eine Theologie, der nichts Menschliches fremd ist, herausgefordert ist, den Gefühlsraum des Glaubens in Obhut zu nehmen: Erfahrungen Raum zu geben, in denen Glück und Freude des Glaubens aufblühen; dazwischenzugehen, wenn Gefühle – Ängste, Hoffnungen, Wut und Aggression – missbraucht werden, gerade „bei uns“; anzuleiten zu einer Aufhellung des Fühlens, damit es ein wenig mehr von sich weiß und zu sich stehen kann. Gefühle sind Vor-Eingenommenheiten, *Leiden*-Schaften: Sie greifen nach mir, haben nach mir gegriffen, umhüllen mich mit ihrer „Atmosphäre“, durchdringen mich, sodass ich mich von ihnen kaum distanzieren kann, es womöglich gar nicht will. Sie stecken mich an mit Freude, mit Liebe, können mich glücklich machen oder mit Hass und Verachtung vergiften. Sie können mich manipulieren. Wenn die Gnade in ihnen lebendig ist, befreien sie mich zum Leben; wenn die Gier in ihnen Macht gewonnen hat, machen sie mich blind und gefühllos für das „unendlich Mehr“. Es braucht die Vernunft, um dazwischenzukommen und gut, besser, freier mit meinen Voreingenommenheiten und Passionen leben, sie relativieren zu können, ihnen – wo sie Schaden stiften – nicht das Feld zu überlassen. Es braucht Vernunft, um gut, besser, mit der Gefühlsdimension des Menschseins, des Glaubens umzugehen – wehrhafter zu werden gegen alle, die mir meine Gefühle entfremden und „ihr Ding“ mit ihnen machen. Es gibt sie, in den Religionen und Kirchen, auf den Märkten der Möglichkeiten und Unmöglichkeiten. Freunde der Freiheit sind sie nicht.

Die Vernunft darf die Gefühle nicht beherrschen wollen, sich ihnen aber auch nicht unterwerfen. Zwischen beiden bleibt eine Spannung, die – wo sie gelebt wird – vor der anthropologisch fragwürdigsten der falschen Alternativen schützt. Vernunft kommt im Unterscheidungs- und Entscheidungsvermögen zum Tragen. Ihr Urteil soll *jetzt* die Sache treffen. Praktische Vernunft begründet *Forderungen*, die zu Recht Geltung beanspruchen. Gefühle – insbesondere deren höchste: Liebe, Solidarität, Mitfühlen, Hoffen – sind *Herausforderungen*, denen die Menschen eine Gestalt geben, die sie in eine Erfüllung hinein leben sollen, die alle Grenzen relativiert und die Vorstellungskraft in neue Horizonte „entführt“. Das darf nicht zur Entschuldigung dafür werden, unabdingbar-vernünftige Forderungen der Gerechtigkeit zu unterbieten. Die Liebe entführt in den Vorstellungshorizont der größeren, nicht der kleineren Gerechtigkeit, in die Möglichkeiten der Solidarität; sie grenzt diese nicht ein auf die Unabdingbarkeiten des von der Vernunft Gebotenen. Die Sym-pathie mit den Leidenden mobilisiert Widerstandskräfte gegen das „blinde, ungerechte Schicksal“ und die, die anderen zum bösen Schicksal werden; sie befeuert die verwegene Sehnsucht nach einem mehr als gerechten, fast schon nicht mehr vorstellbaren Versöhnt-Sein.[152]

Schnell wird das Reden von Liebe und Versöhnung theologisch überschwänglich. Dann schwebt es unendlich weit über den Niederungen des Menschlich-Allzumenschlichen; dann wird die Liebe selbst mehr oder weniger einseitig zum Ideal und zur Forderung, verliert sie den Charme des reizvollen Geschenks. Charme und das griechische Wort für Gnade *Charis* haben den gleichen Stamm; davon war oben die Rede. Man sollte den Reiz des Anziehenden, das Erotische, nicht theologisch aus der Liebe herausidealisieren. Da gewähren Menschen einander die Gnade einer Wertschätzung, die unendlich weit über die ökonomischen Bewertungen hinausreichen kann, wie sie das alltägliche Leben im Griff haben. Sie vermitteln einander – ob sie es selbst so sehen und fühlen oder nicht – die Erfahrung, wenigstens die Ahnung einer Freiheit, die in einem Ja gründet, dessen sie selbst nicht mächtig sind. Sie sind ergriffen von und greifen nach einer Fülle des Lebens, die sich ihnen gewährt, wenn sie ihr dienen.

Ihr zu dienen heißt, sich ihr auszuliefern, sich dem auszusetzen, in dem sie mir zur Ahnung und zur Verheißung wird, ihm nicht auszuweichen, sich davon fast (?) unendlich in Anspruch nehmen zu lassen. Was mich da ergreift, greift nach meinem Leben, relativiert meine Selbstbestimmung, meine Freiheit; es (er, sie) braucht mich[153] und erfüllt mich so mit einem Lebens- und Freiheits-Inhalt, den ich mir selbst nicht geben kann. Zwischen dem „ergreifenden" Geschenk der erotischen Anziehung, der Hoffnung auf Erfüllung und dem bittenden Griff nach meinem Leben, das sich jetzt nicht vorenthalten darf, spielt die Lebenswirklichkeit der Freiheit, der Gnade, in der nach christlichem Glauben Gott an meinem Leben teilnimmt. Liebendgern gewährtes Teilnehmen und Anteilgeben, sich nicht Verweigern, *Teilen*, ist elementares Sakrament der Teilnahme Gottes in Jesus Christus durch seinen Geist am Menschlich-Allzumenschlichen. Und es ist die elementare Gottes-Herausforderung, die das Teilen auch dann einfordert, wenn der Reiz wechselseitiger Anziehung sich nicht (mehr) einstellt.

Eine Kirche, die sich dieser Gefühls-Logik und der *in ihr* zu ergreifenden Herausforderung nicht stellt, sie im Untergrund hält, tut der Gefühls-Kultur

---

[152] Die Überschwänglichkeit der Vorstellungskraft muss theologisch rückgebunden werden an die *Memoria passionum*, die Not derer, die sich in ihrer Not Versöhnung und Glück kaum noch vorstellen konnten, sie sich nicht an ihrem Leiden vorbei hätten vorstellen wollen. Vgl. Johann Baptist Metz., Memoria Passionis. Ein provozierendes Gedächtnis in pluralistischer Gesellschaft, Freiburg i. Br. 2006.

[153] Bertolt Brecht spitzt es in einem Liebesgedicht (Sonett Nr. 19) so zu: „Du weißt es: wer gebraucht wird, ist nicht frei." Das Gedicht beginnt mit dem Vers: „Nur eines möcht ich nicht: dass du mich fliehst" (Bertolt Brecht, Gesammelte Gedichte, Frankfurt a. M. 1976, 757 f.).

Abbruch. Sie trägt dazu bei, dass Gefühle missbraucht werden und missbrauchen. Eine Theologie, die der Herausforderung durch das Fühlen und die in ihm entbundene Vorstellungskraft nicht Raum gibt, kann sich weder in die Überfülle der Gnade noch in die Not der in ihrer Sehnsucht Betrogenen hineinfühlen.[154] Sie bleibt am unbedingt Gesollten als dem vernünftigerweise Unabdingbaren hängen und vernachlässigt den Horizont, in dem es zur Verheißung werden kann. Sie mag sich am Unabdingbaren festhalten, um so der Vernunft in Glaube und Theologie zu ihrem Recht zu verhelfen und die Gefühls-Überschwänglichkeit zu zügeln, die gegenwärtig in der Kirche um sich zu greifen scheint und als Alternative zur Austrocknung eines akademisierten Glaubens ins Spiel gebracht wird. Aber auch hier hüte man sich vor den falschen Alternativen!

4.9 Glaube, Gefühl, Vernunft

Das Interesse der Theologie an der Vernunft ist leicht nachvollziehbar – und doch zwischen den Konfessionen wie den theologischen Schulen umstritten. Es kann sich darauf richten, den christlichen Glauben mit Vernunft-Gründen plausibel zu machen. Aber sind Glaube und Unglaube denn zwei Optionen, zwischen denen man in freier Selbstbestimmung wählen kann? Dagegen wendet Ingolf U. Dalferth ein, es gehöre nicht zu den Möglichkeiten des Menschen, sich zum Glaubenden zu machen. Man würde der Vernunft sonst zugestehen, dass sie durch ihr Urteil zum Glauben führt. Seinen Glauben verdankt man aber – so Dalferth – „nicht sich selbst, sondern allein Gott“[155]. Er ist Gnaden-Wirklichkeit, unverfügbar wie die Liebe. Man ist gleichwohl herausgefordert, sich über die Vernunft des Glaubens – über seine Gründe – Rechenschaft zu geben, ihn in diesem Sinne zu verteidigen: nicht vor der Vernunft, sondern mit der Vernunft. Der Glaube nimmt die Vernunft für sich in Anspruch, um sich einsichtig zu werden. Die Vernunft, so wie sie sich selbst versteht? Oder so, wie sie zum Glauben passt?

Spätestens hier wird klar, dass man weder theologisch noch philosophisch abstrakt von *der* Vernunft sprechen sollte, als ob selbstverständlich wäre, was den Grundbestand des Vernünftigen ausmacht, an dem jeder

[154] Der Gedanke orientiert sich hier an Paul Ricœurs Ausführungen zur Logik der Überfülle, die er an das paulinische „umso mehr“ (Röm 5,15) anschließt; vgl. ders., Die Freiheit im Licht der Hoffnung, in: ders., Hermeneutik und Strukturalismus, 199–226, hierzu 209–225; vgl. zur Einordnung: Paul Schroffner SJ, Erinnerung – Herausforderung und Quelle christlicher Hoffnung, 399–402.

[155] Ingolf U. Dalferth, Transzendenz und säkulare Welt. Lebensorientierung an letzter Gegenwart, Tübingen 2015, 153.

Versuch, mit guten Argumenten zu überzeugen, Maß nehmen müsste. Das Vernünftige ist seinem Wesen nach umstritten. In diesem Streit geht es nicht um einen überzeitlichen Kanon des Vernünftigen, sondern um Argumente und Kriterien dafür, das jeweils Vernünftigere vom weniger oder gar nicht Vernünftigen abzuheben. So ist es nicht ausgeschlossen, dass die Theologie sich in den Streit um die „vernünftigere Vernunft" einmischt.[156] Sie kann und soll Erfahrungen einbringen und auf dem jeweiligen Stand des Wissens reformulieren, die sie etwa in der Durcharbeitung elementarer Aporien und Spannungen wie der zwischen Natur und Gnade, Pflicht und Liebe gemacht hat. Sie hätte sich dabei freilich den Erfahrungen und Argumenten auszusetzen, die eine theologische Sicht in Frage stellen.

Was die Theologie zur Sprache bringt, bringt sie nicht von außen in die philosophischen Diskurse zum jeweils Vernünftigeren ein. Sie unterwirft sich auch nicht einer vorgegebenen Vernünftigkeit und ihren autonomen Beurteilungskriterien. Es ist vielmehr so, dass sich etwa im Streit darüber, was die Theologie als Gnade auslegt und der Philosophie als starke Motivation zugänglich ist, herausstellen muss, wo und wie *vernünftiger* über solche Erfahrungen und deren Auslegung, auch über das Fühlen gesprochen wird, das damit verbunden ist. Theologie kommt nicht von außen; aber sie geht dazwischen, wo zu viele, womöglich falsche Selbstverständlichkeiten im Spiel sind. Es ist klar, dass die Philosophie nicht alles nachvollziehen wird, was die Theologie da einbringt. Das heißt aber nicht, dass sie diese als unvernünftig ablehnen muss. Sie können beitragen, Dimensionen von Erfahrungen zu artikulieren, die die Philosophie ohne Bezugnahme auf theologische Überlieferung *rebus sic stantibus* nicht ausreichend zu würdigen vermag.[157] Im Blick auf die Gnadenlehre wäre zu erwägen, was die Philosophie mit der Erfahrung der Unverfügbarkeit der Gnade im Blick auf die mit einer Selbstursprünglichkeit der Freiheit nicht ohne weiteres harmonisierbare Eigendynamik starker, Gefühls-intensiver Motivationen anfangen kann. Umgekehrt liegt es auf der Hand, dass die Theologie sich in Diskursen darüber engagieren muss, was Erfahrungs-Gegebenheiten bedeuten, wie sie bei Experimenten ins Blickfeld treten. Sprechen sie wirklich dafür, dass Willensfreiheit eine Illusion ist, weil die Richtung vermeintlich freier Entscheidung durch gehirnphysiologisch nachverfolgbare Prozesse festgelegt sei? Theologie wird mitfragen, welche Selbstverständlichkeiten in

[156] Diesen Einmischungsversuch, den Dalferth der katholischen Fundamentaltheologie zuschreibt, hält er für „abwegig" (ebd., 156). Ich halte ihn für geboten.

[157] Mit dieser Möglichkeit rechnet Jürgen Habermas, Glauben und Wissens. Friedenspreis des Deutschen Buchhandels 2001, Frankfurt a. M. 2001, 20–31.

solchen Auslegungen eine Rolle spielen und wie „vernünftig" es ist, sie in Anspruch zu nehmen.

Man kann das Tätigwerden der Vernunft so beschreiben: Sie arbeitet sich kritisch ab an den mehr oder weniger bewusst in unser Selbst-, Welt und Gottes-Verständnis investierten *Selbstverständlichkeiten* und prüft, ob und inwiefern sie weiterhin Kredit verdienen. Vernunft kommt den „ungeduldigen" Selbstverständlichkeiten und den Alternativen *dazwischen*, in denen sie sich auslegen. Das Selbstverständliche, an dem man oft vorreflexiv-fühlend teilnimmt, als solches bewusst zu machen, es in seinem „automatischen Funktionieren" zu hemmen, im Blick auf umfassendere Zusammenhänge zu relativieren, es weiter, tiefer zu denken, darin bewährt und entdeckt sich menschliche Vernunft als elementares Unterscheidungs- und Prüf-Vermögen. So auch darin, bisher Nicht-Selbstverständliches ins Gespräch zu bringen, wenn gute Gründe dafür sprechen.

Sollte Theologie nicht hier gefordert sein? Bei den Apologeten der „reinen Vernunft" gehört es zu den Basis-Selbstverständlichkeiten, dass Glaubensüberzeugungen Vernunft-inkompatibel sind. Theologie wird nachfragen, wie valide die hier geltend gemachten Selbstverständlichkeiten sind und sie argumentativ auf den Prüfstand stellen. Man kann vor diesem Hintergrund dazu kommen, theologisch reflektierte Intuitionen biblischer Glaubenszeugnisse als das *im höheren Sinne Selbstverständliche* – das aus sich selbst im höchsten Maß Selbstverständliche – den unterstellten Vernunft-Selbstverständlichkeiten entgegenzusetzen. Die Glaubenszeugnisse bezeugen – so Eberhard Jüngel – „Ereignisse, die bisher Ungewohntes in den Rang einer neuen Selbstverständlichkeit erheben und dadurch das, was bisher selbstverständlich war, radikal in Frage stellen." Das gilt „in einem einmaligen Sinn [...] vom Ereignis des Todes Jesus." Der Kreuz Jesu wie seine Auferweckung haben – so Jüngel – „alles, was im Blick auf Gott, Mensch und Welt selbstverständlich war, in eine Krise gebracht: in die Krisis der Wahrheit". So ist „eine Hermeneutik des Selbstverständlichen zum theologischen Desiderat geworden." Die herkömmliche Inanspruchnahme der Vernunft in der Theologie muss sich von Jüngel vorhalten lassen, dass sie die „Geschichtlichkeit, Destruierbarkeit, aber auch Steigerungsfähigkeit des Selbstverständlichen nicht erkannt, geschweige denn thematisch gemacht" und sich vom welthaft Selbstverständlichen vereinnahmen ließ, deshalb nicht angemessen von der größeren Selbstverständlichkeit Gottes und seines Handelns sprechen konnte.[158]

[158] Eberhard Jüngel, Entsprechungen: Gott – Wahrheit – Mensch. Theologische Erörterungen, München 1980, 8 f.

Was heißt das für die Spannung von Vernunft und biblischem Gottesglauben? Folgt man Jüngel, so kann die vernünftige Selbst- bzw. Aus-sich-selbst-Verständlichkeit des biblischen Gottesglaubens nicht durch den Import außerbiblischer, etwa philosophischer Selbstverständlichkeiten hergeleitet, sondern nur aus sich selbst aufgewiesen werden. Sie müsste mit der vernünftigen-kritischen Infragestellung von Wissens-Selbstverständlichkeiten durch das im Glauben selbstverständlich*er* Gewordene zum Tragen kommen.[159] Dann wird man freilich zu bedenken haben, dass das Evangelium von der Auferweckung und Vollendung des Gekreuzigten der an Endlichkeit und Sterblichkeit orientierten menschlichen Vernunft kaum als das Selbstverständlichere einleuchten, sondern als das schlechthin Unmögliche erscheinen wird. Immerhin dies wird zur Auslegung des Evangeliums hinzugehören: dass man genauer bestimmt, von welchen Selbstverständlichkeiten und Voraussetzungen her die Rettung der Toten unmöglich erscheint. Dann eben auch dies: dass man die endgültige Geltung dieser Selbstverständlichkeiten in Frage stellt. Mit guten Gründen: Es spricht nicht wenig dafür, die Ausrichtung des Lebens auf die Rettung der Gestorbenen als zutiefst Lebens-dienliche Überzeugung zu hegen und sich kritisch gegen Überzeugungen zu wenden, die das Menschenleben an die Gleichgültigkeit eines ziellosen Naturprozesses verloren geben. So kann es sich als verantwortbar, ja als vernünftig erweisen, nach dieser Überzeugung zu leben.

Das bedeutet nicht, den Glauben in menschlichen Überzeugungsprozessen *begründen* zu wollen, so als sei er die im Prinzip unabdingbare Konsequenz einer recht gebrauchten Vernunft. Aber mit dem Glauben darf die Zuversicht verbunden sein, sich argumentativ verantworten, sich deshalb mit der „Vernunft des Unglaubens" um den rechten Gebrauch der Vernunft streiten und ihren religionskritischen Selbstverständlichkeiten vernünftig dazwischenkommen zu können. Im Streit um eine „vernünftige" Lebens-Orientierung wäre von allen Streitparteien vorauszusetzen, dass Argumente für alle *prinzipiell nachvollziehbar* erweisen sollen, welche der hier auf den Prüfstand gestellten Überzeugungen „vernünftiger" ist als andere, vielleicht sogar als alle anderen. So widmet sich etwa die katholische Fundamentaltheologie der Aufgabe, über die vom Glauben in der Gnade erfühlte und bejahte höchste Güte des Geschenks, die den Menschen mit der Selbstmitteilung Gottes als Liebe gemacht wird, so vernünftig Rechenschaft

[159] Insofern geht es in der Theologie – so Eberhard Jüngel – „um die Beziehung von Besonderem und Selbstverständlichem, von Evangelium und Welterfahrung", um eine „Erfahrung mit der Erfahrung", welche die *Selbst*-Verständlichkeit der Welt- und Selbsterfahrung fraglich macht und durch die Wahrnehmung des biblisch bezeugten Besonderen provoziert; vgl. ders., Drei Vorbemerkungen, in: ders., Unterwegs zur Sache, 7–10, hier 8.

abzulegen, dass diese Güte auch Menschen überzeugen kann, die schwer wiegende Gegenargumente anführen. Ob ihnen diese Güte als das, worüber ihnen Größeres nicht gegeben werden kann, schließlich einleuchtet und fühlbar wird, steht auf einem anderen Blatt. Das bleibt bei allem Mühen um die besseren Argumente unableitbar *Gnaden*-Gabe, Gottes-Gabe, an der die Menschen teilnehmen, die sie so zu einer *menschlichen* Wirklichkeit werden lassen dürfen.

5. Widernatürlich? Ur-menschlich? Wenn kirchliche Normen scheitern

5.1 Kontinuität oder Zeitgeist?

Es kommt darauf an, Alternativen zu markieren, wenn man wahrgenommen werden will: Wir sind anders als „die anderen", die Mainstream-Mitläufer! Je weniger selbstverständlich es ist, dass man „zu uns gehört", desto nötiger scheint es zu sein, sich diese Alternative bewusst zu machen. Alternativen-Anschärfungen kennzeichnen Minderheiten-Positionen; in den Kirchen sind sie nicht erst heute üblich geworden. Und nicht erst heute werden sie auf dem Feld der Ethik gesucht, weil man sich in den ureigenen „religiösen" Anliegen kaum noch verständlich machen kann. Die Alternative, für die Kirche steht, wird drinnen und draußen vor allem an Streitfragen festgemacht, die mit der menschlichen Sexualität zu tun haben. Hier ist der Gesprächsfaden mit bewusst im Heute Lebenden aber kaum wieder anzuknüpfen; die Alternative, die die katholische Amts-Kirche noch zu markieren versucht, sagt ihnen nichts mehr. Und auch der Gesprächsfaden innerhalb der Kirche zwischen den „Traditionalisten" und den „Reformern" ist offenbar definitiv gerissen. Den „Zeichen der Zeit" auf die Spur zu kommen und ihnen im kirchlichen Glauben Raum zu geben[160], das würde für die Reformer heißen, sich neuen anthropologischen Einsichten und Lebensformen nicht länger zu verschließen. Für die Traditionalisten bedeutet es, die Zeichen der Zeit als Warnzeichen ernst zu nehmen, an denen sich der moralisch-menschliche Bankrott postmoderner Lebens-Einstellungen ankündigt.

Festhalten, nicht zusammenhalten sagen die einen: Am Festhalten der überlieferten Normen entscheidet sich, ob die Kirche der religiösen Wahrheit der Bibel wie der gesunden Tradition treu bleibe oder sie an einen haltlosen Zeitgeist verrät. *Aufgeben*, sagen die anderen: Das Aufgeben dieser Lehren ist die einzige Chance, Menschen in ihrem Selbstverständnis und ihren Wertungen noch zu erreichen. Oder aber: Gebt es auf! Die Autorität der Kirche ist definitiv ruiniert; sie versteht nicht, nimmt nicht an dem teil, was Menschen heute fühlen, was ihnen wichtig ist, wo sie sich deshalb von der Kirche nicht mehr dreinreden lassen.

Weithin herrscht der Eindruck vor, das Unglaubwürdig-Werden kirchlicher Glaubensüberzeugungen hänge im Wesentlichen an der Verweige-

---

[160] Von den Zeichen der Zeit spricht das Zweite Vatikanum: *Gaudium et spes* 4 und 11, *Unitatis redintegratio* 4.

rung des „modernen" Menschen gegenüber Normierungen, mit denen die katholische Kirche bestimmte sexuelle oder mit der Sexualität zusammenhängende Verhaltensweise als Sünde stigmatisiert und von der heterosexuellen „Norm" abweichende Prägungen als widernatürlich qualifiziert, darüber hinaus an der zwiespältigen Einstellung gegenüber der menschlichen Sexualität überhaupt, wie sie im Festhalten am Zölibat der kirchlichen Amtsträger zum Ausdruck komme. Dieser Eindruck ist kaum zutreffend. Die Krise des kirchlichen Glaubens ist lange unterwegs und zieht längst zentrale Glaubensüberzeugungen in Mitleidenschaft. Aber man kann kaum übersehen, dass die besonders umstrittenen ethisch-anthropologischen Themen vielfach der Auslöser sind, kirchliche Geltungsansprüche generell in Zweifel zu ziehen – und dass man, in der Reaktion darauf, die Lebens-Bedeutung des christlichen Glaubens innerkirchlich vielfach an der Zustimmung zur kirchlichen Lehre *in sexto* festmacht, mit der man sich vom „heute herrschenden" Relativierungs-Trend abgrenzen und in der sicher verbürgten Wahrheit bleiben will.

Entweder Kirche oder Im-Heute-Leben: Von beiden Seiten her kommen Menschen unter Entscheidungs-Zwang. Zusammenhalten-Wollen erscheint als vergebene Liebesmüh'. Man bestätigt sich wechselseitig in dieser Skepsis – beim Rückzug in die eigene Echokammer. „Auf der Rechten" proklamiert man eine „Option der elitären Minorisierung"[161], bei der man es nicht mehr darauf anlegt, sich Zeitgeist-Infizierten verständlich zu machen, sondern das Ingroup-Bewusstsein der authentisch Glaubenden pflegt, damit nicht auch sie noch dem moralisch-anthropologischen Relativismus zum Opfer fallen. „Auf der Linken" wundert man sich, wie man der Kirche mit ihren emanzipationsfeindlichen Traditionen noch Beachtung schenken kann. Unterstellt wird jeweils die *Unveränderlichkeit* der kirchlichen Lehre. Auf der Rechten gilt sie als Ausweis ihrer Wahrheit, auf der Linken als Beweis der Unbelehrbarkeit. Wer dem Zusammenhalten eine Chance geben will, müsste darauf setzen, dass die kirchliche Lehre – auch in den empfindlichen Bereichen der theologischen Anthropologie und der Sexualethik – nicht unveränderlich in Stein gemeißelt ist, dass sie vielmehr aufgrund neuer Einsichten und Erfahrungen in theologischer Verantwortlichkeit revidiert werden kann.

Wie wenig die kirchliche Glaubens- und Sittenlehre auch da, wo sie eine hohe Verbindlichkeit für sich in Anspruch nimmt, unveränderlich ist, wird häufig am Beispiel der Religions-Freiheit demonstriert. Hier ist in der Kirche

[161] Vgl. Michael N. Ebertz, Päpstlicher Kirchenkurs. Die Option der elitären Minorisierung, in: J. Erbacher (Hg.), Entweltlichung der Kirche? Die Freiburger Rede des Papstes, Freiburg i. Br. 2012, 125–139.

und von den Päpsten über Jahrhunderte hinweg gelehrt worden, dass dem von der Erbsünde in seinem Unterscheidungsvermögen korrumpierten Menschen die Freiheit in seinen religiösen Anschauungen so wenig zugesprochen werden darf wie das Recht, sich in religiösen Fragen selbstständig zu äußern. Er brauche hier – so Papst Pius VI gegen die französische Revolution[162] – der Führung durch kirchliche und weltliche Autoritäten, die dazu von Gott bevollmächtigt sind. Papst Gregor XVI. sprach in der Enzyklika *Mirari vos* vom 15. August 1832 von den Menschenrechten als einem „Wahnsinn" und dem „pestartigen Irrtum" der Gewissensfreiheit, schließlich von der „allerhöchste[n] Unverschämtheit", Meinungsfreiheit im Bereich des Religiösen zu lehren.[163] Das 2. Vatikanum machte demgegenüber deutlich, dass „die menschliche Person das Recht auf religiöse Freiheit hat".[164] Weitere prominente Beispiele lehramtlich schwerwiegender, später stillschweigend korrigierter Missgriffe sind die Äußerungen der Päpstlichen Bibelkommission zur biblischen Hermeneutik im ersten Jahrzehnt des 20. Jahrhunderts. Am dramatischsten mag es einem vorkommen, wenn in der Bulle *Exsurge Domine* vom 15. Juni 1520 Martin Luthers These als Irrtum verurteilt wird, es sei gegen den Willen des Geistes, Häretiker zu verbrennen.[165]

Man kann versuchen, solche lehramtlichen Fehlgriffe dadurch zu marginalisieren, dass man ihnen die höchste Verbindlichkeit des Dogmas abspricht. Die Enzyklika *Humani generis* vom 12. August 1950 hat dieser Defensiv-Strategie einen Riegel vorgeschoben, da sie sich ausdrücklich gegen die Vorstellung wendet, nicht unfehlbare Lehräußerungen der Päpste erforderten von den Theologen keine Zustimmung. Die Enzyklika schärft ein, päpstliche Entscheidungen in Streitfragen der Lehre dürften „nicht mehr als Gegenstand der freien Erörterung unter den Theologen angesehen werden".[166] Theolog(inn)en haben sich nach ihnen zu richten und dürfen nicht versuchen, hier Veränderungen herbeizudiskutieren.

An den genannten Beispielen, die für viele andere stehen, wird deutlich, dass die Vorstellung einer substantiellen Unveränderlichkeit der kirchlichen Lehre eine Chimäre ist. Sie ist es auch deshalb, weil die Überzeugung, die Wahrheit einer Lehre erfordere ihre Unveränderlichkeit, der Geschichtlichkeit menschlichen Erfahrens, Glaubens und Sprechens jede Bedeutung

---

[162] Vgl. Michael Seewald, Reform. Dieselbe Kirche anders denken, Freiburg i. Br. 2019, 101 f. Vgl. weiterhin Seewalds Buch: Dogma im Wandel. Wie Glaubenslehren sich entwickeln, Freiburg i. Br. 2018.

[163] DH 2731.

[164] Erklärung über die Religionsfreiheit *Dignitatis humanae* 2.

[165] DH 1483.

[166] DH 3885.

abspricht. Müsste man nicht umgekehrt sagen, eine Glaubensüberzeugung beweise ihre religiöse Wahrheit dadurch, dass sie imstande ist, neue Erfahrungen und Wissensbestände zu integrieren und so eine neue Lebens-Bedeutung zu gewinnen? Dadurch, dass ihr nicht fremd bleibt, was sich geschichtlich als Kernbestand des Menschlichen herausstellt?

Es waren die neuen Einsichten der Evolutionslehre und der Genetik, die die kirchliche Lehre im 20. Jahrhundert unter Reformulierungs-Druck setzten und noch immer bedeutsame Veränderungen im Lehrbestand nötig machen. Wenn etwa die großkirchlich rezipierte Synode von Karthago im Jahre 418 die These ablehnte, die Menschen hätten naturnotwendig sterben müssen, und verbindlich lehrt, sie seien erst durch den Ungehorsam Adams und Evas sterblich geworden[167], so wird man kaum übersehen können, dass diese Behauptung so, wie sie damals gemeint war, heute indiskutabel ist. Sie würde im Verständnis von Zeitgenossen bedeuten, dass der Schöpfer nach der Sünde im Anfang den Schöpfungsplan hätte „umprogrammieren" müssen. Worin liegt dann aber die unverlierbare Wahrheit dieser zeitbedingt formulierten Glaubens-Überzeugung? Etwa in dem Glauben daran, dass der Schöpfer den Menschen nicht willkürlich Leiden zumuten wollte? Und wie wäre diese Überzeugung heute – in den verschärften Herausforderungen der Theodizee-Diskussionen – zur Sprache zu bringen?

Wer sich auf diese Herausforderungen der Geschichtlichkeit kirchlicher Lehre nicht einlässt, müsste nicht weniger als dies behaupten: Es gibt eine Wahrheitsteilhabe des kirchlichen Lehramts in den wesentlichen Fragen des Glaubens und der ethischen Lebensgestaltung, die von den Veränderungen des menschlichen Selbst-, Welt- und Gottesverständnisses und damit verbundener elementarer Erfahrungen unberührt bleibt, weil sie sich auf die Mitteilung von Heilstatsachen und göttlichen Festlegungen gründet, die sich ihrem Charakter als göttliche Gegebenheiten entsprechend gar nicht verändern können. Dies wären die Fakten, die man zu respektieren und nicht zu interpretieren hat. Diese mit der Schöpfung gegebenen, in Gottes Heilswerk gesetzten und von ihm als sittlich verbindlich mitgeteilten Fakten würde es nicht im Geringsten tangieren, welche geschichtlich sich verändernden Erfahrungen die Menschen mit sich selbst und mit der Welt machen, welche Sprache sie dafür fänden und was ihnen deshalb als plausibel einleuchte oder nicht mehr nachvollziehbar sei. Ihre objektive Gegebenheit sei die Vorgabe, der die subjektive Aneignung im Glauben sich auch da zu fügen hätte, wo sie sich nicht mehr mit heutiger Welt- und Selbsterfahrung in Übereinstimmung bringen lässt.

---

[167] DH 222.

Dieser Fall kann, so behauptet man auf der theologischen „Rechten", gar nicht eintreten. Hier bemüht man sich, argumentative Strategien zu entwickeln, die solche Widersprüche um jeden Preis aus dem Weg räumen und den Fehler bei den gängigen wissenschaftlichen Überzeugungen finden. Die Frage wird sein, wie viel an Glaubwürdigkeits-Verlust man dafür riskiert, etwa bei den schon genannten anthropologisch-sexualethischen Themen.

5.2 Was nicht (mehr) geht

Wer zu wenig Selbstkritik aufbringt, ist in modernen Wissensgesellschaften aus dem Spiel. Und an dieser selbstkritischen Einsicht führt kein Weg vorbei: Die traditionelle kirchliche Sicht der sexuell bestimmten Natur des Menschen war sprachlos für die Erfahrung sexueller Lust. „Wollust" war nach Augustinus von Gott nicht vorgesehen, musste nach der Erbsünde den in Sünde geratenen Menschen als Motivation dafür zugestanden werden, dass sie sich zur Fortpflanzung bereitfinden.[168] Deshalb durfte sie nicht abgelöst vom Zeugungsvorgang genossen werden. Lust ist Mittel zum Zweck, an sich nicht Menschen-würdig, unumgänglich, wenn es zur Fortpflanzung der Menschen kommen soll. Man spricht nicht über sie, „gesteht" allenfalls, wenn sie übermächtig wurde und man sich ihr verbotenerweise hingab[169], und findet überhaupt erst im 20. Jahrhundert dazu, den personalen Beziehungs-Sinn des Lusterlebens – im Rahmen einer kirchlich anerkannten und geschlossenen Ehe – vorsichtig zu würdigen.[170] Die Sprachlosigkeit für sexuelles Lusterleben bringt es in eine Grauzone des bloß Zugestandenen, nicht in sich zu Würdigenden. In dieser Grauzone ist alles nicht recht respektabel. Da mag es Menschen, denen der sexuelle Genuss per Kirchen-

---

[168] Nach Augustinus hätte die Zeugung im Stand der paradiesischen Unschuld ohne jede Wollust-Empfindung durch willentliche Bewegung der Geschlechtsorgane stattgefunden. Der Ungehorsam der Sünde bildete sich dann auch in den selbstständigen Regungen des Fleisches ab, die nun nicht mehr vom Geist hervorgerufen oder regiert wurden; vgl. Aurelius Augustinus, Vom Gottesstaat – De civitate Dei XIII, 13 und XIV, 23–24.

[169] Vgl. Michel Foucault, Sexualität und Wahrheit. Vierter Band: Geständnisse des Fleisches, dt. Berlin 2019.

[170] Die traditionelle Ehezweck-Lehre ist ebenfalls bei Augustinus angebahnt; vgl. De Genesi ad Litteram 9, 7, 12: „Das Gut der Ehe ist dreifach: Treue, Nachkommenschaft und Sakrament. Die Treue will besagen, dass nicht außer der Ehe mit einem anderen oder einer anderen Verkehr gepflegt werde. Die Nachkommenschaft, dass das Kind mit Liebe aufgenommen, mit herzlicher Güte gepflegt und gottesfürchtig erzogen werde. Das Sakrament endlich, dass die Ehe nicht geschieden werde […] Das hat als Grundsatz der Ehe zu gelten, wodurch die naturgewollte Fruchtbarkeit geadelt und zugleich das unbeherrschte Begehren in den rechten Schranken gehalten werde." Von der Lust ist nur als vom unbeherrschten Begehren die Rede, das in der Ehe geordnet werden soll.

gesetz verboten ist und die den Verzicht darauf nicht menschlich integriert haben, zur Versuchung werden können, im Bereich des sowieso Verbotenen vom Einen zum Anderen überzugehen: von der ihnen untersagten geschlechtlichen Begegnung auf Augenhöhe zur sexuellen Ausbeutung von Kindern und Wehrlosen.

Die eher negative Beurteilung der sexuellen und erotischen Lust bei Augustinus hat die kirchliche Überlieferung nicht allein geprägt,[171] war nicht allein dafür verantwortlich, dass die Lust als „Wollust" kirchlich unter Verdacht und Kuratel gestellt wurde. Aber sie hat – das zeigt der interkulturelle Vergleich – wesentlich zur Grauzonen-Wahrnehmung des sexuellen Erlebens und zu kirchlichen Mentalitäten beigetragen, in denen sich der Verzicht auf sexuelle Erfüllung als der gegenüber einem welthaften Jagen nach Genuss wertvollere Weg „spirituell" privilegierte.[172] Die Erfahrungen in der gegenwärtigen Missbrauchskrise der katholischen Kirche machen überdeutlich: Der sexuellen Lust muss theologisch-anthropologisch wie in kirchlicher Alltags-Kommunikation ihre Würde und Sprache zurückgegeben werden, damit unübersehbar wird, was *unter ihrer Würde* ist. So ist es unerlässlich, dass die katholische Kirche sich der Schuld-Geschichte ihrer weithin verfehlten Theologie- und Verkündigungs-Praxis stellt und zu ermessen versucht, was sie an Verheerungen im sexuellen Erleben wie in der Frömmigkeit vieler Menschen angerichtet hat. Wenn Karl-Heinz Menke fragt, ob die Verheerungen, die mit der gegenwärtigen Abwendung von kirchlicher Ehe-Lehre und Sexualmoral verbunden sind, nicht weit dramatischer seien[173], trägt das nicht dazu bei, einer gemeinsamen Gewissenserforschung und kirchlichen Umkehr den Weg zu bereiten. Es verrät eher die Neigung, eigene Schuld durch Beschuldigung anderer zu bagatellisieren, wie sie sich auch an dem Versuch Benedikts XVI./Joseph Ratzingers

[171] Vor allem im Osten hat sich – etwa bei Clemens von Alexandrien – eher eine Sicht der Sexualität durchgesetzt, die den Aspekt der „vernünftigen Mäßigung" in den Vordergrund rückt.

[172] Der Autor dieses Buches hat als Homiletik-Dozent in den Siebziger-Jahren mit seiner Frau einer Diakonatsweihe beigewohnt, in der Kardinal Ratzinger als Erzbischof von München und Freising das von den Weihekandidaten abzulegende Ehelosigkeits-Versprechen als Zeugnis gegen die Genussmentalität unserer Zeit auslegte. Wir jungen Eheleute haben diese Predigt als „Zeugnis" dafür gehört, dass der Prediger keine Ahnung vom Leben junger Menschen in Ehe und Familie hat und haben will. Dass es eine Theologie braucht, der nichts Menschliches fremd ist, war mir seither eine im kirchlichen Alltag festzuhaltende Herausforderung.

[173] Vgl. Karl-Heinz Menke, Macht die Wahrheit frei oder die Freiheit wahr?, 52: „[…] wer auf die Kollateralschäden der kirchlichen Sexualmoral verweist, sollte sich auch die Gegenfrage gefallen lassen: Wie viel Leid würde jungen Menschen, Ehen und Familien erspart, wenn sie sich an die Sexualmoral der Kirche binden könnten?"

verrät, die Verantwortung für den Missbrauchsskandal in der katholischen Kirche der sexuellen Revolution der Endsechziger-Jahre zuzuschieben.[174]

An der Umkehrbereitschaft der katholischen Kirche hängt es tatsächlich, ob man sie jemals wieder als Helferin zur Gewissensbildung anhören wird.[175] Sie hätte nach wie vor Wichtiges zu sagen, auch aus der Erfahrung eigener Verfehlungen. Zu sprechen wäre von der Zwiespältigkeit und Verführbarkeit sexuellen Begehrens, von den Mechanismen, mit denen dieses Begehren gesellschaftlich ausgebeutet wird; von einem Sucht-Verhalten, das sich sexuelles Erleben um jeden Preis und so auch um den der Ausbeutung der jeweiligen Opfer zu verschaffen sucht. So hätte man einer Kultur der Sexualität zu dienen, die darauf abzielt, die Freude an der Sexualität mit der Freude an der Entfaltung einer reifen Mitmenschlichkeit zusammenzuhalten und in ihrer Würde wie in ihrer Faszination zu schützen. Statt sich diesem Dienst zu widmen, haben es sich Lehre und Verkündigung in der katholischen Kirche über Jahrhunderte hinweg zur Aufgabe gemacht, die Auslegungshoheit über die mit dem sexuellen Begehren verbundenen Erfahrungen und Gefühle auf Biegen und Brechen zu verteidigen und Auslegungen, die sich über die augustinische Verdächtigung der sexuellen Lust hinauswagten, das Wort zu verbieten. Die hier angemaßte Deutungs-Hoheit hat sie radikal diskreditiert.[176] Wer sexuelle Lust nicht wertschätzt, kann auch nicht zu ihrer Kultivierung beitragen.

Das gilt spezifischer und theologisch voraussetzungsreicher im Blick auf die Herabwürdigung homosexueller Veranlagungen, Gefühle und Handlungen. Hier wurde und wird vom Lehramt nicht nur die Deutungshoheit

---

[174] Dokumentiert ist dieser Text in CNA Deutsch vom 11. April 2019.

[175] Der Umkehrbereitschaft des Lehramts stellte es ein verheerendes Zeugnis aus, als Papst Paul VI. gegen das weit überwiegende Urteil der vorbereitenden Expertenkommission in *Humanae vitae* an der herkömmlichen Lehre zum Verbot „künstlicher" Empfängnisverhütung festhielt und dem Votum einer Kommissions-Minderheit folgte, das so argumentierte: „Wenn jetzt zugegeben würde, dass die überkommene Lehre nicht länger von Gültigkeit wäre, eine Lehre, die bis in die allerjüngsten Jahre mit immer eindringlicherem Ernst verkündet und versichert wurde, dann muss stark befürchtet werden, dass ihre Autorität [die Autorität der Kirche bzw. genauer des hierarchischen Lehramts] in beinahe allen sittlichen und dogmatischen Fragen geschädigt wird". Und dies vor allem deshalb, weil man zugeben müsste, dass eine Lehrentscheidung der anglikanische Kirche von der Enzyklika *Casti connubii* vom 31. Dezember 1930 zu Unrecht verurteilt worden sei und das Lehramt den Gläubigen ungerechtfertigt schwere Lasten auferlegt habe (der Text ist veröffentlicht in Herder Korrespondenz 21 [1967], 429–438, hier 438; vgl. Franz-Xaver Bischof, Fünfzig Jahre nach dem Sturm – Ein historischer Rückblick auf die Enzyklika *Humanae vitae*, in: Münchener Theologische Zeitschrift 68 [2017], 336–354).

[176] Auch andere (westliche) Kirchen haben die Lust lange verteufelt. Der Pietismus bietet dafür sprachlich ausdrucksvolle Beispiele, so etwa, wenn in Bachs wunderbarer Kantate Nr. 22 *Jesus nahm zu sich die Zwölfe* darum gebeten wird: „Ach! kreuzige bei mir in der verderbten Brust zuvörderst diese Welt und die verbotne Lust".

über menschliche Erfahrungen beansprucht, sondern eine Geschlechter-Metaphysik Glaubens-verbindlich gemacht, die homosexuelle Veranlagungen als der von Gott der Schöpfung eingeschriebenen guten Ordnung widersprechend – in diesem Sinne als widernatürlich – qualifiziert, homosexuelle Handlungen deshalb als Sünde definiert.[177] Diese Handlungen verstoßen – so der Katechismus der Katholischen Kirche von 1993 – „gegen das natürliche Gesetz, denn die Weitergabe des Lebens bleibt beim Geschlechtsakt ausgeschlossen. Sie entspringen" – so die traditionelle lehramtliche Sicht, die hier noch zum Ausdruck kommt – „nicht einer wahren affektiven und geschlechtlichen Ergänzungsbedürftigkeit", sind deshalb „in keinem Fall zu billigen".[178]

Der sexuelle Vollzug ist, so der Katechismus in der Spur des Augustinus, nur durch die Hinordnung auf die Weitergabe des Lebens gerechtfertigt und nur Menschen erlaubt, die als Mann und Frau metaphysisch zum einander ergänzenden Einswerden bestimmt und zur Weitergabe des Lebens befähigt sind. Die vom Schöpfer gewollte Ordnung der Natur schließt freilich eine homosexuelle Veranlagung nicht aus. Homosexuellen ist diese Veranlagung als Prüfung auferlegt, die sie bestehen können, wenn sie „die Schwierigkeiten, die ihnen aus ihrer Veranlagung erwachsen können, mit dem Kreuzesopfer des Herrn [...] vereinen." Sie sind „zur Keuschheit gerufen" und verpflichtet, auf den Vollzug ihrer homosexuellen Veranlagung zu verzichten.[179]

Warum sieht sich das Lehramt zu dieser Maßgabe gezwungen? Sie folge – so die zugrunde liegende Überzeugung – aus der Widernatürlichkeit der homosexuellen Veranlagung, die die sexuelle Betätigung weder zum Dienst der Fortpflanzung noch dazu befähigt, dem gegengeschlechtlichen Partner die „affektive Ergänzung" zu gewähren und sie bei ihm zu finden. Andere Formen der affektiven Ergänzung im Vollzug geschlechtlicher Liebe kennt der Katechismus nicht, hält er gar nicht für möglich. Homosexuelle Veranlagungen sind also widernatürlich; aber sie kommen vor. Ihr Vorkommen wird vom Katechismus nicht mehr ausschließlich auf eine krankhafte

[177] Niedergelegt sind diese Einschätzungen noch einmal im Schreiben der Glaubenskongregation an die Bischöfe der Katholischen Kirche über die Seelsorge für homosexuelle Paare vom 1. Oktober 1986. Auf der Basis dieses Schreibens formuliert Willibrord Driewer OSB seine „Hermeneutischen Zwischenrufe" (Muss die katholische Kirche ihre Sicht auf Homosexualität verändern?, in: Forum Katholische Theologie 35 [2019], 290–306) zu einem Kommentar des Essener Bischofs Franz-Josef Overbeck (Vorurteile überwinden! Die Kirche muss ihre Sicht auf Homosexualität verändern, in: Herder Korrespondenz 73 [2/2019], 6).

[178] Katechismus der Katholischen Kirche, Nr. 2357.

[179] Ebd., Nrn. 2358 und 2359.

Ausbildung der Geschlechtsidentität zurückgeführt.[180] So muss sie auch auf die genetische Prägung eines Menschen zurückgehen können. In schöpfungstheologischer Perspektive bedeutet das, dass der Schöpfer auch diese Veranlagung gewollt, sie jedenfalls nicht ausgeschlossen hat. Muss man dann zu der prekären Behauptung seine Zuflucht nehmen, Gott habe eine Veranlagung zugelassen oder gewollt, deren Ausübung er nicht will, die er nur zulässt, weil er den so veranlagten Menschen die Möglichkeit geben will, ihr geschlechtliches Begehren in der Vereinigung mit dem Kreuzesopfer des Herrn *aufzuopfern?*

Das ist eine monströse Vorstellung von der Schöpfergüte Gottes, auch vom Sinn des Weges Jesu Christi ans Kreuz, der Homosexuelle zu einer Kreuzesnachfolge herausfordern würde, in der sie negieren, was sie als geschlechtliche Ausstattung auf ihren Lebensweg mitbekommen haben. Das Monströse an diesen Vorstellungen scheint vom Lehramt und einigen in seiner Verteidigung engagierten Theologen nicht so abschreckend zu sein, dass man nicht auf dieser Linie eine metaphysisch-anthropologische Verteidigungsstrategie ausarbeitet – ohne Rücksicht auf Verluste. Die Verluste sind gravierend. Sie zwingen dazu, den Glauben an den schlechthin gutwilligen Gott und Vater Jesu Christi mit einem höchst rätselhaften Opferverlangen Gottes zu kontaminieren. Das ist theologisch ruinös und wirkt sich auf die Glaubwürdigkeit des christlichen Glaubens katastrophal aus.

5.3 Homosexuelle Veranlagung als Unglück?

Karl-Heinz Menke begründet das Vorkommen-Können einer homosexuellen Veranlagung in der Schöpfung mit den Kontingenzen und Notwendigkeiten eines evolutionär sich ausdifferenzierenden Schöpfungs-Zusammenhangs, bei dem Gott weder den menschlichen Freiheits-Missbrauch noch Unglücke und Fehlschläge noch auch verunglückte sexuelle Identitäten ausschließen *konnte.* Menke im Wortlaut:

> „Der Schöpfer kann die Verunglückung der Ausbildung sexueller Identität oder die Verunglückung des Kommunikationssystems der Zellen eines Körpers (Krebs) oder ein Erdbeben (die Kollision von Erdplatten) ebenso wenig verhindern wie die Sünde eines mit Bewusstsein und Freiheit begabten

[180] Dieser Sicht scheint der Benediktiner Willibrord Driewer immer noch zuzuneigen, der deshalb zwar keine „Konversionstherapie" empfiehlt (die es eigentlich gar nicht gebe), wohl aber eine Reparativtherapie, die das Ziel hat, die in der Tiefe jedes Menschen angelegte heterosexuelle „Potential" freizulegen (Muss die katholische Kirche ihre Sicht auf Homosexualität verändern?, a.a.O., 304).

> Menschen. Menschen, die von einem Unglück oder von den Folgen der Sünde eines Mitmenschen getroffen werden, sind die Opfer eines nicht selten grausamen Schicksals."[181]

Diese Parallele bzw. Verbindung zwischen homosexueller Veranlagung, schwerer Krankheit, Naturkatastrophe und Sünden-Auswirkung ist schwer erträglich und wird von homosexuell Veranlagten wohl als erschreckend-übergriffige Fehl-Interpretation der ihnen durch ihre sexuelle Orientierung erschlossenen Erfahrungen des Lebens-Glücks wahrgenommen werden.[182] Darf es sein, dass die Glaubenslehre der Kirche zu einer Theologie zwingt, die die Selbst-Erfahrung von Menschen so sehr missachtet? Eine Theologie, der nichts Menschliches fremd ist, wäre das nicht. Eher eine Theologie, die sich in ihre eigenen Aporien verirrt hat.

Warum zahlt Menke diesen Preis für die Stabilisierung einer Lehre, die so offen diskriminierend ist? Er erscheint ihm offenbar angemessen, um mit Forschungs-Ergebnissen zurechtzukommen, die für die Prägekraft von Anlage-, nicht erst Sozialisations-bedingten homosexuellen Geschlechts-Identitäten sprechen. Nach den herkömmlichen Vorstellungen einer gottgewollten Ordnung der Natur darf das nicht darauf hinauslaufen, dass Gott eine solche genetische Anlage positiv gewollt hat, sonst würde ihre Beurteilung als widernatürlich auf ihn selbst zurückfallen. Dann steht nur die Kategorie der *Zulassung* bereit, die Theodizee-theoretisch für die Skandale des Unglücks und des Bösen in der Schöpfung eingesetzt wird. Die einzig denkbare Alternative dazu läge in dem Eingeständnis: Die Beurteilungs-Grundlagen für die Würdigung homosexueller, auch diverser Veranlagungen haben sich durch die Genetik so elementar verändert, dass sich auch die theologische Bewertung homosexueller und diverser Veranlagungen und Handlungen verändern muss. Dieses Eingeständnis verweigert Menke.

5.4 Falsche Alternativen

Nach Menke ist die Geschlechterpolarität *Männlich–Weiblich* eine Vorgegebenheit der Schöpfung, die für das Selbstverständnis des Menschen als normativ zu gelten hat und in der sakramental besiegelten Ehe als „Darstellung des unauflöslichen Bundes zwischen Christus und seiner Kirche" gelebt wird.[183] An dieser im Sakrament auf die Heilswirklichkeit der ret-

[181] Karl-Heinz Menke, Macht die Wahrheit frei oder die Freiheit wahr?, 58.

[182] Dass das im Einzelfall anders gesehen wird, ist kein Argument; auch bei Heterosexuellen wird es sehr zwiespältige Erfahrungen zwischen Glück und Unglück geben.

[183] Karl-Heinz Menke, Macht die Wahrheit frei oder die Freiheit wahr?, 69.

tenden Treue Gottes hin in Anspruch genommenen Schöpfungs-Gegebenheit können Menschen nichts verändern.[184] Sie können ihr nur entsprechen. Wenn sie sich dem verweigern, handeln sie widernatürlich, gegen Gottes Schöpferwillen und gegen den Sinn der Ehe, die sakramental als endlich-menschliches Mit-Leben mit und als durch Gnade ermöglichter Abbildung der unauflöslichen Verbundenheit Gottes mit seiner Kirche vollzogen wird.

Diese der Schöpfung eingestiftete und vom Sakrament in Anspruch genommene Wahrheit[185] ist dem in seinem Gewissen Menschen zugänglich. Hier ist ihm ein „präreflexives Vernehmen der Wahrheit" geschenkt, die seinen selbstbestimmten Lebens-Entwurf normativ bestimmen muss.[186] Sie kann nicht etwa in situationsbezogen-freier Anknüpfung angeeignet, muss vielmehr als unabänderliches Faktum hingenommen werden. Die *freie Selbstbestimmung* des menschlichen Subjekts ist nicht „Herrin" über das ihr Gegebene. Sie hat sich dem ihm Vorgegebenen unterzuordnen und es gehorsam zur Geltung zu bringen. Da sie von sündiger Selbst-Aufblähung in die Irre geführt wird, bedarf sie der Korrektur durch das hierarchische Lehramt. Es ist von Christus bevollmächtigt, die der Schöpfung eingestiftete und im Wort Gottes bekräftigte Norm gegen die subjektive Willkür der Sünder zu schützen.[187] So ist auch die folgende eher rhetorisch gemeint: „Darf ein in den Unheils-Zusammenhang der Sünde hineingeborener Mensch die inhaltliche Bestimmung seiner Freiheit auch gegen das stellen, was die Kirche bei aller Relativität ihrer Ausdrucksweise eindeutig, kontinuierlich und mit guten Gründen als den Willen Gottes erklärt?"[188] Nein. Punkt. Die Sachlage ist für Menke eindeutig. Oder doch nicht? Menke räumt immerhin ein, dass der Gehorsam gegenüber der kirchlichen Klarstellung

[184] Ihre sakramentale Bedeutung erläutert Menke so: Man hat ihr eine „von Gottes Selbstmitteilung in Jesus Christus untrennbare" Bedeutung beizulegen (ebd., 56).

[185] Sie wird auch in der Theologie des Weihesakraments in Anspruch genommen. Hier bildet die Geschlechtertypologie *hervorbringend (männlich) – empfangend (weiblich)* den Argumentations-Hintergrund dafür, Frauen für metaphysisch-theologisch Weihe-unfähig zu erklären: Sie repräsentieren die empfangende Kirche, können niemals den das Heil hervorbringenden Christus repräsentieren. Darin legt sich wohl die „von Gottes Selbstmitteilung in Jesus Christus untrennbare" Bedeutung aus. Ein stärkeres theologisches Argument gegen die Frauenordination kann man gegenwärtig offenbar nicht auftreiben.

[186] Menke beruft sich für diesen Gedanken auf John Henry Newmans Figur des „sens of duty" (Macht die Wahrheit frei oder die Freiheit wahr?, 26–31).

[187] Die von Benedikt XVI. und Papst Franziskus verfasste Enzyklika *Lumen fidei* spricht dem Lehramt in diesem Sinn „den Kontakt mit der ursprünglichen Quelle" zu, weshalb es die „Sicherheit [bietet], aus dem Wort Christi in seiner Unversehrtheit und Sicherheit zu schöpfen" (Ziffer 36). So etwas wie eine Lehramts-kritische Teilnahme am kirchlichen Wahrheits- und Glaubens-Bewusstsein ist hier von vornherein ausgeschlossen.

[188] Ebd., 51.

des Gotteswillens auch „gute Gründe“ verlangen darf. Wer ist befugt, die Güte dieser Gründe zu beurteilen? Die erbsündlich geschädigte Vernunft des Einzelnen? Oder doch nur diejenige Instanz, die die guten Gründe geltend macht und selbst entscheidet, dass sie gut sind?

Menke hat ein großes Interesse daran, die im Gewissen präreflexiv wahrgenommene, unbedingt normative (sittliche) Wahrheit als Gegen-Instanz zur freien Beurteilung und interpretierenden Aneignung durch die menschliche Vernunft festzuhalten. So setzt er plakativ seine These, die gehorsam hingenommene, vom Lehramt gültig interpretierte Gotteswahrheit mache frei – im Sinne von: frei von den Irrtümern des Zeitgeistes – gegen die Magnus Striet zugeschriebene These, die Freiheit der Selbstbestimmung mache (den Menschen) wahr. Ich halte Menkes Alternativen-Anschärfung für dramatisch irreführend; *dramatisch* irreführend deshalb, weil sie das Theologie- wie das Kirchenverständnis traditionalistisch verkürzt. Ich will dieses Urteil im Folgenden kurz begründen.

5.5 Wahre Freiheit, freie Wahrheit

Menke ist nicht darin zu widersprechen, dass er auf eine vordiskursive Wahrheits-Verbundenheit des Menschen rekurriert. Menschen nehmen, wenn es einigermaßen gut geht, präreflexiv teil am verlässlich Guten, das ihr Leben orientiert und in Anspruch nimmt. Es gehört von Anfang an zur Reifung im Menschsein, sich ins unabdingbar Menschliche einfühlen zu lernen und sich so einigermaßen spontan gegen Unmenschlichkeit zu wenden. Wo diese Einfühlsamkeit ausgebildet ist, wird man alles, was zur Lebens-Entfaltung, zu Vertrauen und Vertrauenswürdigkeit, zu einem wertschätzenden Umgang miteinander, zur Achtung des Anderen in seinem Selbst- (und Anders-)Sein beiträgt, alles eben, was aus Liebe geschieht, präreflexiv als gut ansehen und affektiv bejahen. Ebenso wird man alles, was Menschen missachtet und schädigt, was sie zum bloßen Objekt meiner Willkür macht, als schlecht beurteilen. Dass diese Einfühlsamkeit fürs Wahre und Gute mehr oder weniger nachhaltig geschädigt sein kann und hier von den Auswirkungen einer Unheils-Solidarität im Sündigen, sogar von einer „Kultur des Todes“[189], gesprochen werden muss, sei ebenfalls eingeräumt. Auch dies, dass es hier Korrektur-Instanzen geben muss, zu denen die Kirchen gehören können. Dann aber beginnt sich mein Widerspruchs-Geist zu regen. Ist der moralischen Einfühlsamkeit – dem moralischen Sinn –, wenn ihm die Gnade widerfährt, sich von den Verzerrungen

[189] Vgl. die Enzyklika *Evangelium vitae* Johannes Pauls II. vom 25. März 1995, 12 und 19–28.

durch den „Zeitgeist" einigermaßen freihalten zu können, auch eine normative Ausprägung geschlechtlichen Begehrens und sexueller Erfüllung vorgegeben, die auf der Polarität von männlich und weiblich beruht? Wird das geschlechtliche Begehren also nur menschlich gelebt, wenn es in der Vereinigung von Mann und Frau offen ist für die Zeugung neuen menschlichen Lebens? Wird das Faktum eines geschöpflich-polyvalenten geschlechtlichen Begehrens hier nicht nur so *ausgelegt*, dass man es ausschließlich auf die Beziehung von Mann und Frau und auf die in der Vereinigung von Mann und Frau mögliche Zeugung von Nachkommenschaft ausgerichtet sieht?

Diese Auslegung ist in den Kulturen des menschlichen Miteinanders die vorherrschende. Es mag sein, dass gute Gründe für sie sprechen. Aber es ist auch nicht auszuschließen, dass die Gründe dagegen geschichtlich stärker werden und Berücksichtigung verlangen dürfen. Wenn es so weit gekommen ist, wäre der Ausschließlichkeits-Anspruch, mit dem der Sinn geschlechtlichen Begehrens heterosexuell bestimmt wird, erschüttert. Dann bedürfte es der diskursiven Vergewisserung darüber, ob und inwieweit er modifiziert werden muss. Im Diskurs herrscht Herrschafts-Freiheit, damit sich die Stärke der Argumente erweisen kann. Dass solche Diskurse häufig auch manipulativ verzerrt ablaufen, ist nicht zu bestreiten und kein Gegenargument. Dass die Kirchen berechtigt sind, hier ihre Position geltend zu machen, liegt auf der Hand. Ebenso liegt auf der Hand, dass sie dann gute Argumente vorzubringen haben. Wem dabei „die ethischen Argumente ausgehen, dem hilft keine religiöse Autorität."[190]

An eine weitere Selbstverständlichkeit ist – gegen Menkes falsche Alternative von Wahrheitsteilhabe und Autonomie – zu erinnern: Die diskursive Vergewisserung erschütterter Geltungs-Ansprüche setzt nicht voraus, dass man sich ihnen gegenüber neutral verhält oder sie aufgibt. Das Eintreten in den Diskurs bedeutet ja nicht, nur solche Wahrheits-Geltungen anzuerkennen, die der Diskurs frei *hervorbringt*. Freiheit macht nicht in diesem Sinne wahr[191], aber sie muss in Anspruch genommen werden, wenn es darum geht, erschütterte Geltungsansprüche – gerade die selbst anerkannten – frei von unsachgemäßer Voreingenommenheit argumentativ auf

[190] Stephan Goertz, Katholizismus: in der Falle der Moral, in: Feinschwarz, 28. Feburar 2017, 3.

[191] Striet verwahrt sich explizit gegen diese ihm von Menke unterstellte These: „Die Wahrheit macht nicht wahr, sondern es gibt ein Handeln aus Freiheit, das dann, wenn es frei sein will, Gründe für sich aufbringt" (Ernstfall Freiheit, 9). Mit Striet wäre darüber zu diskutieren, wie Gründe als gute Gründe Überzeugungs-tragend werden. Ich würde hier nicht nur auf transzendentale Letztbegründungen setzen. Wenn man das nicht will, muss man Verfahren heranziehen, mit denen man im Bereich des nicht transzendental Letztbegründbaren zu tragfähigen Urteilen kommen kann. Ich habe dafür oben im 3. Kapitel ein hermeneutische Vorgehen ins Spiel gebracht.

den Prüfstand zu stellen, um herauszufinden, ob bzw. unter welchen Bedingungen sie aufrechterhalten und wie sie verteidigt werden können bzw. mit welchem Recht und worin sie Kritik verdienen. Eine vordiskursive Wahrheits-Verbundenheit ist also einzuräumen. Nicht zugestanden werden kann die Inanspruchnahme des kirchlichen Lehramtes für eine autoritative Sicherstellung des aus dieser Wahrheitsverbundenheit den Gläubigen in der Kirche Zugewachsenen, aber mit guten Gründen in Zweifel Gezogenen.

Einer Theologie, der nichts Menschliches fremd ist, werden auch die Zweifel nicht fremd sein, die den Glauben heimsuchen und sich speziell an Glaubenslehren heften, die außerhalb wie innerhalb der Kirche auf begründeten Widerspruch stoßen. Die diskursive Prüfung der ins Feld geführten Argumente ist hier unerlässlich. Ergebnisse werden selten so eindeutig sein, dass es allein an ihnen hängen wird, ob Glaubende ihre Glaubens-Zustimmung aufrechterhalten, modifizieren oder zurücknehmen; der Glaube an das Gehaltensein der Kirche in der Wahrheit wird hier mitsprechen. Aber die Theologie kann sich nicht einfach auf diese Wahrheits-Gewährleistung zurückziehen. Sie muss dem Zweifel ein Wohnrecht in der Vergewisserung des Glaubens einräumen, damit er sie immer wieder provozieren kann, bisher nicht Gesehenes oder hinreichend Bedachtes ernst zu nehmen – und es auch darauf ankommen zu lassen, was das mit dem kirchlichen Glauben und den für ihn substantiellen Überzeugungen macht.

Ist das für die Wahrheiten des Glaubens und für seine Gewissheit nicht ein zu unsicheres Terrain? Es ist das Terrain, von dem sich die Theologie nicht zurückziehen kann und das Menschen, die ihren Glauben als wohl erwogene Überzeugung ernst nehmen, nicht scheuen dürften; auf dem sich auch die kirchlich-lehramtlichen Autoritäten nicht fremd fühlen sollten. Es ist theologisch zwar von Bedeutung, „dass die Unterweisung des Lehramtes – dank des göttlichen Beistands – auch abgesehen von der Argumentation gilt, die zuweilen von einer besonderen Theologie übernommen ist, deren sie sich bedient.“[192] Das Lehramt hat die Glaubenslehre in ungeklärten Argumentationslagen zu schützen und darf sich dafür immer wieder neu theologisch zu justieren. Argumente, auf die man sich früher gestützt hat, können ihre Überzeugungskraft einbüßen; stärkere Argumente sind womöglich noch nicht formuliert worden. Die institutionelle Weisheit der Kirche wird es zu verhindern wissen, dass die Glaubenslehre unter dem Druck des jeweiligen Wissensstandes in theologischen oder säkularen Disziplinen zu rasch verändert oder aufgegeben wird und sich so an wechselnde Meinungen und Plausibilitäten ausliefert. Ebenso klar ist aber auch, dass Glau-

[192] *Instruktion* der Kongregation für die Glaubenslehre *über die kirchliche Berufung des Theologen* vom 24. Mai 1990, Ziffer 34.

benslehren, die mit über lange Zeiträume hinweg gesichertem Wissen kollidieren, auf Dauer nicht zu halten sein werden, wenn es nicht doch noch gelingt, dieses Wissen bei der Auslegung solcher Glaubenslehren angemessen zu würdigen. Die beschämenden Nachhutgefechte zu den Grundfragen biblischer Hermeneutik oder bei der Abgrenzung gegen die Evolutionslehre, wie sie die erste Hälfte des 20. Jahrhunderts kirchlich bestimmten, sollten warnende Beispiele sein.

Vergegenwärtigt man sich die hier skizzierten Zusammenhänge, spricht wenig für eine Parteinahme in der von Karl-Heinz Menke unnötig zugespitzten Alternative, die Wahrheit als Ursprung der Freiheit oder die Freiheit als Ursprung der Wahrheit anzusehen. Es sollte klar sein, dass die Wahrheit des Glaubens, wo immer sie zweifelhaft wird, nur in freier Überzeugung zu einer menschlich-verantwortbaren Wahrheit werden kann. Es sollte ebenso klar sein: Der Selbstvollzug menschlich-endlicher Freiheit kann zwar einen normativen Kern von Sittlichkeit verbindlich machen, ohne den Freiheit selbstwidersprüchlich würde und nicht in Anspruch genommen werden dürfte – die Anerkennung der jeweils anderen als unverfügbare und nicht zu verzweckende Freiheits-Subjekte. Diese Freiheits-Verbindlichkeit kann aber nicht als solche für alle als wahr anzuerkennende Inhalte des menschlichen Selbst-, Welt und Gottverstehens aufkommen und deren geschichtliche Quellen ersetzen. An ihnen nimmt das Subjekt zunächst einmal teil, soweit sie ihm zugänglich geworden sind. Es lebt diese Inhalte, es lebt aus diesen Quellen mehr oder weniger selbstverständlich, solange sie ihm nicht – aus welchen Gründen und aufgrund welcher Anlässe auch immer – zweifelhaft geworden sind. Wo ihm das widerfährt, verhält es sich *rational*, wenn es nach hinreichend guten Gründen sucht, die ihm erlauben, die problematisierten Inhalte in selbstverantwortlicher Überzeugung weiterhin zu teilen, sie zu modifizieren oder aber nun abzulehnen. Zu den guten Gründen kann auch die vom hierarchischen Lehramt stark gemachte Einsicht gehören, dass man sich in unklaren, *für mich* nicht recht einschätzbaren Diskurslagen sinnvollerweise „tutioristisch" verhält: das bisher für gültig Angesehene und als Lebens-bestimmend Geglaubte nicht zu schnell aufgibt.

Es besteht so auch kein Anlass, mit Benedikt XVI./Joseph Ratzinger das *Empfangen* der Wahrheit hier theologisch gegen eine neuzeitlich zur Herrschaft gekommene Vorstellung des *Hervorbringens*, ja „Machens" der Wahrheit auszuspielen[193], die dann so wäre, wie sie den Hervorbringenden

[193] Joseph Ratzinger schreibt der Neuzeit eine Kultur der Machbarkeit zu, die auch das metaphysische *Ens et verum convertuntur* dem Machbarkeitsdenken unterwirft. Nun gilt: *verum quia factum* oder noch entschiedener *verum quia faciendum*: „Nicht dem Sein nachzudenken ist [nun] die Aufgabe und Möglichkeit des menschlichen Geistes, sondern dem Faktum, dem

„passt". Das Empfangen geschieht immer im Modus des Sich-Aneignens und Teilnehmens; das Sich-Aneignen und Teilnehmen aber setzt voraus, dass mir etwas zugänglich geworden ist, woran ich teilnehmen könnte und was ich mir aneignen dürfte. Es darf Instanzen geben, die darüber wachen, dass ich es in rechter Weise empfange, dass ich nicht durch meine Weise der Aneignung verderbe oder verfälsche, woran ich doch teilnehmen will. Aber diese Instanzen werden nicht verhindern können, dass *mein* Teilnehmen von meinen Erfahrungen, meinen Zweifel und meinen Vergewisserungen mitbestimmt ist.

Gemeinschaftlich und individuell ist immer wieder neu zu klären, wann es einer Erfahrung „erlaubt" sein muss, die bisher individuell oder kirchlich gelebten Überzeugungen zu verändern und Lernprozesse herauszufordern, die dieser Erfahrung das ihr zukommende Gewicht geben. Die Theologie wird anerkennen und zur Geltung bringen, dass es Erfahrungen gibt, die den kirchlichen Traditionen und Routinen „dazwischenkommen" und die Gemeinschaft der Glaubenden dazu zwingen dürfen, sich auf das in ihnen Erfahrene einzulassen. Sie wird darauf bestehen, dass man gute Argumente aufbietet, wenn man solchen Erfahrungen das Recht abspricht, zum Lernen und Weiterdenken, gegebenenfalls auch zum Umdenken herauszufordern. Wenn man diesen Erfahrungen den Mund verbietet, schließt man sie aus der Communio aus, in der die Wahrheit des Glaubens kirchlich geteilt werden darf. Man lädt eine schwere Verantwortung auf sich. Im Blick auf die kirchlich umstrittenen Themen der menschlichen Sexualität hat man nicht den Eindruck, dass die „exkommunizierende" Instanz sich dieser Verantwortung bewusst ist. Nur für das *Immer schon* Partei zu nehmen, schädigt die Communio all derer, die mit ihren Erfahrungen an der Wahrheit des Glaubens teilnehmen wollen. Viele Betroffene nehmen gegenwärtig mit Erschütterung wahr, dass das kirchliche Magisterium nicht bereit ist, seine Festlegung auf eine fragwürdige Naturrechtslehre zu relativieren, um die Erfahrungen vieler Gläubiger mit Sexualität und liebender Partnerschaft in ihrer humanen Bedeutung zu würdigen. Es mag dabei von der nicht völlig unberechtigten Angst bestimmt sein, dass es sich dann überhaupt nicht mehr auf Natur-, also Schöpfungs-gegebene Bedingungen wahren Menschseins berufen könnte. Aber auch hier führt eine Angst-getriebene Alternativen-Anschärfung nicht weiter. Auch hier ginge es darum, das Prinzipien-bewehrte *Entweder-Oder* abzurüsten und in der Sache zu diskutieren.

Gemachten, der Eigenwelt des Menschen, denn nur sie vermögen wir wahrhaft zu verstehen" (Joseph Ratzinger, Einführung in das Christentum, München [2]1968, 37; vgl. bis 40).

Kirchliche Glaubens- und Sittenlehren können scheitern. Eine Theologie, der nichts Menschliches fremd bleiben soll, hat Erfahrungen mit dem Scheitern – im eigenen theologischen Bemühen, in den Versuchen, sich hinreichend verständlich zu machen und Missverständnisse zu beseitigen, ehe sie großen kirchlichen Schaden anrichten; Erfahrungen mit dem Scheitern von wissenschaftlichen Hypothesen, aber auch mit Scheitern im menschlichen Miteinander mit Kolleg(inn)en und kirchenleitenden Instanzen. Es sollte doch möglich sein, den menschlichen und geistlichen Gewinn aus Scheiterns-Erfahrungen so mitzuteilen, dass sich die Inhaber des hierarchischen Lehramts nicht zu sehr vor ihnen fürchten und sie deshalb verdrängen.

5.6 Moral oder Verheißung?

Dass sich das Lehramt nicht auf diese Perspektive einlässt, mag damit zu tun haben, dass es – sieht man von der „Frauenfrage" ab – seine Autorität vor allem in Moralfragen einsetzt und daran nicht rühren lassen will, weil es um seine Kompetenz fürchtet, Lebenswelt-relevante Entscheidungen zu treffen. Wenigstens so will man im alltäglichen Erfahrungsraum der Menschen noch vorkommen. Und so kommt Kirche in der öffentlichen Wahrnehmung auch vor allem hier vor: als Mahnende, Klagende, Fordernde und Verbietende.[194] Hans Joas hat die Kirchen vor der Selbst-Moralisierung gewarnt. Er äußert den Verdacht, die forcierte Inanspruchnahme einer gesellschaftlichen Werte-Kompetenz durch die Kirchen solle der Sicherung ihres gesellschaftlichen Einflusses und so auch ihrer staatlichen Subventionierung dienen; man verspreche den Kirchen ein Rest-Interesse „im Austausch gegen Selbstbeschränkung aufs Moralische". So könnten die Kirchen ihre spirituelle Auszehrung einstweilen noch „durch Präsenz in den politischen und ethischen Debatten" kompensieren.[195]

Man will gesellschaftlich noch irgendwie dazwischenkommen – und zugleich verdecken, dass man im „Kerngeschäft" wenig ausrichtet? Was ist dran an diesem Verdacht? Zumindest soviel: Fürs religiöse Bedürfnis be-

[194] Diese Konzentration des Magisteriums auf Moralfragen kennzeichnet das 19. und vor allem das 20. Jahrhundert. Damit tritt deutlich ein *entscheidungsförmig-juridischer Umgang* mit religiöser Wahrheit in den Vordergrund, wie er auch in anderen religiösen Traditionen gang und gäbe ist. Man kann diagnostizieren, dies sei die letzte Rückzugs-Position einer Einfluss-Strategie, die nicht mehr auf die Selbstverständlichkeiten einer naturrechtlich begründeten, bürgerlichen Moral setzen konnte und sich herausgefordert sah, das Nicht-mehr-Selbstverständliche hoheitlich zu dekretieren; vgl. Stephan Goertz, Katholizismus: in der Falle der Moral?, a.a.O., 1.

[195] Vgl. Hans Joas, Kirche als Moralagentur?, München 2016, 63 f., 69.

dient man sich vielfältig anderswo. Eine „autochthone" religiös-spirituelle Kompetenz traut man den Kirchen immer weniger zu. Vielleicht trauen die Kirchenleute sie sich selbst immer weniger zu. Jedenfalls traut man sich kaum noch zu, mit der religiösen Kommunikation zu christlichen Kernbeständen – Abendmahl, Rechtfertigungslehre, Erlösungsverständnis – über kirchlich Engagierte hinauszukommen und gesellschaftlich Aufmerksamkeit zu wecken. Das scheint allein durch moralische Positionierung erreichbar.

Vielleicht ist diese Einschätzung einseitig. Immerhin hilft sie, Gefahren zu erkennen. Und hier ist tatsächlich Gefahr im Verzug: Auszehrung der Glaubens-Kommunikation durch Selbst-Moralisierung. Der Erste Petrusbrief trifft da eine wunde Stelle: „Seid stets bereit, jedem Rede und Antwort zu stehen, der nach der Hoffnung fragt, die euch erfüllt (in euch lebendig ist); aber antwortet mit Maß und Sorgfalt, denn ihr habt ein reines Gewissen" (1 Petr 3,15–16). Wenn uns keiner mehr nach dieser Hoffnung fragt, weil keinem mehr auffällt, dass sie in uns lebendig ist? Oder weil er sie so, wie er sie „bei uns" kennengelernt hat, nicht „interessant" findet und teilen möchte? „Müssen" wir dann moralisch werden?

Vielleicht haben die Kirchen kein „reines Gewissen", wenn sie von unserer Hoffnung sprechen, und neigen deshalb dazu, moralisch „maßlos" zu werden. Das hintergründig schlechte Gewissen: Man will sich nicht mit platter Jenseits-Vertröstung erwischen lassen; Heine steckt uns in den Knochen: „Den Himmel überlassen wir / den Engeln und den Spatzen".[196] Wie ginge es, im Sinne Jesu von Nazaret von der Hoffnung des Glaubens zu sprechen?[197] Von der Hoffnung darauf, dass die Seligpreisungen wahr werden? Von der Entschlossenheit, ihr Wahrwerden nicht aufs Jenseits zu verschieben? Wie ist davon zu sprechen, dass wir dem welt- und lebensgeschichtlichen Erfolg und Misserfolg nicht die Ehre antun, letzte Instanz zu sein; dass wir auf eine „Revision" hoffen und an sie zu glauben versuchen, an Gottes Revision? Wie ist von dem Gott zu sprechen, der uns in seinem Christus erlebbar gemacht hat, dass er keinen Menschen verloren gibt, dass deshalb niemand – für niemand – *quantité négligeable* sein darf und sein muss? Bloße Vertröstung aufs Jenseits, weil wir's im Diesseits nicht aushalten?

Man darf sich nicht einschüchtern lassen von dieser grundfalschen, religiös unmusikalischen Alternative: Leben vor dem Tod statt das Leben nach dem Tod! Dieser Hoffnungs-Verkleinerung dürfte man nicht dadurch Recht

[196] Ein Wintermärchen, Caput I.

[197] Das Synodenbekenntnis *Unsere Hoffnung* aus dem Jahr 1974 ist hier immer noch eine wichtige Inspiration.

geben, dass man es peinlich findet, von der Hoffnung auf die Auferstehung der Toten zu sprechen. Da muss man dazwischenkommen und die Hoffnung entdecken, die in uns rumort und darauf wartet, lebendig zu werden, die Hoffnung darauf, dass das Leben nicht verlorengegeben werden muss; die Hoffnung auf erfülltes Leben *jetzt* und die Hoffnung, dass im Jetzt anfängt, was nicht aufhört anzufangen. Sie bleibt lebendig, wenn sie sich von dem, was gegen sie spricht, nicht austreiben lässt; wenn glaubende und ums Glauben-Können ringende Menschen nicht verlorengeben, was sie erhoffen und als der „großen" Hoffnung wert erlebt haben; wenn sie sich nicht in ein Leben einsperren lassen, das von dem hoffnungslosen Diktat beherrscht ist, das Erfreuliche müsse *hier und jetzt* und bis auf Weiteres das Unerfreuliche überwiegen, Leben müsse sich *lohnen,* in diesem Sinne gelingen.[198]

Nicht verlorengeben, hegen, was ich als das Anfangen eines Lebens in Fülle *erfahre* (vgl. Joh 10,10); die Anfänge schützen, die sich als unbedingt schützenswert ausweisen lassen; nicht verlorengeben, was vielfach ausgebeutet und dem Streben nach kurzfristiger Rentabilität preisgegeben wird: Moral im Dienst und in der Perspektive der Hoffnung auf ein Leben in Fülle, die man nicht verlorengibt, weil *zuletzt* Gott dafür einsteht, dass sie sich erfüllt; weil alle herausgefordert sind, *mit ihm* dafür einzustehen, dass sie nicht ins Leere geht. So gehören Glaube und Moral zusammen: Die Hoffnung des Glaubens öffnet die Perspektive, Menschen zu ermutigen, ihr verantwortliches Handeln als Weg zum Gott-erfüllten Leben zu glauben.

Trauen die Kirchen sich noch zu, von ihrer größeren, verletzlichen und schutzbedürftigen Hoffnung zu sprechen? Oder schämen sie sich ihrer Hoffnung, weil sie eine Nummer zu groß ist, mindestens? Man darf sich der Bilder nicht schämen für eine Hoffnung, die größer ist als die Polizei einer keinen Widerspruch duldenden Hermeneutik des religionskritischen Verdachts sie erlaubt. Sie sind – immer unter Illusionsverdacht, na und! – Platzhalterinnen für das Unvorstellbare, das mit jedem menschlichen Leben angefangen hat und in ihm lebendig werden will, noch über das hinaus, was zwischen Geburt und Tod Platz hat und moralisch einzufordern ist. Aber schon zwischen Geburt und Tod, in den schwer erträglichen Ambivalenzen unseres Alltagslebens, kommt das unvorstellbare Geschenk eines guten Willens hie und da vor. Da werden Menschen zu Zeugen des guten Willens, der mehr will, als in diesen Ambivalenzen Platz zu haben scheint. Man freut sich darüber von Herzen, wenn einem das begegnet, auch in den Kirchen;

[198] Auch das Ideal des „natürlichen Todes" des „lebenssatt" Sterbenden kann noch von diesem Diktat beherrscht sein: Das Vergangene soll jetzt rechtfertigen, dass es keine Zukunft mehr braucht, in die man hineinhoffen müsste. Das erzwingt geradezu die Lebensmaxime: Das Leben jetzt muss es bringen, muss ausgeschöpft, ja ausgebeutet werden: vgl. Tiemo Rainer Peters, Tod soll nicht mehr sein, Zürich – Einsiedeln – Köln 1978.

wenn einem diese Gnade widerfährt und Hoffnung darauf schöpfen lässt, dass das die Richtung ist, in der wir unterwegs sein dürfen. Dann geht es zurück in die elenden Zwiespältigkeiten, in denen der gute Wille sich einfügen muss in das Leistbare, es dehnen und erweitern und „beseelen“, aber nicht sprengen kann.

Die Vertröstungs-Kritik fordert Glauben und Theologie heraus, das im Glauben Erhoffte nicht ins Jenseits auszulagern, damit das „Unbändige“, Entfesselte christlicher Hoffnung im Diesseits nicht störe. Was Glaubende für die Nächsten und sich selbst erhoffen, steht jetzt auf dem Spiel, will und muss jetzt anfangen. Es muss damit anfangen, dass Jesu Seligpreisungen wahr werden. Die Hoffnung des Glaubens lässt sich mit weniger nicht abspeisen, auch nicht damit, dass jetzt „mehr“ eben nicht geht. Sie bleibt nur eine Kraft, wenn sie durch den Geist, der sie beseelt, die Welt verändert, wenn sie *dazwischenkommt*, damit nicht alles so weitergeht – und gerade so wahrzunehmen lernt, was es jetzt bedeutet, in Gottes Herrschaft aufzubrechen.

So wären die Kirchen moralisch gefordert: dass man in ihnen und von ihnen den Mut lernt, hinauszudenken und hinauszufühlen über die Grenzen des gesellschaftlich und mitmenschlich Verpflichtenden. Diese Grenzen dehnen und die Hoffnung darauf stärken, dass mehr Menschlichkeit möglich wird, wenn man die Menschenliebe in mitmenschlichen, gesellschaftlichen und politischen Konflikt- und Entscheidungssituationen mitsprechen lässt: Das wäre nicht wenig. Dann wären die Kirchen nicht zuerst als Fordernde – als Moralinstanz, gar nur als Verteidiger einer rigiden Familien- und Sexualmoral – gefordert, sondern als Zeugen der Hoffnung darauf, dass ein Leben reicher wird, wenn es der Herausforderung in die Gottesherrschaft folgt. Es darf nicht unterschlagen werden, dass diese Herausforderung auch *fordert*. Aber die Forderung geht hier auf die Öffnung einer Lebens- und Hoffnungsperspektive zurück, die es zu bezeugen gilt: auf das Zugänglich-Werden einer Gottes-Zukunft, die uns nicht zufrieden sein lässt mit dem jetzt Möglichen und uns zugleich das jetzt Mögliche anvertraut, damit es geschätzt, geschützt und als Zukunfts-fähig gelebt werde.

Hans Joas‘ Kritik an der Selbst-Moralisierung der Kirchen trifft den Nerv der gegenwärtigen Diskussionen um Identität und Profil der Kirchen, trifft mitten hinein in ihre Identitäts-Ängste. Sie trifft falsche Alternativen, mit denen man nach klarer Orientierung sucht. Menschliche Autonomie vs. Unverfügbarkeit der gottgegebenen Lebensordnung? Selbstbestimmung vs. Selbst-Bindung an Gottes in der Schöpfung und seiner Offenbarung vorgegebene Ordnung? Warum sollte es so schwer sein, in der Spur der Bibel den *einen* Schritt weiter zu denken: *Das erste* ist das Gottesgeschenk eines Gott- und Sinn-erfüllten Lebens, aus dem die *Hoffnung* lebendig wird, es sei nicht umsonst gegeben[199]; die *Verpflichtung*, es zu hüten und zu schützen, ist das Zweite. Wenn das wahr ist, und wie sollte es nicht wahr sein, dann ist es die erste Aufgabe der Kirchen und ihres Dienstes am Evangelium, zu helfen, dass den Menschen die Erfahrung der Schönheit ihres Lebens und ihrer Hoffnung zugänglich bleibt und die Leidenschaft sie ergreifen kann, die ihnen hier bezeugt wird. Dann aber geht es nicht zuerst darum, die Bindung der menschlichen Freiheit durch Gottes Gebote einzufordern, sondern die durch Gottes Geschenk. Freiheit entspringt der Einsicht und dem Sich-Einfühlen in eine Güte, von der ich nur mit aller Lebenskraft hoffen kann, dass sie die alles und so auch mich bestimmende Wirklichkeit ist und bleibt. Dem Sich-binden-Können an das hier Wahrgenommene und Gefühlte liegt der „Zufluss" aus den Quellen voraus, die mir diese Güte zutragen – und *folgt* die strenge Verpflichtung, zu leben und weiterzugeben, was mir da zugetragen und lebbar wird. Wer mithilft, diese Logik des Glaubens durch die Moralisierung der Kirche und der Identität des Christlichen zu verdecken, vergeht sich am befreienden Grund-Impuls des Evangeliums. *Keine falschen Alternativen*, das heißt hier: Das Gut-Sein ist den Menschen nicht zuerst abgefordert, sondern mitgegeben, damit sie es leben. So dürfen sich religiöse Moralisten von Hanns Dieter Hüsch dieses Evangelium künden lassen: „Gott will uns leichter machen."[200]

[199] *Moral zuerst* ist – so Joas in der Tradition des Pragmatismus eines William James – „restriktiv; sie schränkt uns in unseren Handlungsmöglichkeiten ein, verbietet uns bestimmte Ziele und Mittel; Religion dagegen ist attraktiv, ‚enabling', sie vergrößert unsere Handlungsmöglichkeiten, indem sie uns überhaupt erst Wege und Erfahrungen eröffnet, die nicht immer schon gangbar waren" (Hans Joas, Kirche als Moralagentur?, 62).

[200] Hanns Dieter Hüsch mit Bildern von Joan Miró, Das kleine Buch zwischen Himmel und Erde, Düsseldorf 2000, 22.

6. Eine Kirche, der nichts Menschliches fremd ist?

6.1 Fallhöhe

Eine Kirche, der nichts Menschliches fremd ist: Nach den Erfahrungen mit Kirche und Kirchen-Menschen in den letzten Jahrzehnten kommt da ein tiefes Unbehagen auf. Ja, die Abgründe des Menschlichen-Allzumenschlichen sind der Kirche nicht fremd. Vielerorts sind sie aufgebrochen, wo man sich eben noch von einer sakralen Aura umfangen fühlte, vom selbstlosen Dienst der Kirchen-Menschen umsorgt wusste, Bischöfen vertraute, die sich den Menschen öffneten und die Kirche glaubwürdiger machten. Und dann das! Die Fallhöhe ist schrecklich: Von einer Kirche, die sich als Hort der Menschlichkeit und einer lebensdienlichen Moral in einer entfesselten Egoisten-Gesellschaft darstellte und bezeugen wollte, wie Menschsein in der Nachfolge Christi zu wahrer Menschlichkeit reifen konnte, muss gesagt werden, dass sie dem Menschen-, Glaubens-, Hoffnungs- und Vertrauens-Missbrauch nur halbherzig wehrte. Das Allzumenschliche, auch das Menschen-Verderbende ist ihr nicht fremd. Es hat in ihr ein Milieu gefunden, in dem es sich ausbreitete. Man sollte sich nicht wundern, wenn die Kirche und ihre Amtsträger nun mit reichlich Selbst-Gerechtigkeit in den Dreck gezogen werden. So geht es zu, wenn Vorbilder von vorgestern vom Sockel gerissen werden.

Kein Grund zum Selbstmitleid, so sehr man die Mit-Getroffenheit der vielen authentischen, ungeheuchelt-menschenfreundlichen Seelsorger(innen) verstehen und sie solidarisch mittragen wird. Wenn Selbstmitleid dazu führt, das Geschehen mit dem Hinweis auf andere Missbrauchs-Orte zu entdramatisieren oder es – so der emeritierte Papst Benedikt XVI. – der verfehlten Öffnung der Kirche für einen unseligen Zeitgeist in die Schuhe zu schieben, sind nicht nur moralische Geschmacks-Grenzen unterboten, sondern Ekklesiologien in Misskredit geraten, für die nicht sein kann, was nicht sein darf: das Menschlich-Allzumenschliche, auch Abgründig-Unmenschliche inmitten der sakramental-geheiligten, heiligen römisch-katholischen Kirche. Eigentlich sollte es bei einem nüchternen Blick auf Kirchen- und Christentums-Geschichte keine Illusionen mehr geben. Nichts Allzumenschliches war der Kirche fremd, keine Macht-Intrige, keine Selbst-Gerechtigkeit, keine Menschen-Verachtung, kein Gewissens-Zwang, kein Amts-Narzissmus, kein Gelehrten-Hochmut, keine Kumpanei mit Unterdrückern und Ausbeutern. Wenn man das als Kirchen-Mitglied so sagen muss, geht es an die Grenzen des Erträglichen. Unerträglich wäre es, das zu entschuldigen oder zu bagatellisieren.

Man hat das allzu lange verdrängt. Es passte nicht ins (Kirchen-)Bild. Das war von einer klaren Drinnen-draußen-Differenz bestimmt: draußen die Welt, in der die Sünde ihr Unwesen treibt; drinnen die sakrale Heilswirklichkeit, zumindest deren Vorschein und Anfang. Die wirkt durch die Kirche in die Welt hinein, um sie in den Heilsraum der endzeitlichen Gottesherrschaft einzubeziehen. Die Kirche ist nicht wesentlich in Mitleidenschaft gezogen vom Unheil draußen. Sie weiß sich als die heilvolle Alternative zur Welt, als Alternativ- oder „Kontrast-Gesellschaft"[201]. Und dann das: ein Verwickelt-Sein der Kirche in die Sünde, wie man es sich dramatischer nicht vorstellen kann; die Sünde inmitten der „heiligen Kirche"; eine Welt, die sich vor ihr retten muss, retten will! Man hätte es wissen können: wie die Kirche missbraucht hat, was ihr anvertraut war: Vertrauen, Hoffen und Fühlen der Menschen, der Armen und Kleinen vor allem. Wie sie sich weigerte, an ihrem Verwickelt-Sein in die Sünde zu arbeiten; wie sie das nicht als Chance begriffen, sondern als unter ihrer Würde angesehen hat.

Die Bereitschaft ist gewachsen, davor nicht länger die Augen zu verschließen[202] und den Opfern – den Opfern der Kirche, derer, die in ihrem Namen Menschen zu Opfern machten – die Würdigung nicht länger zu verweigern. Mitunter wächst aber auch die Neigung zur Alibi-Erinnerung: Wir waren es nicht, sind die Guten, die Verantwortung übernehmen und betrauern, was zu betrauern ist. Gegen die verharmlosende Erinnerung, die das Erinnerte in der Vergangenheit lässt, hat Johann Baptist Metz die *gefährliche Erinnerung* mobilisieren wollen.[203] Gefährlich wird Erinnerung, wenn sie das eigene Selbstbewusstsein, eigene Selbstrechtfertigungs-Narrative unterminiert; wenn sie – kirchlich – den ekklesialen Triumphalismus, den Lehr-Triumphalismus, die Sakralisierung kirchlicher Realitäten unterminiert. Da ist manches Einsturz-gefährdet. Entsprechend kopflos agiert man, um zu retten, was noch zu retten ist.

Zunächst käme es darauf an, einer Schuld-Geschichte standzuhalten, die es nicht zulässt, von alldem schließlich doch unberührt in den ekklesiologischen Ideen-Himmel aufzufahren. Nur eine standhaltende Erinnerung könnte „Quelle christlicher Hoffnung" werden.[204] Standhalten: nicht an der Oberfläche bleiben, sich in oberflächlicher Erschütterung selbst befriedigen.

---

[201] Vgl. Gerhard Lohfink, Wie hat Jesus Gemeinde gewollt? Kirche im Kontrast, Stuttgart 2005.

[202] Zu nennen sind etwa Vergebungs-Bitten Papst Johannes Pauls II. zum Heiligen Jahr 2000. Genannt wurden am 12. März 2000 im Petersdom die Schuld „im Dienst der Wahrheit", die „Sünden gegen die Einheit des Leibes Christi" und „im Verhältnis zu Israel", die „Sünden gegen die Würde der Frau und die Einheit des Menschengeschlechtes" und „auf dem Gebiet der Grundrechte der Person."

[203] Vgl. Johann Baptist Metz, Glaube in Geschichte und Gesellschaft, 77–103.

[204] Vgl. Paul Schroffner SJ, Erinnerung – Herausforderung und Quelle christlicher Hoffnung.

Das Erschütternde geht tiefer als man bereit sein mag, es zu ertragen. Sich ihm auszusetzen heißt nicht nur, sich dem Verwickelt-Sein ins Menschlich-Allzumenschliche auszusetzen. Es heißt dem Scheitern von Kirche zu begegnen und zu fragen, wie das kirchlich Gescheiterte dazu herausfordert, Kirche anders zu denken, zu glauben und zu leben.[205]

6.2 Gefährliche Erinnerung – gefährliche Religion

Religion ist gefährlich. Wenn sie Menschen berührt, werden sie zuinnerst wehrlos. Sie sind in ihren Ängsten und in ihrer Sehnsucht ergriffen von dem, was sie herausfordert, sich dem auszuliefern, was sie auf Tod und Leben angeht. Wer ihre Wehrlosigkeit ausnutzt – sei es *bona* oder *mala fide*, wer kann da treffsicher unterscheiden –, hat sie in der Hand, kann in ihr Innerstes eindringen. Wo Menschen so ergriffen werden, können sie zuinnerst missbraucht werden, kann es leichter als anderswo zum Menschen-, Vertrauens- und Sehnsuchts-Missbrauch, dann auch zu sexuellem Missbrauch kommen. Das lehren die vergangenen Jahrzehnte.

Sollte diese Gefahr nicht in der katholischen Kirche durch deren Sakramentalität, durch sakramentale Amtsstrukturen, durch das Wirken des Gottesgeistes in Amtsträgern und Gläubigen gebannt sein? Dem ist nicht so. Zu dieser Einsicht zwingt der Blick auf das nun Offenkundige. Das ist ja das Dramatische an dieser Kirchenkrise: Die (katholische) Kirche hat das Selbst-Zutrauen verloren, sie sei im gesellschaftlichen und religiösen Feld vor dem Schlimmsten bewahrt, eine von Gnaden- und Wahrheits-Beistand geschützte Insel der „Seligen", zumindest der nicht ernsthaft in ihrem und durch ihren Glauben Bedrohten. Das sollte keine theologischen Konsequenzen haben? Es wird zu solchen Konsequenzen kommen, es sei denn, Kirche wäre eine in sich gespaltene Angelegenheit: Kirche als gesellschaftliche Realität mitten in der Welt (*ecclesia ut societas*), in der sich auch die Sünde breit machen kann, und Kirche als davon abgehobene, sakrale Heilswirklichkeit (*ecclesia ut mysterium*), in der die Gnade regiert. Genau das hat die Ekklesiologie der Neuzeit mit guten Gründen bestritten.[206]

Gleichwohl lässt sich gegenwärtig eine Kirchen-apologetische Strategie beobachten, die wenigstens den *innersten Kern* des Kirche-Seins vor Korrumpierung bewahrt weiß: Kirche ist das Sakrament einer Kommunikationsgemeinschaft mit Christus im Heiligen Geist, in der die Gnadengaben Christi und die Wahrheit des in ihm offenbaren Heils unverlierbar mitgeteilt

[205] Vgl. Michael Seewald, Reform. Dieselbe Kirche anders denken, Freiburg i. Br. 2019.
[206] So auch noch das 2. Vaticanum etwa in *Lumen gentium* 8.

werden.[207] Geschützt und realisiert wird die innerste Kirchen-Wirklichkeit durch das von Jesus Christus in der Kirche eingesetzte hierarchische Amt mit seinen Vollmachten: der sakramentalen Heiligungsvollmacht und der mit ihr verbundenen Leitungsvollmacht, zu der es gehört, die Heilswahrheit gültig zu verkündigen. Was in Ausübung dieser Vollmachten geschieht, hat im näheren oder weiteren Sinn teil an dem ein für alle Mal gesicherten Grundbestand des Kirche-Seins, ist substantieller Gehalt der Kommunikation Christi mit der Kirche und darf kirchlich nicht angetastet oder verändert werden.[208] Es mag peripher strittig sein, was da alles dazugehört. Womit das hierarchische Lehramt sich stark identifizierte, was etwa im Katechismus als Lehre und Praxis-Ordnung der Kirche niedergelegt ist, wird man auf jeden Fall dazuzurechnen haben. Das hierarchische Lehramt sei ja das Instrument, mit dem Christus durch den Heiligen Geist sicherstellen will, dass die Kirche unverirrlich bei dem bleibt, was er ihr für ihren Weg mitgegeben hat; dass die Kirche sein Instrument ist, mit dem die Gnade in die Welt hineinwirken und beginnen soll, sie zu heiligen.

Das ist eine fast perfekte Immunisierungs-Strategie. Die kirchliche Qualität des geweihten Amtes als von Gott durch Jesus Christus der Kirche eingestifteter Identitäts-Garant *in der Welt, aber nicht aus der Welt,* gilt als Glaubens-Gegenstand. Dieser Kirchen-Glaube darf sich nicht ernsthaft auf die Frage einlassen, ob hier jeweils ein für das Evangelium, die Kirche und die Menschen in ihr fruchtbarer Dienst geleistet wird. Nicht-Geweihte sind gar nicht bevollmächtigt, hier zu urteilen. Sie haben die konkrete Ausübung der kirchlich-hierarchischen Leitungs- und Entscheidung-Gewalt als vom substantiellen Kern der Kommunikation zwischen Christus und seiner Kirche unabänderlich *so gefordert* im kirchlichen Gehorsam hinzunehmen. Auch wenn man sich vieles anders wünschte: Im Wesentlichen ist, handelt und entscheidet die Kirche durch ihre Amtsträger so, wie es ihr von Gott in Jesus Christus alternativlos vorgegeben ist. So sei man auch darauf festgelegt, im säkularen Umfeld sinnvoll Erscheinendes zu unterlassen. Im Wesentlichen hat die Kirche nur die Alternative, ihrer Berufung gerecht zu werden. Sie tut es, wenn die geweihten Amtsträger tun, was ihres Amtes ist, was ihnen auch immer in ihrer Amtsführung an Menschlich-Allzumenschlichem unterlaufen mag.

Dass die Kirche ihren Auftrag so tiefgehend verraten und die ihr anvertraute Botschaft so erschütternd unglaubwürdig gemacht hat, sollte das

[207] Vgl. etwa Karl-Heinz Menke, Macht die Wahrheit frei oder die Freiheit wahr?, 77–99.

[208] Dazu soll auch gehören, dass das Weihe-Amt Männern vorbehalten ist; dass es – gegen den wissenschaftlichen Common sense – widernatürlich und deshalb verboten ist, homosexuelle oder diverse Veranlagungen zu leben.

diese Selbstgewissheit nicht erschüttern? Da ist viel Unehrlichkeit im Spiel, viel haltlose Rechtfertigung von nicht zu rechtfertigenden Zuständen und Strukturen. Müsste man nicht doch an die Substanz dran; nicht an den substantiellen Gehalt dessen, was Jesus Christus im Heiligen Geist mit seiner Kirche teilen will, aber an das, was man in diesen substantiellen Gehalt „hineingeheimnissen" will? Wird man der Lebens-Gefahr billiger begegnen können, von der die katholische Kirche in Deutschland und darüber hinaus in vielen Ortskirchen heimgesucht wird?[209] Da bräuchte es freilich eine entsprechende, Menschen- und Evangeliums-freundlichere Ekklesiologie.

6.3 Kirchen-Krise? Glaubens-Krise? Zeugnis-Krise!

Oder hat die Lebens-Gefahr der Kirche ganz andere Gründe? Ist das Sich-Abarbeiten an der Kirche als Institution, an den Verfehlungen der Kirchen-Menschen, das Verlangen nach neuen Strukturen, die das in Zukunft verhindern sollen, nur das Kurieren-Wollen an Symptomen? Da wird eine gründlichere Diagnose gefordert und auch gleich vorgelegt: Es ist zu wenig Glaube im Spiel; es fehlt der „rechte Glaube", der in der Kirche, wie sie nun einmal ist und von Jesus Christus so gewollt ist, den Ort der Wahrheit und das Sakrament der schon beginnenden Gottesherrschaft erkennt. Wer diese Glaubens-Einsicht aufbringt, sieht über „Makel und Runzeln" hinweg, die eine nicht mehr jugendfrische Mutter Kirche halt an sich trägt. Karl-Heinz Menke bringt diese Sicht auf den Punkt: „Die Krise, die die Kirche zumindest in den westlichen Gesellschaften durchlebt, ist weniger eine solche der Lehre als eine solche des Glaubens."[210]

Das ist die Interpretation der Krisen-Erfahrung, die von Köln und Bonn über Regensburg bis nach Rom bemüht wird, um den Reform-Diskussionen etwa im Zusammenhang mit dem in Deutschland versuchten synodalen Weg Einhalt zu gebieten. Es könnte sich um eine verheerend falsche Alternative handeln. Sie lässt nicht in den Blick kommen, dass die Glaubens- und Gotteskrise eine Glaubwürdigkeitskrise ist, in der der Glaubwürdigkeitsverlust einer traditionalistisch fixierten Kirche fast unauflösbar mit dem Entschwinden des Transzendenz-Bewusstseins amalgamiert ist. Man wird gut daran tun, nicht das Eine gegen das Andere auszuspielen. Wer sich darauf beschränkt, die Abkehr von einem intellektuellen Interpretations-Christentum zu fordern, das in den Glaubens-Relativismus führen müsse,

---

[209] Vgl. Daniel Bogner, Ihr macht uns die Kirche kaputt… doch wir lassen das nicht zu, Freiburg i. Br. 2019.

[210] Karl-Heinz Menke, Macht die Wahrheit frei oder die Freiheit wahr, 68.

und sich das Entscheidende von der Klarstellung übernatürlicher Heils-Fakten verspricht, die wieder gehorsam zur Kenntnis genommen werden müssten, der verkennt, wie viel Auslegungs-Sorgfalt aufzubringen ist, den Menschen heute einen Zugang zur tiefen Menschlichkeit des Glaubens zu erschließen. Wer sich aber alles von der Überwindung autoritärer Kirchenstrukturen verspricht, würde die Herausforderungen der Gotteskrise Kirchen-pragmatisch verkleinern.

Da sind zwei gegenläufige Schuldzuweisungen im Spiel, die sich kirchlich und theologisch fatal auswirken: Auf der „Rechten" redet man von Glaubens-Krise und gibt einer ungläubig gewordenen Welt *da draußen* die Schuld – und einer reformistischen Theologie, die mit ihr fraternisiert, statt ihr entgegenzutreten. Auf der „Linken" gibt man einer Hierarchie und einer Theologie die Schuld, die nicht gelernt und beherzigt habe, aufgeklärt-freiheitlich zu denken und den Geist der Aufklärung *hereinzulassen.* Wer sich nicht sofort auf eine Seite schlägt, reibt sich verwundert die Augen: Das kann doch nicht sein, dass man dieser Interesse-bedingten Alternativen-Anschärfung auf den Leim geht: Kirchenkrise vs. Glaubenskrise! Man mag sich ja derzeit so sehr unter Entscheidungsdruck fühlen, dass man mit einer schwer durchschaubaren Situation die Geduld verliert. Aber hilfreich wird das nicht sein. Mein Plädoyer für eine Theologie, der nichts Menschliches fremd ist, optiert dafür, der Krise mit hermeneutischer Geduld standzuhalten. Ja, es geht entscheidend darum, die Leben-öffnende, Leben-vermittelnde Inspirations-Kraft des Glaubens zu erschließen. Es geht darum, Menschen herauszufordern und zu befähigen, mit dem Glauben und im Glauben gute Erfahrungen zu machen. Genau deshalb geht es kirchlich darum, ihnen *Mitsprache* zu geben: damit sie verantwortlich mitsprechen und mitfragen als Zeugen der Gott-Suche und des Gott-Findens, als (Mit-) Gestalter(innen) von Gemeinden, in denen darum gerungen wird, wie das mitschwesterliche und mitbrüderliche Miteinander im Glauben und Zweifeln heute gelebt werden kann; als Erfahrungs-kompetente und mündige Mitmenschen, die sich nicht länger nur „demütig" anhören, was ihnen die Hierarchen über den Sinn ihrer Erfahrungen zu sagen haben und ihnen gerade dann mit größtem Nachdruck „verkünden", wenn sie sich mit solchen Erfahrungen kaum auskennen.

Es soll ja das Evangelium sein, an das man glauben darf. Zuerst und vor allem an die Kirche zu glauben, gegen den Augenschein ihrer moralischen und institutionellen Verkommenheit, wäre eine fast übermenschliche Zumutung. Eine Zumutung des *Glaubens?* Darf man die Krise tatsächlich vor allem den Nicht-genug-Glaubenden in die Schuhe schieben, die sich diese Zumutung nicht bieten lassen? Nicht auch der Institution Kirche, die sich an ihrer Sendung – an dem, was sie sein soll – so schmählich versündigt und zur Umkehr bereit sein müsste?

Ja, es ist von der Glaubens-Krise unserer Zeit zu sprechen. Johann Baptist Metz hat es treffsicher getan: „Geht denn alles, was das Christentum heute so schwer lebbar macht und so schwer modernitätsverträglich, auf das Konto eines engstirnigen, reformunwilligen Kirchensystems oder ist daran nicht auch das Evangelium, ist daran nicht auch Jesus selbst schuld" – Jesus, der Gottes-Mensch, dem man den Gott, den er den Menschen mitbrachte, nicht mehr abnehmen will, weil er so herausfordernd von ihm gesprochen und ihn „gehandelt" hat? Heute kommt – so Metz – die „Gotteskrise" in ihrer ganzen Dramatik heraus.[211] Und die Theologie vermag es nicht, ihr standzuhalten. So wäre es unredlich, die Glaubenskrise einfach als ein Zuwenig an Glauben – dann auch noch: an die Kirche – abzubuchen und sie denen zuzurechnen, die nicht bereit sind, „mehr" und entschiedener zu glauben. Ja, es trifft uns die Zumutung eines biblischen Gottesglaubens, der unserem postmodernen Selbstverständnis querkommt. Wir erkennen sie wieder in den Zeugnissen der Bibel; wir fühlen uns von Ijob wie von Jesus von Nazaret, von Paulus bis in den Kern der Glaubens-Existenz in Frage gestellt. Und an eine Kirche gewiesen, in der wir aufgenommen wären mit unseren Fragen und Ratlosigkeiten; eine Kirche, die ihre Berufung leben würde, Zugang zum Gottesgeheimnis zu sein, *Mysterium fidei*, Leib Christi, an dem man berühren könnte, worum es im Glauben geht und was uns hoffen lässt. Treffen wir sie an mitten im Leben und Fragen der Gottes-Irritierten, in Rufweite wenigstens für die im Menschlich-Allzumenschlichen sich Verlierenden?

Dass die Menschen sie da nicht finden, ist das Kirchen-Drama. Die „Gotteskrise" hat eine *Zeugnis-Krise* mit sich gebracht, eine tiefe Ratlosigkeit darüber, was kirchlich zu bezeugen ist; und natürlich – damit einhergehend – eine tiefe Ratlosigkeit darüber, wie es überzeugend bezeugt würde. In der Zeugnis-Krise verschränken sich Glaubens-Krise und Kirchen-Krise. Die Kirche hat sich das lange nicht eingestanden. Dass die Zeugnis-Krise so dramatisch kommen würde, hat sie überrascht, da sie es ekklesiologisch als selbstverständlich voraussetzte, dass man der Kirche ansieht, wofür sie steht. Sie hat es repräsentiert. Man hat *in persona Christi* gehandelt, sein Evangelium verkündigt, Gottes Gesetz eingeschärft, Christi Autorität in Anspruch genommen, um Gottes „Anliegen" gegen die Herren dieser Welt zu verteidigen. Hier war doch der Ort, an dem das Göttliche in der Welt vorkam; geschützt von denen, die mit göttlicher Vollmacht ausgestattet waren,

[211] Johann Baptist Metz, Der unpassende Gott. Gedanken zum Kirchenvolksbegehren, in: Frankfurter Allgemeine Zeitung vom 31. August 1995, S. 27.

diesen sakralen Ort gegen Weltlich-Allzuweltliche, das Menschlich-Allzumenschliche abzuschirmen. Ist *mehr* Zeugnis nötig und möglich: mehr als das, was in den Handlungen der Christus- und Gottes-Repräsentanten geschieht? Die Kirche: Enklave des Göttlichen im Menschlichen – dieses Bild ist dramatisch zusammengebrochen. Die institutionelle Reduktion des Christus-Zeugnisses auf Christus-Repräsentation will nicht mehr gelingen. Vielleicht kann man es auch so sagen: Eine ekklesiologische Häresie ist zusammengebrochen.

6.4 Die Sakralisierungsfalle

In der Christologie gehörte der Streit über den Monophysitismus zum Kern der Auseinandersetzungen um das rechte Glaubensbekenntnis der Alten Kirche. Jesus, der Christus, lebte nach monophysitischer Lehre als der inkarnierte Logos in der Welt *eine* Natur, die Menschliches und Göttliches ineinanderfließen ließ oder gar das Menschliche vergöttlichte. Man verurteilte den Monophysitismus, weil man befürchtete, die Göttlichkeit des Logos würde das Menschsein Jesu gewissermaßen überstrahlen, schließlich aufsaugen, es nicht in seiner Eigenwirklichkeit zum Tragen kommen lassen. Die großkirchliche Lehre verteidigte die Glaubens-Einsicht, dass dem menschgewordenen Gottes-Logos nichts Menschliches fremd blieb, dass nichts an seinem Menschsein verloren ging, da es zum menschlichen Dasein des göttlichen Logos in der Menschenwelt wurde. Als christologisch zentral hatte zu gelten: Das Göttliche geschieht im Menschlichen, nicht auf seine Kosten, vielmehr so, dass das Menschliche die kommunikative Präsenz des Göttlichen unter den Menschen ist.

Man kann den Eindruck haben, die Ekklesiologie habe die christologischen Einsichten des kirchlichen Bekenntnisses nicht nachvollzogen, sondern eher monophysitisch gedacht: Das innere Wesen der Kirche – Kirche als Mysterium mit ihren sakralen Strukturen und Vollzügen – ist eine göttliche Wirklichkeit. Sie ist nicht aus der Welt, sondern aus Gott; sie lebt in der Welt, ist von ihr aber nicht entscheidend bestimmt oder in Mitleidenschaft gezogen, von ihr allenfalls äußerlich tangiert: geheiligtes Gefäß der inneren Gnade, Christus-Wirklichkeit, die im Gegenüber zur Sünden-bestimmten Welt-Wirklichkeit Christus repräsentiert.[212]

---

[212] Johann Baptist Metz merkt zu diesem „modernen Monophysitismus" kritisch an, dass er „sich aus Christus nur noch legitimieren möchte, ihm aber faktisch nicht nachfolgt" (ders., Zeit der Orden, in: ders., Gesammelte Schriften, Bd. 7: Mystik der offenen Augen, Freiburg i. Br. 2017, 155–207, hier 175). Das ist die Kehrseite der hier nachgezeichneten Sakralisie-

Diese Ekklesiologie ist in gegenwärtiger Kirchen-Apologetik noch wahrnehmbar. Hier funktioniert sie so: Die sakramentale Innenseite der Kirche lebt die Kommunikationsgemeinschaft mit Christus in einem von den Einflüssen der Welt und der Geschichte weitgehend abgeschirmten *safe space*. Kirche ist der Sakral-Raum, der vor allem von Hierarchen und Geweihten „bewohnt" und vom Menschlichen *abgesondert* – reingehalten – wird, damit das Allzumenschliche nicht in ihn eindringe. Die in ihm das Hausrecht ausüben, sind eingeweiht in die Vollmachten, mit denen Christus seine Kirche leiten und durchleben will. Sie kommunizieren *in persona Christi* die Wahrheiten und teilen die geheiligten Gaben aus, auf die der rettende, rechte Glaube sich beziehen und aus denen er sich stärken muss. Sie empfangen das Geheiligte zuerst und authentisch und wenden es in ihrem Hirtendienst den Nichtgeweihten zu, die in den Vorraum des Heiligen eingelassen werden und am Geschehen des Heiligen in abgeschwächter Form teilnehmen können. Der mittelalterliche Lettner stellte diese Abgrenzung des Sakralen Bild- und Erfahrungs-mächtig dar; auch die Ikonostase des Ostens macht sie sinnenfällig: Der Kultpriester feiert im sakralen Bereich den Kult und durchschreitet gelegentlich die Tür zu den Welt-Menschen, um ihnen an den geheiligten Gaben Anteil zu geben. Er vermittelt priesterlich zwischen dem Heiligen und dem Profanen.

Das ist ein nach heutigen theologischen Standards beklagenswert defizitäres Bild von Kirche, entspricht aber den Vorstellungen einer Hierarchie, wie sie durch das neuplatonische Konzept des Dionysius Areopagita in Theologie und kirchliche Praxis Eingang gefunden hat. Es privilegierte die durch Weihe mit der göttlichen Salbung Ausgezeichneten als die dazu Bevollmächtigten, das selbst Empfangene auszuspenden. Die aus dem Volk *ausgesonderten*, durch Weihe geheiligten Kleriker sind die Gebenden, die an der ihnen je nach ihrem Stand zuteil gewordenen Fülle andere in begrenzterer Fülle und Qualität teilhaben lassen, sofern man sich dem öffnet, was von den Hierarchen an Heiligungs- und Wahrheitsmacht ausgeht. Die Geweihten teilen „nach unten" aus, was sie selbst haben; die Ungeweihten sind *nichts als Empfänger*. So realisiert Kirche das ihr Gegebene und darin auch ihr Wesen durch die Geweihten in strikter Einbahn-Kommunikation, in der es nur auf das ankommt, was sich von oben nach unten als heilsam und wahr mitteilt, weil es das ist, was *von außen* in die Welt einströmt.[213] Die

rungsdynamik: Die legitime, weil in *successio apostolica* ausgeübte Sakralmacht wird ekklesiologisch wichtiger als die *vita apostolica* in der Spur des Gekreuzigten.

[213] In der Welt, aber nicht von der Welt und deshalb dem Weltlichen, Naturhaften entnommen, ganz aus Gott, der außerhalb und oberhalb der Welt vorgestellt wird: Diese Inanspruchnahme von Joh 17,14–16 ist gewissermaßen das Standardmodell, das dieser Einbahnkom-

Geweihten sind in die ursprüngliche Kommunikations- und Kommunion-Gemeinschaft mit Christus eingeweiht, dazu berufen und darauf verpflichtet, mit Christus zu sein und weiterzugeben, was sie von ihm haben. Von Amts wegen sind sie nicht eigentlich dafür da, *mitten unter den Menschen*[214] zu sein. Das könnte sie von Christus und vom *Sacrum* wegführen.[215] Vielmehr sind die Laien gehalten, sich den Geweihten anzuschließen, damit ihnen zukommt, was diese ihnen austeilen. Die Amtsträger sind die priesterlichen Mittler zwischen Gott und den Menschen, Christus-Repräsentanten mit allen Merkmalen einer machtvollen Repräsentation, deren Inanspruchnahme nicht mehr die Frage aufwirft, ob sie dem Repräsentierten – dem machtlosen Jesus von Nazaret und gekreuzigten Gottessohn – noch entsprechen. Sie repräsentieren, damit den Laien die Gottes-Wirklichkeit in der Welt vor Augen stehen, damit sie für ihr Leben fruchtbar und maßgebend werden kann.[216]

Das 2. Vatikanum wollte in *Lumen gentium* diesem repräsentativen Hierarchie-Verständnis mit einer biblisch fundierten Communio-Ekklesiologie gegensteuern.[217] Und der gegenwärtig in vielen Ortskirchen erlebte Schwund an Priester-Berufungen – jedenfalls an solchen, bei denen sich junge Männer den gegenwärtigen Zugangsbedingungen zum Priestertum zu unterwerfen bereit sind – hat immerhin dazu geführt, die „Mitarbeit“ von

munikation und ja auch der im September 2011 von Benedikt XVI. in Freiburg erhobenen Forderung nach Entweltlichung zugrunde liegt.

[214] Dass „die da oben“ den Menschen nicht nahe seien, ist zu einer populistischen Parole geworden, in die man nicht zu schnell ekklesiologisch einstimmen dürfte. Aber es ist ja ein Aspekt in der herkömmlichen Zölibats-fokussierten Priesterausbildung gewesen, davor zu warnen, den Menschen und dem Menschlich-Allzumenschlichen zu nahe zu kommen. Vielen Priestern erwuchs daraus das Leid einer unerfüllten Sehnsucht. Es liegt auf der Hand, dass übergriffiges Nahekommen-Wollen *auch* eine krank gewordene Beziehungs-Sehnsucht ausagiert.

[215] Den geweihten Amtsträgern wird die Stola übergelegt: das Joch des Menschseins, den „Karren“ der menschlichen Existenz zu ziehen; ein Joch, das in der Christusnachfolge leicht wird (vgl. Mt 11,20). Dieses Zeichen steht jetzt für Ausgesondert-Sein und Privileg, mit Gold bestickt, traditionell so verstanden, dass man den Geweihten das Joch des Zölibats auferlegt, des Abstandnehmen-Müssens vom Menschlich-Allzumenschlichen.

[216] Das wird im römischen Katechismus (nach dem Beschluss des Konzils von Trient für die Pfarrer) so geltend gemacht: Das Amt der Geweihten ist – „ein solches, dass man sich kein höheres ausdenken kann, daher sie mit Recht nicht nur Engel, sondern auch Götter genannt werden, weil sie des unsterblichen Gottes Kraft und Hoheit bei uns vertreten“ (Zweiter Teil, siebentes Hauptstück, Nr. 2, dt. Ausgabe Kirchen 1970, 237).

[217] Das hat die prompte Reaktion Papst Pauls VI. hervorgerufen. Die *Lumen gentium* auf seine Entscheidung hin beigegebene *Nota explicativa praevia* spricht betont von einer Communio *hierarchica* (vgl. Nr. 2).

Nichtgeweihten am priesterlichen Amt[218] zu ermöglichen. Ein Mentalitätswandel im kirchlichen Alltags-Betrieb hin zu einer *kommunial-partizipativ* gelebten Kirche ist aber kaum erreicht worden. Dem stehen die kirchenrechtlichen Festschreibungen der hierarchischen Einbahn-Kommunikation und kirchlich-lebensweltlich das auch vom derzeitigen Papst beklagtes *Klerikalismus-Syndrom* im Wege. Die Missbrauchskrise in der Katholischen Kirche hat die Frage dringlich gemacht, ob dieses Syndrom nicht nur entscheidend zur Schädigung der Kommunikations- und Zeugnisgemeinschaft Kirche beigetragen hat, sondern vielfach auch eine Schädigung der mitmenschlichen Beziehungsfähigkeit von zölibatären Amtsträgern nach sich gezogen und im Einzelfall sexuellen Missbrauch begünstigt hat. Das heißt nicht, „der Kirche" oder ihrer Hierarchie die Schuld an diesen Verfehlungen unterzuschieben. Aber es heißt, ohne Wenn und Aber zuzugeben, dass kirchliche Institutionen und Strukturen und die zu ihrer Legitimation aufgebauten Mentalitäten alles andere als unschuldig sind – dass es in diesem Sinne eine Sünde *der Kirche* gibt, nicht nur in Sünde geratene Söhne oder Töchter der Kirche. Davon ist nun zu sprechen.

Das Klerikalismus-Syndrom und die mit ihm verbundenen Mentalitäten haben ihren Kern offenkundig in einer hochambivalenten *Sakralisierung* kirchlicher Machtentfaltung. Die Disziplinierungsmacht der Amtsträger (*potestas iurisdictionis*) ist in der katholischen Ekklesiologie eng an die Übertragung kirchlich-sakramentaler Heilungsmacht (*potestas ordinis/sanctificandi*) gebunden und von ihr her sakral aufgeladen. Der Geweihte ist Inhaber der Heilungsmacht, die ihm in der Weihe mitgeteilt wurde und nun von ihm gleichsam ausströmt. Er *dient*, tut, was seines Amtes ist, wenn er diese Vollmacht betätigt und von sich ausgehen lässt. *In persona Christi* ist er Quelle des schlechthin Guten.

Das Bild des Repräsentanten und Ausspenders einer sakralen Heiligungsmacht, die ihn selbst in seinem „Wesen" geheiligt hat, malt das Ausströmen von der Quelle des Heiligenden zu denen hin, die auf das heiligende Tun der aus dieser Quelle Schöpfenden angewiesen sind. Dieser Vorstellungs-Komplex hilft Geweihten mitunter, die mitmenschlich-allzumenschliche Realität ihres Amtsmissbrauchs ins Gegenteil zu verkennen, Macht-, Leibes-, Hoffnungs- und Glaubens-Missbrauch zu verdrängen, dessen sie sich schuldig gemacht haben: Ich habe gedient, nicht geherrscht, habe denen, denen ich mich zugewandt habe, Gutes gebracht! Durch mich geschieht doch Heiliges, mit meinem Tun gewinnt eine heilige Macht ihren

[218] Vgl. die von mehreren Kongregationen vorgelegte und von Papst Johannes Paul II. approbierte *Instruktion zu einigen Fragen über die Mitarbeit der Laien am Dienst der Priester* vom 15. August 1997.

Wirkungsraum. Da meint man auch konkret die Erfahrung zu machen, wie eine wohltuende, *heiligende Macht von mir ausgeht, ausströmt,* auf andere übergreift, ihnen heilsam wird. Die spirituell-theologisch legitimierte Selbst-Sakralisierung und der sozial-kommunikativ gestützte Amts-Narzissmus können sich so wechselseitig verstärken.

Das Schema des heiligen Mannes mit göttlicher Energie ist in den Religionen verbreitet, gestützt von einer spezifisch *männlichen* Erfahrung: Ich beglücke durch meine Lust, durch das, was von mir ausströmt. Wechselseitigkeit spielt da keine Rolle. Die klerikalistische Ausprägung dieses Bildes bestimmt bis in die Gegenwart ekklesiale Denkmuster, so auch die Geschlechter-Stereotype, die der Ablehnung der Frauenordination zugrunde liegt: Die Frau kann nur Empfangende sein. Der Mann ist Repräsentant Christi, von dem die Macht der Heiligung ausgeht[219]; er stellt sich ihr zur Verfügung – im Verzicht auf das Ausleben seiner Geschlechtlichkeit.

Damit ist nichts gegen das Zeichen der Ehelosigkeit um der Gottesherrschaft willen gesagt. Es hat eine hohe prophetische Bedeutung, nicht der Erfüllung in Partnerschaft und Familie, sondern dem Ankommen der Gottesherrschaft die erste Lebens-Priorität zu geben – zumal in einer bürgerlichen Gesellschaft, in der man ganz vom Streben nach einem allseits befriedigenden Alltags-Dasein in Anspruch genommen ist. Diese Bedeutung kann es aber nur gewinnen, wenn es als freiwillig gewähltes Zeugnis für eine Hingabe an die Christus-Nachfolge wahrgenommen wird, die den Mitschwestern und Mitbrüdern in der Gemeinde an die Gottes-Zukunft zu glauben hilft. Man sollte die Augen nicht davor verschließen, dass der *Pflicht*-Zölibat diesen Zeugnis-Charakter weithin verloren hat, aber noch immer das Zerr-Bild des heiligen, das Heilige repräsentierenden und vermittelnden Mannes stabilisiert: In ihm berührt man und wird man berührt, geradezu angesteckt von sakraler Heilungs-Macht. Er gibt, ist Quelle des Heilsamen, ohne mitmenschlich aufs Empfangen angewiesen zu sein. So muss gut sein, was von ihm ausgeht; man muss ihn einlassen ins eigene Leben – auch wenn es weh tut.[220]

Am schlimmen Missbrauch wird offenkundig, wie kirchliche Amts-Konzepte mit ambivalenten Stereotypen kontaminiert sind. Zu ihnen gehört

---

[219] Vgl. Apostolisches Schreiben von Papst Johannes Paul II. über die nur Männern vorbehaltene Priesterweihe vom 22. Mai 1994 sowie Erklärung der Kongregation für die Glaubenslehre zur Frage der Zulassung der Frauen zum Priesteramt vom 15. Oktober 1976, Verlautbarungen des Apostolischen Stuhls Nr. 117, Bonn 1994, 51 f.

[220] In jeder Biographie wird es andere Wege in diese menschliche Katastrophe gegeben haben und geben. Ich will hier nur systemische Faktoren nennen, die Missbrauchs-Biographien in einem katholisch-klerikalen Umfelds begünstigten. In anderen gesellschaftlichen Feldern wird man anderen typischen Milieufaktoren begegnen.

das Bild des ins Sacrum entrückten und das Heilige austeilenden Kult-Priesters, der sich vom Menschlich-Allzumenschlichen durch seine sakrale Ausstattung wie seine sexuelle Abstinenz geschieden weiß und von der Herausforderung, das „profane" Menschsein in all seinen Dimensionen mit seinem Priester-Sein zusammenzuhalten, nicht wirklich erreicht wird. Dass diese Herausforderung erst in unserer Zeit wieder ekklesiologisch wahrgenommen wird, führt vor Augen, wie lange die Selbstprivilegierung des zölibatären Kultpriesters von der Abwertung des Profan-Geschlechtlichen lebte – und zusammenbricht, wenn man sie nicht mehr mitvollzieht.[221] Das sakrale Renommee des Selbst-Opfers, das den Opfer-Priester in seiner Christus-Repräsentation aus dem Kirchenvolk herausheben und von den Laien wesenhaft unterscheiden sollte, wird nicht mehr als solches wertgeschätzt und von Betroffenen vielfach als ungerechtfertigte Lebens-Einschränkung empfunden, die man für einen lieb gewordenen Dienst in Kauf nimmt. Und es ist für die Mehrzahl der Geweihten auch kein Lebens-Konzept mehr, sich für den Verzicht auf gelebte Sexualität durch die exklusive Teilhabe an sakraler Macht und Aura entschädigen zu lassen. Nicht Wenige fühlen sich von der Kirche missbraucht: zu einem Ideal der Opfer-Existenz verführt, das nicht das Ihre war. Die Krisen, die hier lebensgeschichtlich aufbrechen können, überfordern viele Geweihte und lassen manche auf Abwege geraten.

Auf mittlere Sicht wird das Modell der priesterlichen Existenz unter Einschluss des Pflichtzölibats in den Gemeinden zum Randphänomen werden. Die sakrale Aura des nicht ins Menschlich-Allzumenschlichen Verwickelten, als deren Restbestand der Zölibat gilt, wird ausgedünnt, was dann auch die Sakramenten-Praxis in Mitleidenschaft zieht. Das wird man theologisch als problematisch ansehen, ist aber die Konsequenz einer Realitäts-Verweigerung durch die kirchlichen Leitungsinstanzen. Diese Konsequenz wird es mit sich bringen, dass „Laien" in die zentralen Rollen der

[221] Diese Abwertung wird in Abrede gestellt. Gleichzeitig bemüht man alttestamentlich-priesterliche Traditionen einer kultischen Reinheit, die den Geschlechtsverkehr als mit dem Dienst im Vollzug kultischer (Opfer-)Handlungen unvereinbar ansieht. Daraus wird – etwa bei Joseph Ratzinger – eine geradezu ontologische Unvereinbarkeit von priesterlicher und ehelicher Existenz abgeleitet. Worin aber liegt der Sachgrund für die behauptete Unvereinbarkeit? Und warum ist mit ihr gleichwohl keine religiöse Abwertung des Geschlechtlichen verbunden? Dass der Pflicht-Zölibat für Priester eine sinnvolle Alteritäts-Markierung schützt, sei zugestanden. Die Frage darf aber aufgeworfen werden, welche Alteritäts-Markierungen – welche Ausdrucksformen alternativen Lebens – den Sinn des Christseins heute vorrangig zum Ausdruck bringen und mit welchen kirchlichen Rollen sie verbunden sein sollten. Vgl. die Debatte zwischen Ludger Schwienhorst-Schönberger (Der verleugnete Tempel. Warum Benedikt XVI. mit seinem Zölibats-Artikel Recht hat) und Bruno Hünerfeld (Engelsgleich? Warum Benedikt XVI. mit seinem Zölibats-Artikel Unrecht hat) in: Herder Korrespondenz 74 (3/2020), 46–49 bzw. 49–51.

Verkündigung und der Seelsorge einrücken, wie groß die Widerstände der Kirchenleitung dagegen auch sein mögen. Damit würden in der katholischen Kirche die Entwicklungen in den Kirchen der Reformation hin zu einem weithin entsakralisierten Amt der Gemeindeleitung genau in dem Moment nachvollzogen, wo man dort die Gemeinde-bildende Bedeutung der Sakramenten-Praxis neu verlebendigt. Die römisch-katholische Praxis würde sich überleben, weil sie von der extremen Polarisierung zwischen priesterlicher Sakral-Sphäre und der eher profanen „Welt" der Laien im 19. Jahrhundert nicht loskommt. Die Fixierung auf ein Amt, das mit dem Eingeweiht-Werden in sakrale Vollmachten die Anbindung der Kirche ans Sakrale garantiert und repräsentativ ist für ein *essentialistisches* Kirchen-Verständnis, würde unter dem Druck der Verhältnisse durch eine eher pragmatische Aufgaben-Verteilung und ein entsprechend *pragmatistisches* Kirchenbild überholt.[222]

Die Neuzeit-feindlich gesteigerte Sakralisierung kirchlicher Strukturen und Handlungs-Subjekte wollte diese aus dem Bereich des Menschlich-Allzumenschlichen – der Natur-Ambivalenzen – herausnehmen, verdrängte aber nur, wie tief die Kirche und ihr Personal ins Menschlich-Allzumenschliche eingebunden blieb.[223] Dass das Verdrängte vielfach allzumenschlich, auch unmenschlich, wiederkehrte, gehört zum Bild der Kirche in den letzten Jahrhunderten. Das zwingt heute, da das alles offen-

[222] Dagegen wehrt sich das hierarchische Lehramt mit aller Macht. Welche skurrilen Formen dieser Widerstand annimmt und zu welchen hanebüchenen „Argumenten" er seine Zuflucht nimmt, davon kann man sich anhand der römischen Interventionen gegen die Übernahme der Homilie in der sonntäglichen Eucharistiefeier und zur Gemeindeleitung durch Laien überzeugen; vgl. zuletzt die Instruktion der Kongregation für den Klerus *Die pastorale Umkehr der Pfarrgemeinde im Dienst an der missionarischen Sendung der Kirche* vom 20.07. 2020. Skurril sind solche Texte zumindest darin, dass sie die Selbst-Widersprüchlichkeit des römischen Amtsverständnisses gewissermaßen öffentlich ignorieren: Durch die Einschärfung der Zölibats-Verpflichtung provoziert man ja den Priestermangel, der es unmöglich macht, die hier verpflichtend gemachte Gemeindeleitung ausschließlich durch Priester aufrechtzuerhalten. Es scheint den Verfassern dieser Instruktion auch nicht das Geringste auszumachen, dass sie die ekklesiologisch so zentralen Themen *Umkehr* und *missionarische Sendung* durch das realitätsfremde Festhalten an überkommenen kirchenrechtlichen Fixierungen als bloße Sprechblasen diskreditieren. Ohne Rücksicht auf Verluste versteift man sich auf ein klerikalistisches Alternativen-Denken, wonach die Vorrechte der Geweihten dadurch geschützt werden müssen, dass man die Partizipation der Laien an der missionarischen Sendung der Kirche auf bloße Hilfsdienste zurückstutzt. Ich will jedoch nicht verhehlen, dass hier miserable Argumente für eine ekklesiologische Intuition in Anspruch genommen werden, die in der katholischen Kirche nicht übergangen werden darf: den „Essentialismus einer Nachfolge", der sich nicht in allem dem Pragmatismus der Organisations-Optimierung unterwerfen darf, sondern in der Kirche den Sinn des Kirche-Seins zu schützen hat.

[223] Das erklärt Einiges an der hilflosen Vertuschungs-Strategie, mit der die katholische Kirche die Aufdeckung der Missbrauchs-Praktiken in ihren Reihen so lange sabotiert hat.

sichtlich geworden ist, zu einer Ekklesiologie, die das Menschliche als Realisierungs-Ort von Kirche ernst nimmt und die Versuchung zum ekklesialen Monophysitismus überwindet; zu einer Ekklesiologie, die *menschliche* Ressourcen als Gottes Gnadengaben wertschätzt und eine *Participatio activa* der Nichtgeweihten denken kann, in diesem Sinne die Teilnehmer-Perspektive einnimmt[224]; zu einer Ekklesiologie, die geschichtliche Entwicklungen als Kairos verstehen kann und die Missachtung des Menschlichen in der Kirche nicht mehr hinnimmt. Nicht die Kirche, die ihr *Von oben* und *Von außen* zur Geltung bringen will, wird Zukunft haben, sondern die Kirche *in der Welt von heute*, von ihr in Mitleidenschaft gezogen und zur Solidarität herausgefordert, in sie verwickelt und verpflichtet, ihr Mittendrin- und Dazwischen-Sein und nur so ihr Aus-Gott-Sein wahrzunehmen.

6.5 Die Kirche Jesu Christi: eine *menschliche* Kirche

Die ekklesiologische Wesens-Unterscheidung zwischen sakral-klerikalem „Kern", in dem das für die Kirche Konstitutive geschehe, und dem profan Geschichtlichen der Welt *draußen*, in dem die Laien ihren Glauben leben, zeichnete das sakrale Innere – die Kirche als „Gottes-Raum" – als gewissermaßen sakrosankt aus. Es ist, anders als das Profane, menschlichem Zugriff entzogen. So steht Kirche auch im „Wesentlichen" jenseits geschichtlicher Veränderungen. Der Ritus führte das vor Augen, solange er sich seiner Historisierung entziehen konnte. Die sakrosankte Struktur hatte den ekklesialen Binnenraum gegen das Hineingezogen-Werden ins Menschlich-Relative und Allzumenschliche zu schützen.[225] In ihm war auch das vom Magisterium in Geltung gesetzte Glaubensgut dem Einfluss wechselnder menschlicher Meinungen entzogen. Die Sakralisierung kirchlicher Institutionen und Glaubenslehren ermöglichte es bis ins 20. Jahrhundert, ihr Eingebundensein in geschichtlich-kulturelle Entwicklungen

[224] Dass die sakramentale Participatio am Heiligen „von oben" und die Participatio der Laien „von unten" sich nicht ausschließen, ist auch nach dem 2. Vatikanum ein noch nicht im Ansatz bewältigtes ekklesiologisches Lernpensum. Zu tief hat sich hier eine falsche Alternative in katholische Mentalitäten „hineingefressen"; vgl. mein Buch: Grundfragen der Ekklesiologie, Freiburg i. Br. 2009, 134–143.

[225] Dass kirchliche Strukturen sich in der Antike weitgehend nach dem Vorbild profaner und römisch-rechtlicher Organisationsformen ausbildeten, blieb weitgehend verdrängt. So müsste Michael Seewalds Mahnung gerade in der Ekklesiologie Gehör finden, die Theologie solle „vorsichtig damit sein, Schutzgebiete einer offenbarungsgestützten Sonderlogik zu errichten, wenn sie nicht selbst zu einer Insel der Unvernunft werden will" (Kirche sein im Werden, in: Christ in der Gegenwart 71 [2019], 477 f., hier 478).

und menschlich-allzumenschliche Interessenlagen zu marginalisieren. Für die verbindlich gemachten Inhalte und Geltungen waren sie bedeutungslos.

Dass auch die religiöse Wahrheit, wie die Kirche sie lehrt, unantastbar ist, gewann für die katholischen Kirche seit dem 19. Jahrhundert und mit dem Verlust ihrer weltlich-staatlichen Souveränität als Identitäts-Garantie eine zentrale Bedeutung. Das 1. Vatikanum stellte klar: In der Substanz ändert sich an den in der Kirche von den zuständigen Autoritäten verbindlich gemachten Wahrheiten nichts; sie sind ja eigentlich nicht von dieser Welt. 1907 lehnte das Magisterium in diesem Sinne die „modernistische" These ab, wonach Dogmen „keine vom Himmel gefallenen Wahrheiten [seien], sondern […] eine Auslegung religiöser Tatbestände, die sich der menschliche Geist in mühevollem Unterfangen zusammengestellt" habe.[226] Das Modell der vom Himmel gefallenen Wahrheiten mag obsolet geworden sein. Karl-Heinz Menke kann aber immer noch daran festhalten, dass ordentliches wie außerordentliches Lehramt über „einen intersubjektiven Zugang zu der Wahrheit [verfügen], die der göttliche Logos ist." Die Lehre der Päpste und der Bischöfe repräsentiert danach die Kommunikationsgemeinschaft, in der die Kirche mit Christus lebt; sie „kommuniziert [in spezifischer Weise; J. W.] mit der Wahrheit, die der Logos Gottes ist"[227], hat sicherzustellen, dass die geoffenbarte Wahrheit in der Kommunikationsgemeinschaft der Kirche mit Christus zum Tragen kommt. Aber was ist diese Wahrheit? Ist sie nicht die Wahrheit der den Menschen in Jesus Christus mitgeteilten, rettenden Gottes-Gemeinschaft und als solche das, woran sich die Glaubenden immer halten dürfen, in diesem Sinne, nur in diesem Sinne, *übergeschichtlich?* Geschichtlich aber darin, dass sie den Menschen in Jesus Christus menschlich-geschichtlich geschehen ist und im Heiligen Geist der Kirche, jedem Einzelnen in ihr, geschichtlich geschieht? Ist sie nicht in diesem Sinne das je neu lebendige *Evangelium*, das in kirchlicher Lehre gültig ausgelegt und vor Verfälschung geschützt werden soll?

So wird man weiterfragen: Gehören zum Evangelium Christi alle kirchlich als Glaubens-verbindlich gelehrten Wahrheiten bis hin zur Unmöglichkeit der Frauenordination und zur Widernatürlichkeit homosexueller Handlungen? Gehören zu ihm die Formulierungen der kirchlichen Glaubensbekenntnisse – und zwar in der Bedeutung, die mit ihnen beigelegt wurde, als sie formuliert wurden oder in Gebrauch kamen? Vielleicht darf man es so sagen: Dogmen und Bekenntnisformeln enthalten die in Christus

[226] Dekret *Lamentabili*, Nr. 22, DH 3422. Das ist ein Musterbeispiel dafür, wie man in einer durch und durch falschen Alternative entscheidet; man hat sie sich so zurechtformuliert, dass das Verurteilte leicht als falsch ausgegrenzt werden kann.

[227] Karl-Heinz Menke, Macht die Wahrheit frei oder die Freiheit wahr?, 77.

kommunizierte, für den christlichen Glauben unbedingt verlässliche Gottes-Wahrheit des Evangeliums. Dieses Enthalten-Sein wird nicht von geschichtlichen Bedingungen oder Veränderungen außer Kraft gesetzt. Die Glaubenden werden sich immer daran halten dürfen. Was Dogmen und Glaubensartikel aber im Einzelnen für den Glauben an das Evangelium bedeuten, muss in der Kommunikations-Gemeinschaft Kirche je neu eruiert und ausgelegt werden, sonst drohen sie formal gültig zu bleiben, inhaltlich aber bedeutungslos, gar missverständlich zu werden. Es ist tatsächlich ein erhebliches Risiko, „einer Formulierung treu [zu bleiben], aber nicht die Substanz [zu überbringen].“[228]

Die in der Kirche kommunizierte Gottes-Wahrheit des Evangeliums wird ihr in *menschlich-geschichtlicher* Weise zugänglich, in geschichtlich bedingten Vorstellungshorizonten und sprachlichen Ausdrucksformen, heimgesucht zudem von der „sündigen Verfallenheit und Zweideutigkeit menschlichen Sprechens“[229] und Sich-durchsetzen-Wollens, das der Kirche ja nicht fremd ist – in nicht vorhersehbaren Situationen, in denen das damals Artikulierte eine neue Bedeutung gewinnt oder Bedeutungs-Aspekte verliert, die damals Glaubens-wichtig schienen.[230] Einer lebendigen Kommunikations-Gemeinschaft wird diese Erfahrung nicht fremd sein. Sie kann kritisch werden und in Auslegungs-Konflikte hineinführen, in denen das hierarchische Lehramt das in den Auslegungen *Auszulegende* in Erinnerung zu rufen hat, dabei jedoch zur Kenntnisnahme der jeweiligen Problemlagen verpflichtet ist. Es hat sich allzu oft mit Problem-Verdrängungen begnügt.

Ich will exemplarisch auf eine Formulierung des Apostolischen Glaubensbekenntnisses zu sprechen kommen, die in der Alten Kirche eine große christologische Bedeutung hatte, in der Folge aber eher mariologisch isoliert verstanden wurde und auch zur Abwertung der menschlichen Sexualität beigetragen hat: *geboren aus der Jungfrau Maria.* Diese Formel ist von der Überlieferung der Kindheitsgeschichte nach dem Matthäus- und Lukas-

---

[228] Papst Franziskus, Apostolisches Schreiben *Evangelii gaudium*, Ziffer 41.

[229] Walter Kasper, Dogma/Dogmenentwicklung, in: P. Eicher (Hg.), Neues Handbuch theologischer Grundbegriffe. Erweiterte Neuausgabe, München 1991, Bd. 1, 292–309, hier 303. Schon Karl Rahner hatte ein sündiges Dogmatisieren nicht ausgeschlossen und gefragt: „Kann nicht auch eine an sich als wahr zu qualifizierende Aussage voreilig, überheblich sein, kann sie nicht die geschichtliche Perspektivität eines Menschen so verraten, dass diese Perspektive sich als geschichtlich schuldhafte verrät, kann nicht auch eine Wahrheit gefährlich sein, zweideutig, versucherisch, vorwitzig, kann sie nicht den Menschen in eine Situation der Entscheidung hineinmanövrieren, die ihm unangemessen ist?“ (ders., Was ist eine dogmatische Aussage?, in: ders., Schriften zur Theologie, Bd. V, Einsiedeln – Zürich – Köln ^{2}1964, 54–81, hier 58).

[230] Vgl. Michael Seewald, Lehre und frohe Botschaft. Im Gespräch mit Thomas Marschler, in: Herder Korrespondenz 74 (1/2020), 48–50.

evangelium hergeleitet; so wurde sie in dem Sinne verstanden, dass Maria Jesus ohne die Mitwirkung eines Mannes empfangen hat: gezeugt durch den Heiligen Geist. Diese Überlieferung bleibt im Neuen Testament nicht unkommentiert. Der Johannesprolog metaphorisiert das Motiv der Geistzeugung und sagt es von allen Glaubenden aus: von „allen […], die ihn [den Logos] aufnahmen […] die nicht aus dem Blut, nicht aus dem Willen des Mannes, sondern aus Gott geboren sind“ (Joh 1,12–13). So hat man die Frage aufgeworfen, ob die Formulierung des Glaubensbekenntnisses nicht als Metapher zu verstehen sei und man ihr etwa diese Glaubenswahrheit entnehmen dürfe: Jesus, der Christus, ist der Mensch ganz und gar aus Gott, ganz ein Geschöpf des Gottesgeistes. In ihm erreicht uns Gottes Wesens-Wort, seine Selbstmitteilung. So ist auch Christi Heilswirken allein Gottes Werk; es ist nicht aus den Bedingungsgeflechten der Menschengeschichte herleitbar und geschieht doch in diesem Menschen, inmitten der menschlichen Geschichte, einbezogen in das Geflecht menschlicher Bedingtheiten. Dass das Heilswerk Gottes in Jesus Christus allein aus Gott geschieht und seine Initiative ist, wird im Bekenntnis der Kirche so ausgesagt, dass auch sein Menschsein ganz aus Gott ist – durch den Geist gezeugt. Nach dem Glaubensbewusstsein der Alten Kirche schließt das freilich aus, dass sein Menschsein sich auch der Zeugung durch Josef verdankt.

Für heutiges Verstehen sind mit dieser Vorstellung große Schwierigkeiten verbunden. Das *Allein aus Gott* auch des biologisch-menschlichen Lebens Jesu geriet in Spannung zum neuzeitlichen Wissen um die Zeugung des Menschen, nach der die Frau die Hälfte des menschlichen Genoms einbringt, die Nicht-Beteiligung des Mannes also nicht für ein „biologisch“ verstandenes *Allein aus Gott* stehen kann. Hier wird schon der hermeneutische Druck spürbar, den theologischen Sinn der Metapher gegen einen – *damals* intendierten, aber anders erfassten – biologischen Sinn der Formel zu retten. Der Druck verstärkt sich, wenn man wahrnimmt, dass eine biologisch verstandene Zeugung Jesu ohne Mitwirkung eines menschlichen Vaters sein unverkürztes Menschsein in Frage stellt. Kann er ganz Mensch sein, wenn die Hälfte des Genoms nicht von einem Menschen eingebracht, sondern aus Gott ist? Das heutige Verständnis der Zeugung, an dem man theologisch nicht rütteln kann, macht Vorstellungen schwierig, die von einem anderen Bild der Zeugung her theologische Bedeutung gewannen.

Der Glaube der Alten Kirche musste diese Spannungen nicht wahrnehmen, so sehr ihm die Vorstellung einer Zeugung ohne menschlichen Vater als „wunderbar“ erschien: Für Gott ist kein Ding unmöglich (Lk 1,37). Aber soll man ihm das Widersprüchliche zuschreiben: dass er seinen Sohn sendet, ganz menschlich Gottes Logos unter den Menschen zu sein, und dafür eine Weise der Menschwerdung wählt, die nur ein „halbes Menschsein" begründet? Wie kann die Kommunikationsgemeinschaft Kirche mit solchen Veränderungen eines Wissensbestandes umgehen, die zu kaum auflösbaren Spannungen im Glaubensbewusstsein führt? Man wird auf Dauer nicht damit durchkommen, sie zu bagatellisieren oder mehr schlecht als recht zu überbrücken. Es wird sich immer dringlicher die Frage stellen, wann und wie neuen Erfahrungen in der Geschichte und dem darauf aufbauenden Wissen das Recht zuerkannt werden muss, überlieferte Vorstellungen, auch normative Artikulationen des Glaubens, für ein anderes Verständnis zu öffnen als das in der Tradition vorherrschende und kirchlich als verbindlich angesehene.[231] Es mag sein, dass das Lehramt *hic et nunc* dieses Wagnis noch nicht eingehen will. Dann sollte es den Hic-et-nunc-Charakter seines Lehrens deutlicher machen[232] und nicht den Anspruch erheben, den Sinn einer Glaubens- oder Sittenlehre für alle Zeiten festzuschreiben. Das würde nicht bedeuten, Dogmen oder andere kirchliche Lehren mit einem „Verfallsdatum" zu versehen, sondern die Möglichkeit in den Blick rücken, dass das Lehramt im Ernstnehmen geschichtlicher Entwicklungen lernen kann, neue Dimensionen der Glaubensüberlieferung zu erfassen und über frühere Festlegungen hinauszukommen.[233]

---

[231] Zu nennen sind etwa die Erfahrungen mit der modernen Demokratie. Beliebt ist hier ja das „Argument", in der Demokratie gehe alle Macht vom Volk aus, in der Kirche von Gott. Wie ist es mit der Macht, die sich die Hierarchen über die Jahrhunderte genommen haben, indem sie andere Instanzen in der Kirche ohne theologische Begründung entmachteten? Der Hinweis, die Kirche sei keine Demokratie, weil in ihr nicht über Wahrheit abgestimmt werden könne, verkennt demokratische Verfahren. Auch in modernen Demokratien wird nicht über Wahrheit wie etwa über die Menschenrechte abgestimmt. Abgestimmt wird über Fragen, in denen mehrere legitime Antworten für ein anstehendes Problem möglich sind. Dass es mitunter schwierig ist zu entscheiden, ob es mehrere legitime Antworten gibt, widerlegt nicht die prinzipielle Einschränkung des Abstimmungsfähigen. Kirchliche Amtsträger nehmen diese Einschränkung auch deshalb nicht zur Kenntnis, weil sich die Frage anschließt, mit welchen tragfähigen theologischen Argumenten bestritten werden kann, dass es solche Fragen gibt, zu denen mehrere kirchlich legitime Antworten möglich sind und die deshalb eine demokratische oder synodale Mitwirkung von Laien erlauben. Man denke etwa an Wahlen kirchlicher Amtsträger auf allen Ebenen.

[232] Exemplarisch wäre hier die Stellungnahme der Enzyklika *Humani generis* vom 12. August 1950, die den Polygenismus zurückweist mit der allerdings etwas versteckten Maßgabe: solange nicht ersichtlich ist, wie er sich mit der kirchlichen Erbsünden-Lehre vereinbaren lässt (vgl. DH 3897).

[233] Nichts anderes hat Michael Seewald ins Gespräch gebracht. Wenn Thomas Marschler ihm das Plädoyer für „mit Verfallsdatum ausgezeichnete Dogmen" unterstellt, so scheint mir das wenig hilfreich, in der Diskussion weiterzukommen. Das Reden vom Verfallsdatum verrät womöglich nur, wie wenig man sich geschichtliche Lernprozesse vorstellen kann. Das provoziert dann die grundfalsche Alternative zwischen einem Bleiben in der unveränderlichen kirchlichen Tradition und der Haltlosigkeit einer Reformforderung, die kirchliches Lehren mit Verfallsdatum versieht (vgl. Thomas Marschler, „Zukunftsorientierte Umgestaltung"? Zu Michael Seewalds „Reform – Dieselbe Kirche anders denken", in: Herder Korrespondenz 73 [12/2019], 47–50, hier 50).

6.6 Für eine Kirche, der das Neue nicht fremd bleibt

Sakralisierung macht das Sakralisierte – kirchliche Strukturen und Glaubenslehren – übergeschichtlich, ungeschichtlich. Man darf sich nicht darüber wundern, dass sie dann in die Krise geraten: Es kann nichts geschehen, was an ihnen Nennenswertes ändern würde. So können sie sich nicht erneuern. Man wiederholt ihr *Immer* oder *Ein-für-alle-Mal*, bemerkt nicht, dass es sich verändert, weil der Kontext sich verändert, in dem es geglaubt wird. Das Ergebnis: eine, Kirche, eine Theologie, die nicht mehr mitkriegen, was sich tut – in Geschichte, Kirche und Welt; darauf auch nicht neugierig sind: Man muss sich auf dieses oder jenes einstellen, weil man sonst die Leute nicht mehr erreicht. Aber es interessiert nicht wirklich; es ist in der Regel nichts Gutes, religiös Erfreuliches, was sich da in die Wahrnehmung drängt. Man sollte sich besser nicht in es hineinziehen lassen. So bleiben eher Abgrenzung und Verteidigung gegen die „Neuerungen" angesagt.

Einer Kirche, einem Glauben, einer Theologie, denen nichts Menschliches fremd ist, dürfte die Geschichte nicht fremd bleiben, die eigene, Menschheits- und Menschen-Geschichten. Wem die nicht fremd bleiben, den verändern sie. Man kann nicht unbeeindruckt bei dem bleiben, was man bisher getan und gewusst hat. Immer wieder geschieht etwas, das das verblüffungsfeste Weitermachen *unterbricht*[234], im Großen und im Kleinen. Wer nur weitermacht, den nimmt die Vergangenheit mit sich, in der er sich ohne Wenn und Aber festgemacht hat.

Eine Kirche, der nichts Menschliches fremd ist, ist begegnungsbereit: Es kann ihr begegnen, was sie verändert, erschüttert, nicht nur in Äußerlichkeiten, sondern tief in die eigenen Selbstverständlichkeiten eingreifend. Es kann ihr geschehen, dass sich das Gefüge ihrer Lehren und institutionellen Gegebenheiten lockert und verändert, weil menschliches Wissen, Sichselbst- und Die-Welt-Verstehen dazu zwingen, Altüberliefertes neu zu verstehen. Der kirchliche Elementar-Impuls, sich davor zu schützen, ist verständlich, aber tief ambivalent. Wo er das kirchliche Feld beherrscht, verrät er die Skepsis gegen alles, was *von außen* kommt und in das wohlbehütete *Innen* der Kirche eindringen will. Nichts Menschliches ist ihr fremd? So vieles bleibt ihr fremd, viel menschliche Erfahrung bleibt ihr unzugänglich, weil es – so der weithin grassierende Pessimismus kirchlicher Wahrnehmung – nicht gut sein kann, daran teilzuhaben. So viel Menschliches bleibt

[234] Von Johann Baptist Metz stammt der viel zitierte Satz: „Kürzeste Definition von Religion: Unterbrechung" (Glaube in Geschichte und Gegenwart, 150). Sich unterbrechen und in Erstaunen setzen lassen, aber eben auch, sich dem unvergleichlich Erschreckenden – Auschwitz – aussetzen müssen, an dem die „Verblüffungsfestigkeit" der Theologie zerschellen müsste: Das hat Metz ihr immer wieder abverlangt.

ihr fremd, weil man sich vor „unguten Einflüssen“ schützen will, vor den Menschen, den Sündern, die sie sind, und die Dinge nicht so sehen und erleben wie „die“ Kirche. Von ihr hören sie als erstes: Du bist nicht gut! Das elementare Menschen-Bedürfnis, dass mich jemand gut findet und sich für meine Erfahrungen interessiert, wird in der Kommunikationsgemeinschaft Kirche, wenn sie in ihrem Pessimismus befangen bleibt, durchkreuzt: Nein, du und deine Erfahrungen sind nicht gut! Nur Gott kann dich gut machen, dir gute Erfahrungen vermitteln. Nur in der Kirche kannst du gut werden – wenn du ihr in allem folgst!

Wenn es sich so anfühlt, ist Kirche nicht mehr begegnungsbereit, so freundlich sie sich gibt; ist sie nicht überraschungs- und veränderungsbereit. Dann bleibt ihr das Menschliche fremd, das unvorhersehbar hereindrängt, bleiben ihr die Menschen fremd, die mit ihren Erfahrungen Einlass begehren oder sich resigniert abwenden. Dann wird ihr auch Gott fremd, der Gott des Heute, der „immer Neuheit [ist], die uns antreibt, ein ums andere Mal aufzubrechen“[235]. Sie rechnet dann nicht mehr mit dem *Heute Gottes*, damit,

> „dass Gott heute immer noch sprechen kann, und zwar in der Weise der Neuheit Gottes, die sich nicht einfach aus dem, was wir schon von ihm wissen, deduzieren oder extrapolieren lässt. [Mit dem Heute Gottes ernsthaft zu rechnen] bedeutet demnach prinzipiell und methodologisch, sich vieler Dinge zu entledigen, auch wenn die Kirche meint, sie besäße schon viel von Gott. Es bedeutet, das Nichtwissen zu akzeptieren, um von Gott und von seinem Willen heute etwas erfahren zu können.“[236]

Wer das Heute Gottes zulässt, muss es darauf ankommen lassen, dass Gott von außen „anklopft“ (vgl. Offb 3,20) und aus der Abgeschlossenheit eines kirchlichen Binnenraums herausruft. Das Kirchen-Bewusstsein muss empfänglich sein für die Erfahrungen der Anderen, der Wissenschaften, der anderen Religionen[237] und Kulturen, auch der Agnostiker und Atheisten. Eine kirchliche Teilnehmer-Perspektive, in der mit der einmal geschehenen Offenbarung alles geklärt wäre, hätte dem Menschlichen den Rücken gekehrt, würde es, wenn es Aufmerksamkeit verlangt, eher als störend ansehen. Die Kirche wäre alt geworden, der ewigen Rückfragen und Widerreden

[235] Papst Franziskus, *Gaudete et exsultate*, Ziffer 135.

[236] Jon Sobrino, Gemeinschaft, Konflikt und Solidarität in der Kirche, in: I. Ellacuria – J. Sobrino (Hg.), Mysterium Liberationis. Grundbegriffe der Theologie der Befreiung, dt. Luzern 1996, 851–878, hier 854.

[237] Einen lebendigen Eindruck davon, was die Theologie da erwartet, vermittelt die Komparative Theologie; vgl. Klaus von Stosch, Komparative Theologie als Wegweiser in der Welt der Religionen, Paderborn 2012.

überdrüssig, mit schwachen Nerven, ohne Geduld. Die Alten sind meist nicht so, wollen teilnehmen, mitbekommen, was dran ist. Das könnte der „alten" Kirche ein Vorbild sein: neugierig sein auf das, was kommt – die Zuversicht des Glaubens stärker werden lassen, dass Gott jetzt geschehen kann: mir, uns, durch uns, durch die Anderen.[238]

Nicht das *Gestern* verlieren, das Ein-für-alle-Mal des *damals* zum Heil der Menschen Geschehenen, der sakramentalen Kommunikationsgemeinschaft Kirche in Gottes Geist immer wieder neu Geschehenden – und doch bereit sein für das *Heute* der Menschen mit ihren neuen Erfahrungen und Einsichten, für das Heute Gottes, das sich dem Begegnungs-bereiten Miteinander der Menschen *jetzt* einzeichnet, für den Gott, der dazwischenkommen, mit den Menschen und der Kirche etwas anfangen will: Das wäre das immer wieder neu zu erarbeitende Meisterstück der Theologie wie der Kirche. Dass die lehramtlichen Autoritäten in der Kirche eher aufs Bewahren setzen, die Theologie – nicht immer schon, aber immer mehr – auf das Wagnis ins Heute hinein, ist fast selbstverständlich. Die Dramatik des Miteinanders zwischen Lehramt und Theologie hat der Theologie in der Geschichte der Kirche bis in die Gegenwart hinein viel zugemutet, auch viel Unnötiges. Spätestens vom 19. Jahrhundert an hat sie sich in die Rolle einer Hilfswissenschaft des Lehramts hineingedrängt gesehen, die Argumente für das bereitzustellen hatte, was das Lehramt sagen wollte oder schon gesagt hatte.

Heute ist offenkundig: Nur im solidarischen Miteinander werden Lehramt und Theologie die schwere Kunst des Zusammenhaltens ausbilden und üben können: des Zusammenhaltens von Bewahren und Entdecken, von Schützen und Aufs-Spielfeld-Gehen. Da kommt es zu Kunstfehlern in großer Zahl – bei Lehramt und Theologie; da kommt es zu Katastrophen – auf Seiten des Lehramts wie der Theologie; zu Verheerungen, die kirchliches Leben ums Leben bringen und die Gefahr heraufbeschwören, dass man den guten Geist in der Kirche auslöscht. Einer Kirche, die sich in sakramentaler Kommunikationsgemeinschaft mit ihrem Herrn weiß, kann das nicht geschehen, wissen die Kirchen-Apologeten. Doch, es kann dazu kommen. Das sakramentale Zeichen für Christus, das Licht der Völker[239], kann dramatisch

[238] Papst Franziskus spricht den jungen Menschen im nachsynodalen Schreiben *Christus vivit* vom 25. März 2019 die Berufung zu, das „Jetzt Gottes" zu sein und zur Erneuerung des Glaubens und der Kirche aufzubrechen (Drittes Kapitel). *Christus vivit* endet mit der bewegenden Bitte des Papstes: „Liebe junge Menschen, es wird mir eine Freude sein, euch schneller laufen zu sehen als jene, die langsam und ängstlich sind [...] ‚Die Kirche bedarf eures Schwungs, eurer Intuitionen, eures Glaubens [...] Und wenn ihr dort angekommen seid, wo wir noch nicht angekommen sind, habt bitte die Geduld, auf uns zu warten'" (Ziffer 299; zitiert wird die Gebetsvigil mit Jugendlichen aus Italien in Rom am 11. August 2018).

[239] *Lumen gentium* 1.

verdunkeln, wofür es Zeugnis zu geben hat. Die katholische Sakramentenlehre ist realistisch genug, das ins Auge zu fassen und den Glauben daran zu stärken, dass die Gnade Gottes auch da wirkt, wo die sakramentale Zeichengestalt weitgehend ruiniert vollzogen wird. Das ist die rettende Wahrheit des *Opus operatum*, des sakramentalen Vollzugs, der die Gnade vermittelt, wie verdorben die auch sein mögen, die ihn kirchlich setzen. Das sind dann kirchlich bedrückende Verhältnisse; kaum auszuhalten, nicht hinzunehmen von denen, denen die Kirche nicht nur Sakramente spenden und verkündigen, sondern auch menschlich heilsam werden soll. Von Gott ausgehalten und ertragen, der sich von dieser Kirche nicht zurückzieht.

Das ist der immer wieder angefochtene Glaube, der sich nicht mehr an der Erfahrung des Hauses festmachten, das „voll Glorie" auf die Welt und die Jahrhunderte herunterschaut. Es ist der Glaube an einen Gott, der sich aufs Ertragen und Aushalten des Menschlich-Allzumenschlichen einlässt. Nur ein Glaube, der auf diesen Gott schauen darf und an die Fruchtbarkeit seiner leidvollen Leidenschaft für die Menschen zu glauben wagt, wird noch mit und in dieser Kirche leben können. Nur wenn man daran glaubt, dass der Gottes-Geist immer wieder schöpferisch dazwischenkommt, neue Wege öffnet und finden lässt[240], wird man kirchlich darauf setzen dürfen, dass sich die Kirche in den Erfahrungen verändert und erneuert, die ihr heute und in einer unverfügbaren Zukunft geschenkt werden. Nur dann wird sie Zukunft haben.

6.7 Identitäts-ängstlich oder missionarisch?

Irgendwie rechnet sie selber nicht damit. Die Kirchenleitungen setzen aus Identitäts-Angst auf Identitäts-Sicherung, verstehen Identität als Gleich-Bleiben; Paul Ricœur nennt sie *Idem-Identität*. Ihr stellt er die *Ipse-Identität* gegenüber. Sie ereignet sich und wird gewonnen, wenn man Selbst-Kontinuität durch das ebenso treue wie schöpferische Zurückkommen auf das eigene Geworden-Sein in den Herausforderungen des Heute zu leisten versucht: durch Übernahme eines Erbes, das es für heute und morgen fruchtbar zu machen gilt.[241] Dass Gottes Geist der Kirche gerade dafür ge-

[240] Vgl. Papst Franziskus, Enzyklika *Laudato si* 238.

[241] Vgl. Paul Ricœur, Das Selbst als ein anderer, dt. München 1996. Die Fixierung auf den Modus der Idem-Identität lässt das vom Lehramt gesicherte „größere Gedächtnis" (*Lumen fidei* 38) zu einem selektiven Legitimations-Gedächtnis erstarren, dem man kaum noch Impulse für die Zukunftsgestalt der Kirche und des Glaubens zutrauen kann. Man wird hier eine „identitäre Versuchung" kirchlicher Identitäts-Sicherung erkennen (vgl. Paul Ricœur, Gedächtnis, Geschichte, Vergessen, dt. München 2004, 131). Kirchliche Ipse-Identität würde

geben ist, sieht man ihr kaum an, wenn sie sich mit der Sakralisierung der Idem-Identität begnügt, einer Selbst-Gleichheit, die von der „Verkörperung" ihrer Identität an geschichtlichen Orten und in geschichtlichen Zusammenhängen abstrahiert.[242] Man würde ihr diesen Geist eher ansehen, wenn ihr die Neugier auf ihre Zukunft nicht fremd wäre: darauf, was Gottes Geist aus ihr machen, ihr noch schenken wird.

Kirche menschlich-allzumenschlich: Sie blockiert sich in Überlebens-Angst und der Resignation an einer Kirchen-Zukunft, die Abschied bedeutet, Zur-Sache-Kommen-Müssen, Zeugin-sein-Dürfen. Man spürt die Kraft nicht mehr, die daraus erwächst, dass man weiß, wofür man da ist: alt gewordene Kirche in einem alt gewordenen gesellschaftlichen Umfeld. Mit ihm teilt sie die menschlich-allzumenschliche Identitäts-Angst, fällt sie auf das Sichern-Wollen der *Idem-Identität*, aufs Bei-sich-Bleiben- und Behalten-Wollen zurück. Eine Kirche, die im Innersten und in den konkreten Herausforderungen des Heute wüsste, wofür sie da ist, hätte keine Angst um sich. Grund-Sakrament darf sie sein, leibhaft-geschichtliche Realität des Christus und seines Evangeliums. Das ist sie und bleibt sie, so dürftig ihr Zeugnis auch ausfällt, damit sie ihr Zeugnis, ihr Sakrament-Sein lebt. Das ist sie und bleibt sie, soll sie im Heute werden: Sakrament des Nicht-verloren-Gehens, des Nicht-abgehängt-Werdens. Wo die Menschen drinnen und draußen das in ihr sehen, werden sie nicht nach dem Sinn des Kirche-Seins fragen und an ihm zweifeln; werden sie nur noch darauf hoffen, dass das wahr ist, wahr wird. So geschieht das Zeugnis für den Gott, dem nichts Menschliches fremd und bedeutungslos bleibt, in einer Kirche, die sich vor den Überraschungen, Freuden und Abgründen des Menschseins nicht fürchtet: Man „pflegt" die Glaubens-Gewissheit, nicht verloren zu sein, weil Gott uns gefunden hat; man pflegt sie als Erzähl- und Erinnerungsgemeinschaft, als sakramentale Handlungs-Gemeinschaft, die als Gottes-Wirklichkeit jetzt schon begeht, worauf sie hofft.

Könnte Kirche mit ihrer Identitäts-Angst gelassener umgehen, wäre sie selbstvergessener – und genau so bei ihrer Sendung. Sie dürfte mehr *Kenosis* wagen, wie sie es bei ihrem Herrn sieht: mehr selbstvergessenes Austeilen

---

mit-realisieren, dass man sich der Wirkungs-Geschichte des biblischen Gottesglaubens und des Evangeliums Jesu verdankt, in dem Sinne in sie „verstrickt" ist, dass man die Fäden, die uns in sie einbinden, aufnimmt und das Gewebe „weiterstrickt", in dem man sich vorfindet (vgl. Wilhelm Schapp, In Geschichten verstrickt, Frankfurt a. M. [5]2012).

[242] Dass Kirche sich als „Leib Christi" versteht, steht dazu in einem bemerkenswerten Kontrast. Der wird verständlich, wenn man realisiert, dass die Leib-Metapher hier die körperschaftliche Bevollmächtigung der „höheren Glieder" legitimieren soll, um die Nicht-Eingebundenheit des Leibes Christi in geschichtlich-politische Zusammenhänge zu sichern. Auch die Leibhaftigkeit der Kirche ist hier als Aspekt ihrer Sakralität stark gemacht, gerade nicht als geschichtliche Bezogenheits- und Beziehungs-Wirklichkeit ernst genommen.

des ihr Mitgegebenen, mehr Sich-Einlassen auf Erfahrungen der Anderen, weniger Vorschreiben- und Verurteilen-Wollen, weniger Hierarchie-Zentrierung, weniger Angst vor dem Teilen kommunikativer und sakraler Macht.

Selbstvergessen-selbstbewusst Kenosis wagen, im Bewusstsein ihrer Sendung, im Zeugnis für den, der sie sendet: Anders kann Kirche nicht *missionarisch* sein. Das hat Papst Franziskus ihr zugesprochen und abverlangt. Nicht nur für die einzelnen Glaubenden, sondern ebenso für ihre Gemeinschaft im Glauben gilt, dass Gott uns „von unserer abgeschotteten Geisteshaltung und aus unserer Selbstbezogenheit" erlösen, eine „Dynamik des Aufbruchs" auslösen will, der bis an die Ränder führen soll, dahin, wo niemand sein will, weil man hier von der Teilhabe an den Menschheitsgütern abgeschnitten ist; dahin, wo die Menschen keinen Zugang finden zu den Quellen der Freude und der Hoffnung, die sie dem Evangelium verdanken dürften. Von der „Starrheit der Selbstverteidigung" lassen, Türen öffnen, hinausgehen und die Freude des Evangeliums teilen, aufbrechen, „um allen das Leben Jesu Christi anzubieten"[243], das ist die Vision des Papstes für eine Kirche, die es kaum noch mit sich und ihrer Ratlosigkeit aushält. Deutlicher kann man die fatale Drinnen-draußen-Alternative nicht außer Kraft setzen. Aber ist das mehr als eine Aus-Flucht aus der Kirchen-Depression, die auch durch die Strohfeuer charismatischer Begeisterung kaum aufgehellt wird?

Soll der missionarische Aufbruch in Bewegung kommen, muss er aus einer Bekehrung zum Evangelium und zu den Menschen hervorgehen, die sich die Sünde der Kirche eingesteht – und die Sünde all derer, die ihre Christen-Verantwortung an die Amtskirche abgegeben haben: Wir haben die Glaubwürdigkeit der Kirche verspielt und die Freude am Evangelium nicht bezeugt. Wir haben zugelassen – daran mitgewirkt[244] –, dass kaum noch verstanden wird, warum es eine Freude ist, Christ zu sein. Wir haben nicht energisch genug gegen die grundfalsche ekklesiologische Alternative *Sakral-geborgenes Drinnen vs. widergöttlich-profanes Draußen* angekämpft.

---

[243] Vgl. *Evangelii gaudium*, 8, 20–24, 45–46, 49. Im Vor-Konklave zur Papst-Wahl hat Kardinal Bergoglio das Wort aus Offb 3,20 („Siehe, ich stehe vor der Tür und klopfe an. Wenn einer meine Stimme hört und die Tür öffnet, bei dem werde ich eintreten und Mahl mit ihm halten und er mit mir") so zugespitzt: „In der Apokalypse sagt Jesus, er stehe vor der Tür und klopfe an. Offensichtlich bezieht sich der Text darauf, dass er von außen an die Tür klopft, damit er hereinkommen kann [...] Aber ich denke an jene Momente, in denen Jesus von innen klopft, damit wir ihn hinausgehen lassen. Die selbstreferentielle Kirche will Jesus in ihren eigenen Reihen festhalten und nicht hinausgehen lassen" (spanischer Text unter: http://www.valoresreligiosos.com.ar/ver_nota.asp?Id=33864; Übersetzung von Norbert Arntz).

[244] Das *Wir* ist hier in hohem Maß problematisch. Jede und jeder wird entscheiden müssen, wie er oder sie da hineingehört. Dass man als lange schon tätiger Theologe in besonderer Weise „drinhängt", liegt auf der Hand.

Theolog(inn)en sind vielleicht zuerst in der Pflicht, dazwischenzugehen, wenn man sich in solchen falschen Alternativen einrichtet. Aber weit darüber und über sonstige wissenschaftlichen Interessen hinaus hätten Theolog(inn)en einigermaßen selbstvergessen einem Verstehen der Glaubensquellen zu dienen, das die erlösend-befreiende Herausforderung des Evangeliums erfahrbar machen kann. Dafür sind sie da; nichts dürfte ihnen in ihrem Beruf und ihrer Berufung wichtiger sein. Die beiden folgenden Kapitel dieses Buches mögen einen Eindruck von der Größe dieser Aufgabe vermitteln.

Dann ist von der gemeinsamen kirchlichen Verantwortung zu sprechen: *Nichts* darf der Berufung zu einem einigermaßen glaubwürdigen Zeugnis vorgezogen werden; *nichts* an Mentalitäten, Selbstverständlichkeiten und Strukturen darf in der Kirche hingenommen werden, was dieses Zeugnis schädigt oder es nicht zu ihm kommen lässt. Kirche ist nur dafür da, dass sie – so gut sie kann – den Raum offenhält und Räume öffnet, in denen sich den Menschen in der Not und den Verheißungen ihres Lebens die Freude und die Herausforderung des Evangeliums mitteilt. Wo sie das Selbst-fixiert vergessen macht, wo es ihr auch noch um anderes geht, setzt sie das Kirche-Sein aufs Spiel. Selbstvergessener Dienst am Evangelium und an den Menschen, denen es zur Freude und zur Herausforderung werden will, ist für die Kirchen *alternativlos.* Nur wenn das institutionelle Selbst-Interesse ihr nicht mehr den Blick verstellt und ihr Engagement dominiert, werden Kirchen-Menschen Dimensionen und Räume eines alternativen, menschlich erfüllten, Gott-erfüllten Lebens entdecken und bezeugen können, die im Alltags-Umfeld nicht „wichtig genug" sind, an den Rand geraten oder der Vergessenheit anheimfallen.[245] Nur so wären sie in der Lage, „das Leben Jesu Christi" und seinen Weg ins Leben „anzubieten". Nur so käme es zu einer Neuevangelisierung, die diesen Namen verdiente.

[245] Darauf haben die Kirchen kein Monopol mehr. Das sollte sie nicht in Konkurrenzängste treiben, könnte sie vielmehr dankbar dafür machen, dass es viele Motivation gibt, über den Tellerrand zu schauen.

7. Ein Gott, dem nichts Menschliches fremd ist

7.1 Gottverlassen?

Ein gottverlassenes Nest am Rand der Welt und ihrer kulturellen Errungenschaften, in den Bergen vielleicht, ohne Verkehrs- und Internetanschluss: Wer möchte da schon wohnen, außer im Urlaub, wo man für kurze Zeit mal alles hinter sich lassen will. Gottverlassen, das ist hier eine abgegriffene Metapher, weit weg von der Dramatik, die für die Bibel in diesem Wort herandrängt.[246] Da heißt gottverlassen von allen guten Geistern verlassen, Gottes-Fremde: Israel allein gelassen mit der Not seines Daseins und der Übermacht seiner Feinde, mit der Hoffnungslosigkeit seiner Untreue, in der es sich an den goldenen Stieren der Nachbarkulte einen Rest von religiöser Befriedigung holt.

Hängengelassen von dem Gott, auf den man seine Hoffnungen gesetzt hat. Die eigenen Machtmittel reichen bei Weitem nicht, sich in diesem umkämpften Wetterwinkel Palästinas irgendwelche Hoffnungen auf Selbstbehauptung und Wohlergehen machen zu können. Der Gott JHWH ist der einzige Bundesgenosse, auf den man sich verlassen kann – und dann doch „die Seinen“ verlässt, auszieht aus dem Haus, das sie ihm prächtig hergerichtet haben. „Verstoßen“ sind sie von seinem Angesicht (Jer 7,15), zur Strafe für ihre Untreue? So sahen es die Propheten. Ist das wirklich eine Antwort? Oder ist die Antwortlosigkeit die äußerste Konsequenz der Gottverlassenheit? Der Gotteskrise?

Die späten Zeugnisse des Tanach sind tatsächlich um Antworten verlegen. Man kann sich – so ihre eher verschwiegene Botschaft – kaum noch Hoffnungen darauf machen, dass JHWH zugunsten seines Volkes in die Geschichte eingreift. Dem Satan scheint nun die Herrschaft über die Menschen zugefallen: dem Antreiber des Widergöttlichen in einer vom rücksichtslosen Machtwillen und von der Ausbeutung der Ohnmächtigen beherrschten Lebenswelt. Der jüdische Gottes-Glaube, dem nichts Menschliches fremd ist, gerät in die Gefahr, dass Gott ihm unerreichbar fremd wird. Sein Blick richtet sich ungeduldig aufs Ende aller Dinge. *Jetzt* scheint die dem Satan hörige Menschenwelt gegen Gott „abgedichtet“. Als Gott seinen Logos auf die Erde sendet, den, in dem er noch einmal Gehör

[246] Carlo Levi hat die Metapher aufgegriffen, in ihrer Dramatik neu entdeckt, indem er sie auf das Felsendorf Aliano bezog, in dem er als von den Faschisten Verbannter mit den Bewohnern zu vegetieren verurteilt war. So lautet der Titel seines Verbannungs-Romans: Christus kam nur bis Eboli [eben nicht bis Aliano], dt. München 1982.

und die Umkehr der Menschen sucht, findet der keine Wohnstatt, wo man ihn aufnähme. „Er kam in sein Eigentum, aber die Seinen nehmen ihn nicht auf" – so der Nachklang apokalyptischer Weisheit im Johannesprolog (Joh 1,11). Ganz am Ende – apokalyptisch, wenn Gott alles aufdeckt und dem Unheil ein radikales Ende bereitet – wird er doch wieder unter den Erwählten wohnen, mit ihnen die neue Gottes-Welt bewohnen. Jetzt aber heißt es durchhalten, an JHWH festhalten und die Hoffnung nicht verlieren; die Antwortlosigkeit aushalten. Warum kommt das alles so? Sollte man auf Antworten stoßen, so sind sie kleinlaut, ums Warum verlegen, getröstet allenfalls damit, dass man es kommen sieht, wie es kommen muss, und in der sich abzeichnenden Apokalypse – mit den Apokalyptikern und gemäß ihrer Vision – Gott kommen sieht.

Der Johannesprolog intoniert mit seinem großen *Aber* den Kontrapunkt: Gottes Scheitern an der Hartherzigkeit der Menschen ist nicht die ganze Wahrheit. Sein Logos findet Aufnahme an den Rändern des Weltgeschehens, bei den Abgewiesenen, in Armut, weit weg von einem bergenden Zuhause. So inszeniert es die „Weihnachtsgeschichte" nach Lukas (Lk 2,1–12). Hier wird Gottes neue, nicht mehr zu vertreibende Gegenwart unter den Menschen geboren; hier, bei denen, die Augen haben zu sehen, eine Sehnsucht, die sich nach Gerechtigkeit und Barmherzigkeit ausstreckt, und ein Herz, einen Geist, in dem der Logos-Sohn wohnen darf: Ihnen „*aber*, die ihn aufnahmen, gab er die Macht, Kinder Gottes zu werden, allen, die an seinen Namen glauben, die nicht aus dem Blut, nicht aus dem Willen des Fleisches, nicht aus dem Willen des Mannes, sondern aus Gott geboren sind" (Joh 1,12–13).

Das ist das Evangelium vor dem von Jesus, dem Christus, selbst verkündeten Evangelium und in allen neutestamentlichen Evangelien: Die Zeit der Gottverlassenheit ist vorbei. Gottes heilende Gottes-Wirklichkeit geschieht mitten in der Menschenwelt, *mit-menschlich:* mit allen und durch alle, die sie aufnehmen. Sie geschieht ausgehend von dem, der ganz aus Gott ist und lebt, bei denen, die ihn aufnehmen. *Sein* Evangelium aber war: Gott ist dabei, diese Welt in seine Welt hinüberzuführen, in die Gottesherrschaft, in der alle, die in sie hinein aufbrechen, mit ihm das Leben haben werden, gutes Leben, Leben in Fülle.

Aber sein Evangelium wird durchkreuzt. Es kommt das Kreuz; es kommt der Tod, nicht die Gottesherrschaft. Es kommt für ihn: Gottverlassenheit. Sein Sterbegebet bringt in den Kontrapunkt, den er lebte, die unerträglichste Dissonanz hinein: „Mein Gott, mein Gott, warum hast du mich verlassen?" (Mk 15,34). Die Passionsgeschichten der Evangelien zitieren den Psalm 22 direkt und indirekt[247]; Markus legt dem Gekreuzigten den ersten Vers in seinen verstummenden Mund. Dass dieser Psalm seinen Gebets-Ort im Lobpreis des Geretteten beim Toda-Mahl hat[248], kommt nicht ausdrücklich zur Sprache. Aber es deutet den Ablauf der Passions-Geschichte vom Abendmahlsbericht her: Bei seinem letzten Mahl feiert der Todgeweihte die Rettung in der Gottesherrschaft, bevor es danach zum Äußersten kommt (vgl. Mt 26,29/Mk 14,25/Lk 22,28–30), zur Gottverlassenheit. Zur Gottes-Entfremdung, Gott-Befremdung? Psalm 22 wird in der Dramaturgie der Passionserzählungen vom Ende her – der Rettung und dem Dank – bis zum Anfang durchschritten, in die Gottverlassenheit hinein, ehe der Lobpreis, die Eucharistia, mit den Emmaus-Jüngern neu geschieht.

So hält Psalm 22 den Dank und das Unerträgliche bis zum Zerreißen zusammen. Keine Antwort, die alles zueinander fügt; ein Gottes-Geschehen; eine Gottes-Erzählung, die anschaulich macht, wie Gott das aushält; ein Gott freilich, der anders ist als der Erhoffte und Angebetete. In Jesus Christus, dem Gekreuzigten, wird er eine Wirklichkeit dieser Welt, kommt er in ihr dazwischen, wird er in ihr zerrieben – bis zum Gott-verlassenen Ende. Paulus zitiert die Thora: „Verflucht ist jeder, der am Holz hängt" (Gal 3,13 nach Dtn 21,23). *Draußen* hängt man sie ans Kreuz, verscharrt man sie schnell, damit sie das Volk nicht mit ihrem Dazwischensein, ihrem Fluch kontaminieren. Das widerfährt dem Christus, in dem Gott selbst hineinkommt in sein Volk, in die Mitte der Menschengeschwister seines Sohnes, in ihre Herzen.

Der Christus: verflucht und gerade deshalb ein Segen? Für sie wird er zum Fluch, damit sie vom Fluch – von alldem, was ihr Leben tödlich vergiftet und zum Fluch macht – freikämen. So will Paulus es verstehen. Dass der, an dem sich der Fluch ins tiefste Unheil, in die tiefste Gottferne hinein austobt, den Menschen zum Segen wird, sie vom Fluch rettet; dass deshalb *seine* Gottverlassenheit zum Ort der segnenden Gottes-Gegenwart in dieser Welt

[247] Psalm 22 ist alttestamentlich das paradigmatische Gebet des leidenden Gerechten; als solches bietet es eine Reihe von Motiven an, die die Passionsgeschichten theologisch absichtsvoll aufgreifen. Genannt seien nur: der Gebets-Ruf des sterbenden Jesus (Mk 15,34), das Lästern und Kopfschütteln der Vorübergehenden (Mk 15,29), die Motive der Verteilung und Verlosung der Gewänder (Joh 19,24), des Durstes (Joh 19,28) – und ganz zentral die von den Umstehenden auf die Gestalt des leidenden Gerechten bezogene und gegen seinen Anspruch vorgebrachte „Provokation" Gottes: „Er wälze die Last auf den Herrn, der soll ihn befreien! Der reiße ihn heraus, wenn er an ihm Gefallen hat" (Ps 22,9, aufgenommen in Mt 27,43). Die theologische Absicht dieser Bezugnahmen verdichtet sich hier: Der Gekreuzigte trägt selbst die Last; er kann sich selbst nicht helfen. Anderen aber hat er geholfen (so im vorhergehenden Vers 42). Gott wird ihn retten und als den endzeitlichen König von Israel, als seinen „Sohn" erweisen (vgl. Mt 27,42–43).

[248] Vgl. die Verse 23–32.

wird[249], das ist die unbegreifliche Wende, die Paulus im Kreuz geschehen sieht und die er in immer wieder neuen Anläufen als in der Heiligen Schrift seines Volkes vorgezeichnet herausarbeitet: in den Sühne- und Opferpraktiken, die „immer schon" den Fluch des Bösen hinwegnehmen sollten; im heilvollen Mit-Sein Gottes mit seinem Volk noch in äußerster Not. Was in Jesus und seinem Kreuz geschah, ist für Paulus die äußerste Radikalisierung dieses rettenden Mit-Seins: Der Christus ist dieses Geschehen, er, „der reich war, wurde euretwegen arm, um euch durch seine Armut reich zu machen" (2 Kor 8,9); der sich bis zum Tod am Kreuz erniedrigte, bis in diesen Abgrund hinein das Dasein der Menschen teilte (Phil 2,7–8), damit sie an Gott Anteil bekämen, Versöhnung geschähe: das Zueinanderkommen Gottes und des Fluch-beladenen Menschseins.

Paulus deutet das Kreuz des Gottverlassenen von der Heiligen Schrift seines Volkes her – und schreibt diese zugleich mit einer Entschiedenheit fort, die ihm vom Kreuz Jesu auferlegt und ermöglicht ist, ihm in der Begegnung mit dem Auferstandenen aufgeschlossen wurde. Oder verschafft sich hier nur die Weigerung, das Kreuz als sinnlosen Zusammenbruch eines Messias-Prätendenten hinnehmen zu müssen, einen Deutungshorizont, in dem auch das Kreuz noch eine Gottes-Bedeutung erhält, die höchste und tiefste Gottes-Bedeutung an der Grenze des Sagbaren, Glaubbaren, Denkbaren? Ist es das „Geheimnis" der paulinischen wie der gesamten frühchristlichen Christologie, dass man nicht das Letzte sein lassen kann, was für den Glauben an den Christus und seinen Vater nicht sein darf: Gottverlassenheit?

7.2 Heils-Projektion?

Dem Gott, der sich ins Menschsein, in die Gottverlassenheit seines Sohnes hineinziehen lässt, ist nichts Menschliches fremd. Er ist der unerwartete, ganz andere Gott, anders als der, den die religiöse Einbildungskraft imaginiert; nicht in Macht und Herrlichkeit über allem thronend, „alles bestimmend", absolut transzendent. Aber ist er nicht doch der Gott, den Menschen in den Abgründen und Verlassenheiten ihres Daseins, in Angst und Verzweiflung sich ersehnen? Der Gott des Gekreuzigten, Geopferten, der im Gekreuzigten und Gottverlassenen da ist – deshalb der Gott für die Opfer und Gottverlassenen, gerade ihnen rettend nahe und zugewandt; der Gott,

[249] Das ist ja die „Pointe" der Kapporæt-Metaphorisierung des Kreuzes in Röm 3, 25–26; vgl. meine Auslegung in: Gott-menschlich. Eine elementare Christologie, Freiburg i. Br. 2016, 180–183.

der das Unheil der Sünde selbst auf sich nimmt? Mit dem Blick des Religionshistorikers wird man sagen: Der Gott der Christen „erfüllte eine heimliche Sehnsucht der Religionen seiner Zeit – sowohl im Judentum wie in den paganen Religionen: die Sehnsucht nach einer Gottheit, die zugleich über allen Mächten steht und sich doch gleichzeitig eng mit menschlichem Leben und Sterben verbindet."[250] Diese im Christus-Glauben wahrgenommene und erfüllte Sehnsucht mag das Christentum attraktiv gemacht und seine schnelle Verbreitung in der mittelmeerisch-orientalischen Welt getragen haben. Der junge Glaube wird – so noch einmal Gerd Theißen – „vor allem durch die Nähe dieser neuen Gottheit zum Menschen [anziehend]. Der inkarnierte [und gekreuzigte] Christus bedeutet Realpräsenz Gottes beim Menschen, bei seinem Tun und Leiden bis in den Tod. Die Trennung zwischen Gott und Mensch wird durch ihn überwunden."[251] Sie wird überwunden, da Versöhnung geschieht: Gott lässt die Menschen nicht fallen, die sein Nahekommen ersehnen und fürchten, weil es sie mit dem Abgrund des Menschlich-Allzumenschlichen konfrontiert. Diesen Abgrund nimmt er an sich, auf sich; sein „Sohn" muss ihn durchschreiten, damit die Menschen in ihm nicht mehr untergehen müssen. Noch das Unmenschlichste im Allzumenschlichen nimmt er auf sich, damit es zu Ende käme, überwunden wäre: dass die Menschen sich retten wollen, indem sie – auch noch für Gott? – andere opfern. Dem Hohenpriester Kajaphas wird im Johannesevangelium diese schrecklichste aller Alternativen in den Mund gelegt: Es sei besser, „wenn ein einziger Mensch für das Volk sterben werde, als wenn das ganze Volk stirbt" (Joh 11,50). *Er oder wir!* Daraus wird: *Er für uns!* Kajaphas spricht das als Prophetie aus, wie das Johannesevangelium ausdrücklich feststellt.

In der überlieferten religiösen Praxis sollten Tier-Opfer diesen Abgrund hinwegleiden, in dem das Menschen- und Gemeinschafts-zerstörende Chaos, absolute Gott-Ferne herrschen. Aber das waren Ersatzleistungen, die die Gott-Ferne nicht überwinden. Sie würden, so die apokalyptisch aufgeladene Angst, keine Rettung bringen und Gott nicht erreichen. So wird auch der paulinische Gedanke einer von Gott ausgehenden, rettend-sühnenden Wende – der Rechtfertigung der Sünder im Abgrund des Kreuzes, in dem ihr eigener Abgrund geoffenbart ist und ertragen wird – einem tiefen religiösen Bedürfnis der Zeit entsprochen haben. Nur dem religiösen Menschheitsbedürfnis seiner Zeit? Oder sind dieses Bedürfnis und diese Sehnsucht nicht noch heute in die Tiefen des kaum Wahrgenommenen eingesenkt: dass mich

---

[250] Gerd Theißen, Die Religion der ersten Christen. Eine Theorie des Urchristentums, Gütersloh [4]2008, 84.

[251] Ebd., 90.

ein Ertragen rettet, das auch meinen Abgrund erträgt, meine tiefste, unversöhnte Ambivalenz, und mir mit ihr Zukunft gibt, ein Miteinander schenkt, in dem ich angenommen, getragen bin? In dieser Sehnsucht ist ja die menschlich-allzumenschliche Erfahrung lebendig, dass Lieben Ertragen heißt: nicht ausweichen, sich konfrontieren lassen und es aufnehmen mit dem Unerträglichen[252], es nicht verleugnen, ihm nicht erliegen – und sich danach ausstrecken, dass die Liebe trägt, stärker ist als das Unerträgliche, weil Gott sich in sie hineingibt, sich von der Zwiespältigkeit der Menschen treffen lässt, sie nicht zuletzt sich selbst überlässt, sondern ins Leben führt. Dass mich sein Nahekommen aufsucht und rettet – und dass es heilsam konfrontiert, weil sich in ihm der Abgrund des Allzumenschlichen öffnet, Wahrheit geschieht, das Hervorkommen des Innersten, dessen, „was im Menschen ist: an Kleinlichkeit, Gier, Hochmut, Neid – und Verlangen“[253], an Opfern-Wollen, damit ich selbst davonkomme; und dass er erträgt, was es mit den Menschen macht, wenn das herauskommt, dass *er* es erträgt und erlöst, weil es sonst unerlöst bleibt, dass er so die hilflosen Versuche der Menschen, ihr abgründig Böses zu sühnen, überholt: Ist das nicht die elementare Sehnsucht im Menschlich-Allzumenschlichen, angesichts des Menschlich-Allzumenschlichen?

Paulus wird für seinen Pessimismus gescholten: dafür, dass er die Sünden-Zentriertheit des christlichen Erlösungsglaubens auf dem Gewissen hat. Aber spricht er – in der Sprache des christusgläubig gewordenen Pharisäers – nicht das Geheimnis aller Menschen-Sehnsucht aus, da er den Gekreuzigten und Auferstandenen als ihre Erfüllung verkündigt: dass das Unheil in seinem tiefsten Abgrund gewendet und geheilt ist; gewendet dadurch – nur dadurch konnte es gewendet werden –, dass Gott diese Wende zu seiner Sache gemacht hat? Zu seiner Sache konnte sie nach Paulus nur werden, da er sich selbst ins grausame Welt-Spiel brachte, dazwischenkam und sich in Mitleidenschaft ziehen ließ, die abgründige Zwiespältigkeit der Menschen in seiner Menschenliebe zu ertragen, damit sie es selbst mit ihr aufnähmen.

Das tiefste Geheimnis der menschlichen Sehnsucht offenbaren, heißt das nicht, misstrauisch zu werden gegen alle Versuche, diese Menschen-Sehnsucht für den Glauben an eine Erlösung auszubeuten, in dem sie erfüllt sein soll? Ludwig Feuerbach hat die Hoffnungsbilder des Glaubens als Projektionen entlarven wollen, als *Selbst-Befriedigung* der menschlichen Sehnsucht. Nietzsche ging einen entscheidenden Schritt weiter: Er demaskierte

---

[252] In diesem Sinne gilt für die Ehe, so der Psychiater Adolf Guggenbühl-Craig, dass sie als „Heilsweg“ nur gelingen kann, „wenn man sich gerade das, was man sich sonst nicht bieten lassen würde, bieten lässt“. Sie ist – so Guggenbühl-Craig – der Heilsweg des „Nichtausweichenkönnens“ (ders., Die Ehe ist tot. Lang lebe die Ehe, Zürich [3]1977, 57 und 53.)

[253] Dag Hammarskjöld, Zeichen am Weg, dt. München 1967, 36.

die Sehnsucht, die einen Erlöser braucht, als Sehnsuchts-Krankheit der Lebens-Schwachen und Zu-kurz-Gekommenen, als Ausgeburt des Ressentiments gegen das kraftvolle Leben. Im Gekreuzigten wird das Scheitern am Leben heiliggesprochen und als Königsweg in den Himmel angepriesen. Das Christentum hat „die Partei alles Schwachen, Niedrigen, Missrathnen genommen"[254], hat sich der Instinkte der Lebens-Untüchtigen bedient. So wurde es eine Religion für Leidende. Ihm ist tatsächlich nichts Menschliches fremd. Aber es beutet das Menschlich-Allzumenschliche auf schändliche Weise aus. Seine Verkünder setzten alles daran, „die Starken [zu] zerbrechen, die großen Hoffnungen an[zu]kränkeln, das Glück in der Schönheit [zu] verdächtigen, alles Selbstherrliche, Männliche, Erobernde, Herrschsüchtige [...] in Unsicherheit, Gewissens-Noth, Selbstzerstörung um[zu]knicken, ja die ganze Liebe zum Irdischen und zur Herrschaft über die Erde in Hass gegen die Erde und das Irdische [zu] verkehren", „Entweltlichung", „Entsinnlichung" zu predigen.[255] Zuerst und vor allem sei es Paulus, der der Botschaft Jesu diese Wendung gab und das Christentum zum bisher „grösste[n] Unglück der Menschheit" hat werden lassen.[256]

Der Glaube an das am Kreuz sich öffnende heile Leben *oder* die Diagnose, die den Christen mit ihrer Kreuz-Fixierung eine religiöse Neurose[257] nachsagt, den hinterhältigsten Sehnsuchts-Missbrauch, in dieser Alternative, diesem *Konflikt der Interpretationen*, muss man sich mit guten Gründen entscheiden: im Blick darauf, was die jeweilige Interpretation sichtbar macht, vom Menschsein, seinen Abgründen, seinen Ängsten, vom menschlichen Leben und dem, was es erfüllen kann – wonach Menschen-Sehnsucht sich ausstreckt. Es ist *die Alternative des Umsonst*, die am Weitesten ausgreifende Alternative, in der Menschsein sich vorfindet: Ist das Leben eine nutzlose Leidenschaft, vom Menschen mit Bedeutung aufgeladen, damit er es damit aushält? Das wäre *Nietzsches Umsonst:* Nur die Stärksten halten es mit ihm aus, überwinden „die Qual des ‚Umsonst'", indem sie es vorbehaltlos bejahen, es in der schrecklichen Alternative *Die oder Wir* zu überwinden suchen.[258] Oder ist alles umsonst *gegeben*, Geschenk eines Dasein-Dürfens, das im Glauben wahrgenommen, dankbar ergriffen und geteilt werden darf; die große verheißungsvolle Alternative zum Unterworfen-Sein unter die Herrschaft der Alternativen und Äquivalenzen, in

[254] Der Antichrist, Aphorismus 5, KSA 6, 171.
[255] Jenseits von Gut und Böse. Drittes Hauptstück: das religiöse Wesen, Aphorismus 62. KSA 5, 82.
[256] Der Antichrist, Aphorismus 51, KSA 6, 232.
[257] Vgl. Jenseits von Gut und Böse. Drittes Hauptstück: das religiöse Wesen, Aphorismus 47, KSA 5, 67.
[258] Vgl. Nachgelassene Fragmente November 1887–März 1888, KSA 13, 46.

der es nichts umsonst gibt und zuletzt alles umsonst ist, zu nichts führt? Das wäre *das Umsonst der Gnade.* Dass die Menschheits-Sehnsucht sich nach dem Umsonst der Gnade ausstreckt, nach dem Geschenk in allen, was mir möglich geworden ist und zu meiner Möglichkeit wurde und unendlich darüber hinausreicht; dass das zutiefst Menschliche dieser Sehnsucht gegen Nietzsches Umsonst verteidigt werden darf, dass sie zu schützen und zu stärken ist, wo und wie immer man kann, dafür sprechen starke Gründe.[259] Auch dafür, dass sie sich in der Begegnung mit dem Christus in ihre äußerste Weite und Klarsichtigkeit hineingeführt sieht. Schließlich auch dafür, dass sie sich im Glauben an den Gott Jesu Christi einfinden darf, bei dem Verlorenheits-Angst, Menschen- und Welt-Unheil, Menschen-Abgrund nicht das Letzte sein müssen, weil *Er* der Erste und Letzte ist und sich in Mitleidenschaft ziehen lässt. Es bleibt der Schatten des Verdachts, dem tragischen Umsonst werde hier das glückliche Umsonst übergestülpt, der Angst ein falscher Trost, der Sehnsucht eine Erfüllung angedient, für die nur spricht, dass sie in ihr zur Ruhe käme. Es bleibt die Herausforderung, an der religionskritischen Diagnose das Wagnis zu ermessen, das der Glaube im Abgrund dieser Alternative eingeht; und die Zeugnisse zu prüfen, ob man ihnen trauen darf.

Dann aber muss der Widerspruch laut werden gegen diagnostische Überheblichkeit, in der man das letzte Wort über das Menschlich-Allzumenschliche der Angst vor dem Umsonst und der Sehnsucht nach dem glücklichen Umsonst sagt, an dem man partout selbst nicht teilnehmen will, ehe man urteilt. Und dann muss man sich entscheiden: Erscheint mir in diesem Christus und noch an seinem Kreuz der Gott, die Gottes-Wirklichkeit, die mein Leben mit seiner Angst und seiner Sehnsucht in sich aufnimmt und wahr macht, es zu einer Wahrheit bringt, ohne die es von Anfang an umsonst wäre? Oder begegnet mir am Kreuz der hilflose Versuch, im äußersten Scheitern an einem Menschen-unmöglichen Gelingen fest-

---

[259] Dass das Nichts der nutzlosen Leidenschaft *Leben* das Denken zum Scheitern bringt, kann religionskritisch als Argument für eine geradezu unausweichliche religiöse Projektion ins Feld geführt werden. Es kann aber auch als Grund der Hoffnung auf den erinnert werden, der dem Menschenleben diese Denk-Unmöglichkeit als Herausforderung mitgegeben hat, den zu suchen, dem es das Leben als Geschenk allein verdanken und aus dessen Gnade es sich selbst weiterschenken kann. Dagegen stehen Erfahrungen, die Elias Canetti so zum Ausdruck gebracht und ausgelegt hat: „Die Vorstellung, dass einem das Leben geschenkt worden ist, erscheint mir ungeheuerlich" (ders., Die Provinz des Menschen. Aufzeichnungen 1942–1972, München 1973, 309). Solche Erfahrungen sind nicht zu widerlegen. Ihre Auslegung darf ins Gespräch gezogen und befragt, im Blick auf andere Erfahrungen relativiert und gerade so ernstgenommen werden. Und man wird gerade so von ihnen heimgesucht bleiben. Da tut sich – wie so oft – ein weiter Zwischenraum zwischen Teilnehmen und Beobachten (Beurteilen) auf.

zuhalten und sich so aus dem Abgrund der Vergeblichkeit zu retten? Kein Argument kann Glaubenden wie Nichtglaubenden die Entscheidung abnehmen. Auch das Argument, ein Glaube, der der menschlichen Hoffnung so sehr entspreche, wie der christliche, verrate, dass er nichts anderes sei als die Ausgeburt dieser falschen Hoffnung, kann ihn nicht als bloße Projektion diskreditieren. Es ist ja gerade die zentrale Wahrheit des Christlichen, ohne die er nicht christlicher Glaube wäre: dass die Menschen sich mit ihrer Zwiespältigkeit, ihrer Lebens-Angst und Lebens-Sehnsucht bei Gott aufgehoben glauben dürfen, weil dieser Gott sich ihnen *umsonst* in Liebe verbunden hat, sie auch nicht verloren gibt, wo sie ihn verloren haben und gar nicht mehr finden wollen. Wie könnte Gott *Gott* sein, wenn diese Lebens-Sehnsucht sich nicht bei ihm geborgen glauben dürfte! Wie könnte er anders ein Gott der Menschen sein als so, dass er ihnen, ihrer Angst und ihrer Sehnsucht nahe ist, dass sie ihm in ihrer Not, Angst und Sehnsucht nicht fremd sind?

Von Jesus Christus wird christlich geglaubt, dass er die Lebens- und Gottes-Sehnsucht neu wachruft und an den bindet, der sie erfüllen wird, den Vater. Am Kreuz wird sichtbar, dass dieser Glaube an die heilende Gottesgegenwart unendlich über die Sehnsuchts-Bilder hinausmuss, mit denen man nach ihr gesucht hat. *Wie* Gott sich als heilend-rettende Menschen-Gegenwart erweisen, wie er für die Glaubenden da sein wird, muss ihm überlassen sein. Es wird nach dem Glauben der Christen am Weg des Christus sichtbar. Als seine Auferweckung wird es geglaubt; durch Gottes Geist wird es in der Glaubens-Vorstellungskraft lebendig.

7.3 „Er gab uns den Sohn, um uns zu ertragen“ (Hanns Dieter Hüsch[260])

Von früh an hat die Theologie in der Spur des Paulus den Gekreuzigten und Auferweckten in diesen Hoffnungshorizont eingezeichnet und so nachvollziehen wollen, was sich am Weg des Christus als Gottes-Wirklichkeit abzeichnet. Jesus lebt das Hineinkommen Gottes in eine Menschen-Welt, die sich gegen das Konfrontiert-Werden mit Gott und mit sich selbst wehrt, sich seinem Nahekommen nicht öffnen will, damit er dem menschlich-allzumenschlichen Lauf der Dinge nicht dazwischenkommt. Er bezeugt diesen Gott, bringt ihn dahin mit, wo es weh tut und unendlich guttun könnte. Er erträgt das Getroffen-Werden von der Abwehr, die dieses Dazwischenkommen wachruft, weil da die Wahrheit über den Menschen-

[260] Hanns Dieter Hüsch, Ein gütiges Machtwort. Alle meine Predigten, Düsseldorf 2001, 38.

Abgrund offenbar wird.[261] Auf ihn fällt die Last der Menschen-Unwilligkeit, sich mit Gott einzulassen, Gott zuzulassen: die Offenbarung des Menschen-Abgrunds und die Herausforderung, sich seiner Liebes-Wahrheit zu stellen. In Jesus wird das Ertragen Gottes, von dem schon Deutero-Jesaja spricht (vgl. Jes 46,3; 63,9c), eine Mitmenschen-Wirklichkeit. Das Unerträgliche fällt auf ihn; er trägt es, damit neues Leben möglich wird: Hier schließt bei Paulus und in weiteren neutestamentlichen Traditionen die Meditation der alttestamentlichen Sühne-Liturgien an, in denen man das Wegtragen einer Verhängnis-Last imaginierte, unter der das Volk der Sünder zusammenbrechen müsste.[262]

Mitmenschlich ist das Ertragen des Verhängnisses denen *ganz Unten* zugewiesen. Sie sind es, die zuerst zusammenbrechen. Den Christus, den Menschen ganz aus Gott, Gotteswirklichkeit, findet man mitten unter ihnen. Das besingt der Christushymnus des Philipperbriefs (Phil 2,5–11). So erfüllt er selbst das Gesetz Christi: Einer trage des Anderen Last (Gal 6,2). So bringt dieses Ertragen das Sünden-überwindende neue Leben der Gottesherrschaft in die Welt; so beginnt es nun in ihr. Nicht freilich schon im Ertragen als solchem, sondern in seinem Auferstehen, mit dem das neue Leben als der gute Gottesgeist durch die Glaubenden in die Welt einströmt.[263] Erlösung geschieht nicht durch den Tod, sondern mit der Auferstehung des Christus[264] und der Geist-Sendung, in der Gottes Entschlossenheit, an den Menschen festzuhalten, seine erlösende Zukunftsmacht

[261] Dass in diesem Widerstand – etwa nach Lukasevangelium – der Satan seine widergöttliche und menschenfeindliche Macht beweist, sollte in der theologischen Auslegung als „Leerstelle“ wahrgenommen werden: Gegen Gott wirkt eine geradezu unerklärliche Unheilsdynamik, die die Menschen in sich hineinzieht, sie Sünder werden lässt und in der Sünde gefangen hält. Das ist die apokalyptische Funktion der Satansrolle. Es ist theologisch ganz unergiebig, danach zu fragen, ob man es hier mit einer quasi-personalen Wirklichkeit zu tun hat. Wichtiger wäre sich klar zu machen, dass hier nicht „die Juden“ als die Gottesfeinde und Christusmörder gezeichnet werden sollen, dass vielmehr an ihnen gleichsam als Stellvertretern der Menschheit die widergöttliche Macht der Satans-Herrschaft dargestellt ist, die von Gott her gebrochen ist (der Satan ist wie ein Blitz vom Himmel gefallen; vgl. Lk 10,18), sich am Gegenspieler des Satans – dem Menschensohn – aber noch bis ans Kreuz austoben wird.

[262] Heranzuziehen wäre hier etwa die Figur des „Sündenbockes“ in der Jom-Kippur-Liturgie nach Lev 16, 20–22.

[263] Die Passion des Johannesevangeliums spricht das in der Symbolik der geöffneten Seite des Gekreuzigten aus, von der Blut und Wasser – Vergebung und Heil – in die Welt ausströmen (vgl. Joh 19,33).

[264] Gerd Theißen formuliert diese These in einem Vortrag in Zürich am 28.11.2019 (Hat Paulus die Botschaft Jesu verraten?, Manuskript S. 12, Fn. 17) so: „Bei Paulus schafft nicht der Tod Sündenvergebung, sondern der überwundene Tod. Oder paradox formuliert: „Nicht der Sühnetod überwindet die Sünde, sondern der überwundene Sühnetod. Gott schafft nicht Heil durch Töten, sondern durch Überwindung des Tötens.“

beweist. Die aber ist ihrem „Wesen" nach partizipativ. Sie wird mitgeteilt, um geteilt zu werden: von denen, die sich vom Gesetz Christi in die Pflicht nehmen lassen und so zum leibhaften Christus in dieser Welt werden.[265] In der Nachfolge Christi nehmen sie seine Spur in die Gottesherrschaft auf – bestehen sie freilich auch darauf, dass es mit dem Opfern und den Opfern ein Ende hat. Was er getragen hat, soll niemand mehr ertragen müssen. Das kultische Opfer (sacrifice) ist ans Ende gekommen.[266] So soll es auch mit dem mitmenschlich-wechselseitigen Sich-zum-Opfer-Machen (victime) zu Ende sein.[267]

Dem Gott, dessen Mit-den-Menschen-Zusammensein-Wollen sein Christus unter den Menschen lebte, ist nichts Menschliches fremd. Seinem Christus war *nichts Menschliches fremd.* Außer der Sünde (Hebr 4,15)? Er hat sie mitgetragen, sich ihr ausgesetzt. Das wird vom Matthäus-Evangelium in der Erzählung von der Taufe Jesu inszeniert. Der Christus lässt sich mit hineinnehmen in die Wasser, den tiefsten Abgrund der Sünde; hier empfängt er das Zeichen der Umkehr. Der Täufer bezeugt, dass er dieses Zeichens nicht bedarf. Jesu Antwort: „Lass es nur zu! Denn so können wir die [Gottes-]Gerechtigkeit ganz erfüllen" (Mt 3,15). *So* erfüllt sich Gottes rettendes Gerecht-Sein: im solidarischen Mit-Sein seines Sohnes mit den Sündenbeladenen und vom Satan Beherrschten in ihren Abgründen. In sie ist er liebend-konfrontierend-ertragend eingetaucht. Dahin hat er Gott mitgenommen; er hat angenommen, was zu (er-)tragen war, hat es mitgenommen auf seinem Weg zum Vater. Was er nicht angenommen und mitgenommen, was Gott nicht angenommen hätte, wäre nicht in Gottes eigener Wirklichkeit gerettet worden.[268] Darf man dieses vor allem bei Paulus herausgestellte Motiv des von Jesus Christus mitmenschlich gelebten und ausgehaltenen Nahekommens Gottes zum Schlüssel für das christliche Verständnis von Inkarnation und Erlösung nehmen?

Den einen Schlüssel, der alles aufschließt, wird es nicht geben. Schon das Neue Testament hält eine ganze Reihe christologisch-soteriologischer Denkweisen und Metaphern zusammen. Keine sagt *die Sache selbst.* Die neutestamentlichen Zeugnisse teilen nicht so etwas wie einen Plan Gottes mit, der von Jesus Christus durchgeführt worden wäre, um die Menschheit

[265] Das ist ja der tiefere Sinn der Leib Christi-Metaphorik bei Paulus; vgl. Hermann-Josef Venetz, So fing es mit der Kirche an. Ein Blick in das Neue Testament, Zürich – Einsiedeln – Köln 1981, 131 f.

[266] Das zu zeigen ist – durchaus im Sinne des Paulus – die leitende Absicht des Hebräerbriefs.

[267] Zur Sühne-Soteriologie und ihrer „Übersetzbarkeit" vgl. mein Buch: Christlich glauben, 336–367.

[268] Vgl. die altkirchliche Sentenz: Quod non assumptum es non sanatum est. So Gregor von Nazianz, Epistula 101,32 (Patrologia Graeca 37, 181).

nach dieser „Methode“ zu erlösen. Von Gott durch seinen Geist ergriffene Menschen versuchten vielmehr, den Weg ihres Christus bis zum Kreuz aus ihrem Glauben heraus zu verstehen und verständlich zu machen, soweit ein Verstehen des Glaubens reichen kann. Im Blick auf den Verkünder der nahegekommenen Gottesherrschaft, auf seine Gottesherrschafts-Praxis, auf sein Kreuz und sein Eingehen in die göttliche Vollendung wissen sie sich in ihrem jüdischen Glauben angesprochen und – wie sich zeigen wird – über ihn hinausgeführt. Das Wagnis des Glaubens-Schrittes über die Deckung des überlieferten Glaubens hinaus wird als bisher nicht wahrgenommene letzte Konsequenz des schon Geglaubten dem Verstehen nahegebracht. Was mit und in Jesus Christus geschah, wird mit Israels Glauben zusammengehalten, bis die Spannung, die hier entstand, nicht mehr zusammenzuhalten war – oder man nicht mehr bereit war, sie auszuhalten. Der Gott, dem nichts Menschliches fremd ist, war ja der Gott Israels.

Wie weit dieser Gott dabei zu gehen bereit ist, das nehmen die Christusgläubigen an Jesus Christus war: bis zum Äußersten; und wie Paulus hinzufügt: bis an die äußersten Enden der Erde, zu den „Völkern“, den Heiden; bis hinein in die Sünde, die alle Menschen in tiefster Aussichtslosigkeit zusammenschließt. Wenn man diesen Weg glaubend mitgehen will, wird man dann auch Glaubens-sprachlich weiter gehen müssen, als es in der ja höchst spannungsreichen Glaubens-Verständigung des Judentums möglich schien? Die Christen sind weiter gegangen, haben weiter gedacht, den Gott, dem nichts Menschliches fremd ist, noch radikaler gezeichnet. So haben sie das selbst gesehen. So sind sie hinausgegangen, haben sich eine andere Sprache, ein anderes Denken als aufschlussreich dafür erschlossen, den christlichen Heilsglauben an einen Gott neu zu verstehen, dem nichts Menschliches fremd ist.

Die Inkulturation biblischen Glaubens und Denkens in den hellenistischen Bildungshorizont war in der Heidenmission angebahnt. Wieviel Spannung sie ins Christentum hineinbrachte, wurde vielfach – wird mitunter bis heute – nicht wahrgenommen. Dass sie eine offene Wunde blieb, wird man eingestehen, wenn man die weitgehende Ausschaltung des Judenchristentums aus dem weiteren Traditionsprozess auch als schmerzlichen Bedeutungsverlust wertet. Für die Artikulation des Christus-Geheimnisses im kirchlichen Glauben wurde eine Inkulturations-Ambivalenz folgenreich: Die der Sprache des Tanach nachgesprochene Sprache der neutestamentlichen Zeugen war am Gottes-Geschehen in, an und durch Jesus, dem Christus, orientiert. Man versuchte, von der Bibel Israels ausgehend, zu sagen, *wie* in ihm Gottes rettendes Dasein für die Menschen geschah und was das für die Rettung der Menschen bedeutete. Die Übersetzung im hellenistischen Geist brachte es mit sich, dass die „Tonart“ des

Wie in die des *Was* transponiert wurde. Wie es geschehen ist, das schien man weiter bedenken zu müssen in der Reflexion darauf, was der, in dem es geschah, seinem Wesen nach *ist.*

Man kann dieses Weiter-Bedenken als in den johanneischen Schriften angebahnte Glaubens-Konsequenz ansehen. Aber das ist nur die halbe Wahrheit. Der sprachliche Präzisionsgewinn, den man sich von diesem Weiterbedenken erwarten durfte, war von einem Geschehens- und Erfahrungs-Verlust begleitet. Es war nicht mehr so wichtig, wie Jesus Christus Gottes Wirklichkeit in dieser Welt gelebt hat und erfahrbar machte. Man fokussierte den Glauben darauf, was man zu sagen hatte, wenn man in Jesus Christus Gottes- und Menschen-Wirklichkeit zugleich verwirklicht sah und was deshalb das Wesen der von ihm erwirkten Erlösung ist. Möglichst genau definierte Begriffe sollten das richtige Sprechen über den Gottmenschen sichern – auch wenn diese Begriffe meist nur klarstellten, was man nicht sagen durfte.[269] *Begriffe* traten an die Stelle von *Metaphern*, um das Christus-Geschehen in seinem „Wesen" zu erfassen.

Dieser Übergang wäre theologisch genauer als Übergangs-Feld in Augenschein zu nehmen, auf dem sich die Spannung zwischen Metaphern und Begriffen immer wieder neu aufbaute und auf dem die vielfältig (miss-) verstehbaren Metaphern weniger vieldeutig gefasst werden sollten. Dazu hier einige Hinweise, die andeuten mögen, welcher Glaubens-Bedeutungs-Verlust mit der zunehmenden Metaphern- und Spannungs-Unlust der Theologie verbunden war.

7.4 Metaphern und Begriffe

Religiöse Metaphern nehmen menschliche Erfahrungen in Anspruch, um sich der Bedeutung des Gottes-Geschehens anzunähern, von dem die Rede sein soll. Die alltäglich-mitmenschliche Bedeutung eines Geschehens wird in der Metapher mit Gott und seinem Dasein für die Menschen aber gerade so in Verbindung gebracht, dass die metaphorische Übertragung als Aufschließung der tiefsten, „wahren" Bedeutung des metaphorisch in Anspruch Genommenen einleuchten kann. Gott rettet? Wenn das von ihm gesagt wird, ist damit die sprachliche Anweisung verbunden, semantisch „einzuspielen", wie eine Rettung geschieht, die *wirklich*, noch im Äußersten, rettet.

[269] So in den christologischen Definitionen des Konzils von Chalcedon. Aber auch das *homoousios* (Christus war gleichen bzw. eines Wesens mit dem Vater) wurde hier eher im Sinne des *Weniger nicht* verwendet; inhaltlich-begrifflich war es kaum präzisiert, was dann ja schier endlose theologische Streitereien nach sich zog.

Menschlich-geschichtliche Erfahrungen werden so erinnert, dass ihr Sinn-Überschuss und Verheißungscharakter aufgerufen und als Raum des Verstehens für Gottes Wirklichkeit geöffnet wird; für das Dasein und Handeln eines Gottes, dem das Menschliche nicht fremd ist. Wie Gott da ist und handelt, das zeichnet sich solchen *menschlichen* Erfahrungen ein, es geschieht schon, es beginnt mit ihnen. Das Alte Testament bietet viele Metaphern auf, die gemeinschaftliche Erfahrungen in dieser ihrer Gottes-Dimension darstellten: Befreiung, Herausgeführt-Werden, machtvolles Handeln und Siegen, das innerlich gehörte Wort, die Annahme des unbedingt verbindlichen „Gesetzes", der im Unglück erlebte (Gottes-)Zorn, die im Kult zugängliche Herrlichkeit und Schönheit (Gottes), gnädige Zuwendung u.v.a.m. Menschliche Erfahrungen werden in der Metaphern-Sprache des Glaubens geöffnet für ein göttliches Mehr an Bedeutung, das zugleich als die Tiefen-Dimension und der Sinn-Zusammenhang des Erfahrenen einleuchten kann. So bieten sie den Ausgangspunkt einer Meta-phora (Übertragung) zu dem hin, was in dieser Erfahrung miterfahren werden kann, worauf sie selbst verweist. In der Gottes-Metapher wird nicht Nebensächliches, sondern das Entscheidende *assoziiert:* wie Gott im Spiel ist, im Spiel sein kann, wenn Befreiung, Solidarität, Umkehr, Neuanfang, Scheitern, Abschiednehmen-Müssen geschehen; welche Bedeutung dieses Geschehen gewinnt, wenn es als Gottes-Geschehen geglaubt wird.

Exemplarisch sei die Erfahrung des Getragen- und Ausgehaltenwerdens in der Selbst-Wahrnehmung des Sünders aufgerufen: Dass Gott die Menschen und ihre Sünde trägt, dass er sie erträgt – die sprachliche Überschreitung öffnet hier einen von spannungsreichen Vorstellungen und Assoziationen „bevölkerten" Raum, der zunächst einmal von der menschlichen Vorstellungskraft bewohnt werden will. So kann es ihr nahekommen und nahegehen, dass Gott das aushält und aushalten will, dass er sich „erniedrigt", sich das Unheil aufladen zu lassen, das die Menschen in die Welt bringen. Im Nachsprechen der alttestamentlichen Metaphern-Sprache kann sich an dem, was die neutestamentlichen Zeugnisse von Jesus, dem Christus, erzählen und bekennen, die Vorstellung bilden, dass *sein* Ertragen die Weise ist, wie Gott rettend dazwischenkommt, wie er in die Menschenwelt hineinkommen, seine Herrschaft aufrichtet und die Sünder mit seinem Hineinkommen erreichen, ihnen zuinnerst nahekommen will.

Manche Vorstellungen, die sich in diesem sprachlichen Überschreitungs-Raum einstellen, sind unpassend, ja irreführend. So drängt sich die Frage auf, was das denn in seinem Wesen ist, was die Metapher in seinem Geschehen zur Sprache bringt, was darin „wirklich" geschieht; und wie genau es mit Gott zusammengebracht werden muss. Der Überschritt vom Wie zum Was ist unvermeidlich, vielleicht immer schon vollzogen. *Was* also geschah und geschieht? Und *wer* ist der „wirkliche Urheber“, dem das zugeschrieben werden darf? Was ist genau gemeint und zu bekennen, wenn gesagt wird, dass Gott, Gottes Wesenswort, Mensch wird, um die Menschen zu erlösen? Dass er sie erlöst, indem er ihnen ihre Sünde nicht anrechnet und ihnen neu den Weg in die himmlische Vollendung öffnet.

Mit der begrifflichen Fassung ist der Sprachraum der Metaphern und ihrer Vieldeutigkeit aber nicht schon verlassen. Man hat sich ein Stück weit von ihrer Erfahrungsnähe entfernt, Begriffe gebraucht, die genauer sagen sollen, was geschehen ist und wer die sind, die dieses Geschehen intendiert und realisiert haben. Aber auch die Begriffe bleiben meist – vielleicht ausnahmslos – in Metaphern verwurzelt, bringen menschliche Praktiken und Erfahrungen (Auslösung aus Gefangenschaft, Schuldübernahme, Konfliktregelungen) mit Gott und seinem Handeln zusammen. Nun sollen sie begrifflich genauer sagen, was es bedeutet, dass Gott so gehandelt hat und warum das seinem Wesen entspricht; was es bedeutet, dass er in seinem Sohn eschatologisch heilbringend in die Welt kommt – und in welchem Sinn er der „Sohn“ ist.

Begriffe sollen die semantische Mehrdeutigkeit der Metaphern reduzieren und dafür sorgen, dass die Glaubenssprache in der Überschreitung, die sie kennzeichnet und je neu zu wagen hat, nicht in die falsche Richtung geht, möglichst genau bleibt. Wo die Metaphern Gotteswirklichkeit und Menschen-Erfahrungen zusammenhalten und einen Raum der semantischen Relationen und der Vorstellungen dafür öffnen, wie es geschieht, wenn Gott Hirte ist, befreit, zürnt, rettet, erlöst, sein Innerstes mitteilt, an und mit Menschen handelt, wollen die Begriffe die Verhältnisse klären. Dabei verarmen sie in dem, was sie menschlich vorstellbar sagen. In kirchlicher Bekenntnissprache und Dogmatik werden sie häufig zu bloßen Grenzbestimmungen, die definieren sollen, wo vom Gottessohn nicht mehr Glaubens-richtig geredet wird – oder von den drei Personen der Trinität oder von Erlösung, von Rechtfertigung usf.

Metaphern und Begriffe müssen zusammengehalten werden, damit das metaphorische Sprechen nicht zu vieldeutig bleibt; damit die Begriffe nicht semantisch austrocknen und schließlich nichtssagend werden. Das Begriffs-Gefüge der Christologie und der Trinitätslehre gibt der eher metaphorisch sich artikulierenden Sprache der Verkündigung und der Katechese eine innere Stabilität. Wo man sie aber um der Sicherheit des „richtigen“ Glaubens willen als das eigentlich zu Glaubende vorstellt und isoliert, wie das in Katechismen und Lehrkompendien vielfach geschah, werden Glaubenssprache und der Glaube selbst sklerotisch. Sie sagen den Menschen nichts mehr, was diese noch mit ihren Erfahrungen zusammenbringen könnten. Sie sagen nur das Richtige, das, was zu glauben ist, weil es eben so *ist*, wie es ist: dass der Sohn dem Vater und den Menschen wesensgleich ist, dass Gott in drei Personen Gott ist, dass das Kreuz das Opfer ist, das Gott sich ausersehen hat, die Menschen zu erlösen.

Die Rückbindung der Begriffe an die Metaphern bindet sie ans Geschehen zurück, an menschliche Erfahrungen, die mit Gott zusammengebracht werden. Hier geschieht Gott.[270] Er geschieht den Menschen so, dass diese Erfahrungen eine Weite und Tiefe gewinnen, in der sie erahnen, wie das Erfahrene in Gott gründet und auf ihn hin offen ist; in der sie ahnen, wie sie ihn darin „berühren". Es ist dann immer noch, ja erst recht davon zu sprechen, dass Jesus, der Christus, im strikten Sinne dieses Geschehen Gottes in der Welt *ist;* und trinitätstheologisch korrekt, dass dieses Gottes-Geschehen die Menschen im Heiligen Geist einbezieht. Aber glaubenssemantisch gehaltvoll wird dieses Reden, wenn man an Jesus, dem Christus, und am Wirken des Heiligen Geistes wahrnimmt, wenigstens erahnt, *wie* Gott geschieht und die Glaubenden in sein Geschehen – seine „Herrschaft" – einbezieht. Jesu Gleichnisse zeigen geradezu paradigmatisch, warum es zuerst um *das Wie der Gottesherrschaft* gehen muss: So ist es, wenn sie geschieht: so fängt sie an zu geschehen; zunächst in dieser Geschichte, in ihrer Sprache, einer Sprache, die narrativ einspielen kann, dass da etwas dazwischenkommt und die „normalen" Verhältnisse aufsprengt; dass Gottes Herrschaft dazwischenkommt. – Mit ihrem Dazwischenkommen nimmt sie euch in Anspruch, als Hoffnung und als Herausforderung zur Nachfolge auf dem Weg in diese Gottes-Gemeinschaft. Wenn ihr euch von diesem Wie in Anspruch nehmen lasst, wird euch aufgehen, was die Gottesherrschaft ist.

Vielleicht ist es ja überhaupt so, dass erst das glaubende Sich-Einlassen auf dieses Wie dahin führt, die Notwendigkeit und den Gehalt der Wesens-Begriffe nachzuvollziehen: Weil Gott den Menschen in Jesus und dem Heiligen Geist so menschlich geschieht, kommen sie dazu und sehen sie sich ermächtigt zu sagen, ein menschlich-endliches Geschehen sei Gottes eigenes Geschehen und die, in denen bzw. durch die er geschieht, seien Gottes *selbsteigene* Wirklichkeiten. Um diesen Gedanken zu erproben, soll hier eine Zentralmetapher für das Geschehen Gottes eingeführt werden[271], die neuzeitliche Wurzeln hat und vielfach ideologisch überstrapaziert wurde, heute

270 Tiemo Rainer Peters sagte es zugespitzt so: ders., Gott ist ein Zeitwort. Weltlichen Schriftlesungen, Ostfildern 2012. Die Wie-Bezogenheit der Metaphern macht ihren narrativen Kern aus. Metaphern sind gewissermaßen Erzählungen in nuce, wollen und können erzählend ausgelegt werden. Diese Wie-Bezogenheit ist – darauf kommt Johann Baptist Metz immer wieder zurück – narrativ-theologisch zu retten und gegenüber einer eher abstrakt-begrifflichen Theologie stark zu machen; vgl. ders., Glaube in Geschichte und Gesellschaft, § 12.

271 Eine Zentralmetapher nimmt für Glaube und Theologie die Stelle ein, an der viele andere metaphorische Verweisungen gebündelt oder zusammengehalten erscheinen.

aber theologisch-beziehungsreich zur Sprache bringen könnte, wie Gott den Menschen geschieht; dann und darin auch: wer der *ist*, der ihnen da geschieht.

7.5 Gottes unbedingte Solidarität geschieht

Gottes Dasein für die Menschen könnte im Blick auf den Gekreuzigten als Mitleid oder Mitleiden verstanden werden. Die Artikulationskraft dieser Metapher ist – auch im Blick auf die Christus-Nachfolge in christlicher Frömmigkeit – vielfach nachvollzogen worden; etwa in dem Sinne, dass Gottes Mitleiden das *Mitleid* der Menschen mit dem Gekreuzigten hervorruft, das sich dann aber in das Mitleid mit den von vielfachem Elend und Unterdrückung heimgesuchten Opfern umsetzen soll. Wie prekär diese Metapher ist, hat wiederum Nietzsche herausgestellt. Man nennt das Christentum – so Nietzsche – „die Religion des Mitleidens." Mitleiden aber ist „die Praxis des Nihilismus"; „es wirkt depressiv. Man verliert Kraft, wenn man mitleide[t]. Durch das Mitleiden vermehrt und vervielfältigt sich die Einbuße an Kraft noch, die an sich schon das Leiden br[ingt]. Das Leiden selbst wird durch das Mitleiden ansteckend"[272]. Man kann Nietzsche so verstehen: Mitleid hilft wenig, wenn man sich nur emotional ins Leid des Anderen hineinziehen lässt, dem Leidvollen so die Macht gibt, auch mich zu ergreifen und „hinunterzuziehen". Geteiltes Leid ist in diesem Sinne nicht halbes, sondern verdoppeltes Leid.[273] Nietzsche mag sie nicht, „die Barmherzigen, die selig sind in ihrem Mitleiden"[274]. Aber er wird hier noch weit grundsätzlicher; so beleuchtet er auch grell die tiefe Ambivalenz seiner Mitleids-Kritik – und die erschreckende Abgründigkeit seines Übermenschen-Konzepts: „Das Mitleiden kreuzt im Ganzen Grossen das Gesetz der Entwicklung, welches das Gesetz der *Selection* ist. Es erhält, was zum Untergange reif ist, es wehrt sich zu Gunsten der Enterbten und Verurtheilten des Lebens, es giebt durch die Fülle des Missrathnen aller Art, das es im Leben *festhält*, dem Leben selbst einen düsteren und fragwürdigen Aspekt." Darin wird es zur Praxis des Nihilismus, da es den Degenerierten im Diesseits Raum gibt und sie – christlich – zum Jenseits verführt: „Mitleiden überredet zum Nichts!... Man sagt nicht ‚Nichts': man sagt dafür ‚Jenseits';

[272] Der Antichrist, Aphorismus 7, KSA 6, 172 f. Zuerst ist die Kritik an Schopenhauers Mitleids-Ethik gerichtet.

[273] Karl Rahner hat gesprächsweise einmal gesagt: Was hab ich davon, wenn es auch Gott dreckig geht?

[274] Also sprach Zarathustra II. Von den Mitleidigen, KSA 4, 113.

oder ‚Gott'; oder ‚das *wahre* Leben'; oder Nirvana, Erlösung, Seligkeit…"[275] Das Mitleid behauptet den Sinn des Mitleidens, kann ihn nur behaupten, wenn Gott selbst – am Kreuz – leidet und den Leidenden wie den Mitleidenden eine Zukunft über das in dieser Welt zur Macht strebende Leben hinaus eröffnet. Damit aber entwertet es das Leben hier und jetzt.[276] Nun geht es nicht mehr darum, dass sich dieses Leben machtvoll steigert, sondern darum, dass man das ganz andere Leben kennt, nach ihm strebt.

Nietzsches Mitleids-Kritik trifft einen wunden Punkt, aber nicht das christlich Entscheidende: Mitleiden ist christlich ausgespannt auf die nahe gekommene, zum Greifen nahe Gottesherrschaft, darauf, dass Gerechtigkeit und Lebensfülle jetzt schon – zugunsten gerade der Leidenden und Zu-kurz-Gekommenen – in die Welt Eingang fänden, auch durch ein handlungsbereites Mitleiden mit denen, denen all das in entwürdigender Missachtung ihres Menschseins vorenthalten ist. Nietzsche will das nicht sehen. Er versteht Leidende als Degenerierte, dem Untergang zu Weihende, an denen das Gesetz der Selektion zur Wirkung kommen muss. Genau dagegen steht die christliche Identifikation des Mitleidens mit den Leidenden, die Identifikation Gottes mit dem Gekreuzigten und denen, die dazu verurteilt sind, sein Kreuz mitzutragen. Das hat Nietzsche genau wahrgenommen. So hat er das Christentum verflucht.

Die machtlose Identifikation mit den Ohnmächtigen, dieses Mitleiden und der Gott, der es repräsentiert, potenzieren die Hilflosigkeit; sind kirchlich das Ruhekissen, auf dem sich Hilflosigkeit aushalten lässt: Diese Kritik wenigstens muss man sich von Nietzsche zumuten lassen, auch wenn sie eine Alternative anschärft, die christlich nicht hingenommen werden darf. Seine Christentums-Entlarvung bleibt irritierend genug. Man hat ihr zu begegnen versucht, indem man auf das Fremdwort *Compassion* zurückgriff. Willy Brandt hat es in den Sechzigerjahren des vergangenen Jahrhunderts aus den politischen Diskursen in den USA übernommen und prominent gemacht. Auch theologisch und kirchlich ist es gebraucht worden. Immer ging es darum, das „bloß Emotionale" des Mitleids zurückzudrängen und Handlungsbereitschaft zugunsten der Unterdrückten und Marginalisierten zu mobilisieren. Sollte man sich theologisch vom Emotionalen des Mitleidens – *Mitlebens* – abgrenzen, „sachlicher" reden müssen?

---

[275] Der Antichrist, Aphorismus 7, KSA 6, 173.

[276] Und – so Nietzsche – auch den Gott, den man ins Mitleiden hineinzieht. Es ist der Teufel, der Zarathustra zuflüstert: „‚auch Gott hat seine Hölle: das ist seine Liebe zu den Menschen." Und aus dieser Hölle kommt er nicht mehr heraus: „[…] jüngst hörte ich ihn [den Teufel] diess Wort sagen: ‚Gott ist todt; an seinem Mitleiden mit den Menschen ist Gott gestorben." (Also sprach Zarathustra II. Von den Mitleidigen, KSA 4, 115).

Das Wort *Solidarität* scheint diesem Bedürfnis entgegenzukommen und das Emotionale doch nicht draußen zu lassen. Auch das Metaphorische hört man ihm noch an: das Verbunden-Sein im „Soliden", ein solides Sich-aufeinander-verlassen-Dürfen, das wechselseitig gilt und auf Augenhöhe geschieht, nicht in herablassender Barmherzigkeit.[277] Gewachsen ist der Sprachgebrauch in der Arbeiterbewegung des 19. Jahrhunderts in kritischer Distanz zum christlichen Liebesgedanken.[278] So trägt das Wort den Akzent eines tatkräftigen Miteinanders, in dem man füreinander eintritt, auch leidet, damit sich das Los aller bessert und man miteinander *teilen* darf, was das Leben lebenswert macht. Dieser Akzent gewinnt in einer Zeit herausragende Bedeutung, in der populistische Strategien einer Solidarisierung *unter uns* durch Desolidarisierung zu denen *draußen* Resonanz finden.[279] Solidarität wird als Verpflichtung wahrgenommen, gerechtes Teilen zu ermöglichen und Marginalisierung zu überwinden: durch Mitleben-Wollen, *teilnehmendes Zusammenhalten* meiner privilegierten Lebenssituation mit den Lebenssituationen Benachteiligter hier und anderswo, zugunsten einer Zukunft für die Vielen, die nach uns kommen werden und die wir durch unsere Privilegien sabotieren. Solidarität will Gerechtigkeit und setzt sich für sie ein; kämpft dagegen, dass manche – wir? – sich mehr herausnehmen als ihnen zusteht und einer solidarischen Teilhabe an Lebenschancen und Lebensgütern zuträglich ist. Solidarisch lebt und handelt, wer einsatzbereit dafür einsteht, dass Lebensgüter und Lebenschancen *geteilt* werden und niemand um sie betrogen wird.

Können die hier aufgerufenen Gemeinschafts-Erfahrungen mit dem Gott zusammengebracht werden, der es sich nach den biblischen Zeugnissen und nach dem Neuen Testament mit äußerster Konsequenz in Jesus Christus angelegen sein lässt, dass die Menschen das Leben haben und es in Fülle haben? (vgl. Joh 10,10) Theologisch sperrig ist die Assoziation des Wechselseitigen, die sich mit der Einseitigkeit kreuzt, in der Gott das Menschsein begründet und zu seiner Vollendung führt – eben nicht auf „Augenhöhe" zum Menschen. Oder ist gerade diese Assoziation christologisch wegweisend? Wenn gesagt werden darf, dass Jesus von Nazaret Gottes, seines Vaters, Gott-Sein *menschlich* lebt, ist es die christologisch zentrale

[277] Bei Papst Franziskus kann man sehen, dass das Wort Barmherzigkeit diesen Akzent der Herablassung nicht haben dürfte (vgl. mein Buch: Kleine Gotteslehre im Dialog mit Papst Franziskus, Freiburg i. Br. 2018, 67–80).

[278] Vgl. meinen Beitrag: Solidarität fundamentaltheologisch. Reflexionen zu ihrer *theologischen* Begründbarkeit, in: H.-J. Große Kracht – Chr. Spieß (Hg.), Christentum und Solidarität. Bestandsaufnahmen zu Sozialethik und Religionssoziologie (F.S. Karl Gabriel), Paderborn – München – Wien – Zürich 2008, 49–66.

[279] Vgl. Heinz Bude, Solidarität. Die Zukunft einer großen Idee, München 2019.

Herausforderung, zu bedenken, wie das geschehen kann, wie Jesu menschliches Dasein Gott mitmenschlich nicht nur repräsentieren oder darstellen, sondern *sein* kann. In der Machtlosigkeit Jesu, der es ganz auf seine Reich-Gottes-Verkündigung und seine Reich-Gottes-Praxis ankommen lässt, damit Gottes Herrschaft in dieser Welt „dazwischenkommen" kann, sich der Abwehr gegen dieses Dazwischenkommen aussetzt, soll geschehen, dass Gott den Menschen nahekommt: Warum muss man es christologisch so auf die Spitze treiben?

Weil Gott den Menschen nur *ganz menschlich als Gott* geschehen kann? Als Hirte, der keines der ihm anvertrauten und am Herzen liegenden „Schafe" verloren gibt; als der Versöhner, dem es nicht auf religiöse Vor- oder Gegen-Leistungen ankommt, sondern darauf, dass Menschen jetzt verstehen und mittun, was Gottes guter Wille ist; als das „Opfer", das ihre Verweigerung erträgt; als der Scheiternde, der den Seinen über alles Scheitern hinaus die Treue hält; als der Wegbahner, der mitten in der Orientierungslosigkeit und dem Gestrüpp der Sündenwirklichkeiten die Wege in die Gottesherrschaft vorangeht und auf ihnen Nachfolge ermöglicht. Solidarität? Sich denen verbunden wissen, zu denen man gekommen ist, um ihnen zu dienen; sie nicht verloren geben, (mit)tragen, was sie umbringt, ertragen, wie sie sich gegen die Güte wehren, die ihnen nahekommen und sie verwandeln will; mit ihnen die Freude, die Hoffnung, den Glauben, die Nahrung, die Motivation teilen, die immer wieder in die Gottesherrschaft aufbrechen lässt: Das kennzeichnet die Sendung Jesu, seine Solidarität. Kennzeichnet es ihn als Gottes Offenbar-Werden, Gottes eigene Wirklichkeit?

Gottes Solidarität wäre eine *mehr als menschliche* Solidarität. Sie ginge einen unendlich weiten Schritt weiter, eine unendliche Überschreitung, die in der metaphorischen Überschreitung nur hilflos angedeutet wird: Gott „kommt" auf die Seite der Menschen; er steht an ihrer Seite, teilt ihr Dasein, um ihnen sein Dasein mitzuteilen. So geschieht *seine* Solidarität: christologisch, in der Einheit des Göttlichen mit dem Menschlichen, in einem Zusammenhalten und Teilen, in dem Gott sich so innerlich dem Menschsein verbindet, dass ihm – ganz und gar diesem Christus – Gott in seiner Fülle „einwohnt" (Kol 1,19) und dass dieses wechselseitige Einander-Innerlich-Sein Gott selbst ausmacht. Durch den heiligen Geist geschieht es allen Menschen: Gott geschieht ihnen, da er auf ihrer Seite ist und davon nicht abrückt; weil er keinen von sich aus verloren gibt, jedem Zukunft öffnet, seine Gottes-Zukunft.[280]

---

[280] Man kann fragen, ob Gott hier „nur" zeigt, wie und was er immer ist, oder das Heilsame bewirkt, das die Situation der Menschen grundlegend ändert. Michael Seewald hat in diesem Sinne *demonstrative und operative Soteriologien* unterschieden. Diese Unterscheidung bietet

Solidarität *geht mit, teilt, gibt niemand verloren, will jedem und jeder durch den eigenen Einsatz die zuinnerst erhoffte gute Zukunft aufschließen.* Gott teilt mit den Menschen: sich, das Seine, damit sie das Leben haben, *sein* Leben haben. Ob man das noch verstehen, glauben, darauf hoffen darf? Die Gottes-Metapher *Solidarität* öffnet diesen Vorstellungs- und Hoffnungs-Horizont. Israels Geschichte mit seinem Gott, die Geschichte Jesu, des Christus, sie erzählen ihn. Die Erzählungen fordern dazu heraus, sich dem Gottesgeist anzuvertrauen, der uns in diesen Horizont hereinholt, damit wir unseren Weg in die Gottesherrschaft finden. Es bleibt ein Wagnis, dieser Herausforderung zu trauen und daran zu glauben, dass Gott die Verheißungen der Solidarität auf seine Weise Wirklichkeit werden lässt, sie durch mich, schließlich auch an mir Wirklichkeit werden lassen will, damit ich nicht im Menschen-Abgrund des fatalen *Ich oder Sie* gefangen bleibe. Es ist ein Wagnis gegen den Augenschein, darauf zu setzen, dass man der von den Gottes-Zeugnissen der Bibel wachgerufenen und herausgeforderten Sehnsucht nach einer Solidarität, die die Menschen in ihrem Abgrund, in Lebens- und Todesnot nicht fallen lässt, trauen, in sie hineinleben, hineinhandeln darf. Das ist die Glaubens-Pointe einer Christologie, die sich am Gottes-Geschehen der Herausforderung in die Gottesherrschaft festmacht: eine Praxis, die die Solidarität im mitmenschlich-gesellschaftlichen Einsatz bezeugt, auf die man über alles Menschenmögliche hinaus hofft – für die anderen und für sich selbst.[281]

---

einen guten Zugang zu dem Problem, das hier zu verhandeln wäre. Aber es löst das Problem nicht, will das auch gar nicht. Darf man nicht weiter denken und sagen: In Jesus Christus *geschieht* Gottes Solidarität? Sie zeigt sich nicht nur, sondern wird im Verhältnis zwischen Gott und den Menschen real wirksam, zu einer wirkenden Kraft, die den Menschen geschieht und ihnen Zukunft gibt. Solidarität wird – wie die Liebe – immer wieder neu zur Wirklichkeit, erreicht, wenn man es so sagen will, beziehungsgeschichtlich mitunter eine Tiefe, aus der heraus sie „mehr", „Neues" bewirkt. Hier sagt die unterscheidende, begriffliche Sprache zu wenig. Aber zumindest so viel, dass sichtbar wird: Auch die Unterscheidung *demonstrative oder operative Soteriologie* sagt zu wenig, so sehr sie gegenwärtige christologische Entwürfe treffend sortiert (vgl. Michael Seewald, Christ, der Retter ist da?, in: Christ in der Gegenwart 71 [2019], 565–566).

[281] Jesu Korrektur der zeitgenössischen Apokalyptik führt genau auf diese Pointe zu: Gottes Herrschaft verwandelt die Menschenwelt *jetzt:* durch die, die in sie hineinhandeln, hineinleben. Damit ist die falsche Alternative *Mystik oder Politik* zur Herausforderung umdefiniert, zusammenzuhalten, was man Christentums-geschichtlich häufig auseinanderdividierte – oder vermischte. Politische Theologie und Befreiungstheologie haben diese Pointe so nachdrücklich zur Geltung gebracht, dass man sich über die Rückkehr der falschen Alternative nur wundern kann.

7.6 Worüber Größeres nicht geschehen kann

Die biblischen Christus-Zeugnisse stellen uns das Geschehen dieser Solidarität vor Augen. Es sind menschliche Zeugnisse, auch allzumenschlich mitgeschrieben von durchsichtigen Macht- oder Argumentations-Interessen. Und doch: Wenn man sie miteinander ins Gespräch bringt, führen sie aus unterschiedlichen Richtungen auf dieses erstaunliche Geschehen hin. Die tiefste menschliche Sehnsucht sieht ihre Erfüllung vor sich? Ist das erkenntniskritisch gesehen nicht ein Taschenspielertrick? Es ist schon so: Wer sich auf diese Sehnsucht nicht einlässt, der wird diese Erfüllung nicht erhoffen, nicht sehen. Er wird nicht wahrnehmen, was in diesem Geschehen geschehen ist und geschieht. Er wird die Auslegung des Glaubens, für den in diesem Geschehen das geschieht, „worüber schlechterdings Größeres nicht geschehen kann“[282], als phantastisch und als erwiesen ansehen, dass all das in das Geschehen von einer sich selbst erfüllenden Sehnsucht nur hineingelegt ist: Dieser Jesus von Nazaret ist nur einer von vielen Heils- und Unheilspropheten der Zeitenwende, der besonders nahe am Puls der Zeit war und so, trotz seines politischen Scheiterns am Kreuz, sehr schnell sehr viele Anhänger fand.

Das Christentums-kritische Projektions-Argument bleibt im Raum. Aber es ist nicht unverwundbar. Wer davon ausgeht, dass die Sehnsucht die Menschen nur dazu herausfordern soll, sie sich selbst zu erfüllen, wird nicht sehen, was über diese Selbst-Beschränkung des Sehnsuchts-Horizonts, auch über den Horizont des vernünftigerweise – „realistischerweise“ – Erhoffbaren[283] hinausführen kann. Wer der Weite seiner ungestillten, „unrealistisch“ weit gespannten Sehnsucht nicht traut, hat sich entschieden, dass ihm nichts geschehen kann, was ihn auf die Erfüllung dieser Sehnsucht hinführt. Er wird allem nur das allzumenschliche *Nichts-als* anzusehen und jedes *Mehr-als* dem Reich der Illusionen zuweisen. Eine tief empfundene Sehnsucht kann aber nicht nur Instrument der Selbsttäuschung sein, sondern auch die Augen dafür öffnen, wie das Ersehnte – unverhofft, anders als erhofft – auf mich zukommt und mir geschieht, geschehen ist, damit ich es auf die Erfüllung meiner „großen“ Sehnsucht ankommen lasse. Die Erfahrung mitmenschlicher Liebe mag das bestätigen, zumindest illustrieren.

---

[282] Friedrich Wilhelm Joseph Schelling, Philosophie der Offenbarung. Zweiter Band, ders., Ausgewählte Werke, Darmstadt 1974, 27.

[283] Das Wunder der göttlich-rettenden Liebe ist ja – nach Schelling – ein solches, „das wir [...] nach *keinen* menschlichen Begriffen hätten *erwarten* oder voraussehen können, ja, dem wir gar nicht wagen würden Glauben beizumessen, wenn es sich nicht wirklich ereignet hätte“ (ebd., 197).

Nicht jede Sehnsucht verdient Vertrauen; nicht jedes Widerfahrnis, das meine kühnsten Hoffnungen herausfordert, nicht jedes Zeugnis, das es zu bestätigen scheint, darf mich überwältigen. Zu prüfen ist, ob es gut ist, sich der Verheißung *dieser* Sehnsucht anzuvertrauen und das, was ich dem Bezeugten ansehe, als Zeichen für das Zum-Ziel-Kommen meiner Sehnsucht anzunehmen; ob es gut ist, mich auf den Weg in das Wahrwerden dieser Sehnsucht zu machen und für dieses Wahrwerden zu leben. Die menschliche Vernunft muss darüber urteilen, ob ich verantworten kann, mein Leben davon in Dienst nehmen zu lassen, dass sich die im Glauben ernst genommenen, anspruchsvollsten Verheißungen der menschlichen Sehnsucht weit über das hinaus erfüllen, was Menschen selbst an Erfüllung erreichen können oder im Horizont ihrer Möglichkeiten erwarten dürften – ob das eine „vernünftige Hoffnung" ist.[284] Das zu verantworten heißt nicht, dass man sich der Erfüllung sicher wäre. Es heißt zunächst nur, dass man vernünftigerweise keinen sinnvolleren Lebens-Einsatz wagen kann und sich gewissermaßen vor-gläubig sagen darf: Selbst wenn dieser Lebens-Einsatz ins Leere geht, ist es weit besser, ihn gewagt als ihn von vornherein verloren gegeben zu haben. Er hat ein Leben getragen, in dem das Gute fragmentarisch geschehen ist, dessen Fülle man – möglicherweise vergeblich – erhoffte.[285] Das ist kein Glaubensbekenntnis. Vielleicht streckt es sich danach aus. Vielleicht macht es Glaubens-empfänglich, empfänglich dafür, dass mich ein überzeugendes Zeugnis erreichen kann; ein Zeugnis dafür, dass angefangen hat, was meine Sehnsucht und meinen Lebens-Einsatz als im Letzten wahr erweist und jetzt schon trägt; ein Zeugnis dafür, dass auch ich erreicht werde von und Anteil gewinnen kann an Gottes unbedingter Solidarität, mich von ihm zusammengehalten wissen darf mit seiner Herrschaft, in die ich hineinhoffe.

Dass mich diese Gewissheit erreicht, kann ich nicht machen und auf Dauer sicherstellen. Es gründet in dem *Geschehen*, worüber Größeres nicht geschehen kann; christlich: dem Geschehen der Gottes-Solidarität in Jesus Christus, das mir Glaubende so überzeugend bezeugen, dass ich es als solches wahrnehmen und annehmen kann. Wenn mir diese Gewissheit zuteilwird, müsste ich nicht weiter nach einem Geschehen suchen, das mir den Sinn meiner Sehnsucht verbürgt. Was hier geschehen ist, wäre mir das „absolut-Erstaunenswerthe[..]", das „die langwierige Unruhe des menschliche Geistes zur Ruhe" bringt, sie im Staunen darüber zur Ruhe kommen

[284] Für Holm Tetens ist dies das Feld einer rationalen Theologie. Sie prüft, ob der Gottesglaube „als vernünftige Hoffnung zu rechtfertigen ist"; ders., Gott denken. Ein Versuch über rationale Theologie, Stuttgart ^{3}2015, 10.

[285] In dieser Argumentation versteckt sich natürlich Pascals Argument der Wette, das man nicht von vornherein schlechtreden sollte; vgl. Blaise Pascal, Penseés, 120–126 (Aphorismus 233).

lässt, dass ich der von Gott Gesuchte und Gefundene bin und ihn finden durfte in Jesus von Nazaret, meinem Bruder. Christliche Verkündigung und Theologie spielen mir die Frage zu, ob ich meine tiefste Sehnsucht in diesem Geschehen (wieder)erkenne und an ihm staunend wahrnehme, was das in meiner Sehnsucht von meinem „Herzen" Ersehnte unendlich übersteigt und mich mit den „Gründen des Herzens" für sich gewinnt.[286]

Der Zweifel wird den Gründen des Herzens misstrauen und auf den allzumenschlichen Narzissmus verweisen, der es nicht hinnimmt, dass ich verlorengehe. Die Gründe des Herzens – des Staunens – bleiben anfechtbar. Es mag naheliegend sein, ihnen und meiner Sehnsucht den Kredit zu verweigern. Aber auch die Frage wird mich nicht in Ruhe lassen, ob Gott uns mit sich in all unseren Verirrungen durch unsere Sehnsucht zusammenhält – ob er seinen Geschöpfen die Sehnsucht schenkte, damit sie ihn in ihrer Spur finden. Wenn mir das im Glauben einleuchtet, werde ich womöglich staunend sagen dürfen: Das ist zu schön, um nicht wahr zu sein.[287] Und deshalb: Anders kann mein Leben gar nicht wahr werden als im Einsatz dafür, dass die rettende Wahrheit der Menschen-Solidarität jetzt schon geschieht und zum Zeugnis dafür werden kann, dass sie – Gott sei Dank – letzte und tiefste Wahrheit unseres Lebens ist.

Gottesglaube biblisch-christlich: der Glaube an einen Gott, dem nichts Menschliches fremd bleibt, der sich ihm öffnet, mit den Menschen teilt, sich ihnen verspricht und darum wirbt, dass sie sich dem ihnen Versprochenen öffnen und so über ihre Lebens- und Identitäts-Ängste hinaus-leben, das Ihre teilen, wie Gott das Seine teilt. In Jesus Christus ist Gottes Teilen und Sich-Versprechen Menschen-Wirklichkeit geworden: Er hat sein Leben eucharistisch ausgeteilt, damit die Gefährten daraus leben, in Gottes Herrschaft hineinleben. Das durfte er, weil sein Sich-Austeilen Gottes Teilen verwirklichte. Sein Leben in der Sendung des Vaters hat Gottes Sich-Öffnen und Anteilgeben glaubwürdig bezeugt, sodass es in der Geste des Abendmahls rituell begangen werden konnte; immer noch als Versprechen, in

[286] Noch einmal also der Rekurs auf Blaise Pascal, Penseés, Aphorismen 277 und 278, a.a.O., 141.

[287] Staunen ersetzt nicht das Argument, wird man einwenden und sich an Spinozas Invektive gegen das „blöde Staunen" derer erinnern, die den Willen Gottes in der Welt geschehen sehen. Sie sollten sich – so Spinoza – der Erforschung der wahren Ursachen des Bestaunten widmen und das Staunen lassen, das sie „im Asyl der Unwissenheit" festhält (vgl. Ethica Ordine Geometrica Demonstrata, Opera. Werke. Lateinisch und deutsch, hg. von K. Blumenstock, Bd. 2, Darmstadt 1967, 84–557, hier 152 f.). Wird man Schelling nicht doch darin folgen dürfen, dass das Staunen auch die Erfahrung sein kann, an das schlechterdings Unerwartete, Unverhoffte weil Über-Erhoffte zu rühren? Das Staunen ist gleichwohl kein schlagendes Argument. Es kann ja auch so sein, dass man darin nur einem überschwänglichen Einfall des eigenen Hoffens zum Opfer fällt.

dessen Verlässlichkeit wir uns einleben sollen (vgl. 2 Kor 1,20). Gott hat sich uns geöffnet, damit wir mit ihm leben, seine Menschenfreundlichkeit, sein Teilen mitleben, in diesem Sinne *theonom* leben. Das unterbietet nicht das Niveau einer vernünftigen Autonomie, sondern erschließt eine Herausforderung, die unendlich reicher ist als das, was die Menschen-Vernunft autonom gebietet[288]: gesinnt sein, „wie es dem Leben in Christus Jesus entspricht" (Phil 2,5), und davon beseelt sein dürfen, über die Angst um mich selbst hinausgetragen zu werden. Sich-Einleben in Christus heißt Anteil gewinnen an einem Leben, das nicht vom Fressen- und Gefressen-Werden beherrscht wird, sondern unter dem eucharistischen Vorzeichen des Sich-Austeilens steht.

Die Theologie hat zu bedenken, wie diese Herausforderung Menschen erreichen kann und wie sie dem Geschehen des Menschlich-Allzumenschlichen dazwischenkommt. Jesus Verkündigung gibt ihr die Metapher *Umkehr* vor: *Metanoeite* – Krempelt euer Leben um, Gottes Herrschaft ist zum Greifen nah! Jetzt ist die Zeit. Ihr sollt an ihr teilnehmen, euer Leben mit Gott und miteinander teilen. Eine Theologie, der nichts Menschliches fremd ist, wird das nicht ohne Beklommenheit hören, vielleicht auch dazu herausgefordert sehen, das Allzumenschliche gegen die theonome Radikalität dieser Ansage in Schutz zu nehmen. Da ist eine Alternative im Spiel – Christentums-geschichtlich immer wieder ins Spiel gekommen –[289], deren Anschärfung das Menschlich-Allzumenschliche unter einen geradezu unmenschlichen Veränderungsdruck setzen konnte: Seid gesinnt wie Jesus Christus! Lasst euch vom Egoismus erlösen, lebt als die vom Egoismus Erlösten Gottes- und Nächstenliebe, nicht die allzumenschliche Selbstliebe!

Die Alternative ist Atem-raubend. Man sollte wieder zu Atem kommen und theologisch Sorge tragen, dass sie nicht lebensfeindlich wird. Ja, es geht ums Teilen, ums Teilnehmen und Teilhaben-Lassen. Da sind wir im Zentrum des Christlichen, bei dem Gott und in ihm, der selbst teilt und die Menschen dafür gewinnen will. Aber trifft es die Alternative *Egoismus – Altruismus* wirklich? Auch das Allzumenschliche im Menschsein verdient

[288] Man sollte also vorsichtig sein mit der Alternative *Autonomie – Theonomie*, die so klingt, so als führe Theonomie geradewegs in die Heteronomie, in eine Freiheits-unterbietende „Ekklesionomie". Paul Ricœur hat die Alternative Theonomie – Autonomie im biblischen Bündnisgedanken vermittelt gesehen; vgl. von ihm: Theonomie und/oder Autonomie, in: C. Krieg – Th. Kucharz – M. Volf (Hg.), Die Theologie auf dem Weg in das dritte Jahrtausend (FS. Jürgen Moltmann), Gütersloh 1996, 324–345. Die Theologie darf das Niveau dieser Überlegungen gerade dann nicht unterbieten, wenn sie ihren Vernunftanspruch gegen kirchliche Bevormundung stark macht.

[289] Vgl. die Zuspitzung bei Augustinus, der die beiden *Civitates* durch zweierlei Liebe begründet sah, die irdische „durch Selbstliebe, die sich bis zur Gottesverachtung steigert", die himmlische „durch Gottesliebe, die sich bis zur Selbstverachtung erhebt" (De civitate Dei XIV, 28).

theologische Sympathie: die Sorge um mich selbst, darum, dass sich mein Leben entfalten kann, dass es reicher wird, dass Glücklichsein und Gelingen darin ebenso vorkommen können wie Leid und Scheitern. Selbst-Sorge kann in Selbst-Besessenheit umkippen; erst dann wäre von Egoismus zu sprechen. Zunächst aber und vor allem ist sie eine Erscheinungsform der Dankbarkeit für das, was mir geschenkt ist – *und* die Herausforderung, es nicht für mich zu behalten, die Grenzen wahrzunehmen, die meine Selbstsorge finden muss, wenn mich die Not der Anderen und die Verantwortung für sie in Anspruch nimmt.

Die Alternativen scharf zu machen ist – theoretisch – so viel einfacher, als die Unterscheidung zwischen Selbstsorge und Selbstvergessenheit immer wieder neu zu treffen. Es brauchte eine Glaubenskultur, in der wir Erfahrungen damit teilen und dafür sorgen, dass die Herausforderung uns nicht in Ruhe lässt, die Jesus, der Christus, zu uns gebracht hat; dass die Verheißung uns nicht in Ruhe lässt, auf die sie zurückgeht: Das Teilen selbst ist die Verheißung; und dass ich wirklich etwas Wertvolles einbringen kann, dass man gern das Leben mit mir teilt. So dürfte ich dafür sorgen und darauf vertrauen, dass mein Lebens-Reichtum zu etwas gut sein kann, dass ich für Gott und die Nächsten, mitunter auch für die Fernen gut sein kann. Das Leben teilen und erfahren dürfen, dass das anderen guttut: das ist ein Abglanz des Göttlichen, der sich auf das Menschlich-Allzumenschliche gelegt hat und auch die Selbstsorge heiligt. Wenn man ihn wahrnimmt: ob es dann besser geht mit dem *Hergeben?*

Christologie in der *Teilnehmerperspektive?* Man wird ihre Wahrheit – Gott nimmt teil, er teilt – nur einigermaßen ermessen oder erahnen können, wenn man unterwegs ist an ihr teilzunehmen. Sie wird nur „einleuchten", wenn sie das Leben wahr macht. Das ist die Grundeinsicht großer Mystik. Für den Sufismus gilt, Wissen und Wahrheit seien „Seinszustände".[290] Es gilt, sich durch sie verändern zu lassen und so in sie hineinzukommen; christlich: in den „hineinzukommen", der zu uns gekommen ist, uns an sich teilhaben zu lassen, den Christus, der „sein eigenes Leben als Auferstandener mit uns teilt."[291]. Draußen bleiben, unbeteiligt bleiben, bloß beobachten wollen, macht Wahrheit unzugänglich. Aber immerhin: auf den Dienst am Hineinkommen-Können, auf die mit guten Gründen vorgebrachte und deshalb anvertrauenswürdige Einladung, es mit dieser Wahrheit zu versuchen, sind die Menschen angewiesen. Die Theologie darf zeigen, dass das ein Dienst am

---

[290] Mitgeteilt von V. Ramaswamy, Stunde des Mitgefühls, in: Süddeutsche Zeitung Nr. 83 vom 8. April 2020, S. 9.

[291] Papst Franziskus, Apostolisches Schreiben *Gaudete et exsultate* über den Ruf der Heiligkeit in der Welt von heute, Ziffer 18; Bezug genommen ist hier auf ein Schreiben der neuseeländischen Bischöfe.

vernünftig verantworteten Menschsein ist. Und sie wird es da am besten zeigen können, wo es um die Mitte des Glaubens geht, um seine befreiende Theonomie, um die Menschlichkeit des Glaubens an die unbedingte Menschen-Verbundenheit und Menschen-Freundlichkeit Gottes. Wo sich kirchliche Verkündigung oder Glaubens-Diskurse in anderen Themen und Probleme verhaken und verkämpfen, dürfte die Theologie dazwischengehen, damit nicht undeutlich wird, woran die *Alternative Glauben oder Nicht-Glauben* sich entscheiden muss.

8. Gott menschlich-allzumenschlich? Die Macht-Projektion

8.1 Macht: Göttlich?

Jesus von Nazaret geht seinen Weg. Gradlinig, ohne lang suchen und fragen zu müssen? Ist ihm das Menschlich-Allzumenschliche, das Suchen und Versuchen, Versucht-Werden doch fremd geblieben? Die Geschichte von der Versuchung Jesu unmittelbar nach seiner Begegnung mit dem Täufer spricht von der Zurückweisung des Versuchers, von einem sicheren Urteil über den einzuschlagenden Weg (vgl. Mt 4,1–11parr.). Der Versucher lockt den Messias auf die Spur der Macht. So könnte der sich legitimieren, durch Wundermacht, die die Notleidenden sättigt. So könnte er die Gottesherrschaft errichten: durch das Herr-Werden über alle Welt. Es wäre jeweils eine diabolische Macht; eine menschlich-allzumenschliche Versuchung. Im Zentrum der Geschichte aber steht eine andere Versuchung: die Gottes-Versuchung. Das Gottes-Vertrauen Jesu müsse doch so groß sein, dass er sich im Vertrauen auf den Allmächtigen vom Tempelberg in die Tiefe stürzt. Würde der ihn nicht durch seine Helfer auffangen und vor Schaden bewahren?

Das wäre Gottes-Versuchung, weist Jesus das Ansinnen des Satans mit biblischem Nachdruck zurück: Gott in die Rolle dessen zu drängen, der sich in seiner Allmacht offenbart, beweist. Man mag einen weiteren Hintersinn in dieser Zurückweisung sehen: Ja, Jesus ist gesandt, Gott zu leben, indem er hinunter geht von den Höhen politisch-sakraler Macht, schließlich geradezu hinuntergestürzt, nicht aufgefangen wird, jedenfalls nicht so, dass ihm die tiefsten Abgründe erspart wurden.[292] Da standen Gott selbst und seine Macht auf dem Spiel, stand zur alles erschütternden Frage: Wie rettet seine Macht? Wie geschieht sie? „So ähnlich wie“ Menschen-Macht? Sieht Gott dem „ähnlich“, was Menschen für das höchste – an Macht, an Vollkommenheit – ansehen?

Das selbstverständlich anzunehmen, ist die menschlich-allzumenschliche religiöse Versuchung par excellence. Es wäre die strenge Verpflichtung der Theologie, diese Selbstverständlichkeit zu dekonstruieren, sich auf den Weg zu machen, der – hoffentlich – in Gottes größere Selbstverständlichkeit hineinführt, auch in die größere Selbstverständlichkeit seines Mächtig-Seins. Aber davon ist auszugehen: Gott ist allmächtig. Das apostolische Glaubensbekenntnis setzt mit dieser Selbstverständlichkeit ein; sie ist Kern-

[292] Dieser Hintersinn kommt bei der Versuchung Jesu durch Petrus vor dem Aufstieg zum Berg der Verklärung ganz in den Vordergrund (vgl. Mt 16,21–23parr.).

Bestimmung des Gottes-Verständnisses. Viele, wenn nicht die meisten liturgischen Gebete wenden sich an den allmächtigen Vater. Aber auch von dieser Selbstverständlichkeit wäre auszugehen: Viele, wenn nicht die meisten Mitfeiernden hören diese Gebets-Anrede mit Unbehagen. Von Macht, gar von Allmacht zu sprechen, ruft bei ihnen höchst ambivalente Vorstellungen hervor. In früheren Glaubens-Zeiten mögen sie nicht im Vordergrund gestanden haben. Aber es hat auch „damals" äußerst negative Erfahrungen mit der Macht gegeben; die Bibel spricht auf fast jeder Seite davon. Gerade deshalb hoffte man auf die *gute* Macht Gottes, die den bösen Mächten gewachsen ist, sie in Schranken hält und besiegen wird.

Mit Beginn der Neuzeit geraten Semantik und Logik der Macht selbst in Verdacht: dass Macht eigentlich immer als *Gegen*-Macht vorgestellt wird, die andere Mächte unterwirft, unterdrückt, sich gegen sie *durchsetzen* will. Bei Friedrich Nietzsche kommt es zur Vorstellung eines autonomen Willens zur Macht, der das Leben, ja alles Wirkliche, als Dynamik der Selbst-Steigerung durchherrscht und sich in diesem Drang zur Selbststeigerung rücksichtslos *gegen* das Schwache und Absterbende durchsetzt: das All als das unendliche, ewige, in allen sich vollziehende Geschehen des Willens der Macht, des Willens zur Macht, eines Willens, der vorbewusst und in allem Bewusstwerden sich selbst steigern will.

Das 20. Jahrhundert hat Erfahrungen mit dieser Durchsetzungs-Macht in die Welt gebracht und Vorstellungsräume geöffnet, die es vielen Menschen kaum noch erlauben, Gott und Macht zusammenzubringen. Der Macht-Gott scheint immer mit der Vorstellung von Macht-Menschen kontaminiert. Eine „Umkehr der Einbildungskraft"[293] hin zu einer Gottes würdigen Macht-Perspektive scheint kaum erreichbar. So verschwindet der allmächtige Gott weitgehend aus dem Gebets-Leben – wenn man sich das Recht nimmt, Formeln wegzulassen.

Das ist aus dem Macht-Denken so schwer zu eliminieren: die Selbst-Durchsetzung *gegen andere.* Machtmenschen wissen sich durchzusetzen; Rücksicht auf Andere und die Einfühlsamkeit für ihre Interessen sind nicht ihre Stärke. Sie wissen, was sie wollen und wie sie es erreichen. Sie haben alles unter Kontrolle. Das macht ihre Stärke aus. Es kann nützlich sein, sie in den eigenen Reihen zu haben; sie machen unsere Initiativen durchschlagskräftiger. Sympathisch wird man sie nicht finden.

Und der *Macht-Gott?* Wie gut, wenn man sich seines Beistands vergewissern kann. Ist Religion überhaupt etwas anderes als der Versuch, mit Opfer, Gebeten und anderen religiösen Praktiken Gott, den *All*-Mächtigen,

---

[293] Vgl. Paul Ricœur, Stellung und Funktion der Metapher in der biblischen Sprache, in: Eberhard Jüngel – ders., Metapher, 45–70, hier 70.

auf die eigene Seite zu bringen und sich so ein Machtreservoir nutzbar zu machen, das weit über Menschenmögliches hinausreicht? Versucht sich im Gedanken des allmächtigen Gottes nicht einfach nur die „Allmacht des Gedankens“ (Sigmund Freud) Realität zu geben: des elementaren Menschheitswunsches und des ihn ausdenkenden Gedankens, angesichts der Übermacht des Schicksals bei einer guten Macht Zuflucht zu finden, damit man nicht von ihr überrollt und zunichte gemacht wird?[294] Reflektiert der Glaube an einen allmächtigen Gott mehr als den Wunsch der Bedrängten, noch etwas machen zu können, wo nichts mehr zu machen ist?[295]

Der Macht-Gott als der mächtigste Bundesgenosse, den man sich wünschen kann; Gott mächtiger gedacht als alles, was sonst noch Macht hat[296]: als höchste Steigerung menschlicher Macht-*Vollkommenheit*, menschlich-allzumenschlicher Mächtigkeitsideale? Der Gedanke der Gottes-Allmacht als Projektion der tiefen Menschen-Sehnsucht, nicht im Letzten bösen, rücksichtslosen Mächten ausgeliefert zu sein? Ein Gott, der den Machtmenschen verwandt, gar aus dem Gesicht geschnitten ähnlich wäre? Oder ist Gott doch der ganz andere zu den Machtmenschen, Urwirklichkeit einer „ganz anderen Macht“?

So geraten Menschen ins Fragen, wenn sie mit Machtmenschen, auch mit einem Macht-Gott zwiespältige Erfahrungen gemacht haben und sie mit dem Gott Jesu Christi nicht zusammenbringen können. Macht ist das zutiefst Erwünschte *und* das am Meisten Gefürchtete. Erwünscht ist die Macht, mein Leben intensiver und selbstbestimmter, selbst-mächtiger zu leben; die Macht, meinem Lebenswillen Geltung zu verschaffen, mich gegen konkurrierende Mächte und Willen zu behaupten; Gestaltungs- und Partizipationsmacht, in der ich meine Lebensverhältnisse so mitbestimme, dass ich mich in ihnen entfalten kann. Gemeint ist *Selbstsetzungs-*, *Selbstbestimmungs- und Selbstbehauptungs*-Macht. Aber schon diese Umschreibung provoziert die ganze Gefühlsambivalenz, die das Phänomen Macht hervorruft. *Mir* erschließt *mein* Mächtigsein Selbstentfaltungschancen. Die Macht *der Anderen* aber wird als Zugriff erlebt, durch den man eigenen Interessen Geltung verschaffen will, gar als gewalttätige Macht der Stärke-

---

[294] Vgl. Sigmund Freud, Die Zukunft einer Illusion, in: Sigmund Freud Studienausgabe, hg. von A. Mitscherlich u.a., Bd. IX, Frankfurt a.M. 135–189, hierzu 151 ff. bzw. das III. Kapitel (Animismus, Magie und Allmacht der Gedanken aus: Totem und Tabu, a.a.O., 287–444, hier 364–386).

[295] Vgl. Christoph Türcke, Religionswende. Eine Dogmatik in Bruchstücken, Lüneburg 1995, 34–41 (zum Gebet).

[296] Anselm von Canterbury konzipiert den Gottesbegriff als den Begriff dessen, worüber Größeres nicht gedacht werden kann (Proslogion 2). Aber das ist nicht sein letztes Wort gewesen. Gegen Ende des Proslogion wird Gott angesprochen als der, der größer ist als alles, was gedacht werden kann (Proslogion 15).

ren, die Zwang ausüben, wenn sie mit anderen Mitteln nicht weiter kommen und niemand ihnen *machtvoll* entgegentritt.

Auf *öffentliche* Zwangsgewalt haben in modernen Demokratien staatliche Institutionen ein Monopol: die Exekutive und das Rechtssystem. Sie üben in geregelten Verfahren zwingende Macht aus, um illegitim-gewaltförmige Machtausübung durch Privatpersonen oder kollektive Handlungssubjekte der Zivilgesellschaft in die Schranken zu weisen. Macht muss Macht begrenzen, muss den Übergriff – das Unrecht der Stärkeren – möglichst verhindern, um jedem elementare Selbstbestimmungsmöglichkeiten zu sichern und die allgegenwärtige Konkurrenz zu disziplinieren, bei der es ja um die Erlangung und die Steigerung von Machtmöglichkeiten geht. Moderne Rechtsverhältnisse hegen Machtansprüche und ihre Durchsetzung ein, jedenfalls in der Theorie. Auch zwischen den Macht-Subjekten in Staat und Gesellschaft soll es zu einer fairen Macht-Teilung kommen. Das aber scheint in alledem vorausgesetzt: Macht ist *Durchsetzungs*-Macht. Sie muss gezähmt und geteilt werden. So kann die Macht-Konkurrenz womöglich zum Wohl aller einigermaßen befriedet werden.

In religiösen Deutungs- und Praxiszusammenhängen brachte man Gott nicht selten auch mit dieser zwingenden Macht zusammen, etwa als den legitimierenden Grund dafür, dass weltliche Autoritäten von ihr Gebrauch machen durften. Macht ist hier hoheitlich gedacht, geradezu monarchisch, und monotheistisch hergeleitet. Sie wird abgeleitet von einem höchsten Machthaber, dem göttlichen Monarchen, dem alleinigen Ursprung (der arché) der Macht[297]; sie ist auf die menschlichen Monarchen in Kirche und Reich übergeleitet und wird im Namen und in der Vollmacht des höchsten Monarchen ausgeübt.

In Zeiten, in denen Herrschaft und so auch deren Machtansprüche säkularisiert und beargwöhnt wurden, konnte sich die enge Verbindung zwischen diesem monarchischen Macht-Prinzip und dem Glauben an den „allmächtigen Gott" lockern. Es konnte deutlicher werden, dass Gott mit anderen Erfahrungen von Macht in Verbindung zu bringen ist und auch von alters her in Verbindung gebracht wurde: mit Erfahrungen einer gründenden Macht etwa, an der die Menschen religiös Anteil gewinnen, um so zu einem Leben in Fülle zu gelangen bzw. ihr Leben gegen „Seinsminderungen" einigermaßen verlässlich zu schützen und ihm einen auskömmlichen Lebensraum zu sichern. Die gründende, heilige Macht (*Hierarchia*) ist in re-

---

[297] Dass diese, ja schon im Rom der Kaiserzeit propagierte Vorstellung vom christlich-trinitarischen Gott-Denken geradezu unterminiert wurde, arbeitete Erik Peterson heraus; vgl. von ihm: Der Monotheismus als politisches Problem. Ein Beitrag zur Geschichte der politischen Theologie im Imperium Romanum, Leipzig 1935.

ligiösen Systemen und so auch in der Kirche eingehegt und Lebens-hilfreich zugewendet. Sie wird – nach den Herrscherideologien aller Zeiten – von den Priestern und auch von „priesterlichen" Königen stellvertretend ausgeübt. Die *Priester* schaffen den Menschen in förderlicher Weise und durch ein kultisch abgesichertes Verfahren Zugang zur göttlichen Quelle der Lebensmacht. Könige und Herrscher haben Teil an der göttlich-gründenden Macht, um die Starken in die Schranken zu weisen und den Schwächeren Lebensmöglichkeiten zu sichern, in diesem Sinne Gerechtigkeit aufzurichten. Das sind also die beiden Aspekte der gründenden Macht, sofern sie von Menschen „stellvertretend" ausgeübt wird: rituelle oder spirituelle „Pflege" der Quellen für ein Leben in Fülle (aus dem göttlichen Leben) und Aufrichtung einer gerechten Ordnung, in der sich dieses Leben entfalten kann.

Solche Gottes-Stellvertretung gerät immer wieder in die Kritik: Eignen sich die Stellvertreter göttliche Machtvollkommenheiten nicht *exklusiv* an, um selbst an mehr, schließlich an die absolute Macht zu kommen? Verderben sie die göttlich-kreative Macht des Hervorbringens und Schützens nicht durch herrscherliche Selbstbehauptung und priesterliche Selbstlegitimierung? Macht durch militärische, körperliche oder symbolische Gewalt diskreditiert die Machthaber, schließlich die Macht selbst. Sie müsste wirksam an Gott zurückgebunden sein, in seinem Sinne ausgeübt werden: zugunsten der Armen und Schwachen, die aus eigener Kraft gegen die Starken keine Chance hätten. Ihnen zugute muss es Gerechtigkeit geben: die Verlässlichkeit einer Rechtsordnung, in der die Menschen einander leben lassen und ein Mindestmaß an „Fairness" erweisen. Israels Propheten fordern diese Rückbindung sozialer Macht an ihren göttlichen Ursprung immer wieder ein; weithin vergebens, wie sie beklagen. Priesterliche Macht-Stellvertretung findet ihre Kritik, wenn sie dem Zutrauen auf manipulative Opfer Vorschub leistet, statt auf die lebensförderlichen Potenzen des guten Lebens im Sinne JHWHs zu achten. *Gerechtigkeit und Barmherzigkeit will ich, nicht Opfer* (vgl. Hos 6,6; aufgenommen in Mt 9,13): Das ist ihr Botenspruch, mit dem sie den heiligen Willen dessen geltend machen, der sie sendet.

Christlich versucht man, die Macht-Ambivalenz auf prekäre Weise „priesterlich" zu heilen: Macht, die durch Hierarchen im Auftrag Gottes ausgeübt wird, ist an ihrer Wurzel heilige, heile Macht, auch wenn sie mitunter zwingen muss; nicht die erbsündlich-zwiespältige Selbstbehauptungs-Macht. Die Hierarchen sind Medien der Heiligung. Ihre priesterliche *Voll-Macht* (!) heilt sündig Verfehltes. Von dieser Heilungs-Potenz her kann auch die Machtstellvertretung der Herrscher geheilt werden. Über Jahrhunderte hinweg – seit *Gelasius I.* am Ende des 5. Jahrhunderts bis ins Spätmittelalter – bestimmt dieser „hohepriesterliche" Macht-Anspruch die politische

Agenda des Abendlandes. Er setzt eine Deutung der Macht-Ambivalenz voraus, die diese so versteht, als sei sie – durch die „Gnadenverwaltung" der Kirche – priesterlich an der Wurzel zu heilen. Durch die Erbsünde, mit der die Menschen wie Gott sein und sich zum Gott der Anderen machen wollten, wird Menschen-Macht zur Unterdrückungsmacht, gerät auch politische Macht, die dem zu wehren vorgibt, auf die schiefe Ebene zur Unterdrückungsmacht. In der Kirche aber wird Macht priesterlich geheiligt, zur heilenden Vollmacht; hier wird sie im Sinne Gottes – durch seine Heiligkeit geheiligt – so ausgeübt, dass sie den Menschen zugutekommt. Hier ist sie als Macht der *Hierarchen* gründende Macht in Reinkultur, *von oben* gegeben, keine Macht durch Übertragung von unten. Von Hierarchen ausgeübt, setzt die geheiligt-heiligende Macht Gottes Herrschaft in der Welt durch, öffnet sie in kirchlicher Vollmacht den Weg in die Vollendung des Reiches Gottes.

Die Missbrauchsanfälligkeit dieses Modells war – und ist – enorm. Wer wüsste das nicht! Offenkundig ist die Versuchung, sich Gott und seine heilige Macht so vorzustellen, wie es der Inanspruchnahme dieser Macht durch die Hierarchen der Kirche entspricht. Dieser Macht-Gott und seine Macht-Vollkommenheit entsprechen dann der von den höchsten Priestern in Anspruch genommenen Vollmacht. Er erscheint vielfach als die Verlängerung ihrer Machtvollkommenheit ins Unendliche, in den „Himmel". Aber immerhin: Gottes gründende Macht ist nicht endliche „Vollmacht", sondern *All*macht, die Macht, seinem eigenen Willen unbedingte Geltung zu verschaffen, ihn als die alles bestimmende Wirklichkeit in Kraft zu setzen. Davon können Hierarchen nur träumen. Gleichwohl bleibt es bei einer engen Verwandtschaft zwischen der Macht-Logik, die die menschlich-herrschaftliche, priesterlich geheiligte Machtausübung (*potestas dominandi*) und Gottes Machtvollkommenheit mehr oder weniger gleichermaßen bestimmt und offenbar *metaphysische Dignität* hat. Macht ist ihrem innersten Wesen nach Seinsmacht: Macht des Seinkönnens, der Seinsverwirklichung; bei Gott, dem vollkommensten Sein, die Macht, vollkommen und auf vollkommene Weise, ohne irgendeine Einschränkung hinnehmen zu müssen, *aus sich selbst er selbst zu sein.* Dieses Konzept begegnet mit höchster denkerischer Konsequenz bei Thomas von Aquin.

8.2 Die klassische Lehre und ihre Aporien

Thomas schließt sich an klassische Formulierungen an, wie sie sich am Ausgang des kirchlichen Altertums bei *Johannes von Damaskus* finden. Den Glauben an den allmächtigen Gott bestimmt Johannes als Glauben „an eine Macht, die durch kein Maß erkannt, die nur durch den eigenen Willen gemessen wird. Denn sie kann alles, was sie will."[298] Göttlich-allmächtige Macht ist nur durch sich bzw. durch den bestimmt, von dem sie ausgeübt wird, nicht aber durch Festlegungen oder Gegen-Mächte, die den *sich selbst bestimmenden* Willen des Allmächtigen begrenzen oder beeinflussen würden. Das heißt für Thomas von Aquin, dass der Allmächtige allein aus sich selbst ist, was er ist, und allein aus sich selbst will und realisieren kann, was er will und realisiert. Er ist in höchstem Maße *sich selbst wirkendes und alles Wirkliche wirkendes Prinzip*, in keiner Hinsicht ein Erleidender, den etwas gegen seinen Willen träfe oder einschränkte.[299] Allmacht ist unendlich gesteigerte Macht im Sinn eines unendlich gesteigerten, sich selbst bestimmenden Vermögens, das all dessen mächtig sein muss, was es will, was es wollen kann, weil es in sich möglich ist, und was der Wollende wollen kann, da es seinem Wesen entspricht, dies zu wollen. Aus absoluter Seins- und Selbst-Mächtigkeit folgt absolut selbst-ursprüngliches Wollen und Können, vollkommene Autarkie, vollkommene Unbedürftigkeit und Nicht-Angewiesenheit auf anderes.

Der Allmachts-Gedanke ist vom uneingeschränkten *Aus sich*, vom Gedanken der in seiner Wirkmacht durch nichts eingeschränkten Arché her konstruiert. Er ist in diesem Sinne *archäologisch* – Ursprungs-logisch – erreicht. Es zeigt sich aber, dass sich diese archäologische Modellierung nicht durchhalten lässt, ohne dass man zusammen mit ihr bzw. ihr gegenüber eine *teleologische* Sinn-Bestimmung des Begriffs vornimmt. Die Logik der selbstbezüglichen Steigerung von Macht bis ins Unendliche droht den Begriff auf Autarkie zu reduzieren und den Allmächtigen als Nicht-Beziehungsfähigen, jedenfalls Nicht-Beziehungsbedürftigen vorzustellen. So ist sie theologisch zusammenzuhalten mit der Frage nach der Bezogenheit von Macht auf das bzw. auf diejenigen, dem bzw. denen sie zugutekommen soll, und so auch mit der Frage, in welchem Sinne sie ihm bzw. ihnen zugutekommt: mit dem *Wozu* höchster Macht. Die beiden hier in Anspruch genommenen Logiken – die archäologische, die zum Gedanken des höchsten Arché-Seins führt, und die teleologische, welche das Wozu der Machtausübung auf das Erreichen des höchsten Gutes beim Anderen als ausschlaggebend ansieht – lassen sich hier nicht mehr begrifflich vermitteln, sondern nur miteinander festhalten.

Man kann dieses Problem bei Thomas selbst entdecken, wenn er gleichsam en passant überraschend konkret anmerkt, „Gottes Allmacht

[298] Johannes von Damaskus, De fide orthodoxa I,8: Im Hintergrund dieser Formulierung steht Ps 135,6 („Alles, was dem Herrn gefällt, vollbringt er, im Himmel, auf der Erde, in den Meeren, in allen Tiefen").

[299] Vgl. Summa theologica I, q.25 a.1 corpus.

[zeige] sich am meisten im Schonen und Erbarmen“, weil die „Teilnahme (der Menschen; J.W.) am unendlichen Guten“ genau das ist, was als „die letzte Wirkung der göttlichen Kraft“ von Gott beabsichtigt ist.[300] Offenkundig kann durch Schonen und Erbarmen das Ziel des göttlichen Wirkens, die Menschen am höchsten Gut teilhaben zu lassen, am besten erreicht werden. Thomas bestimmt seine archäologische Herleitung des Begriffs Allmacht weiter durch die konkret-geschichtliche Wirkung am Menschen, welche die Allmacht hervorbringen will, weil sich in ihr Gott dazu bestimmt, die Menschen auf dem bestmöglichen Weg dem entgegenzuführen, was als der Sinn seiner allmächtigen *Virtus* – seiner in der Allmacht betätigten Güte – angesehen werden darf.[301]

Die aus mitmenschlichen Erfahrungen abstrahierte Logik der Macht-Steigerung assoziiert das, worauf Macht sich bezieht: menschlich-allzumenschlich Unterwerfung, „Bemächtigung“. Thomas spürt die Notwendigkeit, den Beziehungsmodus der göttlichen Allmacht von dieser allzumenschlichen Bestimmung abzuheben. So liegt es für ihn nahe, die schöpferische Macht des Vergebens anzusprechen, die dem Schuldiggewordenen Zukunft gibt.

Die begriffliche Verbindung zwischen archäologischer und teleologischer Perspektivierung des Allmachts-Gedankens bleibt hier instabil. Das zeigte sich, als im Nominalismus der Gedanke der Allmacht voluntaristisch forciert wurde: Gott ist so frei, seinen Willen von dem bestimmen zu lassen, wozu er sich unableitbar frei entscheidet. Darin – dass er durch nichts, nicht einmal durch eine innere Logik des Guten – festgelegt ist, erweist sich hier seine Allmacht, also an ihrer teleologischen *Nicht-Festgelegtheit.* Gott hat die Macht, sich durch *nichts* – nicht einmal durch sich selbst – festlegen lassen zu müssen.

8.3 Spannungen im Verständnis der göttlichen Allmacht

Eine konsistentere Vermittlung zwischen archäologischer und teleologischer Perspektivierung des Allmachtsgedankens ergibt sich, wenn man den

[300] Summa theologica I, q.25 a.3 ad 3.

[301] Auch Papst Franziskus bezieht sich – etwa in *Misericordiae vultus* 6 – auf die hier sichtbar werdende begriffliche Spannung bei Thomas von Aquin. Sie könnte darauf zurückzuführen sein, dass Thomas auf die liturgische Tradition zurückgreift: auf einen Text aus dem Sacramentum Gelasianum (8. Jahrhundert), der noch heute als Tagesgebet zum 26. Sonntag im Gebrauch ist.

Beziehungsmodus der Allmacht in Gottes *Selbstmitteilung* realisiert sieht[302]: Allmacht würde gedacht als Gottes Macht, Menschen zu *ermächtigen*, an seiner Macht teilzunehmen; nicht in Gottes-Konkurrenz, dem Ur-Paradigma der Sünde (vgl. Gen 3,5), sondern zu verantwortlicher Teilnahme an der Verwirklichung des guten Gottes-Willens in der Welt. Die Frage wendet sich hier von der Frage „Was ist Allmacht?" zurück zu der Frage „Wie geschieht Gottes Allmacht oder seine *größere* Macht", wie geschieht sie für die Menschen.[303] Sie geschieht durch Befreiung aus den Fesseln der Mächte, die als unterdrückend und lebensfeindlich, als Todesmächte erfahren werden. Sie geschieht nach dem neutestamentlichen Zeugnis entscheidend darin, dass der Auferstandene und mit ihm die an ihn Glaubenden aus der Vernichtungs-Macht des Todes gerettet sind und an Gottes ewig-guter Herrschaft teilnehmen dürfen.

Aber es ist klar, dass dieser Gedanke der rettenden Selbstmitteilung sich nicht von selbst aus der archäologischen Herleitung des Allmachtsbegriffs ergibt. Die archäologische Herleitung bleibt im Wesentlichen der *Via negativa* des Sprechens von Gott verpflichtet: Sie denkt Allmacht durch Negation dessen, was Macht begrenzt. Die begriffliche Steigerung zum Superlativ durch die Negation von Bestimmungen führt aber zu einem weitgehend unbestimmten Begriff der Allmacht im Sinne des absoluten – absolut-unbehinderten – *Aus sich selbst.* Dieses archäologisch-formale Verständnis wird im Alltags-Verständnis des Glaubens dann mehr oder weniger unwillkürlich mit menschlich-allzumenschlichen Erfahrungen des Wozu und Woraufhin der Macht „aufgefüllt", die sich als theologisch zwiespältig erweisen.

Hier zeigt sich die Aporie der theologischen *All*-Begriffe. Sie öffnen den Horizont einer unendlichen Steigerung. Sie öffnen ihn dadurch, dass sie alle Begrenzungen negieren. Da gleichwohl von Gott Bestimmtes ausgesagt werden soll, hält man sich an menschlich-allzumenschlichen Bestimmungen der Macht, des Wissens, der Barmherzigkeit, der Gerechtigkeit und denkt sie „immer größer", ohne sich Rechenschaft darüber zu geben, welche Ambivalenz diese aus menschlich-allzumenschlichen, kulturell und historisch bedingten Erfahrungen gewonnen Bestimmungen in die unendlich gesteigerten All-Begriffe und damit ins Gottes-Verständnis hineinbringen. So wird Gott zuletzt als höchste Vollkommenheit die ungebundene Souve-

[302] Das würde dem christlich-neuplatonisch geprägten Trinitätsdenken bei Richard von St. Viktor und Bonaventura entsprechen, die den Gedanken der Selbstmitteilung Gottes mit großer Prägnanz entworfen haben.

[303] Das ist die biblische Fragestellung, die meist auf diesen Komparativ abhebt; vgl. Michael Bachmann, Göttliche Allmacht und theologische Vorsicht. Zu Rezeption, Funktion und Konnotationen des biblisch-frühchristlichen Gottesepithetons *pantokrator*, Stuttgart 2002.

ränität und Autarkie zugeschrieben, weil solche uneingeschränkt autarke Souveränität von den Menschen her gesehen eine Ahnung des Höchsten vermittelt, worüber Größeres und Vollkommeneres nicht vorgestellt und gedacht werden kann.

Man mag sich diese Problematik an Kants berühmter Formel verständlich machen, wonach Gedanken (oder Begriffe) ohne (erfahrungsbezogenen) Inhalt leer, sinnliche Anschauung ohne Begriffe aber blind seien.[304] Der Begriff – auch der All-Begriff – begreift nur etwas, wenn er es an sinnlich gegebenen Erfahrungen begreift. So bezieht er sich immer schon auf sie, ob man dies bei seiner Verwendung mit bedenkt oder nicht. Der Begriff Allmacht steigert konkret erfahrene Macht-Vollkommenheit ins vermeintlich Unendliche und modelliert Gottes Allmacht nach Konzepten einer Macht, welche von den Menschen, die diesen Begriff verwenden, als höchst wünschbar und vollkommen vorgestellt werden. Diese Eintragung vollzieht nicht den Übergang in das „Wesen“ der Macht, wie es in Gott vollkommen verwirklicht ist, sondern – zumindest auch – eine unreflektierte Übertragung allzumenschlicher Macht-Sehnsucht auf einen Gott, der ewig innehaben soll, was endliche Menschen in der Not ihrer Machtlosigkeit und in der Erfahrung der Ambivalenz von Macht als höchste Vollkommenheit imaginieren. Hier rückt der Macht-Gott in gefährliche Nähe zu bewunderten oder gehassten Macht-Menschen, die ihre Lebenswelt ebenso souverän wie autark kontrollieren und sich von nichts und niemand bestimmen lassen müssen. Der Allmachts-Gott gerät dann in eine kaum zu stabilisierende Spannung zu dem Gott Jesu Christi, zu den biblischen Zeugnissen von einem Gott, der sich von denen in Anspruch nehmen lässt, denen seine Macht zugute kommen soll.

Bernd Janowski hat im Blick auf das Alte Testament von der „geschichtlichen Selbstinvolvierung“ Gottes[305] gesprochen und so zum Ausdruck bringen wollen, dass von Gottes Macht hier nicht situations- und beziehungslos gesprochen wird. Sie wird im Sinne einer Macht vorgestellt, deren Sinn es ist, eine Beziehung zu ermöglichen, in der die Menschen eine gute Gegen-Macht zur Übermacht weltlicher Herrschafts- und Naturverhältnisse erfahren. Gott hält sich nicht aus den welthaften Machtverhältnissen heraus. Er bringt sich geschichtlich ein, damit die Menschen sich an ihn halten können und in der Beziehung zu ihm den Weg zu Gerechtigkeit und „Befriedung“ (schalom) gehen können. Seine Macht ermächtigt, den Verhältnissen der Ungerechtigkeit und der Unterdrückung zu widerstehen.

[304] Immanuel Kant, Kritik der reinen Vernunft, B 75.

[305] Bernd Janowski, Ein Gott der Gewalt? Perspektiven des Alten Testaments, in: I. Müllner – L. Schwienhorst-Schönberger – R. Scoralick (Hg.), Gottes Name(n), 27.

Sie geschieht, wo Menschen sich auf seine Macht verlassen und keine andere Macht als „alles bestimmende Wirklichkeit" anerkennen. Die Bibel spricht kaum von einem Wesen der Gott zugeschriebenen (All-)Macht, sondern von ihrer Wirkung, ihrem Geschehen. Die Wirkung dieser Macht wird nicht von ihrem „Wesen" her verstanden, sondern eher – wenn man es so sagen darf – ihr Wesen von dem her, *wie* Gottes Macht geschieht; wie sie nach den Zeugnissen der Bibel so konkret zur Wirkung kommt, dass neuzeitliche Menschen sich freilich schwer tun werden, die geschichtliche Wirklichkeit dieser Wirkung im Bedingungszusammenhang geschichtlich-kontingenter Wirklichkeiten noch als solche wahrzunehmen.

Biblisch wird von Macht-*Erweisen* Gottes vielfach in dem Sinne gesprochen, dass Gott sich geschichtlich involvieren ließ, um Notleidenden eine Lebensperspektive zu öffnen. Diese biblischen Zeugnisse beweisen nichts, sondern geben Zeugnis von einer Gott-Verbundenheit, welche die Zeugen sagen ließ: Hier war Gott im Spiel, hier hat er mit mir – mit uns – angefangen, was nicht aufhören wird anzufangen, neutestamentlich: Hier hat er seine gute Herrschaft angefangen, in der alle anderen „Herrschaften" ihr Ende finden werden. Hier zeigt sich Gottes Macht in dem, was sie auszeichnet: als die zur Hoffnung und zum Selbstwerden in Freiheit ermächtigende Macht, als die Macht, die sich *mit-teilen* will. Die spezifische Weise ihres Sich-Zeigens ist nicht aus dem Begriff höchster göttlicher Macht abgeleitet. Sie ist als Erweis der göttlichen Macht auch nicht so legitimiert, dass man nachweisen könnte, wie sie den Begriff der höchsten göttlichen Macht adäquat erfüllt. Sie gewinnt ihre zum Zeugnis herausfordernde Prägnanz vielmehr dadurch, dass in der Gemeinschaft der Zeugen und derer, an die sich ihr Zeugnis wendet, aufschlussreich wahrgenommen wird und verstanden werden kann, *wie* Gottes Macht geschieht.

Aber wie passen die biblisch bezeugten Weisen des Sich-Zeigens von göttlicher Macht zu einem begrifflich disziplinierten Reden von höchster göttlicher Macht? Ist die begriffliche Fassung, die das Reden von höchster Macht einigermaßen eindeutig macht, zu vermitteln mit den Erweisen göttlicher Macht, wie sie die Bibel bezeugt? Und kann heute noch von geschichtlichen Selbst-Erweisen göttlich-höchster Macht gesprochen werden, da das Reden von Gottes Geschichtshandeln in eine tiefe Krise ist? Lässt sich also noch oder wieder eine begrifflich-gedankliche Basis dafür finden, vom geschichtlichen *Sich-Zeigen* einer Macht zu sprechen, die als jene Macht *erkennbar* wird, über die hinaus von einer größeren Macht nicht gesprochen werden kann? Es markiert den Rang eines Textes von *Søren Kierkegaard*, dass er in dieser doppelten Herausforderung versucht, den biblisch prominenten Gedanke der *Selbstmitteilung* göttlicher Macht auf geschichtliche Erfahrung zu beziehen und als den Erweis von „All“-Macht verstehbar zu machen.

8.4 Ermöglichungs-Macht

Kierkegaard ruft Erfahrungen wach, in denen Menschen Macht nicht als zwingende und kontrollierende, sondern als freisetzende erfahren. In ihnen lässt sich die „andere“ Macht Gottes erahnen, die das „Höchste“ vermag, „das überhaupt für ein Wesen getan werden kann“; die es vermag, weil sie nicht überwältigt, sondern schlechthin schöpferisch ist, den Raum des Selbstwerdens in Freiheit öffnet. Sie nimmt sich – so Kierkegaard – zurück, um dem Anderen „Unabhängigkeit“ einzuräumen, Entscheidungsfreiheit. Das ist tatsächlich das absolut Erstaunliche, „dass Allmacht nicht bloß vermag, das Allerimposanteste, das sichtbare Weltganze, hervorzubringen, sondern auch das Allergebrechlichste hervorzubringen vermag: ein der Allmacht gegenüber unabhängiges Wesen [...] Die Schöpfung aus Nichts ist abermals der Ausdruck der Allmacht dafür, dass sie unabhängig machen kann.“[306]

Kreative Allmacht, die sogar die Macht hat, sich zurückzunehmen, sich mitteilt, hingibt und den Menschen so die Möglichkeit zuspielt, in der Antwort auf diese frei machende Selbstgabe zu einem Selbst zu werden, so auf Gottes Selbstgabe zu antworten, an ihr teilzuhaben: Diesen spezifisch neuzeitlich-freiheitsorientierten Impuls verdankt das christliche Gottesverständnis Kierkegaards Denk-Anstoß. Der Gedanke ist in der kabbalistischen Mystik vorgedacht, zumindest vorgeahnt worden: Nach ihr nimmt sich der allgegenwärtige, alles mit sich erfüllende Gott zurück, er „zieht sich in sich zusammen“, um so der Schöpfung und ihrer relativen Eigenständigkeit einen *Freiraum* zu geben.[307] Aber ist mit diesem Gedanken der

---

[306] Søren Kierkegaard, Reflexionen über Christentum und Naturwissenschaft, in: Gesammelte Werke, hg. von E. Hirsch und H. Gerdes, 17. Abteilung, Gütersloh 1983, 124 f. Diese Bemerkungen wären im Zusammenhang zu lesen mit Kierkegaards Theorie des Selbst etwa in der *Krankheit zum Tode*. Hier wird die Überwindung der Verzweiflung und damit die Möglichkeit des Selbst – eines Verhältnisses, das sich tatsächlich zu sich selbst verhalten könnte, ohne sich selbst zu widersprechen – darin als gegeben angesehen, dass „sich das Selbst durchsichtig in der Macht [gründet], welche es gesetzt hat“ (Die Krankheit zum Tode, Gesammelte Werke, 24. und 25. Abteilung, Gütersloh [4]1992, 10). Diese setzende Macht setzt das Selbst frei, da es ihm ermöglicht, sich als dieses Verhältnis, das sich zu sich selbst verhält, zu vollziehen – nicht notwendigerweise daran zu scheitern, dass es das Verhältnis von Unendlichkeit und Endlichkeit aus sich selbst nicht zustande bringen kann.

[307] Vgl. Jürgen Moltmann, Gott in der Schöpfung, München 1985, 99; er bezieht sich auf Gershom Scholem, Schöpfung aus Nichts und Selbstverschränkung Gottes, Eranos Jahrbuch 1956, 87–119, besonders 115 ff.

Machtcharakter der göttlich-ermöglichenden Macht nicht selbstwidersprüchlich geworden? Macht bringt sich zur Erfahrung, indem sie sich zurücknimmt und begrenzt? Es scheint, als sei für die Eigen-Dynamik der Macht ein Gedanke als selbstverständlich angenommen, der dann zurückgenommen werden muss, um Gottes Ermöglichungsmacht zu denken.

Die Metapher der befreienden, Raum gebenden Selbstzurücknahme Gottes schafft für den Allmachts-Gedanken m. E. mehr Probleme, als sie bewältigt. Sie impliziert ein Verständnis von Macht als Beziehungsmacht, der die gegen das Eigenständig-Sein der Beziehungspartner gerichtete Selbstsetzungs-Dynamik gleichsam ausgetrieben werden muss. Dieses Verständnis mag seine Plausibilität darin haben, dass auch Kommunikations- und Beziehungsmacht als eine solche erfahren werden kann, die anderen keinen Raum lässt. Dem entsprechend wird Allmacht als unendliche Bestimmungsmacht verstanden, die sich sekundär einschränkt, um dem Anderen Selbstbestimmungs- und Selbstentfaltungs-Möglichkeiten *einzuräumen*. Und es wird als Ausweis höchster göttlicher Macht dargestellt, dass nur sie es vermag, in solcher selbstlosen Zurücknahme Freiheit beim Menschen hervorzurufen.

Die in den Allmachtsgedanken üblicherweise eingebrachte begriffliche Selbstverständlichkeit, wonach Macht denen, an denen sie sich als mächtig erweist, Raum und Entfaltungsmöglichkeiten nimmt, wird sekundär korrigiert, nicht von Anfang an als unangemessen erkannt. Das scheint noch nicht möglich, weil die Raum-metaphorische Prägung des Machtdenkens nicht kritisch hinterfragt wird. Sie verdeckt, dass kommunikatives Dasein sich nicht einschränken, sondern aktualisieren muss, damit der Partner/die Partnerin sich auf sich selbst angesprochen und bejaht und zu sich herausgefordert erfahren könnte. Nicht Selbst-Zurücknahme, sondern kommunikativer Selbsteinsatz und Selbst-Präsenz eröffnet kommunikative Möglichkeiten. Und wer sich so einsetzt, *setzt sich aus:* Er provoziert die Freiheit, zu kommunizieren – auf diesen Einsatz einzugehen – oder sich zu verweigern. Er spielt Möglichkeiten von Freiheit zu, *indem* – und nicht obwohl – er sich machtvoll zur Geltung bringt und *dadurch* Möglichkeiten einer Teilhabe an dieser schöpferischen Macht eröffnet. Gegen die menschlich-allzumenschliche Logik der Macht wird die Logik einer höchsten Macht sichtbar, erahnbar, die nicht exklusiv sein, sondern teilen will, sich mitteilen will; und die es riskiert, dass die Menschen, denen sie sich mitteilt, das mit ihnen Geteilte dramatisch missbrauchen.

8.5 Empowerment

Der elementare Gedanke, zu dem diese Intuition herausfordert, ist dieser: Die Konstruktion des Allmachts-Gedankens durch unendliche Steigerung des Ursprung-sein-Könnens bis zum Begriff einer absolut sich selbst bestimmenden Ursache sollte nicht erst nachträglich durch die Vorstellung einer Selbstzurücknahme der absoluten Selbst-Macht korrigiert, sondern von den biblischen Bezeugungen einer unbedingt sich verpflichtenden göttlichen Beziehungsmacht her um-gedacht werden. Die Gotteslehre muss der Logik und der Dynamik der Selbststeigerung dazwischenkommen und darf sich dafür von biblischen Zeugnissen zu denken geben lassen, die von der höchsten denkbaren und über alles Denken hinaus im Glauben ersehnten Macht einer Beziehungs- und Freiheits-gründenden Selbstmitteilung sprechen. Der Gedanke ist mitmenschlich in den Erfahrungen eines Empowerments, einer kommunikativ stärkenden Macht in Beziehung erschlossen. Sie bringt sich in die Beziehung ein, damit der Beziehungspartner an ihr partizipiere, sich in diese Beziehung einbringe und durch sie zu seinem Selbstsein und seiner Freiheit komme. Macht in Beziehung setzt sich dabei aus, *exponiert* sich, damit Beziehungspartner im Innersten erreicht und so teilnahmefähig werden: den guten Willen, der sie erreichen und verwandeln will, wahrnehmen und mit-wollen, ihn freilich auch durchkreuzen können.[308]

Macht in Beziehung ist die rettende Alternative zur „Machens-Allmacht", in der – nicht erst neuzeitlich, hier aber „mit Macht" – menschliche Omnipotenz-Phantasien vergöttlicht wurden und ein Omnipotenz-lastiges Gottesbild vom Menschen überholt werden sollte. Vielleicht darf man theologisch sagen: Gott selbst kam und kommt dazwischen, kam schon den Zeugen der Bibel dazwischen, die ihn in der Rolle des Alles-Beherrscher und All-Wirkenden sehen wollten. Er nötigte ihnen ein Verstehen seiner Beziehungsmacht ab, das sich wohl erst im Blick auf den ohnmächtig dem

---

[308] Das Empowerment-Modell war in gewisser Weise in der Unterscheidung von *Causa prima* und *Causae secundae* metaphysisch konzipiert. Dass es an der Schwelle zur Moderne neu plausibel wird, ist nicht zufällig. Gesellschaftliche Differenzierungsprozesse haben sich jetzt soweit durchgesetzt, dass absolutistische Machtkonzepte als dysfunktional wahrgenommen werden. Macht-Ausübung steht nun vor der Aufgabe, Handlungsfähigkeit durch kommunikativ erreichte Koordination gesellschaftlicher Akteure in unterschiedlichen Teilsystemen herzustellen. Macht übt aus, wer auf diese Weise Handlungs- und Problemlösungs-Fähigkeit mobilisiert. Der absolutistische Durchgriff von oben erscheint als Verschwendung von Problemlösungs-Ressourcen. Da werden die Vorstellungen der Selbst-Zurücknahme wie des kommunikativen Sich-Exponierens nachvollziehbar; vgl. Armin Nassehi, Alles, sofort? Das geht nicht. Warum es für eine moderne Gesellschaft so schwierig ist, die Klimakrise zu bekämpfen, in: Die Zeit Nr. 44 vom 24. Oktober 2019, S. 54.

Menschen-Hass ausgesetzten Jesus von Nazaret in seiner performativen Prägnanz vollends erschließt, zumutet. Hier wird unübersehbar: „[Z]ur Herrschaft war der immer zu groß“[309]. Das Mensch gewordene Gotteswort erlegt sich den Menschen-Geschwistern nicht auf, drückt sie nicht nieder; es setzt sich ihnen aus, damit sie es berühren können.[310] Diese christologische Prägnanz wird auch schöpfungstheologisch und eschatologisch maßgebend. Der Schöpfer ruft seine Schöpfung hervor, indem er sich in sie einbringt, damit in ihr sein „maßlos“ guter Willen geschieht. Er lässt sich so „innerlich“ in sie involvieren, dass er die Menschen, die er als „Mitliebende“[311] ins Dasein rief, nicht verloren gibt, sie in seiner unbedingten Beziehungsmacht als Mitliebende über all das hinaus vollenden will, was sie verderben oder selbst vollenden könnten. Nicht die Steigerung eines Mächtig-Seins, das imstande wäre, schließlich alle Gegenmacht auszuschalten, sondern Bezeugungen einer Beziehungsmacht, die so mächtig und verletzlich ist, sich mitzuteilen und an sich teilhaben zu lassen, bieten das Verstehens-Paradigma eines Redens von Gottes Allmacht, das nicht sofort christologisch und pneumatologisch zu korrigieren wäre.[312] *Schelling* dachte in dieser Spur. In seiner *Philosophie der Offenbarung* finden sich die folgenden Sätze:

> „Man kann schon darin eine göttliche Thorheit sehen, daß Gott überhaupt mit einer Welt sich eingelassen, da er in ewiger Selbstgenügsamkeit an der bloßen Beschauung der durch ihn möglichen Welt sich erfreuen konnte. Aber die Schwäche Gottes … kann man insbesondere in seiner Schwäche für den Menschen erkennen. Aber in dieser Schwäche ist er stärker als der Mensch. Sein Herz ist groß genug, um alles fähig zu sein“[313]

[309] Friedrich Hölderlin, Friedensfeier. Dritter Ansatz, in: Hölderlin, Werke und Briefe, hg. von F. Beißner und J. Schmidt, Frankfurt a.M. 1969, Bd. 1, 162. So müsste man fragen, ob die Metapher der Gottes-*Herrschaft* in der Reich-Gottes-Verkündigung Jesu nicht bis an den Punkt führt, wo die allzumenschliche Sehnsucht nach der guten Herrschaft auf Gottes „geschwisterliche“ Solidarität hin überschritten wird. Paul Ricœur fragt in diesem Sinne, ob eine politische Theologie nicht „aufhören [müsste], sich als Theologie der Herrschaft zu konstituieren“ (ders., Phänomenologie der Religion, in: ders., An den Grenzen der Hermeneutik, 85–94, hier 94 Fn. 5).

[310] Peter Trawny zitiert ein Wort von Paul Celan, das hier nicht christologisch enteignet werden soll, aber assoziiert werden darf: „La poésie ne s'impose pas, elle s'expose“ (Peter Trawny, Mit Pathos… In den Zeiten der Seuche fehlen uns die richtigen Worte und Gesten. Das Christentum kann uns dabei helfen, die wiederzufinden, Christ und Welt Nr. 14, vom 26. März 2020, S. 4). Die Alternative *s'imposer – s'exposer* lässt sich im Deutschen nicht so prägnant ausdrücken, wäre aber christologisch von höchster Bedeutung.

[311] Vgl. Johannes Duns Scotus, Opus oxoniense III d. 32 q. 1 n. 6.

[312] Für prozesstheologische Überlegungen, die in ähnliche Richtung gehen, vgl. Julia Enxing – Klaus Müller (Hg.), Perfect Changes. Die Religionsphilosophie Charles Hartshornes, Regensburg 2012.

[313] Philosophie der Offenbarung, Bd. 2, 26.

Dass Gottes Schwäche für den Menschen stärker ist als alles, was sonst noch Macht hat, ist die Hoffnung des christlichen Glaubens auf den, der den Widerspruch zwischen Macht und Ohnmacht in sich versöhnt – auf den Gott, „der die Toten lebendig macht und das, was nicht ist, ins Dasein ruft" (Röm 4,17) und so auch den Menschen- und Gottessohn nicht an die Macht des Todes verloren gab. Es ist eine vernünftig-verwegene Hoffnung. Vernünftig: Wovon sollte man sich sonst das Höchste erwarten, über das hinaus keine menschliche Hoffnung reicht! Verwegen: Wer kann wissen, ob er sich in Todesnot von dieser Hoffnung leiten lassen darf? Gottes verwegener Schwäche entspricht der Menschen verwegenste Hoffnung. Wie könnte es anders sein? Verwegen bleibt es allemal, Gottes Schwäche als so schöpferisch-mächtig anzusehen, dass sie seine Schöpfung – und uns – rettet.

Aber liegt die anfechtbarste Verwegenheit nicht darin, dass das biblische Verständnis von Gottes machtvollem Hineinwirken in die Menschenwelt hier theologisch „weichgespült" wird? Keine Rede von Gottes Zorn, der sein Volk heimsucht. Keine Rede mehr davon, dass Gott machtvoll in den Lauf der Dinge eingreift und ihnen durch seine „Machttaten" eine andere Richtung gibt. Und das alles, weil man den „macht-strotzenden" Gott des Alten Testaments mit humanen Selbstverständlichkeiten abgleichen will, die ein aufgeklärtes Menschsein auch der Theologie und dem christlichen Glauben heute abverlange? Weil man deshalb allenfalls noch eine Theologie *nach* (secundum et post) Kant für möglich hält?

Gibt die Theologie den Anhalt an wichtigen biblischen Traditionen auf, um den christlichen Glaubens noch mit Grundüberzeugungen modernen Selbst- und Weltverständnisses zusammenhalten zu können, die Voraussetzung dafür wären, in den Diskursen der Gegenwart ernst genommen zu werden?[314] Diese Frage nagt an einem theologischen Selbstbewusstsein, das sich mit der Moderne oder Postmoderne im Reinen und biblisch-hermeneutisch auf dem letzten Stand weiß. Bringt man da noch so viel selbstkritische Wahrnehmung auf, dass man auf den „toten Winkel" achtet, den man beim Kurven durch die aktuelle Diskurs-Landschaft so schwer im Blick behält? Die Diskurslandschaft wird immer unübersichtlicher und mit jeder Publikation von Rang neu vermessen. Elementare Selbstverständlichkeiten sind schnell von gestern und mitunter so diffus, dass man sie nicht theologisch adoptieren dürfte.

[314] Diese von Magnus Striet und Stephan Goertz offensiv verfolgte Option hat den furiosen Widerspruch von Karl-Heinz Menke ausgelöst; vgl. die schon zitierten Streitschriften von Menke und Striet.

8.6 Ein Gott, der eingreift oder den Dingen seinen Lauf lässt?

Vielleicht die zentrale dieser Selbstverständlichkeiten: Gott greift nicht ein; die Zeiten eines machtvoll dazwischenfahrenden *Deus ex machina* sind vorüber. Aber wie kommt er überhaupt noch in unserer Menschenwelt vor? Wir sollten nicht zu klein von ihm denken, nicht zu „konkretistisch", heißt es, eher *panentheistisch:* Gott geschieht in allem, was geschieht; alles geschieht in Gott, findet in ihm seine Vollendung. Die Metaphorik des *In* soll an die Stelle der Metapher des *Gegenüber* treten. Gottes Macht wird nicht als Einwirkung von außen gesehen, sondern als die das Ganze im Innern hervorbringende, erhaltende, entwickelnde Selbst-Macht der Ganzheit. Sie ist *Allem* immanent, belebt, organisiert es, ohne dass es zu diesem *Innen von allem* ein Äußeres gäbe. Auf die Moderne hin entschwindet – so die vielfach ausformulierte „neue Sicht" Gottes – ein Begriff des Göttlich-Absoluten, der sich durch seine Unterscheidung von allem Relativen definierte, zugunsten eines Begriffs des *Alles,* das alles Relative in sich fasst und nichts anderes meint als: *alles Relative.* Die Evolution ist *alles.* Vielleicht nicht ganz, denn irgendwie drängt sich die Vorstellung eines Außerhalb doch wieder hinein, aber allenfalls als etwas nicht mehr Vorstellbares, Spekulatives, das man nicht weiter zu beachten hat oder als tiefsinnige Kinderbuch-Weisheit stehen lassen darf.[315] Macht bedeutet immanentes Wirken, Sich-Wirken von allem, möglicherweise in Wechselwirkungs-Zusammenhängen, in denen – der Tendenz nach – alles mit allem zusammenhängt und interagiert. Nietzsche hat dann ja in seinem Konzept des Willens zur Macht das Sich-Wirken, Sich-Steigern und -Durchsetzen des Lebens gegen alles Schwache und Absterbende als jenen vorwillentlichen Willen imaginiert, das sich in allem Wirklichen zur Geltung bringt.

Die Theologie wird in der Moderne eine gewisse Plausibilität beanspruchen dürfen, wenn sie Gott nicht als das ganz andere zu allem, sondern als das Innere des Alles versteht, das sich in allem verwirklicht – oder als das All-Umfassende, das alles in sich einbegreift. Das Erste wäre Pantheismus, das Zweite Panentheismus. Gott ist hier das *All-Eine*; er „hat nichts außer sich […] ist das Subjekt, das sein Objekt ist."[316] Aber *wie geschieht* sein Alles-Sein, sein Einbegreifen? Hier scheiden sich die Wege: Geschieht es so, dass das von ihm Einbegriffene kein Selbst-Sein mehr haben kann und die Menschen die Illusion eines Selbst- und Für-sich-Seins durch meditative

---

[315] Vgl. Maurice Sendak, Higgelti Piggelti Pop! oder es muss im Leben mehr als alles geben, Zürich 1969.

[316] So Peter Strasser, Der Gott aller Menschen. Eine philosophische Grenzüberschreitung, Graz – Wien – Köln 2002, 190.

Praxis überwinden müssten? Geschieht es durch ein Involvieren, in dem „Alles" in göttlicher All-Einheit aufgeht? Geschieht es so, dass Gott, der All-Eine, im Selbst des bewussten Daseins da ist, es hervorbringt[317] und ihm an sich Anteil geben will, sodass es darin seine Erfüllung fände, in Gottes Wirklichkeit da zu sein? Pantheistische und panentheistische Ansätze nehmen das Anliegen der negativen Theologie auf und wollen es in heutiger Wirklichkeits-Erfahrung reformulieren: angesichts der Unermesslichkeit eines Universums, das die Anschauung des alles Umgreifenden über alle Anschaulichkeit hinaus weitet und der Vorstellung einer alles durchwaltenden Macht alles Nahe und Vertraute nimmt. Das Faszinierende, vielleicht Wegweisende an solchen Ansätzen: Sie lenken den Blick wieder – mit Schleiermacher – auf das Fühlen des in aller Unendlichkeit schöpferisch Wirkenden, das Sich-Einsfühlen-Können mit ihm in der Selbstvergessenheit einer unendlich wohlwollenden Liebe.

Aber bin ich *ich selbst* nicht dadurch, dass ich *nicht nur* ein Element des Alles bin, des Prozesses, in den ich einbezogen bin, der dann über mich hinweggeht, mein Selbst mit sich nimmt, schließlich bedeutungslos macht? Der Religionsphilosoph Peter Strasser spricht von einer „radikale[n] ontologische Nicht-Involviertheit [...] Etwas an uns hat keinen Ort in der Welt."[318] Vielleicht *in Gott?* Dann wäre Gott nicht einfach Alles. Das In-Gott-Sein würde ein anderes In-Sein meinen als die bloße Welt-Immanenz. *Person-Sein* bedeutete Welt-Transzendenz, ontologisches Nicht-Involviertsein: Ich gehe nicht darin auf, Element eines „Alles" zu sein, bin durch mein Nicht-darin-Aufgehen Person. Person auch dem alles „einbegreifenden" Gott *gegenüber?*

Die Metaphoriken des In-Seins und des Gegenüber-Seins werden mitunter theologisch gegeneinander ausgespielt. Und es kommt dann auch zu einer offenkundig überzogenen Polarisierung: die Moderne-verträgliche Sicht des Panentheismus vs. die vormoderne Wahrnehmung eines personal vorgestellten *Deus ex machina.* Man wird es zu dieser Polarisierung nicht kommen lassen dürfen, wenn man sich nicht ganz von den biblischen Zeugnissen losmachen will; und es besteht auch in der Sache dazu keine Notwendigkeit. Beides wäre theologisch festzuhalten, auch wenn es zueinander in einer Spannung bleibt, die begrifflich nicht beseitigt werden kann: In Ihm, dem unermesslich Umgreifenden, sind wir; Herausfallen aus ihm

[317] Klaus Müller spricht im Anschluss an Dieter Henrich von der Selbst-Differenzierung des Absoluten; vgl. von ihm: Gott – größer als der Monotheismus? Kosmologie, Neurologie und Atheismus als Anamnesen einer verdrängten Denkform, in: F. Meier-Hamidi – K. Müller (Hg.), Persönlich und alles zugleich. Theorien der All-Einheit und christliche Gottrede, Regensburg 2010, 9–46, hier 45.

[318] Peter Strasser, Journal der letzten Dinge, Frankfurt a. M. 1998, 44.

wäre ewiges Verlorensein, ontologische Nichtigkeit. Das ist das unverzichtbare *Eine*, dass Gott uns da sein lässt, da er uns an seinem Sein, an seiner göttlichen Seins-Macht teilhaben lässt, so in uns das Seinkönnen und das Gut-sein-Können wirkt, uns in sich Zukunft gibt. Das *Andere:* Wir sind ihm gegenüber, da er uns durch seine *personale Präsenz* herausfordert, wir selbst zu werden und uns einzubringen in das Wirklich-Werden des Guten, das er mit uns wirken will und uns zugedacht hat. Wir sind nicht selbst-los in sein Wirken involviert. Er lässt sich vielmehr in unser Dasein involvieren, nimmt an ihm teil, um uns nahezukommen und zu „gewinnen". So kommt Peter Strasser nicht umhin, als Philosoph von einem Gott zu sprechen, „der zugleich persönlich und alles ist", uns gegenüber und das All-Eine.[319]

Eine Theologie, der nichts Menschliches fremd ist, wird sich dieser Spannung aussetzen. Sonst gerät sie in Gefahr, das Endlich-Menschliche ontologisch aufzulösen. Es ist – metaphorisch gesprochen – der „Aufmerksamkeit", des Gegenüber-Seins Gottes gewürdigt. Er lässt sich in es involvieren, von ihm in Mitleidenschaft ziehen. Das ist die Ur-Intuition biblischen Gottesglaubens, die man nicht etwa im Namen „der" Mystik als religionsgeschichtlich überholt abtun kann. Vernachlässigt man sie, wird nicht mehr sichtbar bleiben, was die Leitmetapher Solidarität am Gott-Menschen-Verhältnis sichtbar macht; und es würde kaum von einer freien Gottes-Beziehung gesprochen werden können. Verabsolutiert man die personale Metaphorik[320], vernachlässigt man die auch biblisch bedeutsame mystische Seite des Glaubens und die heute vielfach bedachte Dimension des All-Umgreifenden.

Beide Metaphoriken und die in ihnen wirksamen Logiken zusammenzuhalten heißt nicht, für ein schiedlich-friedliches, komplementäres Nebeneinander oder einen Begriffs-Kompromiss zu plädieren. Auf das Wahrnehmen, Austragen und Reflektieren der Spannungen kommt es an, so dass immer wieder neu deutlich wird, wie die jeweils wirksamen metaphorisch-begrifflichen Dynamiken einander relativieren und korrigieren müssen, aber auch was sie einander bedeuten können und wie ihr spannungsvolles Miteinander im Gottesverständnis *hic et nunc* theologisch hinreichend stabilisiert werden kann. Weil sich das Verständnis des Personalen wie der All-Einheit immer wieder mehr oder weniger tiefreichend verändert[321], wird auch das Sich-aneinander-Abarbeiten der Metaphoriken

---

[319] Ders., Der Gott aller Menschen, 191.

[320] In der Religionsphilosophie hat sich dafür der unterschiedlich gebrauchte Begriff *Theismus* eingebürgert.

[321] Man denke etwa an evolutionär ausformulierte Konzepte des All-Einen und das personalistisch zugespitzte Gottesverständnis im Anschluss an den dialogischen Personalismus im 20. Jahrhundert.

und Begriffe nicht zum Abschluss zu bringen sein. Es werden sich immer nur Zwischenergebnisse erzielen lassen, die freilich dafür sensibilisieren können, wie einseitige Polarisierungen christlich unerlässliche Dimensionen des Gottesverständnisses verkürzen oder in den Schatten stellen.

Polarisierungen sind hier durchaus Alltagsglaubens-relevant, gerade in Krisenzeiten, in denen der Gottesglaube vielen Menschen bedeutsam wird, um sich vor elementaren Bedrohungen wie der Corona-Pandemie zu schützen. Vielfach greift man auf Formen der Volksfrömmigkeit zurück, die den göttlichen Schutz sehr konkret für hier und jetzt mobilisieren sollen. Man aktiviert eine Praxis des Bitt- oder Stoßgebets, die Gott dazu bewegen will, seine heilend-schützende Macht *für mich* einzusetzen. Julia Knop hat von einem irritierenden Retrokatholizismus gesprochen und gefordert, „[m] agische Restbestände und regressive Muster, die einen fatalen Trost versprechen" seien „theologisch zu dekonstruieren. Weder Weihwasser noch Hostie wirken viruzid."[322] Im Blick sind da also Praktiken, die Gottes Für-mich-Dasein als mehr oder weniger wunderbares Eingreifen zu meiner Rettung oder Heilung erreichen sollen, mit einem solchen Eingreifen rechnen, es jedenfalls für möglich halten. Wenn es ausbleibt, man es nicht zu erfahren meint, stellt sich schnell die Frage, ob Glaube, Sakramente und Gebete überhaupt noch etwas nützen.[323]

Was wäre die Glaubens-Alternative? Eine Transformation des Gottesverständnisses, die Gott panentheistisch in allem gegenwärtig sieht, auch in den Gefährdungen und Katastrophen des Menschseins, in denen man sich durchaus betend und durch Riten dieses Darin-Seins vergewissern dürfte? Oder ein latenter Deismus[324], der Gott an den Rändern der Wirklichkeit vorkommen lässt, im Dazwischen der kosmisch-natürlich-geschichtlichen Abläufe aber aus dem Spiel sieht? Vielfach läuft das auf eine Art Einbettungs-Frömmigkeit hinaus, mit der man sich bei allem, was einem widerfährt, in einem umfassenden Gutsein gehalten wissen dürfte. Dieses Gutsein

---

[322] Julia Knop, „Ein Retrokatholizismus, der gerade fröhliche Urständ feiert" – Julia Knop warnt vor kirchlichen Rückschritten angesichts Corona, Theologie Aktuell, Blog der Katholisch-Theologischen Fakultät der Universität Erfurt vom 26. März 2020. Es ist naheliegend, auch Maria in diesem Sinne retrokatholisch anzugehen. Der STERN vom 7.5.2020 (S. 54) nimmt das süffisant so aufs Korn: „Himmel hilf! Millionen Christen in Deutschland verehren die heilige Maria. Vor allem in der Not erhoffen sich viele von ihr Wunder. Und sie liefert regelmäßig."

[323] Vgl. die Beiträge in: M. Striet (Hg.), Hilft beten? Schwierigkeiten mit dem Bittgebet, Freiburg i. Br. 2010.

[324] Kardinal Ratzinger überlegt 1995, ob wir nicht „alle im Stillen mehr oder weniger vom Deismus angesteckt" sind; und er konstatiert einen „stillen Deismus auch der Theologie", der es zu einer theologischen „Entleerung der Gestalt Jesu" kommen lasse; ders., Evangelium – Katechese – Katechismus. Streiflichter auf den Katechismus der katholischen Kirche, München – Zürich – Wien 1995, 36, 57 und 60 Fn. 5.

mag die Züge einer göttlichen Macht an sich haben, die mich auch jenseits meines eigenen Vermögens und noch über mein biologisches Leben hinaus hält und da sein lässt, an der man auch zweifelt, mitunter verzweifelt. Aber so viel scheint klar: Sie begegnet nicht konkret, bringt sich eher nicht als Eigen-Wirklichkeit zur Erfahrung, fordert nicht, hilft nicht in Alltags-Nöten. Sie *wirkt* irgendwie, *will* aber nichts, auch nicht von mir.

Retrokatholizismus oder Einbettungsfrömmigkeit: Das wäre für das Christliche eine prekäre Alternative. Die Theologie müsste dazwischengehen und die Logik dekonstruieren, die in diese Alternative hineintreibt.[325] Bei der Auslegung biblischer und glaubensgeschichtlichen Zeugnisse hätte sie die Glaubens-Wahrnehmung dafür zu schulen, dass das „Darinsein" Gottes im Geschehen dieser Welt immer umstritten und eher nicht konkretistisch festgelegt war – bzw. wenn es dies war, immer wieder neu in Frage gezogen wurde. Und wenn es – für den christlichen Glauben unbestritten in Jesus Christus und dann auch in den apostolischen Zeugnissen und dem Weg der Kirche – geschah, nicht so geschah, dass Gottes Handeln daran hätte dingfest gemacht werden können. Es blieb immer – ob man sie als solche gewusst hat oder nicht – *Interpretation*, hier Gottes guten Willen geschehen und ihn in diesem Sinne handeln zu sehen.[326] So bleibt es immer ein Interpretations- und Glaubens-Wagnis, vom Geschehen des guten Willens Gottes zu sprechen. Wenn ich es erbitte, kann ich nicht im Vorhinein wissen, wie er geschieht, mich aufrichtet, stellt, zur Umkehr herausfordert, tröstet, erlöst. Und wenn ich rückblickend die Spur seines Geschehens wahrnehme, bleibt das unter dem Vorbehalt, dass ich vom Fortgang des Geschehens genötigt sein kann, es anders zu sehen, vielleicht auch anders sehen zu müssen, was Gott will, wie er seinen guten Willen an mir und uns, durch mich und uns, geschehen lassen will.

Christlich unaufgebbar scheint mir die *personale Metapher des Willens Gottes* zu sein. Zwischen den Polarisierungen eines konkretistischen Retrokatholizismus und der Einbettungs-frommen Option eines willenlosen Umgreifenden ist theologisch das Feld zu sondieren, auf dem von diesem Mir- und Uns-Geschehen des guten Gotteswillens gesprochen werden kann: durch Menschen, die das Geschehen des Gotteswillen überzeugend bezeu-

[325] Wie erfrischend wird man doch von folgender kleinen Geschichte und ihrer ganz anders angelegten Alternative „aufgemischt": „Auf dem Spielplatz ist ein kleiner Junge gestolpert und hat sich dabei das Knie aufgeschlagen. Nun weint er bitterlich, aber seine Oma versorgt die Wunde und tröstet ihn mit den Worten: ‚Der liebe Gott macht alles wieder gut.' Fragend sieht sie der Kleine an: ‚Muss ich rauf, oder kommt er runter'?" (Was mein Leben reicher macht, in: Die Zeit Nr. 12 vom 12. März 2020, S. 76).

[326] *Gott handelt, wo sein guter Wille geschieht:* Ich habe mehrfach versucht, diesen Leitsatz theologisch zu begründen; vgl. etwa mein Buch: Gott verbindlich. eine theologische Gotteslehre, Freiburg i. Br. 2007, 323–330.

gen[327], nach ihm rufen, auf ihn hoffen und überzeugend davon sprechen, wohin er uns jetzt „mitnehmen“ will. Sie können den Fragenden Interpretations-Möglichkeiten des Glaubens an Gottes Handeln erschließen, können mich mitunter auch selbst zum Zeugen werden lassen, machen eine Kirche lebendig, in der immer wieder neu danach gefragt und darüber kommuniziert wird, wie Gott geschieht und – durch Menschen wie du und ich – geschehen will.

Die Kirche hat einen Interpretations-Rahmen entwickelt, in dem sich dieser Kommunikations-Prozess halten kann und christlich halten soll: die Trinitätslehre, die vielen Advokat(inn)en eines zeitgemäßen Christentums als unzumutbar vorkommt. Es ist eigentlich unverkennbar, dass sich hier ein Gottesverständnis auf dem Stand gegenwärtiger Welt- und Selbstverständigung abzeichnet. *Gott, der Vater*, aus dem und in dem alles ist, nicht als willen- und bewusstloser Prozess der Selbstentfaltung von allem gedacht, sondern als der unbedingt Beziehungswillige und Beziehungsfähige, will die Menschen an sich *teilhaben* lassen und ihnen deshalb mitmenschlich nahekommen; er nimmt – im *„Sohn“*, dem Gottesmenschen, der ganz aus ihm lebt, so wie der Vater ganz in ihm lebt – an der Menschenwirklichkeit bis in ihre tiefsten Abgründe hinein teil, damit der die Menschengeschwister auf dem Weg in die Gotteswirklichkeit hinein mitnimmt. Gott gedacht als der An-sich-Anteil-Gebende und als der solidarisch Teilnehmende; als der, der durch seinen *Geist* in den Menschen da ist, um ihre Sehnsucht zu beseelen und sie entdecken zu lassen, wie sie in der Spur des „Sohnes“ den Weg in die Gotteswirklichkeit hineinfinden. Gott im Menschen, der Heilige Geist: die „Anzahlung“ (Eph 1,14) auf das In-Gott-Sein der Vollendung; der „Sohn“ aber als die mitmenschliche Begegnung mit Gottes Wirklichkeit in Augenhöhe, als Herausforderung, dem Weg zu trauen, den er vorangeht, der er selbst ist. Die panentheistische Metaphorik des Aus-Gott- und In-Gott-Seins legt den Vater aus; das mitmenschliche Teilnehmen Gottes am Menschenleben geschieht im Sohn, dem Christus; das In-Sein Gottes im Menschen, das seine Teilhabe an Gottes Wirklichkeit in ihm Wirklichkeit werden lässt, wirkt der Heiligen Geist. Sie sind der eine Gott, der den Menschen in und als drei Gotteswirklichkeiten geschieht.[328]

Das Geheimnis der göttlichen Dreieinheit ist damit nicht im Entferntesten ausgeschöpft; elementare Bestimmungen der Trinitätslehre sind noch

[327] Berührt hat mich in den letzten Wochen das Zeugnis des Arztes Iulian Urban aus der Lombardei, der von der Begegnung mit einem selbst Corona-kranken Priester und seinem Dienst an den Sterbenden bis zu seinem eigenen Tod berichtet (Die Zeit Nr. 14 vom 26. März 2020, S. 58).

[328] Am Eingang der neugotischen St. Jakobs-Kirche in Aachen lese ich: *A deo, per deum, ad deum.* So konnte man es christlich „schon immer“ sagen.

nicht erreicht. Erreicht ist allenfalls ein Zwischenbescheid in der nicht zu Ende zu bringenden Bemühung, die Spannung zwischen personalen und überpersonalen Bestimmungen im Sprechen von Gott unter heutigen Denk- und Glaubensbedingungen theologisch soweit zu stabilisieren und zu artikulieren, dass diese Spannung als fruchtbare Herausforderung weiter bedacht werden kann. Dabei mag deutlich geworden sein, wie einseitig und unangemessen es wäre, das Dasein Gottes in der Welt als supranaturales Eingreifen gewissermaßen *senkrecht von oben* oder nur als quasi-naturale, bergende und tragende Immanenz *im Innersten* des Weltgeschehens zu begreifen.

8.7 Zurück zu den Aporien der Gottesmacht: Theodizee

Die Theologie tastet sich bis an die Grenzen des von Gott Sagbaren voran, findet hinein in den Gedanken einer Gott zugeschriebenen – zu-gehofften – Beziehungsmächtigkeit und Beziehungswilligkeit. Und dann fällt sie zurück auf die Beziehungsnot der Menschen, wie sie sich in Orgien des Menschenmissbrauchs austobt. Sie fällt zurück auf das sinnlose Leiden in einer Schöpfung, die darauf abzuzielen scheint, dass die menschliche Beziehungs-Sehnsucht auf die Mauern der Rücksichtslosigkeit prallt, an denen jeder Mensch zum Opfer einer erschreckend-abgründigen Resonanzlosigkeit und Antwortlosigkeit wird. Man kann auch nicht so über all das hinwegkommen, dass man sich auf eine endzeitliche Entschädigung in Gott Hoffnungen macht. Theodizee ist das Stichwort: der hoffnungslose Versuch, Gott für all das zur Rechenschaft zu ziehen – wenn es ihn gibt; die ratlosen Versuche der Theologie, den Glauben an einen guten, gutwilligen und irgendwie allmächtigen Gott zu verteidigen – gegen die nahe liegende Anklage, die üble Wirklichkeit dieser Welt bezeuge überwältigend, dass es einen gutwilligen Weltschöpfer und Welterhalter nicht geben kann.

Eine Theologie, der nichts Menschliches fremd ist, darf dieser äußersten Erschütterung der Glaubens-Gewissheit und der Gottes-Hoffnung nicht ausweichen; darf auch nicht die Hoffnung hegen, sie könne sie aus der Welt schaffen oder auch nur „abfedern". Die Erschütterung wird als *Glaubensexistentielle* Gottes-Not erfahren: dass die Gebete darum, Gott möge unsere Not mit seiner rettenden Macht wenden, meist ohne „Echo" bleibt. Sie erschüttert zugleich *theologische* Konzepte der Gott-Rede, in denen man den allmächtigen Schöpfergott irgendwie mit der Unmenschlichkeit einer Welt und Schöpfung vereinbaren will, die ein allmächtiger und gutwilliger Gott den Menschen doch eigentlich nicht hätte zumuten dürfen.

Die Glaubens-existentielle Theodizee-Frage macht sich an der Erfahrung fest, sich in den Katastrophen-Erfahrungen des eigenen Lebens, meiner Lebenswelt, der Geschichte, der Schöpfung, der Natur Gott-verlassen vorzukommen, keinen Lebens-Kontakt mit dem rettend-allmächtigen Gott mehr zu haben. Die elementare Frage: Wie ist Gott „da drin" in dem, was ich erlebe, was wir ertragen müssen, führt immer wieder an den Rand der verzweifelten Frage: Ist er etwa dafür verantwortlich? Und wenn nicht: Was bedeutet dann noch sein rettendes Mit-uns- und Für-uns-Dasein? Die Versuche, sich zu sagen: Es wird doch für etwas gut sein! bleiben oft hilflose Selbsttröstung. Es mag sich hier die ratlos machende Einsicht ankündigen: Gott konnte nicht eingreifen. Aber macht es dann überhaupt einen Unterschied, ob man an ihn glaubt oder den Glauben verloren gibt – weil er doch nichts ändert?

Wer den Mut zum Glauben behält oder findet, glaubt daran, dass er in aller Gottverlassenheit nicht allein gelassen, sondern von Gott in eine Zukunft gerufen ist, in der so etwas wie Versöhnung möglich sein wird: Versöhnung mit dem „Schicksal", den Rücksichtslosen, die Menschen zu Opfern gemacht haben, mit dem Unglück, dem Tod. Versöhnung heißt nicht, es im Nachhinein gut zu finden, gar entlohnt bekommen. Es heißt nur, mit all dem eine gute Zukunft haben können – Gott weiß wie; mit unseren ratlosen Fragen und auch für sie eine Zukunft finden, in der wir nicht zu Ratlosigkeit oder Resignation verurteilt bleiben. Keine Theologie der Welt kann erklären, warum das alles so sein und so kommen muss. Wozu Theologie vielleicht helfen kann: dass Menschen Zugang finden zu Quellen des Mutes, gegen die Resignation anzuglauben, und Reste der Hoffnung zu mobilisieren, damit man dem Leiden und dem, was Menschen leiden lässt, widersteht, wo immer man kann. Praktische Theodizee[329]: Es nicht aufgeben und für hoffnungslos halten, über das Unglück und die Bosheit hinauszuglauben, hinauszuhoffen und hinauszuhandeln; und sich danach zu sehnen, dass man dabei doch die Hand des Gottes ergreifen kann, der uns rettet, „mitnimmt". Wie das zugeht, dass einem dieser Mut erwächst, ist nicht mehr zu durchschauen. Es ist Gnade, dass die Quellen des Mutes nicht versiegen. Der Mut aber ist sehr menschlich. Er braucht das Sich-Ausstrecken nach der Hand, die mich mitnimmt; den Kraftaufwand, nicht klein beizugeben und zu resignieren. Er

[329] Vgl. Hans-Gerd Janßen, Dem Leiden widerstehen. Aufsätze zur Grundlegung einer praktischen Theodizee, Münster 1996. Janßen greift Metz' Intuition einer Theologie-empfindlichen Gottesrede auf (vgl. Johann Baptist Metz, Theodizee-empfindliche Gottesrede, in ders., „Landschaft aus Schreien". Zur Dramatik der Theodizeefrage, Mainz 1995, 81–102), die nicht gegen die argumentative Auseinandersetzung mit dem vielfach propagierten, Theodizee-gestützten Anti-Gottesbeweis ausgespielt werden sollte.

braucht nicht zuletzt wissenschaftliche und Verkündigungs-Sorgfalt für die Quellen, denen man – wenn es gut geht – diesen Mut verdanken darf.

Theologie in Teilnehmer-Perspektive kann sich nicht wegstehlen vom Ringen um den Mut, Gott nicht verlorenzugeben, der hilflos scheint, wo es ernst wird, und die Menschen nicht verloren zu geben, die im Gottesglauben keinen Halt mehr finden. So ist sie auch diskursiv gefordert, herausgefordert von einer Gottes-Bestreitung, die Gott vom Leiden in dieser Welt widerlegt sieht. Die Botschaft, wie man sie dem Leiden und Sterben-Müssen in einer Welt entnehmen muss, die die Schöpfung durch einen uneingeschränkt gutwilligen Gott sein soll, scheint so eindeutig, dass ein Widerspruch kaum zugelassen werden kann: Entweder Gott ist nicht allmächtig, was ihn als Gott und Schöpfer unmöglich macht. Oder er ist nicht gutwillig, was es unmöglich macht, in der Not des Menschseins an ihn zu glauben, auf ihn zu hoffen.

Theodizee-gestützte Gottes-Bestreitung weiß, was von einem allmächtigen Gott zu erwarten wäre, der den Menschen gutwillig zugetan ist: Er dürfte sie nicht allein lassen, müsste das Schlimmste abwenden, hätte es nicht zu Auschwitz kommen lassen dürfen. Wenn er all diese Erwartungen enttäuschte, kann das nur heißen, dass er es nicht wollte oder konnte – und dann kein Gott existieren kann, von dem man das doch hätte erwarten *müssen*.

Die Theologie ist genötigt, diese Selbstverständlichkeit in Frage zu stellen, das Bild des allmächtigen Gottes in Frage zu stellen, dass hier im Spiel ist. Davon war in diesem Kapitel die Rede: dass Gottes Schwäche für die Menschen stärker, ganz anders stärker sein kann, als es menschlich-allzumenschliche Erwartungen an Gottes Allmacht ausmalen; dass ein Schöpfer, der eine Schöpfung wollte, in der Menschen zu seinen Partnern würden, dafür – horribile dictu – vieles „in Kauf nehmen" musste, was diese Schöpfung unvermeidlich auch kennzeichnet, von den tektonischen Bedingungen angefangen, die es zu den Erdbeben kommen lässt. Das sind keine besonders starken Argumente. Sie reichen nicht, Gott zu entschuldigen und den Glauben an ihn angesichts des Schrecklichen, dass seine Schöpfung erfüllt, ins Recht zu setzen. Aber es muss dafür argumentiert werden, dass Gott und der Glaube an ihn nicht von vornherein ins Unrecht gesetzt sind von dem, was jeder Beschreibung und eines guten Gottes spottet. Dafür muss eine Theologie, die sich von dieser abgründigen Menschheits-Erfahrung nicht zurückzieht, argumentieren: Es ist angesichts all dessen, was die Theodizee beklagt, möglich, dass es nicht gegen Gottes guten Willen zeugt. Es ist möglich, dass Gott so anders allmächtig ist, dass unsere Hoffnung auf einen *Deus ex machina*, der eingreift, wenn wir am Ende mit unseren Möglichkeiten zu sein scheinen, sich als allzumenschlich, als zu klein erweist.[330] Es ist möglich, von dem Gott des gekreuzigten Jesus mehr zu erhoffen, als man es sich menschlich-allzumenschlich vorstellen könnte – wenn er aus seiner Verborgenheit hervortritt, die noch sein Wirklich-Werden in seinem Sohn kennzeichnet und den christlichen Glauben zu einem nicht abzusichernden Lebens-Wagnis macht.

Es ist möglich, am Rand der Unbegreiflichkeit, des Jammers, des Nicht-mehr-verstehen-Könnens, der Rebellion. Es ist möglich, *allenfalls möglich*, wenn man sich von der Theologie nicht die „Lösung des Problems" erwartet; wenn man sie nicht verpflichtet sieht, eine Antwort auf die Fragen zu haben, die bleiben – und einen an diesen Rand bringen. Theologie in der Teilnehmer-Perspektive hat nicht die Antworten der Gottes-Perspektive, wenn es in der Gottes-Perspektive überhaupt um Antworten gehen wird. Das klingt selbstverständlich – und ist doch fast unglaublich irritierend. Eine Theologie, die ihr Konto beim Antworten-Wollen überzieht, weil sie sich in der Beurteiler-Perspektive zur Fast-Allwissenheit gezwungen sieht, ähnlich dem Zentralkomitee einer Partei, die immer recht hat: Das geht auf Dauer nicht gut. Es geht schon lange nicht mehr gut. Man will Gott aus der argumentativen „Schusslinie" nehmen und entfernt sich von der Erfahrung des Menschlichen, von der Sprache des Leidens. Wer auf sie hört, ist zu einer Gott-Rede genötigt, „die nicht eigentlich eine Antwort, sondern immer eine Frage zu viel hat."[331] Das Plädoyer für eine Theologie, der nichts Menschliches fremd ist, endet mit dem Bild einer Theologie, die mehr Fragen als Antworten hat. Manchmal bleibt sie antwortlos, weil sie feige oder faul ist, schlecht argumentiert. Immer wieder bleibt sie antwortlos, weil die Fragen für sie zu groß sind. Das eine vom anderen mit guten Gründen zu unterscheiden, wäre ein Kriterium für gute Theologie.

Das Buch Ijob hat die eine Frage zu viel in die biblischen Überlieferungen geradezu hineingebrannt. Es bleibt das Exercitium für jede Theologie, damit sie sich angesichts des Menschlich-Allzumenschlichen nicht zu viel Lö-

---

[330] Vgl. die ausführliche und kritische Darstellung von Theodizee-Argumentations-Versuchen bei Armin Kreiner, Gott im Leid. Zur Stichhaltigkeit der Theodizee-Argumente, Freiburg i. Br. 1997.

[331] Johann Baptist Metz, Memoria passionis, 162. Metz ging mit gutem Grund noch einen Schritt weiter, wenn er feststellte: „Die Antworten der Theologie im strengen Sinn haben nicht eigentlich Problemlösungsgestalt (so wie eben Gott nicht einfach als Antwort auf unsere Fragen, als die Erfüllung unserer Wünsche – und wären es die feurigsten – bestimmt werden kann). Die Antworten, die die Theologie gibt, bringen die Fragen, auf die sie antwortet, nicht einfach zum Verstummen oder zum Verschwinden" (ders., Plädoyer für mehr Theodizee-Empfindlichkeit in der Theologie, a.a.O., 127). Papst Franziskus warnt davor, „[w]enn jemand Antworten auf alle Fragen hat"; der müsse sich fragen, ob er „ein falscher Prophet [sei], der die Religion zu seinem eigenen Vorteil nutzt und in den Dienst seiner psychologischen und geistigen sinnlosen Gedankenspiele stellt" (Apostolisches Schreiben *Gaudete et exsultate* über den Ruf zur Heiligkeit in der Welt von heute, Ziffer 41).

sungswissen zutraut und falsche Alternativen meidet. Die Dramatik des Dialog-Teils liegt darin, dass im abgründig misslingenden Gespräch Ijobs mit seinen „Freunden" der tiefste Zwiespalt in Ijobs eigenem Glauben hervortritt: Er zweifelt nicht an JHWHs Dasein, sondern an seinem „Darin-Sein", Engagiert-Sein im Welt-Geschehen. Er weiß sich selbst, seinen Fall, als die Instanz, die dieses Darin-Sein widerlegt; und er fordert es ein. Es macht sonst keinen Unterschied, ob man an ihn glaubt, zu ihm ruft, sich in ihm festmacht oder nicht. Die Dinge laufen ab, wie sie ablaufen; und Gott kümmert's nicht. Auf diese resignative „Glaubens"-Alternative müsste sich Ijob zurückziehen, wenn er Gott nicht anklagen, gar fluchen will.[332] Den Fluch versagt er sich. Aber zu welchem Preis? Er müsste davon lassen, von diesem Gott etwas für sich zu erwarten. Genau darauf antwortet JHWH in den abschließenden Reden an Ijob: Doch, ich bin drin im Geschehen der Schöpfung! Ich stehe dafür ein, dass es der Raum ist, in dem du leben kannst. Ich stehe nicht dafür ein, dass es darin gerecht zugeht. Ich bin nicht der, der die Dinge zu deinen Gunsten zurechtrückt.

JHWHs Antwort führt an die Grenze, zumal wenn man die Rahmen-Erzählung hinzunimmt: Er war es doch selbst, der Ijob der Unerträglichkeit – dem Satan – ausgeliefert hat! Jetzt zieht er sich aus dieser Verantwortlichkeit zurück? Oder zieht er sich aus einer Verantwortlichkeit zurück, in der ihn die Menschen zur Rechenschaft ziehen wollen: Warum haben wir – warum hat unser Glaube – nicht mehr von Dir?

Man fühlt sich als Leser im Heute von diesem antiken Glaubens-Drama in die eigene Glaubens-Situation hineingestoßen: Ist Gott zu einer „Randgröße" geworden, die in unserer Welt nicht mehr vorkommt? Sind wir zu latenten Deisten geworden oder zu irgendwie noch religiösen Evolutionisten? Wie sollte, wie kann er denn in unserer Welt handeln, sodass wir uns noch irgendwie an ihn halten könnten, wir mit ihm den Weg in seine gute Herrschaft finden könnten? Muss man nicht doch darauf hoffen, dass er nach wie vor Wunder tut, massiv eingreift – und ihm den Abschied geben, wenn sich diese Hoffnung ein ums andere Mal zerschlägt? Die prekäre Alternative zwischen dem Wunder-erhoffenden Konkretismus des Glaubens an den allmächtigen Gott und einer weisheitlich distanzierten Beziehung zum Absoluten, die sich von ihm im Grunde nichts mehr erwartet, bedrängt Glauben und Theologie bis in die letzte, die Theodizee-Frage hinein.

---

[332] Es ist schließlich Elihu, der lange Schweigende, der an die Schwelle zu dieser Alternative führt, wenn er Ijob vor Augen stellt: „Blicke zum Himmel hinauf und sieh, / schaue die Wolken an, die höher sind als du! / Hast du gesündigt, was tut es ihm, / sind deine Abtrünnigkeiten viele, was macht es ihm aus? / Hast du dich bewährt, was gibst du ihm damit" (Ijob 35,5–7).

Es ist die falsche Glaubens-Alternative. An ihr stellt sich die Frage zu viel, mit der Glaubende leben müssen. Theologie soll helfen, mit ihr zu leben, soll sie nicht alternativlos beantworten wollen. Der Blick auf Jesu Kreuz mag den Glaubenden vor Augen führen, dass die Menschen-Wirklichkeit bis in die tiefsten Abgründe hinein voller Gott ist. Aber es führt ihnen auch vor Augen, was es bedeutet, die Menschen auszuhalten – Gott auszuhalten, den, der als der Ferne ganz nah ist und doch nicht hilft; den, der als der Nahe so fern ist. Warum? Eine Antwort gibt der Blick aufs Kreuz Jesu Christi nicht. Er gibt uns die brennende Sehnsucht mit auf den Weg, das Gott- und die Menschen-Aushalten möge nicht vergeblich sein. Wäre es vergeblich, bliebe das *Warum?* ungetröstet, wäre es immer schon überholt vom schlimmsten Zynismus, über dem ein schlimmerer nicht gedacht werden kann. Das Warum findet aber auch keine Antwort, die den Glaubenden zu wissen gäbe, wie man Gott und die Welt zusammenbringen kann. Es provoziert eine negative Theologie, die immerhin dies hofft: dass Gott sich mit dieser Welt heilsam zusammenbringt. Der Blick auf das Kreuz kann sich, wenn ihm diese Gnade widerfährt, der hoffenden Frage öffnen, ob Gottes Mit-Leidenschaft größer ist als das Unheil, dem sie sich aussetzt – ob Gott darin geschieht als der, über den hinaus den Menschen Größeres nicht geschehen kann.[333] An Christi Kreuz zeichnet sich das Experimentum crucis menschlichen Lebens und Sterbens ab: ob man sich zuletzt dem Unbekannten (Gott?) vertrauend in die Arme werfen darf. Man ist mit dieser Frage nicht auf sicheren Boden, *draußen*, sondern mittendrin in den Stürmen und Ratlosigkeiten, „embarqué" (Pascal), unterwegs, angefochten, immer wieder um Antworten verlegen.

Von Toni Morrison stammt die Sentenz: „Eigentlich ist weiter nichts zu sagen – außer warum. Aber mit dem Warum ist schwer umzugehen, darum muss man seine Zuflucht zu dem Wie nehmen."[334] Sie hat den Theolog(inn)en aus der Seele gesprochen, wahrscheinlich ohne es zu wollen. Am Warum scheitern sie, wenn sie eine Antwort *haben* und sich mit ihr beruhigen wollen. Übrig bleibt ihnen auszuloten, wie man mit dem Gottvertrauen Jesu leben, glauben, sterben kann und wie man in es hineinkommt. Ob man vom *Wie* auf das *Warum* zurückkommen kann und wieviel Antwort das austrägt, ist die Master-Frage der Theologie.

[333] So darf es zuletzt nicht bei einer ausschließenden Alternative von apophatischer (negativer) und kataphatischer (zusprechender, affirmativer) Theologie bleiben. Die negative Theologie will dem unendlich größeren Gott auf die Spur kommen, der den Menschen in Jesus Christus geschieht, damit sie sich – von Gottes Geist ergriffen – ihm öffnen.

[334] Dies., Sehr blaue Augen. Roman, dt. Reinbek [22]2019, 16. Jürgen Ebach zitiert Toni Morrison am Ende seines Hiob-Kommentars Streiten mit Gott, Neukirchen 1996, Bd. 2, 169.

8.8 Glaubens-Alternative ohne Sinn-Monopol

Die Theodizee-Frage macht die Theologie nicht hilflos, zwingt sie aber zur Bescheidenheit. Das ist nicht die selbstentwertende Bescheidenheit, sich für belanglos zu halten, die Nietzsche ihr höhnisch zudiktiert: „Wer aber kümmert sich jetzt noch um die Theologen – ausser den Theologen? [...] der schimpfenden und verherrlichenden Weltbetrachtung müssen wir uns in jedem Falle entschlagen."[335] Und doch trifft es Nietzsches Sottise irgendwie: Das Verurteilen (der Menschen) und das mühsame Verherrlichen Gottes, das ihn vor allem entschuldigen will, kann nicht ihr Auftrag sein. Sie hat zu viele unbeantwortete Fragen, als dass sie über den Dingen stehen könnte. So hat sie nicht das Recht, andere Überzeugungen und Sinnangebote pauschal ins Unrecht zu setzen. Die Strategie der Alternativen-Verschärfung müsste ihr auch hier verdächtig geworden sein.

Wo sie theologisch bestimmend geworden ist und weiterhin verfolgt wird, zielt sie auf die Schwächung „der anderen", die man im Unrecht sieht: Je weniger sie in die Waagschale zu legen haben, desto deutlicher fällt die eigene Überlegenheit ins Gewicht. So wird man ungerecht, verliert man die Möglichkeit, von ihnen und mit ihnen zu lernen. Man *verliert*, statt zu gewinnen, weil man es aufs Gewinnen abgesehen hat. Das ist eine Erfahrung des Menschlich-Allzumenschlichen, die mehr Verheißung in sich trägt als jede forcierte Identitäts-Politik.

Das heißt theologisch: Die Überzeugungskraft der eigenen Argumente und der Zeugnisse, denen sie sich verdanken, kann nicht dadurch unter Beweis gestellt werden, dass man kleinredet, was andere einbringen. Die Theologie wird dazwischengehen, sich auch zu scharfen Verurteilungen genötigt sehen, wo man das Menschliche bedroht und die Sehnsucht der Menschen missbraucht sieht, wo der Gott der Bibel missverstanden und missbraucht wird. Aber sie wird sich weit häufiger, als sie es gewohnt ist, in der Lage sehen, an den Sinnangeboten der anderen kritisch teilzunehmen. So wird sie die Versuchung zur Alternativen-Verschärfung unter Kontrolle halten müssen, die „uns" das Monopol auf Rechthaben, Wahrheit und Sinn zuschanzt. Polarisierende Identitäts-Politiken, die dieser Versuchung erliegen, demonstrieren nicht Stärke, sondern Schwäche, fühlen sich dem nicht gewachsen, was man bei den anderen anerkennen dürfte. Und man gesteht sich nicht ein, wie gewagt die eigene Option zuletzt doch bleibt. So menschlich einfach könnte es sein mit der Abwehr falscher Alternativen. Aber der Furor des Rechthabenwollens ist *menschlich-allzumenschlich*. Er wird auch in diesem Buch spürbar geworden sein. Wie sollte seinem Autor,

[335] Menschliches, Allzumenschliches I, Aphorismus 28, KSA 2, 49.

dem in so viele Konflikte involvierten Theologen, diese prekäre Seite des Menschlichen fremd geblieben sein!

Ausblick

Schwarz-weiß-Alternativen sind evolutionsgeschichtlich elementar, auch menschlich-allzumenschlich das Nächste. Sie ermöglichen rasche Orientierung auf unübersichtlichem Gelände: *Entweder* gefährlich *oder* nahrhaft. Differenzieren kommt später, wenn man vom jetzt Dringlichen Distanz gewonnen hat. Dann sollte man sich passgenauer auf die Situation einstellen und den Verstand als Unterscheidungs-Vermögen nutzen. Er hilft heraus aus den stereotypen Reaktionen, macht in ambivalenten Situationen urteilsfähiger, handlungsfähiger. Autonome Selbstbestimmung ist das Ziel; die Aufklärung des 18. Jahrhunderts machte es nachdrücklich geltend. So wollte sie das Beherrscht-Werden von Alternativen hinter sich lassen, die nicht dem eigenen Urteil entspringen. Und sie war doch selbst von Alternativen bestimmt, denen sie seither in mühsamer Selbstreflexion auf die Spur kommen muss.

Was bisher mehr oder weniger fraglos gegolten hat – Autoritäten, Traditionen, Religionen –, gerät in Verdacht, muss sich *rechtfertigen.* Lassen sich die hier erhobenen Ansprüche und eingeschärften Alternativen vernünftig begründen? Oder müssen sie jetzt zurückgewiesen werden? Verdachtsgründe und Anklagen gibt es genug. Man wird den Angeklagten den Prozess machen und sie nicht davonkommen lassen. Kirchen, Gott, die Religion: Spricht nicht so viel gegen sie, dass man kaum mit einem Freispruch rechnen darf? Sie haben die Menschen als Sünder unter Rechtfertigungsdruck gesetzt und als Angeklagte behandelt: Wer bist du wirklich? Bist du nicht verachtenswert, sodass du froh sein kannst, dass Gott dich – vielleicht – aus Gnaden davonkommen lässt, dich *rechtfertigt*, was immer das heißen mag? Nun also haben sich Gott, die Kirchen, die Religion zu rechtfertigen. Es kommt zum Theodizee- und Ekklesiodizee-Prozess: Die Leiden in dieser Welt, sprechen sie nicht Gottes gutem Willen Hohn? Die Kirchen, haben sie die Menschen besser gemacht – nicht nur unterwürfiger, heuchlerischer? Gott, Kirchen, Religionen: Immer wieder erwischt man ihre Interessenvertreter bei ihrem unlauteren Treiben.

Angeklagten- und Ankläger-Rollen werden getauscht: *Der oder wir; die oder wir:* In diesen Alternativen weiß man, wo man hingehört. Was haben die Kirchen schon zu ihrer Rechtfertigung vorzubringen? Und für Gott ist es das Beste, dass es ihn nicht gibt. Ist es auch das Beste für die Menschen? Wenn es Gott nicht gibt, müssen es die Menschen gewesen sein. Nun schlägt es mit verdoppelter Wucht auf sie zurück, *sich* verantworten zu müssen und es nicht zu können: für das unablässige Scheitern, die Katastrophen im Großen wie im Kleinen, wegen falscher Ernährung und zu wenig Bewegung auch noch für meine Krankheiten; dass ich in der Erziehung versagt habe, angesichts drohender Umweltkatastrophen nicht konsequent handle. Wenn ich es nicht gewesen sein will, brauche ich andere Schuldige. Odo Marquard sprach von einer Übertribunalisierung der Lebenswelt. „Man entkommt dem Tribunal, indem man es wird“ und mit „große[m] moralische[m] Empörungsaufwand“ Verantwortliche dingfest macht.[336] Die Menschen sind nun unter sich, die Schuldigen auszumachen. Sie tun es mit ansteigender Wut. Übertribunalisierung: Schuldige müssen uns entschulden.[337] Wenn man die Möglichkeit hat, sie vors Tribunal zu zerren, wird man sie fertigmachen. *Die oder wir*. Tribunale gibt es im Netz wie Sand am Meer. Falsche Alternativen auch, die uns ins Recht setzen, begründen, warum uns Unrecht geschah und andere zu Recht auf der Anklagebank sitzen: Verschwörer gegen unsere Freiheit, Ewiggestrige, unverantwortliche Relativierer, mutlos Unentschiedene.

Die oder wir, Angeklagter sein oder empört anklagen: Gibt es einen Freiraum dazwischen? Gibt es die unklaren Verhältnisse, mit denen man Geduld haben müsste? Gibt es die zwiespältigen Realitäten, die dazu zwingen, zugleich zuzustimmen und sich kritisch zu distanzieren? Gibt es „rettende Kritik“[338], die mit Verantwortlichen ringt, damit die Kritik etwas verändert; die sich an Institutionen und Überlieferungen abarbeitet, bis sie einen vielleicht doch segnen? Wir leben mit und von ihnen, in ihnen, machen ein übers andere Mal die Erfahrung, dass sie einem das nicht leicht machen, dass sie uns schädigen, wo sie beanspruchen, zum guten Leben zu führen. Sich diese tiefe Zwiespältigkeit zornig vom Halse zu schaffen und etwa nicht mehr hinzunehmen, dass diese Kirche die Frauen zu Mitgliedern zweiter Klasse macht – man wird Verständnis dafür haben, wenn viele sagen: Gott und die Kirche, ich brauch das nicht!

Zorn ist der große Bruder, die große Schwester der in Kirche und Gesellschaft heute allgegenwärtigen und kaum zugelassenen Trauer; die bessere Alternative zur Verbitterung jedenfalls, mit der die Trauer in die

[336] Odo Marquard, Der angeklagte und der entlastete Mensch in der Philosophie des 18. Jahrhunderts, in: ders., Abschied vom Prinzipiellen. Philosophische Studien, Stuttgart 1987, 39–66, hier 57

[337] Man spricht vom Sündenbock-Mechanismus und übersieht dabei, dass in den entsprechenden religiösen Ritualen der *Unschuldige* (etwa das geopferte Tier) die Schuldigen entschulden sollte: dass er (es) das eigene Sündersein repräsentierte und nicht verdrängte, dass also mit dem Sühne-Ritual ein Umkehr-Ritus inszeniert werden sollte. Das Menschheits-Drama des Opferns soll vor Augen geführt und nicht zugedeckt werden.

[338] Vgl. Jürgen Habermas, Bewusstmachende oder rettende Kritik – die Aktualität Walter Benjamins, in: S. Unseld (Hg.), Zur Aktualität Walter Benjamins. Aus Anlass des 80. Geburtstags von Walter Benjamin, Frankfurt a. M. 1972, 173–223.

Sackgasse gerät.[339] Zornige kämpfen noch darum, dass es anders wird. Sie geben es nicht resigniert verloren. Aber die Trauer wird oft größer, abgründiger sein: Unwiederbringliches ist verloren; das mit allen Fasern des Herzens Ersehnte scheint unerreichbar. Der Schmerz ist mitunter kaum erträglich; so sucht er sich den Notausgang der Verbitterung.[340] Da trifft er regelmäßig auf die Verantwortlichen, die die Kirchen „leerpredigen" oder es nicht mehr hinkriegen, die gewohnten Lebensverhältnisse sicherzustellen; er verschafft sich Luft, indem er verurteilt, Geschichten erfindet oder zurechtmacht, damit er sich als Opfer sehen kann. Oder er urgiert imaginäre Alternativen, die es ihm ersparen, sich dem Unerbittlichen und jetzt Erforderlichen zu stellen. Ob es nicht doch noch anders geht? Manchmal eine gute Frage, die Kreativität in Gang setzt. Mitunter die billige Ausflucht eines Quer-Denkens, das sich das selbstkritische *Denken* der Alternative nicht zutraut. Ob wir einander trauern helfen können, dabei helfen können, aus der Sackgasse herauszukommen und die giftigen Alternativen-Verschärfungen oder -Demonstrationen auch als Trauer-Abwehr-Reaktionen wahrzunehmen? Einen Schritt zurückgehen in die Trauer, gemeinsam? Miteinander dahin finden, wo uns im schwer erträglichen Verlust Entscheidendes verbindet, in Gesellschaft und Kirche? Das ist mehr als eine vage Hoffnung.

Nicht verbittert anklagen, vielmehr zu sagen versuchen, was mich bewegt, wenn das Verlieren mich bedrängt, und wie ich nach Alternativen suche. *Das* will ich nicht verloren geben: das Miteinander von Menschen, die auf viel mehr hoffen als auf die Bewältigung der nächsten Krisen im Großen wie im Kleinen; die dem Leben so viel mehr zutrauen als ein angenehmes und gesichertes Überleben bis auf Weiteres. Dieses Miteinander findet man nicht nur in den Gemeinschaftsräumen des Christseins – aber eben auch da. Gott oder der platte Konsumismus? Gott oder die Verzweiflung? So einfach wird man es sich nicht machen dürfen; auch das können falsche, verbitterte Alternativen sein. Aber auch das ist wahr: Es gibt nicht viele Quellen, aus denen uns die Motivation zuströmt, es im Leben auf so viel mehr ankommen zu lassen und das Leben so viel größer zu denken: als unendlich bedeutsam, weil zur Gottes-Zukunft, in die Gottesherrschaft hinein unterwegs, dein Leben, mein Leben, jedes Menschenleben. *Das* habe ich *hier* gefunden, in dem immer wieder angefochtenen Gott-Vertrauen: Er wird mich und das,

[339] Das traumatisierende „Potential" der Verbitterung analysiert Michael Linden, Verbitterung und Posttraumatische Verbitterungsstörung, Göttingen 2017.

[340] Wolf Biermanns „rotes Kirchenlied" *Du, lass dich nicht verhärten* darf nicht denen weggenommen werden, für die es damals gesungen wurde. Aber man wird es heute hören und sich in ihm mit angesprochen wissen dürfen: „Du, lass dich nicht verbittern / in dieser bittren Zeit [...] Du, lass dich nicht verbrauchen, gebrauche deine Zeit."

was ich als Lebens- und Menschen-wichtig wahrgenommen habe, nicht verlorengeben. Diese Sorge soll mich nicht zu sehr bedrängen, sondern die, dass durch mich mehr Gutes in die Welt kommt, mehr an Gnade in sie durchgelassen wird, als ich „verbrauche". Das ist für mich die gute Alternative des *So viel mehr aus Gott, für die Menschen, auf Gott zu.* Wer sie nicht braucht, brauchen will, den werde ich nicht verurteilen. Aber ich will nicht zulassen, dass dieses Gott- und Lebens-Vertrauen dem unersättlichen Verdacht zum Opfer fällt. Verdacht oder Vertrauen? Dieser Alternative verweigere ich mich. Kommt es nicht gerade darauf an, in eine Wahrheit hineinzufinden und sich ihr anzuvertrauen, die einen in der Desillusionierung mit ihrer Verheißung beschenkt? Wie missbrauchbar sind der Gottesglaube, das kirchlich wie politisch gepflegte, auch ausgebeutete Gottesvertrauen! Man sei auf der Hut davor, sich Desillusionierung, kritische Unterscheidung und Trauer über Verlorenes ersparen zu wollen! – Und wie menschlich ist es, ins Gottesvertrauen hineinzufinden, wie Menschen-rettend, menschenfreundlich!

Unser Miteinander soll kein Netz von Tribunalen und Verdächtigungen sein, in denen man sich rettungslos verfängt, sondern das Netz eines Miteinanders, in dem man es gut sein, gut *werden* lassen kann; Christen sagen: von der Gnade Gebrauch machen und etwas miteinander anfangen kann. Ein frommer Wunsch, für Fromme und Nicht-Fromme: dass wir nicht nur die Erfahrung machen, mit den anderen fertig zu sein – dahin bringen uns falschen, anklagenden Alternativen. Ein frommer Wunsch: Dass wir hier und da erleben dürfen, wie wir unverhofft etwas miteinander anfangen können – christlich dazu gesagt: weil Er mit uns einübt, das bitter gewordene Unschuldig-Sein- und Verurteilen- Wollen hinter uns zu lassen; weil er es uns mitunter erfahren lässt, dass in der Trauer Gutes anfängt. Verbitterung ist vielleicht das Anti-Zeugnis schlechthin. Sie spürt nur sich selbst und kennt nichts anderes. Sich ihrer Alternativlosigkeit zu entziehen, aus ihr gerettet zu werden, das wäre die erlösende, wahrhaft menschliche Alternative.

Literaturverzeichnis

Bauer, Thomas, Die Kultur der Ambiguität. Eine andere Geschichte des Islam, Berlin 2011.

Ders., Die Vereindeutigung der Welt. Über den Verlust an Mehrdeutigkeit und Vielfalt, Stuttgart 2018.

Bieri, Peter, Das Handwerk der Freiheit. Über die Entdeckung des eigenen Willens, Frankfurt a. M. ^{2}2004.

Bischof, Franz-Xaver, Fünfzig Jahre nach dem Sturm – Ein historischer Rückblick auf die Enzyklika *Humanae vitae*, in: Münchener Theologische Zeitschrift 68 (2017), 336–354.

Blumenberg, Hans, Die Lesbarkeit der Welt, Frankfurt a. M. 1986.

Bogner, Daniel, Ihr macht uns die Kirche kaputt... doch wir lassen das nicht zu, Freiburg i. Br. 2019.

Bröckling, Ulrich, Postheroische Helden. Ein Zeitbild, Berlin 2020.

Bude, Heinz, Solidarität. Die Zukunft einer großen Idee, München 2019.

Bugiel, Daniel, Diktatur des Relativismus? Fundamentaltheologische Auseinandersetzung mit einem kulturpessimistischen Deutungsschema, Berlin 2021.

Canetti, Elias, Die Provinz des Menschen. Aufzeichnungen 1942–1972, München 1973.

Casiraghi, Charlotte – Robert Maggiori, Archipel der Leidenschaften. Kleine Philosophie der großen Gefühle, dt. München 2019.

Chesterton, Gilbert K., Das Abenteuer des Glaubens. Orthodoxie, Olten 1946.

Christe, Wilhelm, Gerechte Sünder. Eine Untersuchung zu Martin Luthers „simul iustus et peccator“, Leipzig 2014.

Dalferth, Ingolf U., Radikale Theologie, Leipzig ^{2}2012.

Ders., Transzendenz und säkulare Welt. Lebensorientierung an letzter Gegenwart, Tübingen 2015.

Drewermann, Eugen, Strukturen des Bösen. Die jahwistische Urgeschichte in exegetischer, psychoanalytischer und philosophischer Sicht, 3 Bde. München – Paderborn – Wien ^{3}1982.

Driewer OSB, Willibrord, Muss die katholische Kirche ihre Sicht auf Homosexualität verändern?, in: Forum Katholische Theologie 35 (2019), 290–306.

Ebach, Jürgen, Streiten mit Gott. Hiob, 2 Bde., Neukirchen 1996.

Ders., SchriftStücke. Biblische Formulierungen, Gütersloh 2010.

Ebeling, Gerhard, Wort und Glaube. Dritter Band, Tübingen 1975.

Ebertz, Michael N., Päpstlicher Kirchenkurs. Die Option der elitären Minorisierung, in: J. Erbacher (Hg.), Entweltlichung der Kirche? Die Freiburger Rede des Papstes, Freiburg i. Br. 2012, 125–139.

Frankfurt, Harry, Necessity, Volition, and Love. Cambridge 1999.

Freud, Sigmund, Die Zukunft einer Illusion, und: Totem und Tabu, in: Sigmund Freud Studienausgabe, hg. von A. Mitscherlich u. a., Bd. IX, Frankfurt a. M. 1974, 135–189 bzw. 287–444.

Foucault, Michel, Sexualität und Wahrheit. Vierter Band: Geständnisse des Fleisches, dt. Berlin 2019.

Grössl, Johannes, Wahrheitsanspruch unter Fundamentalismusverdacht. Die Gretchenfrage, in: Herder Korrespondenz 73 (10/2019), 48–50.

Groß, Peter, Die Multioptionsgesellschaft, Frankfurt a. M. [10]2005.

Göcke, Benedikt Paul, Glaubensreflexion ist kein Glasperlenspiel, in: Herder Korrespondenz 71 (1/2017), 33–36.

Guggenbühl-Craig, Adolf, Die Ehe ist tot. Lang lebe die Ehe, Zürich [3]1977.

Habermas, Jürgen, Glauben und Wissens. Friedenspreis des Deutschen Buchhandels 2001, Frankfurt a. M. 2001.

Ders., Wahrheit und Rechtfertigung. Philosophische Aufsätze. Erweiterte Ausgabe, Frankfurt a. M. 2004.

Ders., Zwischen Naturalismus und Religion. Philosophische Aufsätze, Frankfurt a. M. 2005.

Ders., Ein Bewusstsein von dem, was fehlt. Über Glauben und Wissen und den Defätismus der modernen Vernunft, in: K. Wenzel (Hg.), Die Religion und die Vernunft. Die Debatte um die Regensburger Vorlesung des Papstes, Freiburg – Basel – Wien 2007, 47–56.

Hammarskjöld, Dag, Zeichen am Weg, dt. München 1967.

Handke, Peter, Versuch über den geglückten Tag, Frankfurt a. M. [5]1992.

Hartenstein, Friedhelm, Das Angesicht JHWHs. Studien zu seinem höfischen und kultischen Bedeutungshintergrund in den Psalmen und in Exodus 32–34, Tübingen 2008.

Höhn, Hans-Joachim, Macht Unterschiede!? Katholische Präsenz im Säkularen, in: Zur Debatte. Themen der Katholischen Akademie in Bayern 3/2012, 25–28.

Hünerfeld, Bruno, Engelsgleich? Warum Benedikt XVI. mit seinem Zölibats-Artikel Unrecht hat in: Herder Korrespondenz 74 (3/2020), 49–51.

Hünermann, Peter, Moderne Qualitätssicherung? Der Fall Sobrino ist eine Anfrage an die Arbeit der Glaubenskongregation, in: K. Wenzel (Hg.), Die Freiheit der Theologie. Die Debatte um die Notifikation gegen Jon Sobrino, Ostfildern 2008, 51–59.

Hüsch, Hanns Dieter mit Bildern von Joan Miró, Das kleine Buch zwischen Himmel und Erde, Düsseldorf 2000.

Ders., Ein gütiges Machtwort. Alle meine Predigten, Düsseldorf 2001.

Irigaray, Luce, Parler n'est jamais neutre, Paris 1985.

Iser, Wolfgang, Das Fiktive und das Imaginäre. Perspektiven literarischer Anthropologie, Frankfurt a. M. 1991.

Jäger, Willigis, Symphonie des Einen und Ganzen, in: Christ in der Gegenwart Nr. 19/ 2000, 149 f.

Joas, Hans, Kirche als Moralagentur?, München 2016.

Ders., Die Macht des Heiligen. Eine Alternative zur Geschichte von der Entzauberung, Frankfurt a. M. 2017.

Jüngel, Eberhard, Unterwegs zur Sache. Theologische Bemerkungen, München 1972.

Ders., Entsprechungen: Gott – Wahrheit – Mensch. Theologische Erörterungen, München 1980.

Kasper, Walter Kardinal, Barmherzigkeit. Grundbegriff des Evangeliums – Schlüssel christlichen Lebens, Freiburg i. Br. [3]2015.

Keil, Geert, Willensfreiheit, Berlin – Boston [3]2017.

Klessmann, Michael, Ambivalenz und Glaube. Warum sich in der Gegenwart Glaubensgewissheit zu Glaubensambivalenz wandeln muss, Stutgart 2018.

Klute, Hilmar, Totaler Verriss. In der Politik, auf Twitter, im Biomarkt und sogar bei deutschen Autobauern gilt jetzt die Devise: Bloß keine Kompromisse! Über die neue Lust an radikalen Lösungen., in: Süddeutsche Zeitung Nr. 38 vom 15./ 16. Februar 2020, S. 49

Laing, Ronald D., Phänomenologie der Erfahrung, dt. Frankfurt a. M. [6]1973.

Levi, Carlo, Christus kam nur bis Eboli, dt. München 1982.

Lohfink, Gerhard, Wie hat Jesus Gemeinde gewollt? Kirche im Kontrast, Stuttgart 2005.

Marschler, Thomas, „Zukunftsorientierte Umgestaltung"? Zu Michael Seewalds „Reform – Dieselbe Kirche anders denken", in: Herder Korrespondenz 73 (12/ 2019), 47–50

Marti, Kurt, Leichenreden, München 2004.

Metz, Johann Baptist, Glaube in Geschichte und Gesellschaft. Studien zu einer praktischen Fundamentaltheologie, Mainz 1977.

Ders., Gotteskrise, in: Süddeutsche Zeitung Nr. 168 vom 24./25. Juli 1993, Feuilletonbeilage, S. 1 f.

Ders., Plädoyer für mehr Theodizee-Empfindlichkeit in der Theologie, in: W. Oelmüller (Hg.), Worüber man nicht schwiegen kann. Neue Diskussionen zur Theodizeefrage, Sonderausgabe München 1994, 125–137.

Ders., Der unpassende Gott. Gedanken zum Kirchenvolksbegehren, in: Frankfurter Allgemeine Zeitung vom 31. August 1995, S. 27.

Ders., Memoria Passionis. Ein provozierendes Gedächtnis in pluralistischer Gesellschaft, Freiburg i. Br. 2006.

Ders., Zeit der Orden, in: ders., Gesammelte Schriften, Bd. 7: Mystik der offenen Augen, Freiburg i. Br. 2017, 155–207.

Marti, Kurt, Heilige Vergänglichkeit. Spätsätze, Stuttgart [2]2011.

Menke, Karl-Heinz, Macht die Wahrheit frei oder die Freiheit wahr? Eine Streitschrift, Regensburg 2017.

Mishra, Pankaj, Das Zeitalter des Zorns, dt. Frankfurt a. M. 2017.

Monod, Jacques, Zufall oder Notwendigkeit, dt. München ^{2}1971.

Morrison, Toni, Sehr blaue Augen. Roman, dt. Reinbek ^{22}2019.

Müller, Klaus, Streit um Gott. Politik, Poetik und Philosophie im Ringen um das wahre Gottesbild, Regensburg 2006.

Nassehi, Armin, Alles, sofort? Das geht nicht. Warum es für eine moderne Gesellschaft so schwierig ist, die Klimakrise zu bekämpfen, in: DIE ZEIT Nr. 44 vom 24. Oktober 2019, S. 54.

Negel, Joachim, Freundschaft. Von der Vielfalt und Tiefe einer Lebensform, Freiburg i. Br. 2020.

Ourghi, Abdel-Hakim 40 Thesen zur Reform des Islams, in: DIE ZEIT vom 2. November 2017, S. 56.

Overbeck, Franz-Josef. Vorurteile überwinden! Die Kirche muss ihre Sicht auf Homosexualität verändern, in: Herder Korrespondenz 73 (2/2019), 6.

Pauen, Michael, Illusion Freiheit? Mögliche und unmögliche Konsequenzen der Hirnforschung, Frankfurt a. M. 2004.

Peters, Tiemo Rainer, Tod soll nicht mehr sein, Zürich – Einsiedeln – Köln 1978.

Ders., Gott ist ein Zeitwort. Weltliche Schriftlesungen, Ostfildern 2012.

Rahner, Karl, Frömmigkeit früher und heute, in: ders. Schriften zur Theologie VII, Einsiedeln – Zürich – Köln 1966, 11–31.

Ders., Gotteserfahrung heute, in: ders., Schriften zur Theologie IX, Einsiedeln – Zürich – Köln 1970, 161–176.

Ratzinger, Joseph, Einführung in das Christentum, München ^{2}1968.

Ders., Die Krise der Katechese und ihre Überwindung. Rede in Frankreich, dt. Einsiedeln 1983.

Ders., Evangelium – Katechese – Katechismus. Streiflichter auf den Katechismus der katholischen Kirche, München – Zürich – Wien 1995.

Ders., Glaube – Wahrheit – Toleranz. Das Christentum und die Weltreligionen, Freiburg i. Br. 2003.

Ders./Benedikt XVI., Wort Gottes – Tradition – Amt, hg. von P. Hünermann und Th. Söding, Freiburg i. Br. 2005.

Ders., Jesus von Nazareth. Erster Teil: Von der Taufe im Jordan bis zur Verklärung, Freiburg i. Br. ^{2}2007.

Ricœur, Paul, Hermeneutik und Psychoanalyse. Der Konflikt der Interpretation II, dt. München 1974.

Ders., Philosophische und theologische Hermeneutik, sowie: Stellung und Funktion der Metapher in der biblischen Sprache in: ders. – Eberhard Jüngel, Metapher. Zur Hermeneutik religiöser Sprache (Evangelische Theologie, Sonderheft), München 1974, 24–70.

Ders., Die Interpretation. Ein Versuch über Freud, dt. Frankfurt a. M. 1974.

Ders., Theonomie und/oder Autonomie, in: C. Krieg – Th. Kucharz – M. Volf (Hg.), Die Theologie auf dem Weg in das dritte Jahrtausend (FS. Jürgen Moltmann), Gütersloh 1996, 324–345.
Ders., Phénoménologie et herméneutique: en venant de Husserl, in: ders., Du texte à l'action. Essais d'hermeneutique, Paris 1998, 48–81.
Ders., Symbolik des Bösen. Phänomenologie der Schuld II, dt. Freiburg – München [3]2002.
Ders., Gedächtnis, Geschichte, Vergessen, dt. München 2004.
Ders., Philosophie et prophétisme I, in: ders., Lectures 3. Aux frontiéres de la philosophie, Paris 2006, 151–171.
Ders., An den Grenzen der Hermeneutik. Philosophische Reflexionen über die Religion, hg., übersetzt und mit einem Nachwort versehen von V. Hoffmann, Freiburg – München 2008.
Rosa, Hartmut, Resonanz. Eine Soziologie der Weltbeziehung, Berlin 2016.
Ders., Unverfügbarkeit, Wien – Salzburg 2018.
Ruster, Thomas, Der verwechselbare Gott Rahners, oder Die Einheit der Unterscheidung und das unterscheidend Christliche, in: H. Klauke (Hg.), 100 Jahre Karl Rahner. Nach Rahner, post et secundum, Köln 2004, 63–71.
Ders., Glauben macht den Unterschied. Das Credo, München 2010.
Schapp, Wilhelm, In Geschichten verstrickt, Frankfurt a. M. [5]2012.
Schroffner SJ, Paul, Erinnerung – Herausforderung und Quelle christlicher Hoffnung. Paul Ricœur und J. B. Metz im Spannungsfeld von maßvoll-gerechtem Gedächtnis und gefährlicher Erinnerung, Innsbruck – Wien 2018.
Schulze, Gerhard, Die Erlebnisgesellschaft. Kultursoziologie der Gegenwart, Frankfurt a. M. 1992.
Schwienhorst-Schönberger, Ludger, Der verleugnete Tempel. Warum Benedikt XVI. mit seinem Zölibats-Artikel Recht hat, in: Herder Korrespondenz 74 (3/2020), 46–49.
Seewald, Michael (Hg.), Glaube ohne Wahrheit? Theologie und Kirche vor den Anfragen des Relativismus, Freiburg i. Br. 2018.
Ders., Dogma im Wandel. Wie Glaubenslehren sich entwickeln, Freiburg i. Br. 2018.
Ders., Reform. Dieselbe Kirche anders denken, Freiburg i. Br. 2019.
Ders., Kirche sein im Werden, in: Christ in der Gegenwart 71 (2019), 477–478.
Ders., Christ, der Retter ist da?, in: Christ in der Gegenwart 71 (2019), 565–566.
Ders., Lehre und frohe Botschaft. Im Gespräch mit Thomas Marschler, in: Herder Korrespondenz 74 (1/2020), 48–50.
Sobrino, Jon, Gemeinschaft, Konflikt und Solidarität in der Kirche, in: I. Ellacuria – J. Sobrino (Hg.), Mysterium Liberationis. Grundbegriffe der Theologie der Befreiung, dt. Luzern 1996, 851–878.
Solowjew, Wladimir, Kurze Erzählung vom Antichrist, in: Deutsche Gesamtausgabe, hg. von L. Müller, Bd. 8, München 1979, 259–294.

Strasser, Peter, Der Gott aller Menschen. Eine philosophische Grenzüberschreitung, Graz – Wien – Köln 2002.

von Stosch, Klaus, Komparative Theologie als Wegweiser in der Welt der Religionen, Paderborn 2012.

von Stosch, K. – S. Wendel – M. Breul – A. Langenfeld (Hg.), Streit um die Freiheit. Philosophische und theologische Perspektiven, Paderborn 2019.

Striet, Magnus, Katholische Kirche, willkommen in der Moderne. Wunderbar, man streitet sich, in: Herder Korrespondenz 71 (2/2017), 13–16.

Ders., Naturrechtsphantasien und Zeitgeist – eine Replik auf Karl-Heinz-Menke, in: Herder Korrespondenz 71 (4/2017), 50–51.

Ders., Ernstfall Freiheit. Arbeiten an der Schleifung der Bastionen, Freiburg i. Br. 2018.

Ders. (Hg.), Hilft beten? Schwierigkeiten mit dem Bittgebet, Freiburg i. Br. 2010.

Taylor, Charles, Negative Freiheit. Zur Kritik des neuzeitlichen Individualismus, dt. Frankfurt a. M. 1988.

Ders., Quellen des Selbst, dt. Frankfurt a. M. 1996.

Ders., Ein säkulares Zeitalter, dt. Frankfurt a. M. 2009.

Tetens, Holm, Gott denken. Ein Versuch über rationale Theologie, Stuttgart [3]2015.

Theißen, Gerd, Die Religion der ersten Christen. Eine Theorie des Urchristentums, Gütersloh [4]2008.

Tholuck, August Wilhelm, Die Lehre von der Sünde und vom Versöhner oder die wahre Weihe des Zweiflers, Gotha [8]1862.

Tillich, Paul, Wesen und Wandel des Glaubens, dt. Frankfurt 1961.

Ders., Der Mut zum Sein, in: ders., Sein und Sinn. Gesammelte Werke, Bd. XI, Stuttgart 1969, 13–139.

Ders., Korrelationen. Die Antworten der Religion auf Fragen der Zeit. Ergänzungs- und Nachlassbände zu den Gesammelten Werken IV, Stuttgart 1975.

Trawny, Peter, Mit Pathos… In den Zeiten der Seuche fehlen uns die richtigen Worte und Gesten. Das Christentum kann uns dabei helfen, die wiederzufinden, Christ und Welt Nr. 14, vom 26. März 2020, S. 4.

Türcke, Christoph, Religionswende. Eine Dogmatik in Bruchstücken, Lüneburg 1995.

Unterburger, Klaus, Von der Ambiguität zur Eindeutigkeit. Die frühneuzeitliche Konfessionalisierung, in: D. Ansorge (Hg.), Pluralistische Identität. Beobachtungen zu Herkunft und Zukunft Europas, Darmstadt 2016, 103–119.

Venetz, Hermann-Josef, So fing es mit der Kirche an. Ein Blick in das Neue Testament, Zürich – Einsiedeln – Köln 1981.

Verweyen, Hansjürgen, Gottes letztes Wort. Grundriss der Fundamentaltheologie, Regensburg [3]2000.

Werbick, Jürgen, Gott verbindlich. Eine theologische Gotteslehre, Freiburg i. Br. 2007.

Ders., Solidarität fundamentaltheologisch. Reflexionen zu ihrer *theologischen* Begründbarkeit, in: H.-J. Große Kracht - Chr. Spieß (Hg.), Christentum und Solidarität. Bestandsaufnahmen zu Sozialethik und Religionssoziologie (FS. Karl Gabriel), Paderborn - München - Wien - Zürich 2008, 49–66.

Ders., Grundfragen der Ekklesiologie, Freiburg i. Br. 2009.

Ders., Einführung in die theologische Wissenschaftslehre. Freiburg i. Br. 2010.

Ders., Gnade, Paderborn 2013.

Ders., Theologische Methodenlehre, Freiburg i. Br. 2015.

Ders., Gott-menschlich. Eine elementare Christologie, Freiburg i. Br. 2016.

Ders., Mehr Werte - um Himmels willen, in: feinschwarz.net. Theologisches Feuilleton, 6. Februar 2017.

Ders., Keine Fakten, nur Interpretationen. Ist theologische Hermeneutik relativistisch?, in: Michael Seewald (Hg.), Glaube ohne Wahrheit? Theologie und Kirche vor den Anfragen des Relativismus, Freiburg i. Br. 2018, 138–155.

Ders., Kleine Gotteslehre im Dialog mit Papst Franziskus, Freiburg i. Br. 2018.

Ders., Christlich glauben. Eine theologische Ortsbestimmung, Freiburg i. Br. 2019.

Ders., Gotteserfahrung heute - Wie kann man Gott überhaupt erfahren?, in: Studia Teologiczno-Historyczne Śląska Opolskiego 39 (2/2019), 11–26.

Wilber, Ken, Halbzeit der Evolution, dt. Bern - München 1988.

Personenverzeichnis